公诉岗位必备素能全书

潘申明　刘　浪　张　蕾　江海昌◎著

中国检察出版社

图书在版编目（CIP）数据

公诉岗位必备素能全书/潘申明等著．—北京：中国检察出版社，2014.9

ISBN 978－7－5102－1235－2

Ⅰ.①公… Ⅱ.①潘… Ⅲ.①公诉－工作－中国 Ⅳ.①D925

中国版本图书馆 CIP 数据核字(2014)第 154587 号

公诉岗位必备素能全书

潘申明　刘　浪　张　蕾　江海昌　著

出版发行：中国检察出版社
社　　址：北京市石景山区香山南路 111 号（100144）
网　　址：中国检察出版社（www.zgjccbs.com）
编辑电话：(010)68682164
发行电话：(010)68650015　68650016　68650029　68686531
经　　销：新华书店
印　　刷：三河市西华印务有限公司
开　　本：720 mm×960 mm　16 开
印　　张：25.75 印张
字　　数：472 千字
版　　次：2014 年 9 月第一版　　2014 年 9 月第一次印刷
书　　号：ISBN 978－7－5102－1235－2
定　　价：68.00 元

序　言

公诉是检察机关基础性、标志性职能，也是检察机关业务性、实践性最强的工作。随着全国检察、法院系统司法改革进程的推进，上海法院、检察院司法改革先行试点已全面启动，今后的公诉人也会朝着更加职业化的方向发展。检察改革的方向是检察机关将强化办案责任追究，建立检察官执法档案，检察官对其所办案件质量终身负责。公诉改革的价值取向具有鲜明的实践品格，决定和支配着公诉主体的价值选择。因此，准确理解和把握当前公诉改革的价值取向对于今后从事公诉工作的检察人员具有十分重要的意义。

作为一名优秀的公诉人，需要有深厚的法学功底、广博的知识、敏捷的思维和雄辩的口才，只有在公诉席上“沧海横流，方能展露英雄本色”。有人比喻公诉人如流水线上的专业工匠，世事烦难，任务艰巨。但泰戈尔曾经说过：“只有经过地狱般的磨练，才能练出创造天堂的力量。只有流过血的手指，才能弹奏出世间的绝唱。”只有体味到作公诉人的酸甜苦辣后，才能全身心地热爱和投入公诉工作，才能承载起公诉职业的神圣职责。

目前，公诉人的专业化建设形势依然不容乐观。公诉环节案多人少矛盾比较突出，公诉部门年青干警居多，青黄不接现象比较严重。工作年限较长的公诉人较少，而且还面临着知识陈旧老化的困境。面对工作中出现的疑难问题，如何能让工作任务繁重的年轻公诉人快速地找到一种可以参照的解决方法，是我们老公诉人的责任。

潘申明同志及其领导的团队面对当前新的形势，以一种强烈的历史责任感和使命感，敢于直面层出不穷的问题，积极应对，敢于啃“硬骨头”，这份勇气就值得钦佩。

潘申明博士是全国检察业务专家，从事检察工作18年整，曾经“三进公”，担任过公诉科科长助理、副科长、科长，现在又分管公诉，不仅具有丰富的一线实战和管理经验，又有扎实的法学理论功底，擅长在实践中发现问题、分析问题、解决问题，其检察工作实绩和检察理论研究成绩都非常突出。本书的其他研究人员也都具有法学硕士学位，是长期战斗在公诉岗位的资深公诉人。他们有着长期的公诉实践经验，对于公诉工作中的相关问题有着切身的体会和感受。他们的研究大胆假设，科学求证。从研究的成果来看，这种研究模式可以为今后其他检察工作条线的实证研究工作提供可资借鉴的思路。

通览全书可以发现，本书的最大特点是写作模式不拘一格，注重将法学理论与司法实务相结合，同时办案随想跃然纸上，尤如亲聆讲述。全书共分“程序与文书制作”、“证据审查”、“庭审技能”、“综合能力”四大部分，并细化为186个问题。这186个问题几乎囊括了公诉人在执法办案中可能会遇到的各种典型疑难问题。这些问题中，既有修改后《刑事诉讼法》实施过程中产生的新问题，又有实践办案中经常会遇到的老问题；既有一些公诉“新人”易犯的常见“错误”，也有一些公诉“老人”难以吃准和把握的疑难问题。对于这些问题的研究和回答，既是作者对于这些问题深入思考的结晶，也是作者多年实践经验的总结，是一种“实践理性”和智慧。对这些问题的有效应对是一名公诉人职业素能的体现。对这些问题的研究和回答，也是提升公诉执法规范化水平的重要途径。本书采用大量的司法案例并结合办案随想，对于公诉行为进行了规范化解释和实践经验的总结，既可以为那些刚刚踏入公诉条线的检察人员提供一个快速入门的渠道，也可以为已经在公诉战线上奋斗数年的公诉人再次提升素能提供思路。

公诉人能力的提升不是一朝一夕的事情，优秀公诉人也不是凭空产生的。希望本书的出版，能够给公诉人专业技能的提升创造一种更为便捷的方式，使公诉人的宝贵经验能够得到有效传承，减少公诉人自行摸索而走的弯路，加快青年公诉人成长的步伐，缩短公诉人成熟的时间。也希望公诉人能够不断地学习，超越自我，追求卓越的人生！

是为序！

最高人民检察院一级高级检察官、全国检察业务专家

2014年8月8日

前　言

不知不觉，从大学本科毕业跨入检察行业已逾18年，期间当过反贪局副局长、民事行政检察科科长、公诉科科长，直到现在分管公诉工作。应当说，每项检察业务都有其自身的特色和规律。我的“三进公”经历中，印象最深的是自己刚从事公诉工作时的迷茫和工作三五年后如何进一步提升公诉业务水平的困惑。公诉工作，尤其是基层的公诉部门，几乎都是“铁打的营盘，流水的兵”，是新进人员的成长摇篮，是青年干部的培训基地。“青黄不接”、“参差不齐”是基层公诉部门的常态。加之案多人少的矛盾非常突出，即便有很好的“传帮带”机制，也很难及时为一线公诉人员答疑解惑。如何准确、快速、高效为一线公诉人提供思路和方法上的指引是每一位检察机关领导也是每一位公诉人不得不思考和迫切希望解决的问题。

正是带着这样一种初衷，我们组成了一个写作团队，从“程序与文书制作”、“证据审查”、“庭审技能”、“综合能力”四个方面本着“常见、典型、疑难”的原则对公诉工作中可能碰到的问题进行系统梳理，共梳理出186个问题，采用司法实例、办案随想等模式，循着问题导向、理论剖析、实例印证、总结提高的思路对公诉工作可能碰到的典型问题、疑难复杂问题进行“庖丁解牛式”的解答。问题导向方便读者查阅，每个问题又自成一体，有助于节省读者时间，提高效率，每个问题基本都有实际案例或者办案随想，有助于读者加深理解和增强信心。然后根据刑事诉讼流程，以方便读者查阅为原则进行体系编排。可以说，本书的每一个问题都是经过精心挑选和深思熟虑的。

这本书汇聚了一线公诉人在司法实践中普遍会遇到的一些疑难问题，也是曾经困扰着本书作者的一些问题，而公诉人就是在解决这些问题的过程中不断地积累经验，走向成熟。公诉人在适用修改后《刑事诉讼法》中遇到的一些新问题在本书中也有涉及。书中所举的都是司法实践中存在的案例，在问题的解决过程中，既有经验，也有教训。这本书的写作，是作者对其公诉工作的总结、反思和提炼，也展现了作者办案的心路历程。本书写作的内容完全是以问题为导向的，其“解题”方式也体现出明显的个人风格，公诉实践问题各式各样，读者可能更重要的是注意作者“解题”的思路和遵循的主要原则，这样在具体实践中才可以“不变应万变”，举一反三，即使遇到新的问题，也可以迎刃而解。我们希望结合自身一线实战体验，通过情景模拟的方式，将公诉工作中可能碰到的典型疑难问题进行深入解答，根据亲身经历和切身体会向读者深层次展示公诉工作的丰富内涵。当然，本书不可能穷尽所有公诉疑难问题，甚至也不敢说，我们的解决方案就是最佳的解决办法，但是笔者相信，读者通过阅读本书一定可以启迪思想，开阔视野。

本书可以作为新进公诉人员的岗位素能培养入门书籍，也可以作为普通公诉人遇到问题随手查看的案头书，还可以作为从事公诉工作三五年后，已经具备相当公诉经验的公诉人提高对公诉工作认识，提升公诉技能的指导用书。当然，所有关注公诉工作，希望了解公诉工作的人员都可以从本书中获取相当的信息。

最后，笔者想说的是，“智者千虑，必有一失”。虽然我们写作团队的每一个人都已经穷尽了我们的智力和精力，但是，我们还是不能保证我们的答案就是最适合您的，偶有挂一漏万之处，敬请批评指正！

潘申明

二零一四年八月一日于赣州

总目录

第一部分　程序与文书制作

第二部分　证据审查

第三部分　庭审技能

第四部分　综合能力

第一部分

程序与文书制作

一、审查阅卷基础

1. 如何理解审查起诉职能?

法律科班出身的本科生、硕士生一到检察机关，面临着工作岗位的安排。通常来说，选择攻读法学专业一般都喜欢当法官，而至于检察官，除了喜欢当请贪官“喝咖啡”的反腐精英外，法庭上唇枪舌剑的公诉人也许是最令人向往的。那么，公诉人的职责究竟有哪些？审查起诉阶段公诉案件承办人要完成哪些任务？这是每一个刚跨入公诉部门的检察官要了解和思考的问题。

(1)《人民检察院刑事诉讼规则（试行)》的明文规定

公诉人职责是代表国家惩治犯罪、保障人权。根据《人民检察院刑事诉讼规则（试行)》(以下简称《刑诉规则》) 第363条规定:“人民检察院审查移送起诉的案件，应当查明:（一）犯罪嫌疑人身份状况是否清楚，包括姓名、性别、国籍、出生年月日、职业和单位等；单位犯罪的，单位的相关情况是否清楚；（二）犯罪事实、情节是否清楚；实施犯罪的时间、地点、手段、犯罪事实、危害后果是否明确；（三）认定犯罪性质和罪名的意见是否正确；有无法定的从重、从轻、减轻或者免除处罚的情节及酌定从重、从轻情节；共同犯罪案件的犯罪嫌疑人在犯罪活动中的责任的认定是否恰当；(四）证明犯罪事实的证据材料包括采取技术侦查措施的决定书及证据材料是否随案移送；证明相关财产系违法所得的证据材料是否随案移送；不宜移送的证据的清单、复制件、照片或者其他证明文件是否随案移送；（五）证据是否确实、充分，是否依法收集，有无应当排除非法证据的情形；(六）侦查的各种法律手续和诉讼文书是否完备；(七）有无遗漏罪行和其他应当追究刑事责任的人；（八）是否属于不应当追究刑事责任的；(九）有无附带民事诉讼；对于国家财产、集体财产遭受损失的，是否需要由人民检察院提起附带民事诉讼；(十）采取的强制措施是否适当，对于已经逮捕的犯罪嫌疑人，有无继续羁押的必要；(十一）侦查活动是否合法；(十二）涉案款物是否查封、扣押、冻结并妥善保管，清单是否齐备；对被害人合法财产的返还和对违禁品或者不宜长期保存的物品的处理是否妥当，移送的证明文件是否完备。”

这十二项规定，我们认为大致可以概括为以下四个层面：

第一层面，是顺着侦查机关的思路，审核查明犯罪嫌疑人的身份、罪行、罪名、量刑情节以及应当承担的刑事责任。

第二层面，从监督侦查活动角度，着重审查侦查活动的合法性，非法证据排除，涉案款物是否到案，相关材料是否齐全。

第三层面，从惩治犯罪角度，看有无漏罪漏犯的线索，一旦发现，应积极追诉。

第四层面，从人权保障角度，看有无刑事附带民事诉讼，审核当前采取的强制措施是否适当，有无继续羁押的必要等。

（2）经验型的另类解读

根据笔者多年从事公诉工作的经验，认为作为一名公诉人在审查起诉阶段至少应该做好以下几个方面工作。

①熟悉案情，判断现有证据是否足以重建犯罪现场

审查起诉阶段是刑事诉讼承上启下的重要环节，侦查阶段已经结束，刑事证据基本收集完毕，侦查机关认为目前案件已经可以提起公诉。所以，公诉案件承办人第一个任务是审核相关证据材料。刑事诉讼中我们都知道“犯罪事实清楚，证据确实、充分”是定案的基本条件。那么，什么是证据确实、充分，《刑事诉讼法》有明确规定，但是，笔者认为最核心的是依据现有证据能否重建唯一性的犯罪现场。如果不能重建则便是证据没有达到确实充分，重建的犯罪现场是否是唯一确定的，还是存有多种可能性，如果有多种可能性，而且不同可能性之间对于犯罪嫌疑人定罪量刑将产生重大影响，那么，说明目前证据还不是确实充分，说明某个环节还存在问题，需要进一步补充证据；如果多种可能性对定罪量刑影响不大，则表明已经达到“基本事实清楚，基本证据到位”；而如果无论哪种可能，犯罪嫌疑人肯定构成犯罪，无非是犯罪数额或者其他情节上有差异，对定罪量刑有重大影响，那么，在穷尽所有手段后，可以根据存疑有利于被告人原则，就低认定。

②直接接触犯罪嫌疑人及其辩护人、被害人及其诉讼代理人，了解他们的内心动态

刑事司法解决的是犯罪嫌疑人的罪、责、刑的问题。司法工作说到底就是有关人的工作，要做好人的工作，就必须与这些人进行直接接触，了解这些人的内心。通过了解犯罪嫌疑人的内心，你可以判断他自己对供述或者辩解真实可信的程度，了解他今后在庭上是否会翻供，如果翻供，那么可能的翻供方向和理由会是怎样的。通过接触辩护人可以了解辩护人的性格特点，以及可能的辩护策略。通过了解被害人及其诉讼代理人，公诉人可以判断案件不同走向可能对被害人产生的影响，被害人内心的期望和容忍度，为公诉人作出最终处理决定提供参考。所以，在实践中，我们一直提倡承办人要尽量接触案件的相关当事人，犯罪嫌疑人要亲自提讯，被害人尽量能够直接听

取意见，哪怕是电话联系，其实也要比书面函寄过去要好得多。事实上，很多书面听取被害人意见的挂号信寄出去以后，最直接的“功效”是承办人可以把回单粘在文稿纸上后放入卷宗归档，以便证明公诉人对刑事诉讼程序规定的遵守，就听取被害人意见来说，很难在一个月的审查起诉期限内收到回复，虽然我们经常连同回寄的信封、邮票都附上。作为一名公诉人能直接与当事人沟通时，一定要直接沟通。因为直接沟通可以互动，信息量比较大，可以帮助你发现案卷材料中所没有的问题。亲力亲为是公诉人的一种工作方式，只有这样你才能取得第一手的材料，才能形成真正意义上的内心确信。

③认真对待不认罪的犯罪嫌疑人

在笔者负责公诉工作过程中，新进公诉人员最怕的就是犯罪嫌疑人翻供，一旦翻供就来问：没有被告人供述怎么办？笔者告诉他们，遇到翻供是公诉人应当高兴的喜事，为什么这么说？因为一旦犯罪嫌疑人翻供，则无非两种可能，一种是避重就轻，死不认罪，垂死挣扎，面对此种犯罪嫌疑人，那么对公诉人来说就是一场难得的考验自己的水平，提升自身办案能力的机会到来了——如何制服百般抵赖的犯罪嫌疑人是一名优秀公诉人应该具备的职业技能，而且，千人千面，通过与形形色色的“老赖”打交道，可以提升公诉人对人性的准确把握，充实人生阅历，增加生命厚重感。另一种是犯罪嫌疑人为还原真相，回归案件本来面目而翻供，对此公诉人更应该庆幸，因为你可能因为犯罪嫌疑人的翻供避免了一起冤假错案，也避免了在自己职业生涯上染上污点。所以，遇到犯罪嫌疑人翻供，公诉人最大的难题首先是判断是何种类型的翻供，然后再根据两种不同的情形区别对待。笔者一直认为办理公诉案件不怕发现矛盾，不怕发现证据与证据之间的冲突，最怕是表面风平浪静，最后翻江倒海，有些被告人一直认罪的错案真是无论哪个公诉人碰到，都很容易栽跟头的。认真对待不认罪的犯罪嫌疑人，因为这是上苍赐给你的“礼物”。

【办案随想】

2013 年媒体频频曝光冤假错案，各地冤假错案被集中纠偏，司法公信受到严重考量。虽然，我们对于冤假错案是零容忍，但是，在实践中有些案件也真是防不胜防。公诉人拿到的案卷材料，证据材料到位，犯罪嫌疑人一直供认不讳，公诉人问及有无刑讯逼供，犯罪嫌疑人也表示否认。而事实上，真正作案的是另有其人，只是他由于某种原因知情而已，或者案发后真正作案人将作案经过翔实告知，到案后，又一直供认不讳。碰到这样的案件，很难说不会栽跟头。所以，对于被告人翻供，我们公诉人应该庆幸，该来的总归要来，晚来（当庭翻供）不如早来（审查起诉阶段翻供）。

【司法实例1：罗某盗窃案】

这是一起非常简单的通过撬窗入户盗窃案件，涉案财物3000元，犯罪嫌疑人罗某从到案后一直供认不讳。但是有一天主诉检察官向笔者汇报，说是这起案件有点奇怪，犯罪嫌疑人供认不讳，说是撬窗入内的，但现场勘查报告显示，窗户没有被撬坏，而犯罪嫌疑人罗某咬定窗户栏杆被撬坏了。

【分析】

被告人供述和客观性证据发生冲突，而且这种冲突的产生应当排除主观记忆上的偏差，如何解释？当然是犯罪嫌疑人罗某的供述存在问题。但是，如果他的供述存在问题，那么他为何会一直供认不讳。

【处理结果】

后来笔者判断这起案件一定另有隐情，为了防止冤假错案发生，让他们与监所驻所检察人员联系。一方面承办人与犯罪嫌疑人罗某直接接触，告诉他这个冲突，看他如何解释？另一方面，安排驻所检察人员与罗某同监室的案犯谈话，了解内情。

承办人与罗某谈话没有进展，罗某坚持就是他实施的盗窃，窗户栏杆当时被撬坏了，而公诉人到现场去看了，的确没有被撬坏。驻所检察人员的约谈获取了新的信息，原来该盗窃案的确不是罗某实施，罗某是因为吸毒到案，怕被劳教，所以想找一个轻罪认了蒙混过关，真正的盗窃犯应该另有其人，但不知是谁。

在得知这一消息后，我们联系看守所，把罗某进看守所以后的所有同监室关过的案犯进行地毯式谈话。最后在一个已经送到杭州某监狱服刑的方某口中获得突破。原来罗某到案后，跟方某说了自己的想法，方某就把自己曾经犯的一起案件情况详详细细地告诉了罗某。罗某主动向看守所监管民警“坦白”，然后进行刑事立案。

事已至此，罗某不得不低下了头，最后我们对方某以盗窃罪提起公诉，对罗某以包庇罪提起公诉，法院依照起诉书指控的犯罪事实和罪名进行了判决。

该案中，对于犯罪嫌疑人罗某供认不讳，案值又不是很大，是否就判几个月算了，有没有必要去把事情搞清楚，的确是有不同声音的。对此，笔者认为罗某一直自认犯罪，关几个月，从情理上也是“自作孽”，是“罪有应得”。但是，真正的盗窃犯却因此逍遥法外，既然发现疑点，一定要坚持查到底，做到绝不放过一个坏人，也绝不冤枉一个好人。

查明真相后，对于罗某的处置也有不同的声音，有的人认为应该马上无罪释放。我们认为，本案的犯罪嫌疑人虽然本意是为逃避更长时间的劳教，采用顶替小罪的方式，就盗窃罪来说并非实施行为人。但是，其同时也明知如此做法会使真正的盗窃犯逍遥法外，主观上有包庇故意，客观上有包庇行为，可以构成包庇罪。而且，如此处理也是法律效果、社会效果最佳的。该案如此处理，无论法院还是两被告人均无异议。

④不要简单就案办案，而要充分履行法律监督职能

很多公诉人以案多人少矛盾比较突出为借口，认为公诉案件主要是“消化”案件，把案件办完就已经不错了。殊不知检察机关履行公诉职能更是法律监督机关，作为现实中以刑事检察为主业的检察机关，更要发挥公诉环节的法律监督职能作用，而能否达到此效果，关键要看审查起诉阶段的工作是否细致。在审查起诉阶段，发现证据不到位的，可以退回补充侦查；发现犯罪情节显著轻微的，可以不认为是犯罪的，可依法绝对不起诉；认为有非法证据的，可以直接排除；认为有遗漏罪行或者同案犯的，可以进行追诉漏罪漏犯。公诉人决胜在法庭，但决定法庭能否胜诉的基础工作在庭前，在审查起诉阶段。对于一名公诉人而言，刚入行时要着重提升的是办案能力，即如何把案件顺顺利利地办结。但是，如果作为一名优秀的公诉人则应在掌握办案技巧后，认真思考如何提升自身法律监督的能力和水平。即便在案多人少矛盾非常突出的情况下，也不能让“重办案，轻监督”的错误思想占据我们的头脑，误导我们的行动。

【司法实例2：张三等人盗窃案】

张三（女）和李四（男）合谋实施盗窃，由张三充当卖淫女，引诱被害人进入某暂住房，在被害人黄某宽衣解带之后准备与张三发生关系时，事先藏于床底的李四趁被害人不注意，从被害人的衣袋中窃取现金5000元。李四得手后即拨通张三手机，张三遂以其丈夫回来为由，拒绝与被害人继续发生不正当性关系。被害人不知被骗所以直接穿衣走人，因无须支付费用而未能及时发现其衣袋内财物遭窃。等到要用钱时，发现财物被窃，大呼上当，遂报警，案发。数日后，侦查机关抓获张三，李四逃脱，案件告破。侦查机关侦查终结后移送起诉，证据材料主要有：被害人陈述，表明在某日某地被一女性骗至暂住房，未发生关系，财物失窃5000元，认为肯定是该女性实施骗术，但未对女性和案发地点辨认；犯罪嫌疑人张三供述，承认在某地以站街为诱饵，引诱色男上当，与男朋友李四勾结，伺机窃取被诱男性财物，得手后找理由推脱走人，以免被诱男要付钱被当场发现的事实。其他证据只有案发地和暂住房的照片、赃款扣押和发还清单、户籍信息等。

【分析】

本案当时的承办人办结后拿上来审批，笔者问他：“你觉得本案事实清楚否？”他说：“很清楚，犯罪嫌疑人和被害人相互能够完全对应起来，证据确

实充分，而且只能有这些证据了。”笔者当时又问他：“你觉得他们两个人说的肯定是一回事吗？你确定这个女的只骗过一个男的？你确定当时案发地只有一个女的在站街骗人？你怎么确定女的所说的被骗男就是本案被害人？你又怎么确定被骗男所说的女的就是本案犯罪嫌疑人？两份笔录制作得如此简单粗糙，相互之间有明确的证据链接点吗？如果该犯罪嫌疑人当天骗了两个男的，金额一样，你确定她供述的就是这个被骗男的？如果当时有多个女的在站街，被害人又没有进行辨认，你确定被害人说的女骗子就是本案的犯罪嫌疑人？”总体而言，笔者认为这起案件的证据情况是似是而非，表面上看好像都对应起来了，其实相互之间并没有很好地形成完整证据链，应该退回补充侦查，强化各证据的内容，尤其是注意细节的完善，补强不同证据之间的连接点，着力构成控方证据链，明确证明结果的唯一性，排除合理怀疑。

【处理结果】

该案退回补充侦查，并根据笔者的意见拟定了详尽的补充侦查提纲：(1) 提讯犯罪嫌疑人张三，明确她站街的基本情况，案发当日她的着装、作案次数，围绕得手5000元人民币的特点，讯问这个数额的次数多否？有几次？每一次的基本情况？案发当日有几次？为何能够记得牢？让她回忆与被骗男接触的整个过程的细节，包括被骗男的着装、体型、谈吐等个性特点。(2) 再次询问被害人，让他回忆犯罪嫌疑人的体型、着装、语言，以及案发当时的具体细节。(3) 让犯罪嫌疑人对作案地点进行辨认，让被害人对案发地点进行辨认，组织他们进行相互辨认。侦查机关补充侦查以后，明确犯罪嫌疑人作案次数虽多，但单次得手5000元现金的并不多，所以印象深刻，当时5000元是放在一信封内的；从再次询问被害人得出他虽然不能再次清晰地辨认出犯罪嫌疑人，但是对于她是卷头发，基本年龄、外地口音、着装有比较明确的认识，确认5000元钱是单位发的奖金，是放在一个信封内的，双方对案发地的辨认基本一致，由此相互之间形成有效的、闭合的证据链。据此，对该案以盗窃罪向同级人民法院提起公诉。

【司法实例3：陈某被盗案】

一公诉人刚参加公诉工作不久，办理一起盗窃案件，其中一被害人陈某被盗家庭影院一套，后案发，赃物追回，案卷材料显示已经发还给被害人。但电话联系后，被害人声称没有收到发还的赃物。

【分析】

这是一个非常令人意外的信息，因为案卷材料中的赃物扣押清单和赃物发还清单清楚地显示家庭影院被追回和发还的过程，上面有包括被害人在内的相关人员签名。但是，既然被害人确定没收到，一定是另有蹊跷。公诉人仔细核对被害人询问笔录上的签名和发还清单上的签名，终于发现两个签名虽然很像，但还是存有差别。这是一起名不副实的，伪造证据材料，严重损害被害人权益的案件。

【处理结果】

经向公诉部门负责人汇报后，公诉人直接打电话给公安机关承办人。经查实，该音响还在派出所，因为案件诉得快，来不及发还，就直接代签了姓名。被害人拿到退还的家庭影院后表示非常感谢，公安承办人也为工作中的马大哈作风向被害人到了歉，并向检察机关作了充分说明。派出所领导也为工作中存在可能引发当事人、公诉人误解的不规范行为表示坚决改正，绝不允许再次发生。

（执笔人：潘申明）

2. 拿到案卷，首先应该注意哪几个问题?

拿到领导分给你的案卷材料，应该如何处理，新同志一般看册数和厚度，看到案卷材料多就惊叹不止，感到压力很大；案卷材料不多的就感到压力不大；而一些老公诉人则看一下封面，就把案卷材料放进柜子搁置起来，时间一长，可能忘了，审查起诉期限在不知不觉中已经快届满了，搞得很被动。那么，一个优秀的公诉人拿到案卷后究竟应该如何处理呢？

（1）认真阅读移送起诉意见书

移送起诉意见书是侦查机关侦查终结以后制作的终结性的对外法律文书，它是侦查机关根据侦查终结报告制作的，代表侦查机关的官方意见。公诉人拿到案卷后，务必认真阅读移送起诉意见书，了解案件的基本情况，包括被告人的人数、基本事实及所涉罪名等。

（2）要及时进行案卷材料和管辖权审查

发现案卷材料不符合规定或者管辖存在问题的，要及时跟案管部门提出，在收案 7 天之内退回侦查机关，不能受理。超过 7 天只能适用退回补充侦查，而《刑事诉讼法》规定，每起案件在审查起诉阶段只能退回补充侦查两次。而且，随意退回补充侦查可能会导致隐性超期羁押。如果发现管辖有问题的应马上由侦查机关移送，免去徒增的工作量，也便于保障犯罪嫌疑人权益。这是一个很有必要但却很容易被忽视的问题。

（3）根据案件事实和所涉罪名，思考可能会遇到的问题

思考移送起诉意见书中涉及的这个罪名，此种事实可能会涉嫌的罪名，相互之间的区别点在哪里？要带着问题去阅卷，因为只有这样，你才会每办一起案件都会有收获，才会逐渐成长。在没有成长为一名优秀公诉人之前，不要养

成拿到案卷先当故事书一样看一遍再说，过几天再看一遍，这种“看小说式”的阅卷方式容易让你产生惰性，降低你的办案效率。案卷材料中的一些主观性证据材料，如被告人供述内容也会先入为主，从而影响你的判断。

（4）阅读案卷不一定是从前到后，最好根据案件性质有所区分

比如说强奸案，主要有几个环节？有无发生性关系？是否违背妇女意志强行发生性关系？认定有无发生性关系，最好的是阴道拭子的检测或有短裤、精斑检测与被告人DNA比对，当然，如果被害人陈述和被告人供述都确认这一点也可以，对于是否违背妇女意志，除了看当事人双方笔录外，要结合案发的时间、地点、当时具体情形以及报案的时间等综合判断。阅读案卷不用从头阅读到尾，比如被告人供述在侦查机关十几次，有的需要精读，有的可以比较粗地浏览下就可以了。在拿到案卷的时候，公诉人只要结合不同类型的案件就主要证据材料阅读下，对案件有个基本判断就可以了。阅卷后如果觉得案件比较烦琐就要马上围绕棘手问题开始，不能搁置。阅卷后发现案件事实清楚，证据确实充分的可以按照时间顺序放一放，按照顺序逐次办理。要知道，公诉人手中积压的案件数量是很影响心情的。至于阅卷的方法，最基本的方法是摘要法，其次是归纳法，对于有多个犯罪嫌疑人、多笔犯罪事实的可以采用表格法。

【办案随想】

以前在司法实践中，一些公诉人，尤其是资深公诉人办理刑事案件多了，对于普通刑事案件都不放在眼里，拿到领导分配的案件，直接把案卷往柜子里一放。这一放就把7天时间放过去了，遇到管辖有问题的也不能再拒收了。现在实行检察机关统一业务应用软件，由案管部门统一受理案件，在案件的收案审查上会比以前由公诉内勤收案规范很多。但是，案管毕竟是形式审查，公诉部门还是需要在实体上审查，而由于多了一道环节，公诉部门的收案审查时间更短，公诉人更需要及时翻阅案卷。

一些公诉人喜欢根据领导分配案件的时间先后顺序来办理案件，在案多人少矛盾突出，办案压力很大的情形下，可能出现一个疑难复杂案件放了十几天以后才开始办理，结果导致办理时间紧张，只能草草收场或者不得不通过退回补充侦查向侦查机关借时间，浪费了司法资源，减弱了刑事司法程序的严肃性。作为一名公诉人应该熟悉手中的案件情况，然后根据轻重缓急调整好工作节奏。还有一些公诉人因为手中案件多，或者某些案件的确比较棘手，把一个案件放在手中“反复把玩”不下结论，在审查起诉期限甚至延长期限都要届满的最后一天中午，才战战兢兢地把报告递给部门负责人或者分管领导，这是很不明智的。于案件处理，这是丧失了最后的修正机会，是在将领导的军，逼迫领导只能在最短的时间内做出决定，进入下一个诉讼程序；与个人发展来

说，没有一个领导喜欢这样的承办人，既不会处理案件，也不会把握时间，不懂得尊重领导，如果遇到领导最后一天刚好出差开会，怎么处理？难道电话汇报，事后补签？凡事多从对方角度思考问题，留点余地，会更有利于工作，也更有利于自我发展。

（执笔人：潘申明）

3. 怎样高效、科学地审阅公诉案卷?

公诉人在阅卷时需要建立一个完整的方法论体系，在此前提下寻找解决实际问题的方法。只有形成系统化的方法，才可以在很大程度上提高公诉阅卷效率，方便阅卷人对阅卷重点、难点加以总结，形成便于考察、总结的模板。一般公诉案件阅卷有六种方法，下面详述之。

第一，摘录法。此法最为常见，主要是对案卷材料中各类证据的主要内容进行摘录，方便日后进行纵向（如多份犯罪嫌疑人供述与辩解、证人证言之间的比对）和横向（不同证据种类对同一犯罪情节所涉内容）相互比对。

第二，归纳法。此法最适用于犯罪事实清楚，被告人认罪的案件，主要是对于某一类证据比较稳定，采用摘录法阅卷工作量有点大的情况下，直接归纳提炼，在阅卷笔录或者审查报告中注明，如犯罪嫌疑人在侦查阶段共作 11 次供述，对移送起诉意见书所涉犯罪事实均供认不讳，供述稳定等。

第三，列表法。主要适用于多名犯罪嫌疑人、多个罪名、多笔犯罪事实的侵财型案件，可根据案情设计出一张表格 A4、A3 都无妨，然后将相关证据清单目录，所在侦查卷的页次，需要备注的内容等全部在一份表格上显示，使人一目了然，也方便对照检查。

第四，比较分析法。它是一种常规的方法，指对侦查卷中所包含的内容、形式进行分析，确认某一证据或者流程是否符合相关法律、法规规定，通过相关证据比较确认相似或者矛盾的证据，从而判断真假。比较分析法的步骤如下：第一步是比较程序。对阅卷提交程序进行比较、审核是比较分析法最有效的运用。审查侦查部门提供的案件在程序方面是否符合规定，可以在收案之初作出判断，或卷宗形式不符合规定，则阅卷人需要判断其违规程度，如果涉及非法证据、瑕疵证据，此时可以作出退回或者补强的决定，达到对证据初步筛选。第二步是优化材料。通过第一阶段对卷宗流程及证据的比较筛选，第二步是需要进行证据分类及构建证据锁链。阅卷人需要将侦查部门已经先行初步分类的证据进一步进行归纳，方便适用。如凶杀案件现场提取以下证据：一把剔骨刀，附着在刀上的两种血样，刀柄及现场采集的四枚指纹，鉴定机关对于上述证据的鉴定意见，犯罪嫌疑人的供述及辩解。其中犯罪嫌疑人供述及辩解归纳到直接证据中，各物证及鉴定意见为间接证据，其中刀、血样采集及意见为合法证据。第三步是有机整理证据。经过前面两个阶段后，流程已经相对合理了，证据也相对集中，阅卷人需要将证据重新整合，以构筑一个完整的逻辑链条。在这一过程中阅卷人需要分析所得证据及相关材料，将有联系且指向同一事实的证据整理出来，以主要证据为核心，次要证据辅助形成一个完整的证据链条。

第五，逻辑逆推法。它指在分析问题、寻找解决问题方法时，有意识从相反方面去考虑的思维方法，即“由果索因”法。阅卷人所做的工作是从所阅的卷中寻找与案情相符合的证据或者流程，由此推知事实真相以期达到阅卷人内心确认的证明程度，最终确定起诉还是不起诉以及如何起诉。逻辑逆推法的步骤如下：第一步是选择用以逻辑逆中推的材料。公安机关或者检察机关自侦部门提交的公诉卷宗是用以逆推的证据材料，它能够表明案件事实的一些情况。阅卷人要善于发现卷宗中的证据疑点，除了运用经验外还需要运用比较分析、情境分析等方法对材料进行筛选和选择。第二步是组合材料形成证据锁链。阅卷人自行将其组建成有机结合的材料链条，形成系统的有说服力的逻辑体系。若对阅卷所得材料进行有机结合形成完整的逻辑体系，能清晰明确地证明案件发生原因及情形，则会使公诉阅卷人达到内心确认进而提起公诉。第三步即是由“果”推“因”。阅卷所得的结果并不能直接确定为“果”。在收集足够材料使阅卷人达到内心确认后即可。由“果”推“因”并不是简单地由B推知A，事实上一个结果可能由数种原因导致，所以推论出来的原因也各不相同，甚至出现矛盾的情形，这就需要阅卷人进行综合归纳分析。

第六，情境代入法。它是指将所得证据代入假想情境中，阅卷人依自由心证判断假想情境是否会实现，实现即可以确认该证据为具有证据力之证据，反之加以排除。情境代入法的步骤有：第一步是筛选推导所得原因。情境代入法具有较大的主观性不能单一运用，必须经过比较分析、逻辑逆推所得出的结论为基础。因此情境代入法对前置程序要求较严，运用该方法首先要保证的是经过前述方法得到的案件发生、发展原因具有客观及严密性，保证案件起始原因推导的客观及严密性，这样才有进行情境代入检验和推测的必要。第二步是选定案件原因按事件发展流程代入。在经过筛选，确定可能的原因之后，将此原因定为事件发生原因，然后结合手头上掌握的材料按照事件一般发展流程进行代入。如在审阅某故意杀人案件时，已经确定的被害人所受创伤为刀伤两处、颈部勒痕一处，由这些可以推知被害人死亡直接原因在于刀伤或者窒息，将上述推论作为起点，代入其他证据：地板上喷溅式血液照片、说明被害人因窒息死亡的尸检报告、血液流淌、堆积处被害人挣扎所导致的痕迹采集等。由上述证据总结得出被害人死亡原因为窒息。第三步是对不符合事件发展规律情形的证据处理。运用情境代入法检验会得到不同的结果。第一种是代入所设定的情境能使事件发展顺畅，且不会与其他证据相冲突，在此情况下一般可以对该证据加以认定，并进行下一步推论。第二种情况是将证据代入后明显阻碍事件发展，与前置程序得出的结论不符合，则需要考虑该证据是否适格，或者前置程序推出的结论是否正确。第三种情况是该证据代入后虽然能支持事件发展但是却因为程序要求或者证据本身不足以完整支持该流程，则需要进一步完善证据形成证据链达到法律对证据的要求。

【司法实例：陈某等人非法拘禁案】

2012年12月16日15时许，犯罪嫌疑人陈某和张某驾车在某俱乐部汽车站碰见被害人李某，陈某遂以被害人李某和其朋友肖某欠其财产为由，将李某带至某酒店427房间内并将门反锁，并强迫李某打电话立即寻找肖某还钱，同时犯罪嫌疑人陈某为防止李某逃跑又打电话将犯罪嫌疑人温某叫至该房间帮忙看住李某。随后陈某伙同温某强行将李某带至一茶馆与肖某进行谈判，并于晚上8点钟左右返回了酒店427房间，继续将李某限制在房间内让其偿还5000元钱，并威胁李某说“不还钱就不准离开房间”。同时为了防止李某逃跑，温某按陈某的指示抬凳子堵在房间门口睡觉。次日，李某在陈某的威胁下给朋友王某打电话找钱，王某在请求陈某放了李某未果后被迫向公安机关报警。2012年12月17日16时许，公安机关接到报警后在该酒店427房间内将被害人李某解救，并将犯罪嫌疑人陈某和温某当场抓获。

认定上述事实的证据有：

1. 犯罪嫌疑人陈某的供述，供述了因李某欠自己钱，而将其带至酒店，与温某共同将李某非法拘禁的犯罪事实。

2. 犯罪嫌疑人温某的供述，供述了自己与陈某非法拘禁李某的犯罪事实。

3. 被害人李某的陈述，陈述了因自己欠陈某钱，被陈某等人非法拘禁在酒店的事实。

4. 王某的证言，证实了自己从李某处得到李某被陈某等人非法拘禁的事实。

5. 肖某的男朋友罗某的证言，证实了陈某等人找肖某还钱的事实。

6. 肖某的证言，证实了陈某等人找她还5000元的事实。

7. 张某的证言，证实因李某欠陈某的钱而被陈某带至酒店，以及陈某把温某叫至酒店的事实。

8. 辨认笔录证实两名犯罪嫌疑人辨认出被害人陈某拘禁的地点。

承办人在接手该案后，应按照如下步骤完成阅卷工作：

（1）形式审查

公诉人首先应对公安机关移送的案卷进行形式上的审查，本案中两名犯罪嫌疑人均被采取强制措施，于2013年1月22日被取保候审，应着重审查立案决定书、取保候审决定书、起诉意见书等诉讼文书是否齐全，证据清单中的证据是否随案移送，有无瑕疵或纰漏行为。

（2）实质审查

定罪审查。首先，审查犯罪主体，犯罪嫌疑人陈某和温某均为已满18周岁的成年男子，能够承担完全刑事责任。其次，该案比较简单可以从口供入手，陈某、温某对其非法拘禁李某的事实供认不讳，并供述自己想通过拘禁债务人李某得到欠款，与被害人陈述基本吻合，属于无争议的口供。再次，与其他证据相互印证，张某、王某、罗某和肖某4人的证言，证实两犯罪嫌疑人将李某带至酒店拘禁，并要其四处打电话借钱的事实，基本能够还原整个犯罪过程。最后，两名犯罪嫌疑人辨认了拘禁李某的地点，补强了证据链。

综上，上述证据足以证实犯罪嫌疑人陈某、温某采取强制手段非法剥夺被害人陈某人身自由的犯罪事实，其行为已经构成非法拘禁罪。本案中，犯罪嫌疑人在拘禁被害人过程中并未使用明显的暴力行为，同时被害人还有通过电话与外界联系的自由，时间也只有十几个小时，但这些情节不足以影响本案的定罪。因为本案中两犯罪嫌疑人将被害人监禁于一定场所，使其不能或明显难以离开、逃出的行为是非常明显的，而李某确实在其有形与无形的威胁下四处打电话借钱却不能离开房间半步，其人身自由受到了限制。在本案中陈某起主要作用，系主犯，温某起次要作用，系从犯。酌定量刑情节：在非法拘禁期间犯罪嫌疑人未使用暴力；拘禁的时候短，只有十几个小时；陈某有前科，2000年因过失杀人罪被判处有期徒刑4年；两名犯罪嫌疑人的认罪态度较好。

（3）案件的处理

本案中犯罪嫌疑人陈某、温某非法剥夺李某的人身自由，其行为已构成非法拘禁罪，应当起诉。且犯罪嫌疑人陈某系主犯，温某系从犯，陈某有前科，为保证诉讼程序正常进行应对其二人实施逮捕。

（执笔人：张蕾）

4. 如何在审查起诉阶段听取被害人意见？

作为审查起诉阶段的必经程序，公诉人在审查案卷材料后，无论是否对案件事实和证据存在疑问，都必须依法保障被害人及其诉讼代理人的陈述意见权。因此在审查起诉阶段听取被害人意见是很有必要的，而且必须依法严格进行。那么在听取被害人意见时作为公诉人要注意哪些事项呢？

第一，要注意听取被害人意见的时间。听取意见作为人民检察院审查案件的必经程序，应为自收到案件材料之日起3日以内，而且应在审阅案卷材料和讯问犯罪嫌疑人后才能进行。

第二，听取被害人意见的法定程序。首先必须由两名以上检察人员进行，而且在听取过程中须出示人民检察院的证明文件，听取前要告知被害人或其诉讼代理人应当如实陈述的法律义务；其次在听取多名被害人意见时必须分别进行。

第三，听取被害人意见的方式和方法。作为公诉人，在听取未成年被害人意见时应通知其法定代理人或监护人在场，而且要考虑被害人的生理和心理情绪变化，由于被害人曾遭受犯罪行为的侵害，公诉人要体谅其境遇，不能产生厌烦心理，要耐心倾听。要注意保护被害人的名誉，解除其思想顾虑，使其如实、大胆陈述。

第四，要注意审查和辨别被害人陈述的真伪。由于被害人与案件有切身的利害关系，因此可能存在某些被害人因为个人恩怨而故意夸大或者捏造事实，还有可能因为遭受犯罪行为的侵害导致精神高度紧张、情绪激动而发生认识上、记忆上的错误而作出有偏差的描述；还可能因为受到威胁、利诱或出于自身名誉、利益的考虑，不敢或者不愿陈述案件的真实情况。因此，公诉人在听取被害人陈述时要注意审核和辨识，只有结合其他证据综合判断被害人陈述的真伪，才能使被害人的陈述在法庭上能发挥证明案件事实的作用。

第五，听取被害人意见要与案件相结合，注意询问内容的完整性，在司法实践中需要询问以下几点：（1）被害人控告犯罪和对案件事实的陈述，包括案件发生的时间、地点，犯罪嫌疑人的特征及犯罪嫌疑人所使用的犯罪工具、手段，以及被害人被犯罪行为侵害的情况、后果等。（2）被害人对刑事诉讼活动特别是对侦查活动是否合法的意见及是否要求办案人员回避的要求。（3）被害人对案件处理的意见，包括是否同意达成刑事和解，是否请求作不起诉或向人民法院提出从重、从轻的量刑建议。被害人对物质损失情况的认定，是否提起附带民事诉讼和要求赔偿的数额、方式的意见。（4）被害人提出的委托诉讼代理人、法律援助请求以及对案件有关物品价格、伤情鉴定等意见，是否申请补充鉴定或重新鉴定的要求等。

【办案随想】

在司法实践中，公诉人在听取被害人意见时要注意策略和技巧。一要对被害人警告在前。承办人在听取前必须要告知被害人说假话、作伪证应承担的法律责任。二要在询问时注意察言观色。在听取被害人意见时要聚精会神，将注意力高度集中到其话语上，听清每一句话，边听边记，做到不遗漏、不误解。

要排除一些情绪性字眼的干扰，把注意力集中到所叙述的内容上，要善于听音辨调，发现言外之意，注意观察动作手势、面部表情等非语言信号。三是适时结束。如果听取对象只是重复已经提出的意见或涉嫌肆意攻击、诬告陷害，应当予以制止，或及时结束听取意见的过程。随着人们法律意识的增强，被害人的诉求越来越趋向于多样化，公诉人答复被害人时必须讲究方法。针对被害人提出的意见，要耐心解释，对符合法律规定的指控，又有证据证明的，检察机关应当制作在起诉书中，对于不符合法律规定的不合理的诉求，应履行向被害人告知、解释的程序。特别是对被害人无理地提出过高的赔偿数额要求的行为，要及时说服其放弃没有依据的请求，并向其阐明相关的理由。总之，既不能推诿、敷衍，也不能一味地迎合被害人的期望和要求，作出过分承诺。另外还需要注意公诉人与被害人的意见产生分歧应如何处理。在一般情况下，公诉人的指控与被害人及其诉讼代理人的要求是一致的。但是个别情况下，被害人所作的陈述或意见与起诉书指控内容或公诉人的意见不一致，甚至会产生较大的分歧。对于这种情况，公诉人应高度重视并积极应对。在公诉实践中经常遇到的主要是被害人对起诉书认定的事实或情节提出异议；被害人对起诉书认定的案件性质提出异议，大多表现为认为罪行认定过轻；被害人对是否追究同案人的刑事责任与公诉人意见不一致；被害人对物质损失赔偿数额提出异议，多表现为对数额估计过高。对于上述分歧意见，公诉人应坚持积极主动、区别对待、依法依理、说服教育的原则，处理分歧意见的方法应灵活多样。

（执笔人：张蕾）

5. 审查起诉阶段处理犯罪嫌疑人脱逃情形时应注意哪些问题？

（1）不能中止审查

最高人民检察院于2012年11月22日发布的《刑诉规则》删除了最高人民检察院关于“中止审查”的规定。因此，在审查起诉阶段犯罪嫌疑人未能到案的，将案件“中止审查”将不符合司法解释的规定，不能适用。

（2）要求侦查机关采取措施保证犯罪嫌疑人到案

虽然根据《刑诉规则》第153条的规定，人民检察院案件管理部门在受理案件时，应当接收案卷材料，并立即审查犯罪嫌疑人是否在案以及采取强制措施的情况。但是，人民检察院的案件管理部门并不会对犯罪嫌疑人被取保候审的案件逐个核实是否能取得联系，是否在案。客观上公诉人无法联系上犯罪嫌疑人的情况也会出现。

因此，对于侦查机关移送审查起诉的案件，如果犯罪嫌疑人脱逃的，应当根据《刑诉规则》第154条第3款的规定，要求侦查机关采取措施保证犯罪嫌疑人到案后再移送审查起诉。

公诉人还可查看案卷的整个卷宗包括封底、封皮上、案卷中是否留有犯罪嫌疑人或其亲属的联系电话等，联系电话均无法联系上的，可让公安机关的案件承办人继续寻找。公安民警通常可以根据当地与犯罪嫌疑人有关系的社会关系人等进行寻找和联系，有时也可以找到犯罪嫌疑人。有的犯罪嫌疑人因为被治安拘留、强制戒毒等公诉人通常是无法联系的，而公安机关的民警可以通过内部的信息网络找到犯罪嫌疑人被关押的场所，可以帮助公诉人找到犯罪嫌疑人。

(3) 退回补充侦查或开展追捕

如果通过种种方式，公安机关也无法找到犯罪嫌疑人的，人民检察院应当及时全面审阅案卷材料。经审查，对于案件事实不清、证据不足的，可以根据《刑事诉讼法》第171条第2款、《刑诉规则》第380条的规定退回侦查机关补充侦查。有的犯罪嫌疑人是为逃避刑事法律追究而故意改变联系方式，隐匿起来。公诉人应及时要求公安机关开展追捕活动，公安机关可以将犯罪嫌疑人上网追逃，或者提请检察机关批准逮捕犯罪嫌疑人。

（执笔人：刘浪）

6. 审查起诉阶段对犯罪嫌疑人继续取保候审的，原取保候审决定如何处置?

最高人民法院、最高人民检察院、公安部、国家安全部《关于取保候审若干问题的规定》第22条规定："在侦查或者审查起诉阶段已经采取取保候审的，案件移送至审查起诉或者审判阶段时，如果需要继续取保候审，或者需要变更保证方式或强制措施的，受案机关应当在七日内作出决定，并通知执行机关和移送案件的机关。受案机关决定继续取保候审的，应当重新作出取保候审的决定。对继续采取保证金方式取保候审的，原则上不变更保证金数额，不再重新收取保证金。取保候审期限即将届满，受案机关仍未作出继续取保候审、变更保证方式或者变更强制措施决定的，执行机关应当在期限届满十五日前书面通知受案机关。受案机关应当在原取保候审期限届满前作出决定，并通知执行机关和移送案件的机关。"第23条还规定："原决定机关收到受案机关作出的变更强制措施决定后，应当立即解除原取保候审，并将《解除取保候审决定书》、《解除取保候审通知书》送达执行机关，执行机关应当及时书面通知被取保候审人、保证人；受案机关作出继续取保候审或者变更保证方式的，原取保候审自动解除，不再办理解除手续。"由此看出，公安机关将案件移送人民检察院审查起诉后，检察院需要继续取保候审的，应当重新作出取保候审决定书并通知公安机关，公安机关采取的取保候审自动解除，不再办理解除手续；当人民检察院作出变更强制措施的决定时，应当通知公安机关，公安机关应当立即解除原取保候审，并将《解除取保候审决定书》、《解除取保候审通知书》送达执行机关，执行机关应当及时书面通知被取保候审人和保证人。

【办案随想】

取保候审在设计时具有权利保障、替代羁押、保障诉讼顺利进行的功能。但在司法实践中却发生异化，我们只有正视才能寻找机会解决。首先，取保候审成为一种最终判决的“预断”。在实践中，取保候审的适用是否与法院的最终判决存在关联，此时的取保候审不仅仅作为一种程序上的强制措施而具有一种实质上犯罪性质判断的意味，甚至包含了预断的功能。此时反映出取保候审并没有按照立法者的意图被正确地运用，侦查机关将取保候审的适用与最终可能的判决联系在一起，已然使得取保候审的程序性功能发生了实体化的转变。其次，取保候审异化具有预防犯罪的功能。根据最高人民检察院和公安部的规定，对于犯罪嫌疑人、被告人可能继续实施犯罪行为、危害社会的，应当逮捕。该规定赋予公检法机关对拟被取保人是否具有社会危险性的审查权，对具有潜在社会危险性的犯罪嫌疑人、被告人，出于对社会安全利益的保护，排除适用取保候审。而立法机关人员对“社会危险性”的解释中，同样将“又犯罪”作为判断“社会危险性”的标准。如果说刑事强制措施防止被追诉者对举报人、被害人、证人进行打击报复还算得上是其程序保障功能的表现的话，那么，预防被起诉者继续犯罪和教育被适用强制措施的人、社会不稳定分子乃至社会公众则明显地有悖于强制措施的程序本质，带有浓厚的实体化色彩，此时取保候审具有预防犯罪的功能。最后，取保候审成为变相结案的手段。在司法实践中，即使采用取保候审这一措施通常也不是没有逮捕必要，而更多是出于有罪证据不足或罪与非罪难以把握的情况下为避免错案责任的追究所作出的趋利弊害的选择，是为给一些有犯罪嫌疑但无证据或者有嫌疑但难以认定的案件寻找出路。另外在实践中存在办案机关应当作出撤销案件、不起诉、终止审理等决定，出于办案机关的考核制度等原因，以取保候审的名义将案件暂时搁置起来，作为不追究刑事责任案件的一条出路。

（执笔人：张蕾）

7. 公诉案件撤回起诉后会产生怎样的效力？

2013 年 1 月 1 日实施的最高人民法院《关于执行〈中华人民共和国刑事

诉讼法〉若干问题的解释》第181条第1款第5项规定，“法院裁定准许撤诉的案件，没有新的事实、证据，重新起诉的，应当退回人民检察院”。由此可见撤回起诉仍然属于人民检察院可以进行的合法诉讼活动。最高人民检察院制发的《关于公诉案件撤回起诉若干问题的指导意见》进行了修改，明确规定“对撤回起诉的案件，人民检察院应当在撤回起诉后三十日内作出不起诉决定。需要重新侦查的，应当在作出不起诉决定后将案卷材料退回公安机关，建议公安机关重新侦查并书面说明理由。对于撤回起诉的案件，没有新的事实或者新的证据，人民检察院不得再行起诉”。上述司法解释对撤回起诉后的案件处理方式以及再行起诉的条件作出新的规定，亦是进一步确定撤回起诉诉讼活动的实践操作性，有助于指导司法实务部门准确适用撤回起诉制度。

那么公诉案件撤回起诉后会产生什么样的法律效力？这个问题在学界一直存在争论。第一种意见认为撤回起诉是诉讼终止的一种法律形式，撤回起诉决定书即相当于不起诉决定书。第二种意见认为撤回起诉的法律后果是中止正在进行的审判程序，但并非终止。第三种意见认为撤回起诉目前只是检法两家对公诉案件的内部操作规则，因其无法源性，准许撤回起诉的裁定或按撤诉处理的决定不具有对外效力。

对于公诉案件撤回后所具有的法律效力，笔者认为刑事诉讼活动并不只有审查起诉这单一阶段，公安机关的侦查、人民法院的审理理当属于刑事诉讼活动的重要环节，因此检察机关的单向撤回起诉活动并不能当然导致整个刑事诉讼活动的终结，其仅可能导致审理活动的停止，使得刑事案件停止进入审理环节。该条规定表明撤回起诉后，检察机关应当作出不起诉决定，后可建议重新侦查，同时若有新的事实或者新的证据，检察机关亦可再行起诉。这也正是最高人民检察院对于撤回起诉的规定进行修改的重要原因。

综上，撤回起诉的效力会产生审理终止的效力，而非诉讼终止。检察机关撤回起诉产生终止审理的效力后，将会出现哪些诉讼局面呢？主要有以下几方面：首先肯定要作出不起诉决定。检察机关应当在撤回起诉后30日内作出不起诉决定，其中包括法定不起诉、酌定不起诉、存疑不起诉和未成人的附条件不起诉。此时检察机关应当根据撤回起诉的法定理由作出与之相对应的不起诉决定，而不能与撤诉的理由相违背。其次是有可能会建议公安机关重新侦查，当撤回起诉基于犯罪事实并非被告人所为，或者证据不足、证据发生变化，不符合起诉条件的事由时，检察机关可以在作出不起诉决定后，退回公安机关建议重新侦查。最后有可能再行提起公诉。除非有新的事实或者新的证据，否则检察机关不得再行起诉，这实质上就意味着再行起诉的前提是基于公安机关的重新侦查取得突破，解决了之前撤回事由的困境，从而才可能成就检察机关的再行提起公诉。

（执笔人：张蕾）

附：

1. 一审普通程序公诉案件审查报告样本

公诉案件（一审）审查报告（普通版样本）

关于犯罪嫌疑人________涉嫌________案件的审查报告

收案时间：________年________月________日

案件来源：________

移送案由：________（涉嫌罪名众多的，可写明几项主要罪名，后用“等”字概括）

犯罪嫌疑人：________（犯罪嫌疑人众多的，可写明主要的几名，后用“等”字概括）

强制措施：逮捕羁押（或取保候审，监视居住）在________（注明地点，一案多人的，可简单注明逮捕或取保候审、监视居住几人即可）

________（注明侦查机关或部门名称）办案人：________、________联系电话：________（若侦查机关办案人很多，可写明主要的两名办案人）

________（注明检察院院名及公诉部门处或科名称）办案人：________、________

办案人意见：________（简要写明审查结论，如是否构成犯罪、构成何罪等以及处理意见如起诉、不起诉等）

________（侦查机关或部门名称）以________号起诉意见书移送我院审查起诉的犯罪嫌疑人________涉嫌________一案（如果案件是其他人民检察院移送的，应当将改变管辖原因、批准单位、移送单位以及移送时间等写清楚），我院于________年________月________日收到卷宗________册，证物________。依照《刑事诉讼法》的有关规定，于________年________月________日告知犯罪嫌疑人依法享有的诉讼权利；于________年________月________日告知被害人及法定代理人或者近亲属、附带民事诉讼的当事人及其法定代理人依法享有的诉讼权利；已依法讯问犯罪嫌疑人，询问证人，听取被害人和犯罪嫌疑人、被害人委托的人的意见，以及进行补充鉴定、复验复查、庭前证据交换等（对于《刑事诉讼法》明确要求履行的程序，如告知权利，讯问犯罪嫌疑人，听取被害人以及辩护人、被害人委托的人的意见等，审查起诉中必须严格履行，因此在审查报告中也必须写明；而对于《刑事诉讼法》没有强制性要求的，则应当根据办案的实际情况，进行了哪些工作，就写明哪些)，并审阅了全部案件材料，核实了案件事实与证据。其间，退回补充侦查________次（注明退补时间，重新移送时间；若有自行补充侦查也在此叙明）；提请延长审限________次（注明提请时间，批准期限）。现已审查终结，报告如下：

一、犯罪嫌疑人及其他诉讼参与人的基本情况

1. 犯罪嫌疑人基本情况。犯罪嫌疑人________（曾用名________，与案情有关的别名________，化名________，绰号________），男（女），________年______月______日出生（犯罪时年龄________岁），（系盲、聋、哑人等特殊情况的在此注明），身份证号码________________________________，________族，________文化程度，职业（或工作单位及职务）________，住址________（居住地与户籍地不一致时，用括号注明户籍所在地）。曾受到过行政处罚、刑事处罚的时间、原因、种类、决定机关、释放时间等情况。

（犯罪嫌疑人自报姓名无法查实的，应当注明系自报；犯罪嫌疑人系人大代表的，写明罢免情况；外国人涉嫌犯罪的，应注明国籍、护照号码、国外居所；单位涉嫌犯罪的，应写明犯罪单位的名称、所在住址、法定代表人或代表的姓名、职务，诉讼代表人的姓名、职务，应当负刑事责任的“直接责任人”，应按上述犯罪嫌疑人基本情况书写，对于单位实际经营地址与注册地不一致的还应当注明实际经营地址）

犯罪嫌疑人________因涉嫌________罪，于________年______月______日被________执行刑事拘留，________年______月______日经________院批准（或决定），于________年________月________日被________执行逮捕，先羁押于________市________看守所（或取保候审，监视居住在________）。（在审查起诉阶段依法改变强制措施的，应在此部分体现，并写明改变强制措施的时间、内容和理由）

2. 辩护人基本情况。写明辩护人姓名、性别、年龄、工作单位及职务或职业，与犯罪嫌疑人的关系，通讯方式等；辩护人是律师的写明所属律师事务所（一案多人的，在每个犯罪嫌疑人基本情况后列明其辩护人）。

3. 被害人基本情况。写明被害人姓名、性别、年龄（系未成年人的注明出生年月日）、民族、现住址、被害情况等，被害人情况不清楚的，予以说明（多名被害人的，概括说明涉及多少被害人、主要情况等）。

4. 委托代理人的基本情况。写明参与诉讼的身份、姓名、性别、年龄、民族、住址、职业或者工作单位及职务，与被害人有关的通讯方式等。

5. 附带民事诉讼原告人情况。个人的，写明姓名、性别、年龄、民族、文化程度、职业或工作单位及职务、住址、通讯方式等；单位的，写明单位全称、所在地址、法人代表姓名、职务、通讯方式等（无附带民事诉讼的，或附带民事诉讼原告人与被害人相同的，此部分省略）。

二、发、破案经过

综合全案证据材料，客观叙写本案发案、立案、破案的时间、经过等情况，特别是犯罪嫌疑人的到案经过。

三、侦查机关（部门）认定的犯罪事实与意见

将侦查机关（部门）认定的犯罪事实和处理意见全面高度概括叙明，注意内容要忠实于移送起诉意见书，可以进行必要的归纳和概括。

四、相关当事人、诉讼参与人的意见

1. 被害人意见；
2. 被害人委托的人的意见；
3. 辩护人意见。

（如实扼要地反映上述相关当事人、诉讼参与人对案件事实、证据、定罪、量刑等问题的观点和对案件处理的意见）

五、审查认定的事实、证据及分析

［写明经审查后查明的事实和具体的证据。具体要求如下：

1. 事实叙写。（1）犯罪事实要按照犯罪构成来叙写。（2）凡是影响定罪量刑的事实、情节都应当叙述清楚，尤其不能遗漏关键的事实、情节。具体包括作案的时间、地点、动机、目的、实施过程、手段、犯罪情节、危害后果，以及犯罪嫌疑人作案后的表现如有无坦白、自首、立功、退赃等事实和情节。（3）对于共同犯罪，各同案人的地位和作用应在事实中得到呈现。（4）注意不要在认定的事实中夹杂一些与定罪量刑无关内容。

2. 证据摘录。（1）在此摘录的证据应当是经过审查复核后查证属实的。对于不能采信的证据在后面综合分析论证时指出。（2）证据要按照先客观性证据即物证、书证、勘验或者检查笔录、鉴定意见、视听资料等，后主观性证据即证人证言、被害人陈述、同案人供述和犯罪嫌疑人供述和辩解等的顺序具体列举，以客观证据为基石构建证据体系。（3）在证据名称后用括号分别注明每份证据的来源和特征，包括取证主体、取证时间、地点、取证程序、证据材料表现形式以及证据与证据之间关联性等。（4）摘录证据既要具体、全面，又要突出关键点，对于言词证据可以进行必要的归纳、概括。（5）摘录每份证据的具体内容后，要对其所证明的事项进行必要的说明，并对证据本身及证据与证据之间是否存在问题以及存在的问题是否影响对案件事实的认定等进行必要的分析，以确认所摘录的证据客观属实。如说明单个证据经审查发现的证据能力及证明力问题、证据变化及复核补证情况等，借此客观的呈现该证据的全貌，为证据体系的整体评价奠定基础。（6）对于分组举证的，还要在每组证据全部摘录和分析后，对该组证据所证明的事项作小结和说明。（7）要兼顾定罪证据和量刑证据的全面收集，为量刑建议打好事实证据基础。

3. 综合分析论证。全案证据摘录后，要对全案所有证据的证明力、客观性、合法性以及证据之间能否相互印证，证据与事实之间是否具有关联性，全案证据能否形成完整的证据链条等进行综合分析论证，对于证据之间存在矛盾的，应结合证据体系说明矛盾是否能够排除；对于案件非主要事实及情节不够清楚的，应说明该非主要事实、情节是否影响案件基本事实及主要情节的认定，从而得出所建立的证据体系是否完善、事实是否清楚、证据是否确实充分，是否足以得出唯一的排他性认定的结论。另外，对于不真实的或者不能采用的证据要在此指出，对于不能认定的事实和情节，应当作出有根据、有分析的说明，尤其是对有争议的事实和证据，如与侦查机关认定事实、采信证据不一致，或者是否应当采纳辩护人、被害人、诉讼代理人等对案件事实、证据的意见等，更要重点分析论证。

4. 对于一人多罪、多人多罪等复杂案件，应当采取一事一证一分析原则。对其中犯罪手段、危害后果等方面相同的刑事案件，在叙写案件事实时，可以先对相同的情节进行概括叙述，然后再逐一列举出每起犯罪事实的具体时间、结果等情况，不必详细叙述每一起犯罪事实的过程，只要能够达到保持案件事实明确的目的即可，但是在列明证据时，仍应当按照一事一证的方式，将每一起案件事实的证据列明，以保证能够清楚、完整地表述所认定的每一起案件事实的具体证据情况。

5. 对于事实不清、证据不足的案件，应当根据案件具体情况，将经审查查清的事实、证据以及未查清的事实、证据都一一写明，并分析事实不清、证据不足的具体情况。]

六、需要说明的问题

此部分主要是审查报告其他部分无法涵盖而办案人认为需要说明或者报告的事项，包括：

1. 案件管辖问题；

2. 追诉漏罪、漏犯情况；

3. 共同犯罪案件中未一并移送起诉的同案人的处理问题；

4. 进行刑事和解情况；

5. 敏感案件预警或处置情况；

6. 侦查活动违法及纠正情况；

7. 有碍侦查、起诉、审判的违法活动及解决情况；

8. 扣押款物的追缴、保管、移交、处理情况；

9. 被害人及附带民事诉讼原告人、被告人及其亲属以及人民群众对案件的处理有无涉法、涉诉上访问题及化解矛盾情况；

10. 结合办案参与综合治理、发出检察建议等相关情况；

11. 需要由检察机关提起附带民事诉讼问题；

12. 案件经过沟通、协调情况，领导批示情况；

13. 办案人认为需要解决的其他问题等。

七、办案人意见

1. 对全案事实证据情况的意见：结合全案事实、证据情况，对犯罪事实是否清楚、证据是否确实充分提出结论性意见。因为在“五、审查认定的事实、证据及分析”部分已对事实证据进行了综合分析论证，因此此部分无须重复分析论证，但可以根据具体情况简要概括认定的事实和证据，重点在于作出犯罪事实是否清楚、证据是否确实充分的结论性意见。

2. 对案件定性和法律适用的意见：依据案件事实、情节和法律法规、司法解释等相关规定，对罪与非罪、此罪与彼罪、一罪与数罪等问题进行分析论证，提出明确具体的定性及法律适用意见。

3. 量刑建议：根据犯罪的事实、犯罪的性质、情节和对社会的危害程度，在综合考虑案件从重、从轻、减轻或者免除处罚等各种法定、酌定量刑情节的基础上，依照《刑法》、《刑事诉讼法》以及相关司法解释的规定，就适用的刑罚种类、幅度及执行方式等提出量刑建议。

（对于涉及案件定性、量刑等有争议的问题，如与侦查机关对案件性质的认识不一致，以及是否应当采纳辩护人、被害人、诉讼代理人等对案件定性、量刑的意见等，应当重点分析论证。如果一案有多名犯罪嫌疑人的，应当分别论述清楚。）

综上，办案人认为____

（在上述分析论证的基础土，提出明确具体的起诉、不起诉、建议撤销案件或作其他处理的意见。）

附件：1. 退回补充侦查提纲、自行补充侦查提纲；

2. 起诉书或者不起诉决定书草稿；

3. 与案件有关的法律法规、司法解释及行政法规等。

（可根据案件具体情况选择附件的内容）

办案人：________

________年________月________日

2. 公诉案件（一审）审查报告（简化版样本）

关于犯罪嫌疑人________涉嫌________一案的审查报告

收案时间：________年________月________日

案件来源：________

移送案由：________

犯罪嫌疑人：________

强制措施：逮捕羁押（或取保候审，监视居住）在________（注明地点，一案多人的，可简单注明逮捕或取保候审、监视居住几人即可）

________（注明侦查机关或部门名称）办案人：________、________联系电话：________

________（注明检察院院名及公诉部门处或科名称）办案人：________、________

办案人意见：________（简要写明结论如是否构成犯罪、构成何罪等以及处理意见如起诉、不起诉等）

________（侦查机关或部门名称）以________号起诉意见书移送我院审查起诉的犯罪嫌疑人________涉嫌________一案（如果案件是其他人民检察院移送的，应当将改变管辖原因、批准单位、移送单位以及移送时间等写清楚），我院于________年________月________日收到卷宗________册，证物________。依照《刑事诉讼法》的有关规定，于________年________月________日告知犯罪嫌疑人依法享有的诉讼权利；于________年________月________日告知被害人及法定代理人或者近亲属、附带民事诉讼的当事人及其法定代理人依法享有的诉讼权利；已依法讯问犯罪嫌疑人，询问证人，听取被害人和犯罪嫌疑人、被害人委托的人的意见，以及进行补充鉴定、复验复查、庭前证据交换等（对于《刑事诉讼法》明确要求履行的程序，如告知权利，讯问犯罪嫌疑人，听取被害人以及辩护人、被害人委托的人的意见等，审查起诉中必须严格履行，因此在审查报告中也必须写明；而对于《刑事诉讼法》没有强制性要求的，则应当根据办案的实际情况，进行了哪些工作，就写明哪些），并审阅了全部案件材料，核实了案件事实与证据。现已审查终结，报告如下：

一、犯罪嫌疑人及其他诉讼参与人的基本情况

1. 犯罪嫌疑人基本情况。犯罪嫌疑人________（曾用名________，与案情有关的别名________，化名________，绰号________），男（女），________年________月________日出生（犯罪时年龄________岁），（系盲、聋、哑人等特殊情况的在此注明），身份证号码________________________，________族，________文化程度，职业（或工作单位及职务）________，住址________（居住地与户籍地不一致时，用括号注明户籍所在地）。曾受到过行政处罚、刑事处罚的时间、原因、种类、决定机关、释放时间等情况。

犯罪嫌疑人________因涉嫌________罪，于________年________月________日被________执行刑事拘留，________年________月________日经________院批准（或决定），于________年________月________日被________执行逮捕，现羁押于________市________看守所（或取保候审，监视居住在________）。（在审查起诉阶段依法改变强制措施的，应在此部分体现，并写明改变强制措施的时间、内容和理由。）

2. 辩护人基本情况。写明辩护人姓名、性别、年龄、工作单位及职务或职业，与犯罪嫌疑人的关系，通讯方式等；辩护人是律师的写明所属律师事务所（一案多人的，在每个犯罪嫌疑人基本情况后列明其辩护人）。

3. 被害人基本情况。写明被害人姓名、性别、年龄（系未成年人的注明出生年月日）民族、现住址、被害情况等，被害人情况不清楚的，予以说明。

4. 委托代理人的基本情况。写明参与诉讼的身份、姓名、性别、年龄、民族、住址、职业或者工作单位及职务，与被害人关系，通讯方式等。

5. 附带民事诉讼原告人情况。个人的，写明姓名、性别、年龄、民族、文化程度、职业或工作单位及职务、住址；是单位的，写明单位全称、所在地址、法人代表姓名、职务、通讯方式等（无附带民事诉讼的，或附带民事诉讼原告人与被害人相同的，此部分省略）。

二、认定属于“依法，快速办理轻微刑事案件”的理由

经审查，本案符合最高人民检察院《关于依法快速办理轻微刑事案件的意见》第一条、第三条规定的条件，属于第四条第________款规定的案件，经部门负责人批准（或者主诉检察官决定），依法适用快速办理机制，简化制作案件审查报告。

三、审查认定的事实、证据

经依法审查，现查明：________（写明犯罪嫌疑人作案的时间、地点、动机、目的、实施过程、手段、犯罪情节、危害后果，以及犯罪嫌疑人作案后的表现，如有无坦白、自首、立功、退赃等事实和情节。）

侦查机关（部门）认定的案件事实与办案人认定的基本一致（不影响案

件基本事实及主要情节认定的非主要事实、情节不一致的，简要说明不一致的地方；有重大分歧的则不适用简化版）。

认定上述事实的证据有：________（证据要按照先客观性证据即物证、书证、勘验或者检查笔录、鉴定意见、视听资料等，后主观性证据即证人证言、被害人陈述、同案人供述和犯罪嫌疑人供述和辩解等的顺序列举；可以简单列明证据的出处及其所能证明的案件事实，不必详细抄录；凡是证据存在瑕疵等问题的，应当在该份证据后用括号注明。）

四、需要说明的问题

此部分主要是审查报告其他部分无法涵盖而办案人认为需要说明或者报告的事项，如有关未认定的事实和证据情况，案件管辖问题，追诉漏罪、漏犯情况，对共同犯罪案件中未一并移送起诉的同案人的处理问题，进行刑事和解情况，扣押款物的追缴、保管、移交、处理情况，结合办案参与综合治理、发出检察建议等相关情况，以及需要由检察机关提起附带民事诉讼问题，办案人认为需要解决的其他问题等。

五、办案人意见

写明对案件证据、定性、量刑情节的综合分析意见。由于此类案件事实清楚，没有争议，可不必展开分析论证，但应当包含下列内容：（1）通过对全案证据情况的总结与评价，得出本案事实清楚、证据确实充分的结论；（2）围绕犯罪构成要件简要论述案件的定性；（3）说明本案是否具有法定、酌定量刑情节。

综上，犯罪嫌疑人________的行为已触犯《中华人民共和国刑法》第______条（款、项）之规定，犯罪事实清楚，证据确实充分，应当以______________罪追究其刑事责任，其法定刑为________。因其具有________量刑情节，故根据________（法律依据）的规定，建议对其判处________（主刑种类及幅度或单处附加刑或免予刑事处罚），________（执行方式），并处________（附加刑）。

依照《中华人民共和国刑事诉讼法》第________条的规定，应当提起公诉，建议适用简易程序。

[做不起诉处理或其他处理的，可以按照最高人民检察院制定的《人民检察院法律文书格式（样本）》中相关文书的结论部分书写]

附件：1. 起诉书或者不起诉决定书草稿；

2. 与案件有关的法律法规、司法解释及行政法规等。

（可根据案件具体情况选择附件的内容）

办案人：________

________年________月________日

8. 哪些情形下可以并案处理？

一人犯数罪、关联犯罪的并案处理在案件的处理中非常普遍，虽然现行的《刑诉规则》第12条作出规定，但还需进一步细化。现有并案处理论述集中于侦破案件过程中线索的合并、未成年人的分案处理，而现行法律对这些共同犯罪制定了可分案处理的条款，但是对案件处理过程中分案与并案的内在原因、处理规则、理论基础等没有相应的研究。而在司法实践中刑事案件的分案、并案，对案件的处理有着非常重大的影响，并且直接关系到当事人的合法权益。并案处理有三种情形：

（1）基于事实的并案

在一人同时犯有多项罪名，或者是虽然犯一罪但却有数个犯罪事实的情况下，如果其中一罪或一个犯罪事实不是很清楚，证据不够充分，本着让全案顺利诉讼的目的，可以把无法确定的犯罪事实作其他处理，相应地把确定的事实移送起诉、进行审判。这里所说的“作其他处理”，主要指对无法查实的部分事实以及罪名暂时不作处理，并且进行额外的调查，等案件调查清楚后再依程序进行法律上的追究。

（2）对人的并案处理

2012年“六部委”在《关于实施刑事诉讼法若干问题的规定》中首次对并案侦查作出了明确规定，即“具有下列情形之一的，人民法院、人民检察院、公安机关可以在其职责范围内并案处理：一人犯数罪的；共同犯罪的；共同犯罪的嫌疑人、被告人还实施其他犯罪的；多个犯罪嫌疑人、被告人实施的犯罪存在关联，并案处理有利于查明案件事实的”。从而，并案处理成为处理牵连管辖的重要措施。

（3）不同诉讼阶段中的并案处理

案件的处理过程中，从侦查机关的受案开始，直到最后的审判阶段，如果条件符合诉讼的每个阶段，都可以进行并案处理。在侦查阶段进行的并案处理，经常会涉及事实以及犯罪线索的合并。对于一些案件，如果多名被害人分别报案，侦查机关对多名被害人所报案件应该分别进行立案处理，但是在犯罪嫌疑人被抓获之后，经过调查发现所立多个案件都是一个人或者一个团伙所为，应该根据具体的情况进行并案处理，变多案为一案。

【司法实例：唐某等人贪污、职务侵占案】

2008年5月，永兴县石坪大砂场组建成立并与县政府签订承办协议，由县开发区管理，委派具有国家工作人员身份的唐某担任石坪砂场场长（该砂场系以县政府开发区组织资金为主，以股份制形式组建而成）。2009 年上半年，同案人唐某组织石坪砂场股东彭某春等 9 人，商定从潘园码头的砂石销售收入中，截留数十万元，绕开石坪砂场的账户，另存入犯罪嫌疑人彭某的私人账户，并以股东代表发放“效益奖”的名义，予以私分。

2011 年某月，犯罪嫌疑人彭某春、李某煌、彭某、黄某槟等程江口砂场股东，合谋以办理砂场采矿权延期手续为名，通过虚报冒领的方式，将办证实需 42 万元费用虚增至 140 万元，由犯罪嫌疑人彭某春和黄某槟负责具体操作，伪造 98 万元的办证发票，并从砂场套现。之后，由上述 4 名犯罪嫌疑人平分，每人分得 24.5 万元。①

【处理结果】

案发后，永兴县检察院对国家工作人员唐某涉嫌贪污罪立案侦查，该县公安局对涉嫌职务侵占罪的彭某春等人立案侦查。由于此案涉及检察院侦查直接受理的刑事案件及公安机关管辖的刑事案件，永兴县检察院根据修订后的《刑诉规则》第 12 条第 2 款“对于一人犯数罪、共同犯罪、多个犯罪嫌疑人实施的犯罪相互关联，并案处理有利于查明案件事实和诉讼进行的，人民检察院可以对相关犯罪案件并案处理”之规定，决定对案件进行并案处理。2013 年 2 月 26 日县公安局将涉嫌职务侵占罪的彭某春等人一并移交永兴县检察院办理。该院当日即对犯罪嫌疑人唐某、彭某春、李某煌、彭某、黄某槟等 9 人涉嫌贪污罪；犯罪嫌疑人彭某春、李某煌、彭某、黄某槟 4 人涉嫌职务侵占罪一并补充立案侦查。

（执笔人：张蕾）

9. 解决不在押的犯罪嫌疑人“到案难”问题有何策略和方法？

在审查起诉环节，公诉人面临最多的问题是取保候审的犯罪嫌疑人无法到案，承办人无法对其完成正常的讯问程序，从而导致诉讼的迟延。如何解决非羁押的犯罪嫌疑人的“到案难”问题可以从以下几个方面着手：

第一，由检察院的案管部门在受理移送审查的不在押案件时，应建立专人的“预审”把关机制。由案管部门抽调专人在书面审查犯罪嫌疑人被采取的取保候审、监视居住措施的合法性、合理性的同时，在第一时间按照起诉意见书上载明的联系方式与犯罪嫌疑人取得联系，并向犯罪嫌疑人告知相关诉讼进

① 参见《永兴检察院办理新〈刑事诉讼规则〉并案处理第一案》，载 http：//www.czxww.cn/2013/03/05/171706381133.html。

程和动态，了解犯罪嫌疑人的认罪态度和行踪下落。同时就是否存在犯罪嫌疑人不到案风险做好预案评估，并在分配案件时预先就此可能存在的不到案风险提请承办人注意，如果发现适用取保候审、监视居住不合法，应当发送违法纠正通知书，要求侦查机关变更强制措施，对犯罪嫌疑人予以刑事拘留或者提请逮捕后再移送审查起诉；如果发现适用取保、监视居住不合理，应当要求侦查机关作出书面解释，再视情况决定如何处理。

第二，在审查案件过程中，对非羁押的犯罪嫌疑人不到案的，检察机关应依法从快从简决定逮捕。对不愿意及时到案的犯罪嫌疑人，检察机关经两次传讯不到案的或者犯罪嫌疑人负案潜逃的，检察机关有权对犯罪嫌疑人作出逮捕决定。根据检察机关的内部分工机制，审查起诉部门承办人应当向侦查监督部门提请逮捕。因此在审查起诉阶段，对非羁押的犯罪嫌疑人不及时接受传讯，经教育和警告后仍不愿到案的，承办人应当立即提请逮捕，侦查监督部门可以依法批准逮捕以尽快将犯罪嫌疑人逮捕到案，使其处于检察机关的有效控制之下；同时逮捕羁押措施能够对其起到震慑和教育作用，使其正确认识检察机关的司法权威性和诉讼活动的严肃性。对非羁押的犯罪嫌疑人负案潜逃的，检察机关决定逮捕后，不具备逮捕条件的，应当与公安机关协商，将犯罪嫌疑人进行网上追逃。对于患有严重疾病的犯罪嫌疑人无法羁押于看守所的，检察机关可以督促公安机关对其予以强制收治，必要时发送检察建议。

第三，建立和完善公安机关对非羁押的犯罪嫌疑人脱逃案件进行撤回的监督机制。如果犯罪嫌疑人在审查起诉阶段不到案，目前检察机关只能退回公安机关补充侦查，要求公安机关在确保犯罪嫌疑人到案的情况再行移送审查起诉。公安机关作为追逃、缉逃的第一责任人，是有能力和条件将脱保的犯罪嫌疑人缉拿到案的，但如果出现公安机关出于消化案件或者办案压力等考虑，在脱保的犯罪嫌疑人不具备撤案的条件下而进行撤案处理，检察机关要加强监督，并向公安机关发出纠正违法通知书进行督促与纠正。

第四，对因潜逃撤回案件后重报的案件审查，应注意结合潜逃情节来认定“自首”情节和恰当评议自首的从宽作用。对于公安机关移送审查起诉的案件，如系因潜逃撤回案件后重新移送审查起诉的案件，检察机关应当要求公安机关一律在案卷中书面说明，并将撤回案件后对犯罪嫌疑人采取刑事拘留、逮捕的法律文书、网上追逃的书面材料和犯罪嫌疑人到案过程的证明材料附于案卷内。对于公安机关移送审查起诉的案件，检察机关应当建立一套撤回案件重报的搜索查询系统软件，通过该系统软件将受理的案件在已撤回案件的业务数据库中予以查询和比对，以便核对公安机关是否对因潜逃撤回案件后重报的案件进行必要的书面说明和将相关材料附于案卷内。检察机关承办人在审查起诉时应当注意对犯罪嫌疑人到案过程等事实、证据材料进行严格审查，严格在法律规定范围内认定自首，并且应当认识到犯罪嫌疑人在上一次审查起诉期间违反取保候审或者监视居住的规定而负案潜逃，导致诉讼活动无法进行而重置，在制作量刑建议和对法院判决书进行审查时应将负案潜逃作为量刑情节予以考虑。

【办案随想】

在办案过程中，确保犯罪嫌疑人在案是每一个公诉人在办案过程中时刻关注的问题，对于被采取羁押性强制措施的案件一般不存在脱逃问题，整个诉讼过程能顺利进行。而如果被采取非羁押性强制措施的犯罪嫌疑人则具有脱逃的危险。如有的被取保候审的犯罪嫌疑人未遵守取保候审期间的规定，逃到外地、更换联系方式，这样无疑会增加侦查机关追捕的难度。因此，公诉人在收到案卷后，首先必须与被取保候审的犯罪嫌疑人联系，了解其具体的动向。如果出现被联系人手机关机或者空号的现象时，必须及时与承办该案的侦查人员联系，让侦查人员在犯罪嫌疑人的暂居地附近进行摸排。如果进行摸排后确认犯罪嫌疑人已藏匿到外地时，公诉人此时应将案件退回侦查机关，要求侦查机关变更对该犯罪嫌疑人的强制措施，对其进行上网追捕之后再移送审查起诉。

（执笔人：张蕾）

10. 如何对涉案的外地犯罪嫌疑人平等适用非羁押性强制措施？

当前司法实践中，对涉罪外来人员逮捕措施适用过多，影响了涉罪外来人员合法权益的保护，有违执法的均衡与公平。对涉罪外来人员在适用逮捕措施方面的平等，其核心点是如何能够保障其平等地享有非羁押诉讼权利，这也正是其难点所在。建议从以下几个方面着手：

第一，要细化涉罪外来人员无逮捕必要条件的认定标准。修改后《刑事诉讼法》将原“有逮捕必要”的原则性规定细化为若干具体情形，为准确适用逮捕提供了可行性。对于涉案外来人员在适用“无逮捕必要”过程中。首先要严格依照法定程序，对案件进行全面审查，综合衡量，保证公平与公正，充分保障诉讼参与人的诉讼权利，及时化解矛盾。其次适用“无逮捕必要”的涉案外来人员应当认罪、悔罪，且一贯表现良好。最后要求外来人员涉嫌罪行较轻，且具有以下情形之一的，可以适用“无逮捕必要”：一是属于预备犯、中止犯、未遂犯或者防卫过当、避险过当的；二是主观恶性较小的初犯、偶犯，共同犯罪中的从犯、胁从犯，犯罪后自首、有立功表现或者积极退赃、赔偿损失、确有悔罪表现的；三是过失犯罪的犯罪嫌疑人，犯罪后有悔罪、立功表现，有效控制损失或者积极赔偿损失的；四是因邻里、亲友纠纷引发的轻伤害、一般交通肇事等轻微刑事案件，犯罪嫌疑人及其亲属在犯罪后向被害人赔礼道歉、赔偿损失，且取得被害人谅解的；五是犯罪嫌疑人系未成年人，有悔罪表现，其法定代理人、其他成年亲属、学校或者所在村民委员会、居民委员会等具备监护、帮教条件的；六是犯罪嫌疑人系残疾人或者70周岁以上的老年人，身体状况不适宜羁押的；七是患有严重疾病、生活不能自理，或者是怀孕、正在哺乳自己婴儿的妇女；八是系生活不能自理的人的唯一扶养人；九是不予羁押不致危害社会或者妨碍刑事诉讼正常进行的其他无逮捕必要的情形。

第二，完善取保候审等非羁押性强制措施的相应配套监管机制。修改后《刑事诉讼法》所确立的财产保与保证人相结合的取保候审制度，已经在非羁押诉讼方面积累了许多经验和教训。针对外来人员轻微刑事犯罪的不捕、少捕，则需要完善相应配套监管机制：一是可以适当放宽担任外来人员取保候审保证人的条件，明确可以由本地人或者在本地有固定工作的外地人担任；或者由犯罪嫌疑人在本地工作单位的相关负责人担任；可以综合考虑交通、通讯等条件，适用异地保证人制度，由犯罪嫌疑人户籍地或常住地的有固定工作的人来担任，这样既方便其提供保证人，也有利于监督被保证的外来涉案人员遵守取保候审的有关规定，不因其“流动”性而导致诉讼无法正常进行。二是建议公安机关内部建立一套全国联网的犯罪嫌疑人取保候审的信息查询反馈系统。通过该系统可以查阅相关人员的身份信息，被取保候审人的犯罪记录、取保理由、脱逃记录、履行义务情况等，为异地办案的机关提供被取保候审人的基本信息，加强异地监管力度。三是针对非羁押诉讼案件的犯罪嫌疑人、被告人，经法院、检察院两次依法传唤不到案的或者其他违反取保候审、监视居住规定情节严重的，不得退卷，在审查起诉环节，由检察院用书面形式通知公安机关变更强制措施，依照逮捕程序提请逮捕；在审判环节，由法院作出逮捕决定，送公安机关执行逮捕。随着非羁押措施约束力度的强化，非羁押措施适用率的切实提高方能得以保障。

第三，要健全非羁押诉讼的社会支持保障体系。结合检察机关可以开拓社会管理创新领域，与辖区的企业共建非羁押诉讼管护帮教基地。由辖区的企业提供担保，为符合适用非羁押诉讼条件的涉罪外来人员安排入驻帮教基地，一边在企业参加劳动并可获得一定报酬，一边在取保候审的同时接受企业帮教。这样做的好处是多方面的。一是可以保障诉讼顺利进行；二是涉罪外来人员获取劳动报酬后就具备可能赔偿被害人损失的经济能力，也为其争取得到法律的宽大处理获得机会，这正是执行轻缓刑事政策的具体体现；三是为涉罪外来人员以后能顺利回归社会打好基础。只有解决这一问题，非羁押性强制措施才能大量适用，从而真正实现对涉罪外来人员的平等保护。

【办案随想】

虽然我国《刑事诉讼法》关于取保候审的规定并未故意加难外地人，但在具体操作中，外地人办理取保候审比本地人难已经成为司法惯性，有人曾说："谁能破解外地人取保难题，谁就能获得中国法学的诺贝尔奖！"在司法实践中，部分司法人员认为本地人社会关系都在当地，脱保会有顾虑，而外来务工人员一则没有固定的社会关系，二则没有稳定的工作单位，如果他们脱保后一走了之，有的换了手机号，有的用的是假身份证，给公安机关追逃带来很大难度。因此，从保证诉讼程序顺利进行角度来说，公安机关对外地人取保候审批准较少是有现实基础的。但笔者认为从长远来看，在取保候审上有本地、外地人之分属于地域歧视，特别在强调平等保护的今天，属于社会弱势群体的外地人更应该受到法律的关照。要改变目前外地人取保候审状况，首先司法人员要提升执法境界，不能因为便利自己办案而不顾犯罪嫌疑人的人身自由、人格尊严以及对其个人生活、家庭生活、个人职业发展的负面影响，要从保障人权的高度看待取保候审。其次要改革目前不合理的考评机制，不能以脱保率、批捕率作为主要考评指标，而更应该重视不捕率、取保率等，鼓励办案人员采用非羁押方式实现顺利办案。最后应该在公安机关内建立一个全国联网的取保候审信息查询反馈系统，可以查阅公民身份信息，被取保候审人的犯罪记录、取保理由、脱逃记录、履行义务情况等，可以为异地办案机关提供被取保候审人的基本信息。

（执笔人：张蕾）

11. 办理简易程序案件应注意哪些关键问题？

修改后《刑事诉讼法》将适用简易程序审判的案件范围修改为基层人民法院管辖的"认罪"案件，即可能判处有期徒刑以下刑罚、被告人承认自己所犯罪行的案件。那么哪些案件可以适用简易程序，简易程序在运行过程中可能面临哪些问题，应当如何解决呢？

（1）简易程序适用的案件范围

根据修改后《刑事诉讼法》的规定，对符合下列条件的案件，应建议适用简易程序：①属于基层人民法院管辖的案件；②案件事实清楚、证据充分的；③被告人承认自己所犯罪行，对起诉书指控的犯罪事实没有异议的；④被告人对适用简易程序没有异议的。

需要注意的是：第一，只要求被告人对被指控的基本犯罪事实无异议，而不要求其对被指控的全部犯罪事实均没有异议。有的被告人实施的犯罪行为较多或者较为复杂，如连续犯等，即使其自愿认罪，也可能交代不清全部的犯罪事实。对此，只要其能够对指控的基本犯罪事实无异议，不影响追究刑事责任，即可适用简易程序进行审理。第二，被告人自愿认罪是指被告人自愿承认其行为构成犯罪，但并不要求被告人完全承认被指控的罪名。有些情况下，被告人虽然知道其行为构成犯罪，但可能并不清楚其行为究竟构成何种罪名。依据最高人民法院所作的法释〔2004〕2号《关于被告人对行为性质的辩解是否影响自首处理问题的批复》规定，被告人对行为性质的辩解不影响自首的成立。因此被告人是否认同指控的罪名一般不影响简易程序的适用。

（2）办理简易程序应该注意的问题

办理简易程序案件的"简化"程度。在执行简易程序时需要梳理程序简化的具体内容，特别要关注哪些程序是不能被简化的。1996年《刑事诉讼法》规定的简易程序是被告人的最后陈述不能简化，修改后《刑事诉讼法》在此基础上增加了对被告人适用简易程序确认程序的规定，即认罪的真实性确认程序不能简化（承认自己所犯罪行，对适用简易程序没有异议）并且关于量刑的程序也不应省略。除此之外的其他程序，原则上都可以简化，包括宣读起诉书、证据调查程序等。详言之，对于被告人自愿认罪并同意适用简易程序进行审理的，可以对具体审理方式作如下简化：①公诉人可以简要宣读起诉书。公诉人可直接从"经依法审查查明"部分开始宣读。但在宣读前应确认被告人对起诉书中基本情况等内容无异议。②公诉人、辩护人、审判人员对被告人的讯问、发问可以简化或者省略。但以下情况应予讯问，如被告人当庭否认非主要犯罪事实的；量刑情节需要核实的；对主要靠言词证据定案且证据较为薄弱的；关键证据可能引起争议的；共同犯罪案件需要区分相关责任的等。③出示控辩双方无异议的证据，可简化举证、质证的程序和内容。庭前未经过证据开示的，可宣读证据名单并概括说明所证明的内容；经庭前会议开示过的证据，可只宣读证据名单，不说明证明的内容；证据比较多的，可采取分组出示的方式，宣读每一组证据名单，同时概括说明每一组证据证明的内容。④法庭辩论时，公诉人主要围绕量刑及其他有争议的问题发表公诉意见，没有争议的不需要辩论。

为提高效率，公诉部门可以采取相对集中提讯、相对集中审查起诉、相对集中起诉、相对集中开庭等方式，适应简易程序的调整，探索建立快速办理工作机制，并尝试确定由相对固定的办案组或者专办人员来解决简易程序的出庭问题。虽然办案讲究亲历性，有的地方由于对检察官采用审控分离的方式不合适，也可能导致公诉人员庭审中针对复杂案件的应对乏力。但由于修改后

《刑事诉讼法》规定的简易程序案件类型是建立在案件事实清楚、证据确实充分，并在被告人真实而自愿认罪基础上的，如果出庭支持公诉的检察官经验丰富，出庭人和审查起诉人员分离一般不会导致检察官庭审现场的尴尬，可以有效应对各种问题。需要注意的是，由于被告人出庭时存在翻供现象，庭审中简易程序转化为普通程序的情况可能会有所增加。检察机关不仅应使其得到程序法意义上的实际利益，更应切实解决被告人认罪以适用简易程序的真实性、自愿性问题。为此，公诉部门可以考虑增加讯问被告人，听取辩护人、被害人意见的环节，在听取被告人意见中可以尝试将证据交换、非法证据排除、案件定性量刑等问题提出一并交换意见，包括对被告人适用简易程序的确认。

（执笔人：张蕾）

12. 起诉书中常见的错误有哪些?

虽然起诉书的格式已有最高人民检察院印发的格式样本，但实践中，仍存在起诉书书写不规范甚至错误的现象。主要以下几种：

（1）起诉书使用数字常见错误

按照《人民检察院法律文书起诉书格式》的要求，起诉书中的数字除了在某些必须使用阿拉伯数字的特定情况外，一般应以汉字数目表示，这是由起诉书的特性和使用范围所决定的。由于受到了出版物和行政公文的广泛影响，现在不少起诉书在使用数字时存在字形不一、体例混乱的情形。

其中下面的情况是必须用阿拉伯数字的情形：①起诉书中的日期。指的是正文中的时间（年、月、日、时刻），如强制措施时间、程序时间和犯罪时间等。但是，起诉书的落款日期应以汉字表示。②起诉书中的犯罪数额。指的是事实中的毒品数量、营利数额、贪污数额、非法宣传品数量、侵财数额、非法所得和犯罪行为所造成的经济损失等。比如××克海洛因、××份宣传制品、诈骗××元、销赃所得××元和偷税数额占应纳税额×%等。不具有统计意义上的数字，而又与定罪量刑关系不大的应以汉字表示，不能写成“3被告人”、“盗窃12起”、“持1把匕首”、“3次秘密窃取”等。③起诉书中的序号。指的是起诉书列举的证据种类和附注事项。

应注意下面三种情况不写阿拉伯数字：①法条应写汉字。如《刑法》第三百六十四条，不能写成第364条。②刑罚应写汉字。如有期徒刑十二年零六个月，不能写成有期徒刑12年6个月。③认定事实的结构层次序数应用汉字表示。第一层为“一、”，第二层为“（一）”，第三层为“1.”第四层为“（1）”。

起诉书中涉及数字用法时需要注意以下问题：①数字单位应前后统一。如不能同时用7.78万元和78081元两种不同的单位。②数字体例应前后协调。如二○○八年，不写成“二00八”、“二OO八”和“二零零八”，卷宗三册不写成“卷宗叁册”。因“0”是阿拉伯数字，“O”是英文字母，而“零”、“叁”是大写数字，它与“壹贰叁肆伍……”相配套，和文书中的“一二三四五……”不协调。③约数应尽量少用。需使用时数字后带有“几”、“多”、“余”的约数应区别。带有“几”的数字不能写阿拉伯数字，须写汉字。如不能写为“60几元”，只能写六十几元。带有“多”、“余”的数字，既可用阿拉伯数字表示，也可用汉字表示。但应当特别注意的是，正如前文所提到的，与定罪量刑有关的数字必须严格使用阿拉伯数字。④概数应尽量不用。确需使用时，相邻两个数字并列连用的概数，必须使用汉字，并且连用的两个数字之间不能用顿号隔开。如不能写成“三、四个月”、“三、五人”。⑤二和两的用法应分清。二和两都是数目字，但在一般量词或名词前用两不用二，如不写“二把刀”、“二袋毒品”、“二被告人”。⑥涉及新的计量单位应以法定计量单位为准。如不写“公斤”应写千克或kg，不写“公分”应写厘米或cm。被告人或被害人文化较低的不写英文符号，有鉴定意见的应与其表述一致。

（2）起诉书中描写犯罪事实常犯的错误

公诉人在制作起诉书时，切忌词不达意、用语不准，避免导致犯罪事实描述不当，不能完全客观准确地反映犯罪事实。本文拟结合实例就犯罪事实描写过程中出现的常见问题略加探讨。

①褒贬失当，未体现出对犯罪行为的谴责作用。起诉书作为一种刑事法律文书，遣词造句应该注意字寓褒贬，以准确反映这种否定评价，在描述被害人的行为时应该用中性或褒义词。例如，对被害人可以使用“无辜受害”、“惨遭杀害”，以表同情；对被害人的反抗行为，可以使用“奋起反抗”等词，以示嘉许。切忌使用贬义词来描述被害人的行为。在实践中容易出现错误地使用贬义词来描述被害人的行为。例如，“被告人刘某伙同赵某、董某某（两人均另案处理）无故对付某进行殴打（经法医鉴定已构成轻微伤），付某在反抗过程中持刀将董某某扎伤后逃跑”。在该段犯罪事实描述中，被害人躲避他人无故殴打的行为，不应使用“逃跑”这种带有明显贬义的词汇。另外在实践中容易出现描述犯罪分子的行为应使用贬义词却没有使用贬义词的错误。描述被告人归案情节时使用“离开”这样一个中性词，而没有使用“逃离”这一贬义词，就不足以体现出对犯罪行为的强烈谴责。在制作起诉书时，应该客观地叙述事实，避免使用具有强烈感情色彩的词汇贬低、侮辱被告人的人格。如表述被告人散布观点或发布言论的行为，用“叫嚣”、“鼓吹”；为突出被告人作案的主观恶性，以“猖狂”、“胆大妄为”、“淫性大发”、“色胆包天”等加以

形容，等等。

②主动和被动句式使用不当导致表达混乱。起诉书作为检察机关指控犯罪的专门法律文书，其功能在于具体说明犯罪嫌疑人的犯罪行为，而不在于说明公安机关将犯罪嫌疑人缉拿归案的过程。因此，起诉书应以被告人为主语，这样才能更好地突出被告人的犯罪主体身份。在有被害人的刑事案件中，存在加害人和被害人这样一对关系。如果使用主动语态，就应该以犯罪分子为主语，以被害人为宾语。如果使用被动语态，就应以被害人为主语，以“被”字作为被动语态的标志词。实践中常见的错误有两种：第一，错误使用主动语态和被动语态。如起诉书认定如下犯罪事实：2013 年 12 月 5 日 23 时许，被告人李某某伙同小猴（另案处理）在某某市某某区某某小区门外，使用暴力威胁手段，当场抢走被害人郝某某的黑色手提包一个，内有人民币 8000 余元，包和钱被小猴拿走，被害人郝某某在被抢过程中造成右手臂软组织挫伤，腰背软组织挫伤，左耳垂皮肤擦伤，经某某市公安局临床检验鉴定为轻微伤。后被告人李某某于当日被抓获。这份起诉书存在两个问题：首先包和钱被小猴“拿走”。这里的“拿走”并不能准确反映抢劫行为特征，影响对该行为的定性。其次就是一个被动语态问题，即“被害人郝某某在被抢过程中造成右手臂软组织挫伤，腰背软组织挫伤，左耳垂皮肤擦伤”。在这段叙述中，被害人郝某某的伤情是由被告人的抢劫行为所致，应该使用被动语态，但却使用了主动语态，因此不能准确地反映案件事实。应改成：“被告人李某某及其同伙在抢劫过程中造成郝某某右上臂软组织挫伤……”改用主动语态来描述被告人李某某在抢劫过程中故意伤害被害人的事实。第二，将主动语态和被动语态混合使用，导致主谓指代混乱。例如，起诉书认定如下事实：“被告人在本市某某区某某街道公交车站附近与他人交易时被民警查获，当场起获伪造清华大学毕业证一个（已鉴定）。”此处措辞明显存在主谓混乱情况：谓语“被查获”和“当场起获”的主语不可能是同一个。此外，有的起诉书在描述犯罪事实时，先提到犯罪时间，再提到被告人，这种表述也欠妥当。如 2011 年 11 月 10 日 23 时许，被告人马某某伙同文某某进入本市某某区某某巷 10 号楼地下室，窃取他人财物。应该改为：被告人马某某伙同文某某于 2011 年 11 月 10 日 23 时许，进入本市某某区某某巷 10 号楼地下室，窃取他人财物。这一调整可以起到更加强调被告人的犯罪主体身份的作用。

③指代不明导致逻辑混乱。在描述犯罪事实过程中，上下文有时会提到同一事物，这时如果通过重复名词或名称来传递逻辑关系，显然不够简洁。为了避免这种现象，可以借助于代词的指代关系来传递逻辑关系。如起诉书认定如下犯罪事实：2012 年 1 月 18 日晚，被告人贺某某在本市某某区某某溜冰场内

溜冰时与陈某某发生碰撞，双方遂到医院给贺某某看病，贺某某等人向陈某某等人索要人民币 2000 元未果，后被告人贺某某、刘某某、杨某某、谢某某等人在该区某某路西侧人行道上，持棍棒等追打陈某某的老乡，致被害人庄某某头、颈部被钝器打击致重度颅脑损伤死亡。该份起诉书的上半段有一句话："双方遂到医院给贺某某看病。"其实，贺某某本人已是双方中的一方了，在这种情况下，准确的说法，应该是："陈某某陪同贺某某去医院看病。"而后半段有一句话："持棍棒等追打陈某某的老乡，被害人庄某某受伤。"由于这里没有交代清楚，很容易让人误认为"陈某某的老乡"与"被害人庄某某"系同一人，其实他们并非同一人。可以将这段犯罪事实改为："……后被告人贺某某及后来为此赶到现场的刘某某、杨某某、谢某某等人在该区某某路西侧人行道上，持棍棒等追打陈某某的老乡庄某某等人，其中，被告人贺某某参与直接殴打被害人，致被害人庄某某被追上并被打倒在地……"相比较而言，修改后的句子指代关系清楚，不容易产生误解。

④案件事实表述笼统。案件事实包括犯罪的时间、地点、经过、手段、动机、目的、危害后果等，这些事实与定罪量刑有着极为密切的联系。司法实践中，有的起诉书却未做到这一点。主要体现在案件事实表述过于概括，高度浓缩，事实要素不完整。如一份起诉书的案情介绍：被告人刘某某于 2011 年 6 月 10 日中午，在某某区某某镇某某农庄吃饭时，因琐事与被害人胡某某及胡妻张某某发生纠纷并抓扯，后被旁人劝开。被告人刘某某打伤被害人胡某某后，胡随即入院治疗，经诊断为：右眼钝挫伤，结膜下出血，鼻骨骨折，左肘皮肤裂伤。事后经某某市法医学会鉴定，胡某某的损伤程度属轻伤。这份起诉书中，被告人"因琐事与被害人胡某某及胡妻张某某发生纠纷并抓扯"。这里的"琐事"究竟是何事，不得而知。"被告人刘某某打伤被害人胡某某后"句中，被告人是怎样打伤被害人的，难以认定。这份起诉书对案情的表述过于笼统，未能准确反映出案件事实。

（执笔人：江海昌）

附：

××省××市××区人民检察院

起诉书

××检刑诉〔2013〕××号

被告人孙某某，男，1954 年 4 月 1 日出生，身份证号码××××××××××××××××××，汉族，大学文化程度，住××省××市××区××街道××小区 8 幢 802 室，原系××市××区高速公路管理局××中心主任。因本案于2013年2月12日被我院刑事拘留，同月25日被依法逮捕。

被告人孙某某涉嫌受贿罪一案，由本院侦查终结，于2013年3月4日移送审查起诉。本院于次日告知被告人有权委托辩护人，依法讯问了被告人，审查了全部案件材料。

经依法审查查明：

1998年1月至2005年12月、2008年8月至2012年11月，被告人孙某某分别担任××区高速公路××中心主任等职务，负责××区划内公路养护、高速公路设施维修管理、工程施工、监管等工作。其间，被告人孙某某利用职务便利，收受他人财物，并为他人谋取利益。具体事实如下：

一、2008年下半年至2010年年底，被告人孙某某先后三次共收受王某某所送现金人民币5万元，并为其在工程施工等事项上谋取利益，其中：

1. 2008年下半年的一天，被告人孙某某在其办公室内收受王某某所送现金人民币1万元。

2. 2009年年底的一天，被告人孙某某在其办公室内收受王某某所送现金人民币3万元。

3. 2010年年底的一天，被告人孙某某在其办公室内收受王某某所送现金人民币1万元。

二、2012年1月，被告人孙某某在本区××花园的家里收受李某所送现金人民币2万元，并为其在工程施工等事项上谋取利益。

三、2011年下半年的一天，被告人孙某某在本区××花园的小区门口收受方某所送现金人民币1万元，并为其在工程施工等事项上谋取利益。

涉案赃款均已扣缴。

认定上述事实的证据如下：

1. 书证：身份证复印件、专业技术人员考核登记表、沥青路面修补协议等；

2. 证人证言：证人王某某等人证言；

3. 被告人孙某某的供述与辩解。

本院认为，被告人孙某某身为国家工作人员，利用其职务上的便利，非法收受他人财物共计人民币八万元，为他人谋取利益，其行为触犯了《中华人民共和国刑法》第三百八十五条，犯罪事实清楚，证据确实、充分，应当以受贿罪追究其刑事责任。根据《中华人民共和国刑事诉讼法》第一百七十二条的规定，提起公诉，请依法判处。

此致

××市××区人民法院

检察员：××

二〇一三年三月二十六日

附：

1. 被告人孙某某现羁押于××市××县看守所；

2. 随案移送侦查卷宗四册。

13. 怎样撰写好一份优秀的审查报告?

公诉案件审查报告不是公开对外的法律文书，而是主要体现公诉部门办案人审查案件、报告案件的检察机关内部工作文书。一份优秀的审查报告如同撰写论文，包括待证事实、论点、论证、论据。而侦查机关（部门）移送审查起诉的犯罪事实是待证事实、案件的证据状况就是论据，对证据的梳理分析及对法律适用的辩论就是论证，最后就是审查结论部分，包括认定的法律事实、行为人的行为定性及对行为人的处理意见就是论点。下面论述一下如何制作一份高质量的审查报告。

（1）案件的审查经过

撰写这部分内容时，重点要把握如下几个方面：一是对告知权利义务要写清楚，说明是否在法定期限内告知权利。二是要将审查报告模板的内容与审查的案件进行比对，不要硬搬照抄，有的案件如组织卖淫案件中根本没有被害人，就不存在听取被害人意见的问题，此时在审查报告中就不能叙明对被害人的权利义务进行了告知。三是退回补充侦查的案件，要对退补侦查是否超期予以说明。此部分主要包括收案、告知权利和案件退补及延长审限几项内容。设置这部分的意义在于防止案件审查过程中出现程序性错误，这部分内容的撰写质量，能反映承办人办案的责任心。

（2）犯罪嫌疑人基本情况及诉讼程序

主要包括：犯罪嫌疑人的基本情况、前科、案件侦破过程、犯罪嫌疑人涉嫌罪名、强制措施情况及赃款、赃物及证据移送情况。设置此部分的意义在于，对案件的程序性问题进行监督，考察承办人对于程序性法律规定的理解、掌握和运用情况。

①犯罪嫌疑人基本情况有以下几点需要注意：一是叙明犯罪嫌疑人的身份时，要叙明其案发时的身份以及其身份变化情况。有些身份对定罪量刑或多或少会产生影响，因此对犯罪嫌疑人的身份情况应全面叙明，不能只是根据卷宗中的户籍证明进行描述。二是要将通过讯问、调查获得的犯罪嫌疑人的身份信息与预审卷宗记载的身份信息进行比对，不能照搬预审卷中的身份信息。特别

是审查14周岁、16周岁、18周岁等对定罪量刑可能发生重大影响的临界年龄时要认真核对。三是对犯罪嫌疑人进行合理排序。侦查机关移送审查起诉时，对于多名犯罪嫌疑人参与的案件会进行排序。办案人对案件审查之后，应当对各犯罪嫌疑人所实施的行为、在共同犯罪中的地位、作用、影响量刑的情节以及应当承担的责任等有进一步的认识和判断，应当根据自己的判断进行排序，不能照搬侦查机关的排序。审查起诉阶段的排序原则一般是：按照主从关系，主犯在前，从犯在后；按照在犯罪中的地位和作用，由重至轻排列；涉及多个罪名时，先重罪名后轻罪名；涉及单位犯罪时，按照先单位犯罪嫌疑人后自然人犯罪嫌疑人的顺序排列。

②前科情况。前科一般包括行政处罚和刑事处罚两种。对于行政处罚应注明受到处罚的时间、原因、种类、决定机关、被处罚个人或单位；对定罪量刑有影响的，说明影响。对于刑事处罚，应叙明受处罚的时间、原因、种类和决定机关；构成累犯的，还要叙明刑罚执行完毕或者假释、赦免的时间。行政处罚与刑事处罚并存时，应按照先行政后刑事的顺序叙写。

③强制措施。重点审查两项内容：一是适用强制措施是否正确。比如被采用逮捕措施的犯罪嫌疑人是否有不适合羁押的情形，取保候审的犯罪嫌疑人是否符合取保候审的条件。二是审查强制措施是否超期。比如批准或决定逮捕后，是否在24小时内向犯罪嫌疑人宣布逮捕；对于逮捕后超过两个月移送审查起诉的案件，是否办理过延期手续等。

④案件的发、破案经过。重点解决以下三个问题：一是叙明侦查机关的侦查期限是否合法。二是侦查过程中采取的留置盘查、传唤、拘传等措施的时间、程序是否符合法律规定。三是为审查法院的判决裁定，核对刑期提供帮助。因为刑期的计算是从被告人人身自由受到限制之日起算的。对发案及破案经过的审查不能仅依赖案卷中破案报告、抓获经过或者情况说明等侦查机关出具的材料，而应当结合全案证据反映的案件来源，犯罪嫌疑人到案时间、经过，抓捕线索来源情况，证据信息的逐步揭示过程等综合分析案件侦破经过，因此要求制作此部分时要“综合全案证据材料”。犯罪嫌疑人的到案经过，关系到诸多量刑情节的认定，如是否自首，是否有立功（含本人立功、同案人或其他人立功的事实），是否有逃逸（交通肇事罪的逃逸情节既可能影响定罪，又可能影响量刑），是否系犯罪嫌疑人家属协助抓捕等，因此十分重要。但由于侦查程序封闭，公诉人一般不了解侦查过程，只能看到侦查结果，因此发现非法证据等隐患的难度很大。发、破案经过反映了从立案到破案以及犯罪嫌疑人到案等客观情况，也反映了侦查机关发现罪行、获取证据、锁定犯罪嫌疑人的思维演进过程。因此重视审查发、破案经过，有利于宏观把握证据体系

的构建脉络，通过对证据形成的时间、地点、先后顺序等细节审查，可以有效地防范证据隐患，提升证据把关能力。

⑤赃证物的随案移送情况。在案件审查报告的分析意见、处理情况及需要说明的问题部分，也有对赃证物处理的说明，审查报告所以把赃证物问题单列出来，不仅反映出赃证物的移送、处理对案件有重要影响，也有助于发现赃证物灭失、损毁、甚至被挪用，失去证明价值，同时在审查报告的结构上可以前后呼应，互为提示。

(3）经依法审查后认定的事实

一般情况下，承办人对全案证据进行综合分析后，应当根据已经采信的证据材料，对整个案件事实经过进行客观、全面、准确地表述，力求做到完整、准确、严谨、清晰。北京市检察院公诉处关于制作公诉案件审查报告的意见，对于此部分的撰写提出了明确要求：即经审查后认定的事实中应包括犯罪嫌疑人实施行为的时间、地点、动机、目的、行为过程（具体手段）、犯罪情节、数额、危害后果、犯罪嫌疑人作案后的表现等有关罪与非罪、罪行轻重、从重从轻或者免除处罚的事实，以及其他情节要素、犯罪构成条件。撰写经审查认定的事实，要注意以下几个问题：

第一，注意几类特殊案件事实的认定。一是对于多起事实的案件，对每起事实的撰写与单节事实案件的要求是一样的。同时可根据案件不同情况，按照先单位犯罪后自然人犯罪、先共同犯罪后单独犯罪、先重罪后轻罪或犯罪行为发生时间的先后等合理顺序进行表述，做到层次清晰，突出逻辑性。二是对于供证有矛盾的案件，应对事实和证据部分详细摘录，对案件证据进行全面、细致、客观的分析、对案件的定性及定罪应深入论证，提出处理意见。三是对那些涉案人员多、案情复杂且时间长，作案次数多的案件，对事实和证据的摘抄可采用表格式或者统计式，提高工作效率。

第二，注重结合证据材料认定事实。审查报告中认定的每起事实，同一事实的每个环节都必须有相应的证据予以支持才能成立。应在排除非法证据，采信合法证据，完成证据分析之后，再对案件事实进行全面、综合的分析判断，才能撰写审查后认定的事实。

第三，要求叙述结构严谨，逻辑严密。对于经审查后认定事实的表述，不仅要客观、真实，还要求结构严谨，逻辑严密。对于认定的事实应表述清晰、准确、完整，用语严谨。在一些较为复杂的案件中，在叙述案件事实时，对于一些重要背景与环节应当进行必要的说明和交代。另外对案件事实的表述要条理清晰，环环相扣，符合逻辑规律。叙写经审查认定的事实时，一般应当按照事实发生的先后顺序撰写，避免采用倒叙、插叙、夹叙夹议等修辞方式。

第四，叙写事实要有确定性。经审查后认定的事实是承办人通过对全案证据材料进行梳理、甄别、判断后所作出的总结性概括，其所列明的应该是通过证据证实的、客观上存在的事实。但对于一些疑难复杂、定性存在争议的案件，承办人对于案件事实往往没有明确的认定，而是将有利于和不利于犯罪嫌疑人的证据均一一罗列出来，实际上没有认定的事实。诚然，一些较为复杂的案件，尤其是证据不扎实，存在疑问的案件，很难对事实作出准确认定，对案件性质作出结论。但是，对于认定事实的表述与证据罗列不能混为一谈，对于证据的分析、判断以及是否采信等问题应在审查分析意见部分证据分析一节予以论述，而在审查后认定的事实部分应当采用客观表述的方法来认定事实，将客观存在的事实、结果表明。

（4）证据摘录部分

这一部分要求案件承办人对于在案证据材料进行实体性和程序性的审查并进行摘录，为证据分析奠定基础，考察的是承办人对证据的审查能力和逻辑性。要完成好这部分的写作需要注意以下几点：

第一，证据的摘录要详略得当。对于适用简易程序审理、证据清楚稳定的案件，证据摘录要简略，只要列明犯罪嫌疑人有几次供述，分别注明供述的时间、地点，并注明讯问人、侦查卷宗页码，然后概括其供述的主要内容。对于疑难、复杂的案件，证据摘录要尽可能详细，特别是犯罪嫌疑人不认罪、翻供或口供反复的案件。如有的犯罪嫌疑人翻供称遭到诱供，但是有些细节是其他一般人不可能了解的，而其他证人的供述在犯罪嫌疑人供述之后，公安人员对这些细节不可能事先知道，这样就可以排除公安机关的诱供。

第二，要确保证据材料的关联性、真实性、合法性。在证据摘录部分，每项证据之后除说明证据的来源等事项外，还要说明此项证据是否存在问题，确定所摘录的证据是否有效，即对此项证据的合法性、真实性和关联性进行说明，为证据分析奠定基础。如与犯罪嫌疑人、被害人有特殊关系的证人证言，由于其存在利害关系，因此存在虚假性。因此，在摘抄此类证人证言时应在证人身份中注明其与犯罪嫌疑人、被害人的关系，以利于正确区分和评价证人证言的可采信度和证明力。

第三，要确保摘录证据材料逻辑严密。①对同类型的证据要按照其证明力，由强到弱或者按照时间的先后排列。使案件的起始、发展过程和结果有一个清晰的脉络，各个证据之间层层递进，彼此相互印证，形成完整的证据体系。②对犯罪事实简单的案件，比如，三笔以下的盗窃、故意伤害、故意杀人、交通肇事等。可采取"一事一证"方式，即在每一起犯罪事实后面写明认定犯罪事实的主要证据。对于同一起事实的各类证据，其基本排列模式是按先客观性证据即物证、书证、勘验或者检查笔录、鉴定意见、视听资料等，后主观性证据即证人证言、被害人陈述、同案人供述和犯罪嫌疑人供述和辩解等的顺序具体列举，以客观证据为基石构建证据体系。

第四，可采用多种方式列举证据。①按照一罪一证列举。这主要针对多罪名案件，比如一个案件既有盗窃、又有抢劫、抢夺，这样列举证据就可以列成“（一）盗窃、（二）抢劫、（三）抢夺”，然后在每一个罪名下面再按照第一种证据种类列举。②通过表格列举。这主要针对一人多事及多人多事的案件，比如一人盗窃15笔，就可以列表格：每一笔事实对应相应的犯罪嫌疑人供述辩解、被害人陈述、证人证言等。③按照犯罪构成列举。这主要针对职务犯罪案件或犯罪嫌疑人针对某一犯罪构成要件翻供的案件。如受贿罪可以分成国家工作人员主体身份、职权范围、利用职务便利收受贿赂为他人谋利、赃款去向四组证据。④定罪与量刑证据分别列举。这主要针对自首或立功等量刑情节存在较大争议的，特别是自侦案件。⑤按犯罪阶段列举。这主要针对有预谋的故意杀人等案件，比如预备谋划阶段、实行、事后分尸销毁证据阶段等。⑥按照先结果证据后发生证据列举。对一些通过行为特征来认定犯罪事实的案件，可以先表述犯罪结果证据，后表述犯罪发生证据。例如，凶杀案件可以将现场勘查笔录、缴获的凶器、检验报告、鉴定意见等结果证据放在第一组，然后是第二组的证人证言，最后是犯罪嫌疑人供述。如毒品案件可将扣押清单、查获的毒品及包装照片、鉴定意见等结果证据以及手机信息单、运输单、汇款单、机票等证据放在第一部分，然后依次排列特情或民警证言、犯罪嫌疑人供述等。为了证明案件事实的需要，上述证据也可以相互穿插，形成证明案件事实的若干组证据。

（5）分析意见、处理情况及需要说明的问题

对案件的定性分析、证据分析、量刑情节分析是案件审查报告的精华和核心，这一部分的质量如何，能反映承办人对于案件证据、法律规定、立法精神的理解、掌握和运用的能力与水平。要从以下几点进行把握：一是在证据分析方面，要从证据的来源合法性、内容真实性、相互关联性入手，排除非法证据，找出证据之间的矛盾点，说明采信证据的依据。进一步确定是否有犯罪行为发生，犯罪行为是否为犯罪嫌疑人所为。二是在定性分析方面，要紧密围绕犯罪构成的四个要件，结合在案证据材料，从法理和证据两方面，充分论证犯罪嫌疑人主体是否符合要求，主观故意是否明确，客观行为是否达到犯罪标准，所侵害的客体是否准确，进而确定犯罪嫌疑人的行为是否构成犯罪，构成何罪。三是在量刑分析方面，要依照《刑法》和相关司法解释，全面分析犯

罪嫌疑人犯罪的事实、行为的性质、各种法定情节和酌定情节等，提出相应的量刑建议，包括刑种、刑幅、数额等。四是在其他需要说明的问题方面，主要是围绕法律监督、维护当事人合法权益等问题撰写。在撰写这一部分时，需要注意以下几个方面：

第一，定性分析与证据分析并重。部分承办人十分重视案件定性，在制作案件审查报告时侧重于对案件定性，即罪与非罪、此罪与彼罪的论证，而对证据的分析较为薄弱。正确定性固然是审查起诉工作的核心，但是正确定性的前提，是证据材料真实有效，在案证据能够形成完整的证据锁链。对证据的分析、审查、确认是准确认定事实的基础，只有对在案证据进行充分分析，排除了非法证据、确定证据能否被采信、所采信的证据对于所证明事项的证明程度之后，方可进行定性分析。重定性分析轻证据分析，甚至只有定性分析，没有证据分析的现象应当杜绝。

第二，论述犯罪构成既要全面，又要有所侧重。在对案件定性分析时，不少承办人对犯罪构成的论述存在两种问题。一是面面俱到，不分主次轻重，把握不住重点；二是不全面，把主要的笔墨集中在论述犯罪构成的个别要件上，对其他要件的论述很少甚至没有。对此，要抓住案件的重点、难点，对犯罪构成要件的论述既要全面，又要有所侧重。例如，对职务犯罪，要侧重论证主体；对诈骗类犯罪，要侧重犯罪的故意；对未成年人犯罪要注意法定责任年龄等。

第三，法律规定与分析论述并重。目前，承办人的法律素养一般比较高，对法律、司法解释进行了深入的学习，熟知相关规定，在报告中能准确引用有关条文和规定。但更为重要的是把法律规定运用到所办理的案件中，结合法律法规对案件进行具体的分析和论述，而不是将法律条文规定进行罗列，形成一种法律规定和案件证据两张皮，让审阅人自行判断的印象。

第四，分析意见要明确、适当。案件分析意见是承办人通过对案件的审查，结合证据和法律规定，对犯罪嫌疑人是否构成犯罪、构成何罪、应当如何处罚等作出的结论性意见。所谓明确，就是承办人对于犯罪嫌疑人是否构成犯罪、构成何种犯罪要在充分的分析后提出明确的意见。对于有争议的案件，要将产生争议的原因、不同观点的法定理由和依据予以说明，并提出个人倾向性意见。所谓适当，就是审查报告中的分析意见，应围绕案件中的证据材料和相关法律规定进行，问题要集中、系统，表述要清晰，论述要完整，既不能过于简单，把应当分析的问题忽略了，也不能过于复杂，引经据典，把分析意见做成学术论文。

第五，分析意见用语要严谨、规范。对案件的分析是一个主观判断的过程，审查报告作为司法工作文书应体现出中立的态度，根据证据、法律规定论述案件，不能把承办人个人的情绪或者倾向体现在文书中，不能使用煽情的语言。

第六，量刑情节不遗漏。在审查报告中不要遗漏量刑情节，包括法定情节和酌定情节。对于酌定情节如赃款已退赔、初犯、被害人是否存在过错、犯罪嫌疑人认罪态度有时候容易在审查报告中被遗漏。

【办案随想】

在平常撰写审查报告中，笔者觉得最难写也是最核心的部分就是对全案的证据分析，那么如何展开对全案的证据分析，笔者认为对证据的分析论证实质上是一种审查判断证据的思维过程，需要分三步走。第一步即分解验证法。分解验证是指对单个证据进行“三性”（指证据的合法性、客观性、关联性，下同）分析，验证其是否具有证据资格，从而作为认定犯罪事实的依据。在单个证据验证分析时，还可以进一步分解。比如犯罪嫌疑人的供述，可以从供述的时间、地点、有无逼供诱供等方面验证；证人证言，可以从证人的辨别能力、与案件的利害关系等方面进行验证；鉴定意见可以从鉴定人的资质、检验材料的原始性等方面验证。实践中，往往对鉴定意见过于信赖而缺乏必要的分析，其实技术性鉴定意见也有错误的时候。比如精神病司法鉴定主观性较大、强奸案中精斑鉴定检验材料被污染而使鉴定丧失真实性，甚至价格鉴定也会出现问题，如尹某盗窃案，被盗手机的价格鉴定意见是依据被害人提供的销售发票进行鉴定的，但经审查发现该销售发票是中国联通话费充值发票，充值话费时赠送的手机，但发票上既没有记载赠送手机，更没有记载手机的型号，因此该价格鉴定不能采信。第二步即双向对比法。对比即对案件中证明同一事实的两个或两个以上的证据材料进行比较和对照，审查其所印证的内容是否一致，以确定案件事实能否认定。所谓双向比对是指纵向对比和横向对比，纵向对比主要针对言词证据而言，即对同一案件事实做过的多次陈述或供述进行对比，辨明其前后内容有无矛盾之处以及如何排除和解决矛盾；横向对比是指对证明同一案件事实的不同种类的证据进行比对。对比法是证据审查最基本、最直接的方法，因为证据是否能够相互印证，主要依赖于对比方法，“印证”即不同证据在信息内容上的相互支持所形成的稳定的证明结构，是确定证据确实充分最重要的因素。第三步即整体综合法。整体综合法是指在运用证据的思维过程中，将经过分解验证、双向对比审查的证据材料，有机地合成为一个整体来加以考察的逻辑方法。综合分析不是将所有的证据材料的各个方面和要素简单地罗列在一起，而是从案件的实际情况出发，在思维中将经过分解验证和比对分析后的各个证据材料，按照法律规律有机地结合成一个证据体系，从而达到对案件事实的完整、准确的认定。在此过程中，需要综合运用《刑法》和《刑事诉讼法》的相关理论，要有理有据，说理深刻。

（执笔人：江海昌）

14. 如何制作一份高质量的起诉书？

起诉书可分为如下八个部分：①首部；②被告人基本情况；③案由、案件来源和审查过程；④案件事实；⑤证据；⑥起诉要求和根据；⑦尾部；⑧附项。对以下几个部分需要引起特别重视：

（1）被告人基本情况

这部分是确定被告对象具体身份的重要内容，样本格式规定：被告人的姓名、性别、出生年月日、民族、身份证号码、文化程度、职业或工作单位及职务、住址、曾受到行政处罚、刑事处罚和因本案被采取强制措施的情况等。应注意如下几个事项：第一，被告人的姓名。应当写清被告人正在使用的正式姓名，即户口簿、身份证等法定文件中使用的姓名。如有曾用名或与案件有关的化名、笔名、绰号等，要用括号注明，与犯罪无关的其他名字不写。如果是聋哑人或盲人，要在姓名后用括号加以注明。对于符合起诉条件但不讲真实姓名、住址、身份不明的被告人，根据《刑事诉讼法》第158条规定，可以按其自报的姓名向法院起诉。被告人是外国人的，应在其中文译名后面用括号注明外文姓名。第二，出生日期应写公历出生的年月日。具体出生日期查不清楚的，在制作起诉书时应以公历计算的周岁写明被告人的年龄。但是，如果涉及已满14周岁不满18周岁的被告人刑事责任问题时，必须写明被告人准确的出生年月日。第三，文化程度主要写明所受过的正规教育程度。对于中途肄业人员的文化程度的表述，以户籍证明为准；户籍证明中没有记载的，根据本人供述，表述为“小学”、“初中”、“高中”等，至于小学几年、初中几年、高中几年，不作区分。不识字的表述为“文盲”。第四，职业或工作单位、职务应写明被采取强制措施前所在的工作单位名称及职务；无工作单位的，只写职业名称，从事农业生产者写“务农”；从事个体经营的写“个体经营”；对于待业或者从事临时性工作，没有固定职业的人员写“无业”。第五，住址一般情况下应写户籍所在地。户籍所在地与经常居住地不一致的，写经常居住地，并注明户籍所在地；对流窜犯等户籍所在地或经常居住地不明的，写其暂住地。第六，被告人的前科情况。被告人受到的行政处罚，如果与定罪有关，则需要写明，如果与定罪没有关系，则不写。被告人受到的刑事处罚，应当写明。叙写刑事处罚时，应写明处罚的时间、原因、种类、决定处罚的机关、处罚的内容、释放时间等有关情况。第七，对被告人采取的强制措施，应写明有关情况。一般应写明采取强制措施的原因、种类、批准或者决定处罚的机关名称和时间，执行机关的名称和时间，等等。如被采取过多种强制措施的，应按照强制措施执行时间先后顺序一一写明。

（2）案由、案件来源和审查过程

由于案件来源不同，该部分写法也不同，主要有以下两种写法：

①公安等侦查机关侦查终结，移送检察院审查起诉的，其文字表述为："本案由×××（侦查机关）侦查终结，以被告人某某某涉嫌×××罪，于××××年×月×日向本院移送审查起诉。本院受理后，于××××年×月×日已告知被告人有权委托辩护人，××××年×月×日已告知被害人及其法定代理人（或者近亲属）、附带民事诉讼的当事人及其法定代理人有权委托诉讼代理人，依法讯问了被告人，听取了被害人的诉讼代理人某某某和被告人的辩护人某某某的意见，审查了全部案件材料……（写明退回补充侦查、延长审查起诉期限等情况）"

对于侦查机关移送审查起诉、需要变更管辖权的案件，表述为："本案由×××（侦查机关）侦查终结，以被告人某某某涉嫌×××罪，于××××年×月×日向×××人民检察院移送审查起诉。×××人民检察院于××××年×月×日转至本院审查起诉。本院受理后，于××××年×月×日已告知被告人有权……"

②人民检察院侦查终结并审查起诉的案件，其文字表述为："被告人某某某涉嫌×××罪一案，由本院侦查终结。本院于××××年×月×日已告知被告人有权……"

对于其他人民检察院侦查终结、需要变更管辖的案件，表述为："本案由×××人民检察院终结，以被告人涉嫌×××罪，于××××年×月×日向本院移送审查起诉。本院受理后，于××××年×月×日已告知被告人有权……"

（3）犯罪事实

在叙写犯罪事实时，要按照犯罪时间、地点、起因、经过、手段、动机、目的、危害后果以及被告人案发后的表现等与定罪有关的基本要素，根据个案情况，围绕《刑法》规定的犯罪构成要件、犯罪特征，如实叙写清楚。常用的表述方法有如下几种：

①以时间为顺序的表述方法。这种写法通常对一人一次犯罪、多人一次犯罪、一人数次犯罪触犯同一罪名，或多人在同一时间内连续作案触犯数个罪名的，可采用这种写法。这种写法案件事实的来龙去脉、前因后果，具有连贯性。如黄某某抢劫杀人案起诉书的"犯罪事实"是这样表述的：2013 年 2 月

3 日上午 9 时许，被告人黄某某在××市大山汽车站候车时与杨某某相遇，在闲聊中，被告人黄得知杨为其儿子结婚上城购买结婚用品，遂起图财之心。黄便以城里有熟人能帮买到便宜东西为名，于下午 2 时左右将杨骗到市郊被告人丁某某家，与丁合谋劫抢杨的钱财之事。晚 9 时许，黄与丁将杨骗至室外一鱼塘附近，趁其无备之机，被告人丁某某朝杨后脑勺猛击一拳，杨某某踉跄倒地，被告人黄某某迅即上前跨坐于杨的腰部，双手紧紧扼住其颈部，被告人丁某某按住其挣扎的双手，致使杨某某窒息死亡。接着，黄将杨随身携带的 410 元人民币搜劫与丁分赃，尔后，两被告人将杨的尸体抛于鱼塘之中，仓惶逃离现场。

该起诉书所叙述的犯罪事实是按上午（被告人黄某某与被害人杨某某相识后犯意的产生）、下午（犯罪的预备与策划）、晚上（犯罪行为的实施与危害结果的发生）的时间顺序而表述的，案件发生的经过及前因后果表述得很清楚，具有事实的连贯性。

②突出主罪、重罪与主犯的表述方法。这种写法适用于一人或多人犯有数罪，或共同犯罪活动中有主、从犯之分的案件。运用这种写法，主罪、重罪的事实和关键情节，主犯的地位、作用、罪责要放在突出位置先叙、详叙；次罪、轻罪的事实，从犯的地位、作用、罪责放在次要或适当位置后叙、简叙。如某一犯罪团伙作案多次，既有盗窃罪，又犯有抢劫罪，还犯有强奸罪，那么就应将抢劫罪、强奸罪两个主（重）罪摆在前面先写、详叙，次罪盗窃罪放在后面简叙。

如田某某、刘某某、胡某某三被告人抢劫、敲诈勒索、盗窃案起诉书的“犯罪事实”的表述方法：2013 年 7 月 13 日晚 9 时许，被告人田某某、刘某某、胡某某去×市×义乡影剧院观看歌舞，当行至××乡三星里出口花炮厂路口时，被告人田某某提出拦汽车抢钱之事，刘、胡两被告人即表示同意。晚 9 时半左右，××乡鳌仙村个体司机漆某某驾驶农用小四轮车从城回归经出口花炮厂路口时，田某某即指使胡某某拦住该车，刘拉开驾驶室门，田、刘两被告人向漆要钱，漆说没钱。刘抓住漆的手，田拔出水果刀，一手持刀对准漆的脸部进行威胁，一手在漆的上衣口袋里搜劫现金十元四角。被告人刘、胡各分得赃款一元八角，其余赃款由被告人田某某所得。该起诉书“犯罪事实”的表述突出了主罪（抢劫罪先叙）、主犯（突出了主犯田某某在 3 人共同犯罪活动中所处的策划、纠集、指使等为主地位和组织、指挥作用，刘、胡两从犯的犯罪行为围绕主犯而叙述），次罪（敲诈勒索罪放次位）呈现主次分明，轻重有别。

③按序标列罪名的表述方法。这种表述方法可以使多次触犯的罪名和犯罪

事实提纲挈领、条理清晰地呈现出来。写时在每个罪的前面列上一个小标题，并用序码标出以示相对的独立。有的案件被告人在触犯数个罪名时，每个罪名中又涉及多次多地的连续犯罪活动，那么，可以在单独标出的罪名之下，再分序或分段按时间自然顺序表述其各次的犯罪事实，使之繁而有序。例如被告人胡某某贪污、受贿案起诉书犯罪事实的叙述：被告人胡某某在任××省××县农业局副局长兼种子公司经理和任××市种子公司经理期间，利用调拨杂交种子和职务上的便利，大肆进行贪污、受贿。从20××年6月至20××年6月，共贪污公款37940.22元；收受贿赂31960元。

一、贪污罪

1.20××年10月，×县大和乡珠塘村的负责人袁某某和袁又某经被告人胡某某之手开具销售杂交种子的准运证，胡将该村交来的1000元管理费据为己有（以下是2~6次犯罪事实，文从略）。

二、受贿罪

1.20××年6月，×县大和乡神下村50000公斤杂交种子由被告人胡某某和黄某某联系销往广东省，被告人胡某某从中收受该村送给的现金4000元（以下是2~9次犯罪事实，文从略）。

该起诉书以序标列罪名，在每个罪名之下又分序（段）叙述各次犯罪事实，收到了豁然醒目、井然有序的表述效果。但应注意，就某一案件事实表述的层次上讲，还是应采用以时间为自然顺序，突出主（重）罪和主犯的方法进行表述。

④综合归纳的表述方法。这种写法适宜于单个或多个被告人多次犯罪，触犯同一罪名，犯罪性质、作案手段和情节大致相似的案件。运用这种写法应注意严格“分类依序”进行表述，以避免冗繁、重复、啰唆。所谓“分类”，就是说要对被告人的犯罪事实按照同一范围和标准进行分类，概念要准确，属种关系不能含混。例如某盗窃案件的被告人，既在外省、外地作案，又在本省、本地作案，既盗窃各种票证票券，又盗窃工业生产用品和生活用品，还盗窃家禽家畜。那么，在叙述其犯罪事实时，就应按照空间范围或时间范围的顺序（空间范围按先外省外地、次本省、本地顺序，时间范围可由远及近或由近及远顺序）和对所盗物品进行分类（按票券、工业产品、生活用品、禽畜种属关系分类）表述，使之层次井然。所谓“依序”，就是指对被告人的犯罪事实分类后依顺序表述。如叙述某一盗窃案的犯罪事实，按分类后叙述的顺序是：作案的时间、工具、手段、地点，被盗的单位或个人，被盗的款物、数额，赃款赃物的去向，罪责或追赃情节等。被盗的单位和个人按先单位后个人的顺序写，盗窃的数额按先大后小的递降顺序写。数额大的先写，突出了犯罪分子的主观恶性

和社会危害程度，数额小的后叙，说明了犯罪分子的贪性。也可按由小至大的递升顺序写，说明被告人犯罪活动的渐进过程和对社会危害性的由小至大。

⑤多种写法并用的表述方法。共同犯罪或集团性的犯罪案件，各被告人有时罪行交错、情节各异、罪责不一，触犯的法律条款也不尽相同，对于这类案件可采用多种表述的方法叙述其犯罪事实。

一是犯罪事实与罪责分述的写法。就是先概括写明共同的主要犯罪事实（按综合归纳法），尔后依次按主犯、从犯的顺序将各被告人在实施犯罪过程中的地位、作用和应负的罪责分别进行叙述。有的被告人在共同犯罪中还有单独实施犯罪行为触犯某一罪名的，可在叙述共同犯罪事实之后，再单独分罪叙述其个人的犯罪事实。运用这种写法，既有共同犯罪事实的全面概述，又有各被告人犯罪事实与应负罪责的具体叙述，点面结合，全面而又具体。例如"渤海名号"钻井船翻沉事故玩忽职守案起诉书在综合叙述"渤 2"钻井船翻沉事故的经过、危害结果和事故发生的原因后，接着分别按主犯、从犯的顺序和各自在翻沉事故中的地位、作用叙述了被告人王某某（石油勘探局局长）、王某某（石油勘探局副局长）、张某某（石油勘探局副总调度长）、蔺某某（船长）4 被告人在此次事故中应负的罪责。

二是犯罪事实与罪责合一的写法。这种写法就是将各被告人的犯罪事实与罪责同时进行叙述，使之在列数被告人犯罪事实的同时就体现其罪责。总之，起诉书中"犯罪事实和证据"部分的叙述采用何种表述方法为好，不能拘泥于某一种方法死搬硬套，应根据案件的不同性质和特点，视其案情的繁简而确定其表述的方法。

叙写犯罪事实应注意的事项：

①要尊重事实，忠于真相。起诉书犯罪事实部分的描述必须尊重客观事实，忠于事实真相，不能有丝毫的"水分"，否则会影响法律的适用。这里的事实、真相是案件事实本身的还原，是建立在案件全部证据基础之上的法律真实，是在经过对案件全面审查、判断的基础上，排除矛盾证据后认定的犯罪事实。犯罪事实描述的每一句话都要有证据的支持，切不可想当然地推理。例如赵某强奸案，起诉书犯罪事实部分的描述为：被告人赵某（男）和被害人周某（女）同系某校职工。2008 年 6 月 24 日深夜，赵某趁周某仅一人在职工宿舍之际，跳窗潜入其房间内，用被子蒙住周某的头，把周某的睡裤撕成布条绑住周某的双手，然后抚摸周某的胸部和下身持续 20 分钟。其间，周某一直反抗，后赵某听到房间外有人说话，遂停止侵害行为，周某趁机逃离房间。该案在审判阶段，罪名被改为强制猥亵妇女罪。理由是，根据证据显示，被告人赵某在进入房间后，只是对被害人的胸部和下身进行抚摸，并用被害人的身体摩

擦其生殖器，其时间长达20分钟，与被害人发生性行为的表现不明显，故不宜认定为强奸。显然，案件承办人在对犯罪事实进行描述时，没有把握住案件事实，起诉书描述事实不清，不能还原案件真相，是导致法院改变定性的重要原因之一。

②要用语准确，褒贬得当。起诉书是具有法律效力的司法文书，是终结审查起诉程序、启动刑事审判程序的文书，也是对犯罪嫌疑人涉嫌犯罪行为的初步评价与谴责，因此起诉书中的语言应当准确、规范，使用法言法语，褒贬得当正如刘勰所言："明罚敕法，则辞有秋霜之烈。"但应避免使用带有侮辱性、仇恨性、煽动性、贬损性的词语，以保障起诉书的权威性、公正性。例如张某故意杀人案，起诉书描述的犯罪事实如下：被告人张某与被害人杨某系男女朋友关系，后因杨某发现被告人已婚，遂与张某断绝关系。张某因此不满，遂购买斧头，并与2009年1月20日乘车前往杨某住处，进入杨某的房间，要求和杨某恢复关系，被拒后，被告人恼羞成怒，气急败坏地殴打杨某，并用购买的斧头丧心病狂地将杨某杀害。该起诉书中承办人的用语感性、褒贬失当。"恼羞成怒"、"气急败坏"、"丧心病狂"等社会化词语，带有明显的感情色彩，表达公诉人对涉嫌犯罪行为的仇恨和谴责，代表了国家对犯罪行为的控诉，被赋予了更多的感情色彩，这里面公诉人主观化、情绪化的味道很浓，更多是用道德的眼光进行评价。另外，对于被告人的描述也没有做到褒贬得当，对于被告人的入室杀人行为用"进入"这一中性词来描述，显然不能表达对犯罪行为的强烈谴责。

③要指代明确，逻辑清晰。起诉书中在描述犯罪事实过程中，上下文往往需要提到同一人或事物，这时就需要通过一定的代词来指代以传递逻辑关系。这样使起诉书的表达更加简明精练，也使得文书的逻辑更加清晰。在撰写起诉书犯罪事实部分时还应按照一定的顺序来进行，比如按照时间顺序、案件事实发展的顺序等。犯罪事实要体现出一定的层次性，切不可"眉毛胡子一把抓"。例如李某合同诈骗案，承办人在起诉书中描述的犯罪事实是：被告人李某于2007年经人介绍认识了农民栗某。2010年5月，其伪造"北京超大公司"印章和总经理的签章，并利用此章，在京郊某区，通过栗某签订虚假合同，以"北京超大公司"的名义，与50余户村民签订南瓜种植协议，并收购南瓜10万余斤，其诈骗农户南瓜款9万余元。该犯罪事实在描述过程中存在两个问题：一是代词"此"与"其"指代不明。利用"此章"指的到底是"北京超大公司"的印章还是指代总经理的签章，或者兼指二者。二是逻辑顺序混乱，让人摸不着头脑。比如，如何签订的虚假合同，被告人骗的是南瓜还是南瓜款等基本事实不清楚，让人无法理解。

④详略得当，叙述规范。起诉书对犯罪事实部分的描述要详略得当，犯罪事实既要是案件的全部事实，也要体现犯罪的四个构成要件，做到言简意赅，切忌啰唆重复。在详略得当的同时，也要叙述规范。对于犯罪事实部分的描述涉及数字、地址等要素的要严格按照2002年最高人民检察院下发的《人民检察院法律文书格式（样本)》的规定进行叙述。目前在一些起诉书中，对于没有处理的同案犯的表述可谓是五花八门，有的写“在逃”，有的写“另案处理”，有的写“情况不明”，还有的写“没有此人材料”等。例如谢某非法持有枪支案，起诉书的犯罪事实部分描述为：被告人谢某与李某（女）2008年相识，后二人同居。后李某发现谢某吸食毒品，李遂回到东北老家，其间谢某不断与李某联系，李某答应谢某拼车回北京，并与2009年1月拼车回北京。2009年1月25日谢某从张某（现无此人材料）处，借一辆车接上李某，并入住酒店304房间。谢某在房间内从阿华（现在逃）处花25000元购买手枪一把。后在车上被民警查获。很明显，本案的基本事实很简单，就是2009年1月25日谢某从张某（现无此人材料）处，借一辆车接上李某，并入住酒店304房间。谢某在房间内从阿华（现在逃）处花25000元购买手枪一把。后在车上被民警查获。起诉书中“被告人谢某与李某（女）2008年相识，后二人同居。后李某发现谢某吸食毒品，李遂回到东北老家，其间谢某不断与李某联系，李某答应谢某拼车回北京，并与2009年1月拼车回北京”的描述纯属多余。另外，对于本案的张某、阿华二人的描述只用“无此人材料”、“在逃”描述，显然很不规范。

（4）证据的列举

证据是起诉书中就认定的事实所作的论证，是起诉书的重要组成部分，但如何来写目前有不同看法。有的认为，证据是认定犯罪事实的依据，在起诉书中应当列举，必要时还需进行适当论证。其方式：一是将证据单列一部分放在犯罪事实之后；二是穿插到犯罪事实中，边叙述，边举证。最高人民检察院新的起诉书制作格式没有要求对证据进行列举和论证。笔者认为，最高人民检察院的制作规定是正确的。这主要是因为我国已经改变了过去那种职权主义特点的审判方式，法官庭前审查主要是进行程序性审查，庭审中由检察官向法庭举证，而程序性审查不是就犯罪指控的事实和证据进行具体审查，因此不需要起诉书叙明证据。而在庭审宣读起诉书后，出庭检察官开始举证，指控证据将接受法庭质证和检验，这是具有实质性的证据审查过程。将起诉指控与举证证明适当分离，这是控辩式庭审方式排除法官预断的要求。

（5）起诉的根据和理由

该部分内容主要是概括说明被告人的行为特征及其触犯的《刑法》条文

和涉嫌罪名，是认定被告人的行为构成犯罪，需要追究刑事责任，并作出起诉决定的结论性部分，属于主观见解的范畴。主要内容包括：

①论证犯罪的性质，认定罪名。以事实部分为根据，对照《刑法》确定被告人触犯的《刑法》条款、犯罪性质、罪名。被告人触犯的《刑法》条款要具体到某条、某款，且与构成的犯罪性质一一对应，多个犯罪性质按由重到轻的顺序排列。共同犯罪分别写明各被告人应负的罪责。对犯罪性质及罪名认定与公安机关不一致的，应在此部分写明。在确定罪名上，注意：一是不要用类罪名代替具体罪名；二是要分清此罪与彼罪的界限，不要把此罪错定为彼罪；三是坚持罪名法定原则，即确定罪名要规范，要符合法定的罪名，要按照司法解释确定的罪名来起诉。

②论证犯罪情节。根据被告人的罪责及在犯罪过程中的表现、主观方面、客观条件以及事后的认罪态度等情况，对照有关法律条文，分析论证被告人有哪些从轻、减轻或者从重处罚的情节，并表明对被告人从重或从轻、减轻处罚的倾向性意见。此种倾向性意见要明确，如写为“可以从轻处罚”或者“可以减轻处罚”，二者只能选其一，不能含糊地写为“可以从轻或减轻处罚”。一案有几个被告人的，犯罪情节各异，应当分别论证。

③叙写作出起诉决定的法律依据，明确是依据《刑事诉讼法》第 172 条的规定，对本案被告人提起公诉，送交法院审判，依法予以惩处。

④如有附带民事诉讼，应当交代清楚。按照我国《刑事诉讼法》第 99 条、第 100 条规定，附带民事诉讼应当同刑事案件一并审判。

（执笔人：江海昌）

附：

1. 自然人犯罪案件起诉书格式（样本）

________人民检察院

起诉书

检　刑诉〔　〕　号

被告人……（写明姓名、性别、出生年月日、身份证号码、民族、文化程度、职业或者工作单位及职务、出生地和户籍地、住址、曾受到刑事处罚以及与本案定罪量刑相关的行政处罚的情况和因本案采取强制措施的情况等）

本案由×××（侦查机关）侦查终结，以被告人某某某涉嫌××罪，于×年×月×日向本院移送审查起诉。本院受理后，于×年×月×日已告知被告人有权委托辩护人，×年×月×日已告知被害人及其法定代理人（近亲属）、附带民事诉讼的当事人及其法定代理人有权委托诉讼代理人，依法讯问了被告人，听取了辩护人某某某、被害人某某某及其诉讼代理人某某某的意见，审查了全部案件材料……（写明退回补充侦查、延长审查起诉期限等情况）。

［对于侦查机关移送审查起诉的需变更管辖权的案件，表述为："本案由×××（侦查机关）侦查终结，以被告人某某某涉嫌××罪，于×年×月×日向×××人民检察院移送审查起诉。×××人民检察院于×年×月×日转至（交由）本院审查起诉。本院受理后，于×年×月×日已告知被告人有权……"

对于本院侦查终结并移送审查起诉的案件，表述为："被告人某某某涉嫌××罪一案，由本院侦查终结，于×年×月×日移送审查起诉。本院于×年×月×日已告知被告人有权……"

对于其他人民检察院侦查终结的需变更管辖权的案件，表述为："本案由×××人民检察院侦查终结，以被告人某某某涉嫌××罪移送审查起诉，×××人民检察院于×年×月×日转至（交由）本院审查起诉。本院受理后，于×年×月×日已告知被告人有权……"］

经依法审查查明：……（写明经检察机关审查认定的犯罪事实包括犯罪时间、地点、经过、手段、目的、动机、危害后果等与定罪、量刑有关的事实要素。应当根据具体案件情况，围绕《刑法》规定的该罪的构成要件叙写）。

（对于只有一个犯罪嫌疑人的案件，犯罪嫌疑人实施多次犯罪的，犯罪事实应逐一列举；同时触犯数个罪名的犯罪嫌疑人的犯罪事实应该按照主次顺序分类列举。对于共同犯罪的案件，写明犯罪嫌疑人的共同犯罪事实及各自在共同犯罪中的地位和作用后，按照犯罪嫌疑人的主次顺序，分别叙明各个犯罪嫌疑人的单独犯罪事实。）

认定上述事实的证据如下：

……（针对上述犯罪事实，分别列举证据）

本院认为，……（概述被告人行为的性质、危害程度、情节轻重），其行为触犯了《中华人民共和国刑法》第××条（引用罪状、法定刑条款），犯罪事实清楚，证据确实、充分，应当以××罪追究其刑事责任。根据《中华人民共和国刑事诉讼法》第一百七十二条的规定，提起公诉，请依法判处。

此致

×××人民法院

检察员：×××

（院印）

年　月　日

附：

1. 被告人现在处所。具体包括在押被告人的羁押场所或监视居住、取保候审的处所。

2. 案卷材料和证据。

3. 证人、鉴定人、需要出庭的专门知识的人的名单，需要保护的被害人、证人、鉴定人的名单。

4. 有关涉案款物情况。

5. 被害人（单位）附带民事诉讼情况。

6. 其他需要附注的事项。

2. 单位犯罪案件起诉书格式（样本）

__________人民检察院

起诉书

检　刑诉〔　〕　号

被告单位__________（写明单位名称、组织机构代码、住所地、法定代表人姓名、职务等）

诉讼代表人__________（写明姓名、性别、年龄、工作单位、职务）

被告人__________（写明直接负责的主管人员、其他直接责任人员的姓名、性别、出生年月日、身份证号码、民族、文化程度、职业或者工作单位及职务、出生地和户籍地、住址、曾受到刑事处罚以及与本案定罪量刑相关的行政处罚的情况和因本案采取强制措施的情况等）

本案由×××（侦查机关）侦查终结，以被告单位×××涉嫌××罪，被告人某某某涉嫌××罪，于×年×月×日向本院移送审查起诉。本院受理后，于×年×月×日已告知被告单位和被告人有权委托辩护人，×年×月×日已告知被害人及其法定代理人（近亲属）（被害单位及其诉讼代表人）、附带民事诉讼的当事人及其法定代理人有权委托诉讼代理人，依法讯问了被告人，听取了被告单位的辩护人某某某、被告人的辩护人某某某、被害人某某某及其诉讼代理人某某某的意见，审查了全部案件材料……（写明退回补充侦查、延长审查起诉期限等情况）。

[对于侦查机关移送审查起诉需变更管辖权的案件，表述为："本案由×××（侦查机关）侦查终结，以被告单位×××涉嫌××罪，被告人某某某涉嫌××罪，于×年×月×日向×××人民检察院移送审查起诉。×××人民检察院于×年×月×日转至（交由）本院审查起诉。本院受理后，于×年×

月×日已告知被告人有权……”

对于本院侦查终结并移送审查起诉的案件，表述为：“被告单位×××涉嫌××罪，被告人某某某涉嫌××罪一案，由本院侦查终结，于×年×月×日移送审查起诉。本院于×年×月×日已告知被告人有权……”

对于其他人民检察院侦查终结的需变更管辖权的案件，表述为：“本案由×××人民检察院侦查终结，以被告单位×××涉嫌××罪，被告人某某某涉嫌××罪移送审查起诉，×××人民检察院于×年×月×日转至（交由）本院审查起诉。本院受理后，于×年×月×日已告知被告人有权……”]

经依法审查查明：……（写明经检察机关审查认定的犯罪事实包括犯罪时间、地点、经过、手段、目的、动机、危害后果等与定罪、量刑有关的事实要素。应当根据具体案件情况，围绕《刑法》规定的该罪的构成要件叙写）。

认定上述事实的证据如下：

……（针对上述犯罪事实，分别列举证据）

本院认为，……（分别概述被告单位、被告人行为的性质、危害程度、情节轻重），其行为触犯了《中华人民共和国刑法》第××条（引用罪状、法定刑条款），犯罪事实清楚，证据确实、充分，应当以××罪追究其刑事责任。根据《中华人民共和国刑事诉讼法》第一百七十二条的规定，提起公诉，请依法判处。

此致

×××人民法院

检察员：×××

（院印）

年　月　日

附：

1. 被告人现在处所。具体包括在押被告人的羁押场所或监视居住、取保候审的处所。

2. 案卷材料和证据。

3. 证人、鉴定人、需要出庭的专门知识的人的名单，需要保护的被害人、证人、鉴定人的名单。

4. 有关涉案款物情况。

5. 被害人（单位）附带民事诉讼情况。

6. 其他需要附注的事项。

3. 有附带民事诉讼案件的起诉书格式

________人民检察院
刑事附带民事起诉书

检　刑附民诉〔　〕　号

被告人……（写明姓名、性别、年龄、民族、文化程度、职业、工作单位及职务、住址、是否是刑事案件被告人等）

（对于被告单位，写明单位名称、住所地、是否是刑事案件被告单位、法定代表人姓名、职务等）

被害单位……（写明单位名称、所有制性质、住所地、法定代表人姓名、职务等）

诉讼请求：

……（写明具体的诉讼请求）

事实证据和理由：

……（写明检察机关审查认定的导致国家、集体财产损失的犯罪事实及有关证据）

本院认为，……（概述被告人应承担民事责任的理由），根据……（引用被告人应承担民事责任的法律条款）的规定，应承担赔偿责任。因被告人某某某的上述行为构成××罪，依法应当追究刑事责任，本院已于×年×月×日以××号起诉书向你院提起公诉。现根据《中华人民共和国刑事诉讼法》第九十九条第二款的规定，提起附带民事诉讼，请依法裁判。

此致

×××人民法院

检察员：×××
（院印）
年　月　日

附：

1. 刑事附带民事起诉书副本一式×份。
2. 其他需要附注的事项。

有关起诉书制作说明

起诉书的格式供各级人民检察院依法将公诉案件的被告人向人民法院提起公诉及提起附带民事诉讼时选用。

三种起诉书格式均由首部、被告人（被告单位）的基本情况、案由和案件的审查过程、案件事实、证据、起诉要求和根据、尾部七部分组成。

一、首部

1. 人民检察院的名称：除最高人民检察院外，各地方人民检察院的名称前应写明省（自治区、直辖市）的名称；对涉外案件提起公诉时，各级人民检察院的名称前均应注明“中华人民共和国”的字样。

2. 文号：由制作起诉书的人民检察院的简称、案件性质（即“刑诉”）、起诉年度、案件顺序号组成。其中，年度须用四位数字表述。文号写在该行的最右端，上下各空一行。

二、被告人（被告单位）的基本情况

1. 被告人、被告单位的基本情况应当按照格式中所列要素的顺序叙写。

2. 被告人如有与案情有关的曾用名、别名、化名或者绰号的，应当在其姓名后面用括号注明；被告人是外国人的，应当在其中文译名后面用括号注明外文姓名。

3. 被告人的出生日期一般应以公历为准。除未成年人外，如果确实查不清出生日期的，也可以注明年龄。

4. 对尚未办理身份证的，应当注明。

5. 被告人的住址应写被告人的经常居住地。

6. 被告人是外国人时，应注明国籍、护照号码、国外居所。

7. 对被告人曾受到过行政处罚、刑事处罚的，应当在起诉书中写明，其中，行政处罚限于与定罪有关的情况。一般应先写受到行政处罚的情况，再写受到刑事处罚的情况。叙写行政处罚时，应注明处罚的时间、种类、处罚单位；叙写刑事处罚时，应当注明处罚的时间、原因、种类、决定机关、释放时间。

8. 对采取强制措施情况的叙写，必须注明原因、种类，批准或者决定的机关和时间、执行的机关和时间。被采取过多种强制措施的，应按照执行时间的先后分别叙写。

9. 同案被告人有二人以上的，按照主从关系的顺序叙写。

三、案由和案件的审查过程

根据案件的不同情况，分别依照格式的要求叙写。叙写退回补充侦查、延长审查起诉期限时，应注明日期、原由。

四、案件事实

案件事实部分，是起诉书的重点。叙写案件事实，应当注意以下几点：

1. 对起诉书所指控的所有犯罪事实，无论是一人一罪、多人一罪，还是一人多罪、多人多罪，都必须逐一列举。

2. 叙述案件事实，要按照合理的顺序进行。一般可按照时间先后顺序；一人多罪的，应当按照各种犯罪的轻重顺序叙述，把重罪放在前面，把次罪、轻罪放在后面；多人多罪的，应当按照主犯、从犯或者重罪、轻罪的顺序叙述，突出主犯、重罪。

3. 叙写案件事实时，可以根据案件事实的不同情况，采取相应的表述方式，具体应当把握以下原则：

（1）对重大案件、具有较大影响的案件、检察机关直接受理立案侦查的案件，都必须详细写明具体犯罪事实的时间、地点，实施行为的经过、手段、目的、动机、危害后果和被告人案发后的表现及认罪态度等内容，特别要将属于犯罪构成要件或者与定罪量刑有关的事实要素列为重点。既要避免发生遗漏，也要避免将没有证据证明或者证据不足，以及与定罪量刑无关的事项写入起诉书，做到层次清楚、重点突出。

（2）对一般刑事案件，通常也应当详细写明案件事实，但对其中作案多起但犯罪手段、危害后果等方面相同的案件事实，可以先对相同的情节进行概括叙述，然后再逐一列举出每起事实的具体时间、结果等情况，而不必详细叙述每一起犯罪事实的过程。

4. 对共同犯罪案件中有同案犯在逃的，应在其后写明“另案处理”字样。

五、证据

应当在起诉书中指明证据的名称、种类，但不必对证据与事实、证据与证据之间的关系进行具体的分析、论证。叙写证据时，一般应当采取“一事一证”的方式，即在每一起案件事实后，写明据以认定的主要证据。对于作案多起的一般刑事案件，如果案件事实是概括叙述的，证据的叙写也可以采取“一罪一证”的方式，即在该种犯罪后概括写明主要证据的种类，而不再指出认定每一起案件事实的证据。

六、起诉的要求和根据

1. 对行为性质、危害程度、情节轻重，要结合犯罪的各构成要件进行概括性地表述，突出本罪的特征，语言要精练、准确。

2. 对法律条文的引用，要准确、完整、具体，写明条、款、项。

3. 对于量刑情节的认定，应当遵循如下原则：（1）对于具备轻重不同的法定量刑情节，一般应当在起诉书中作出认定。但对于适用普通程序的案件，涉及自首、立功等可能因特定因素发生变化的情节，也可以在案件事实之后仅对有关事实作客观表述。（2）对于酌定量刑情节，可以根据案件的具体情况，从有利于出庭支持公诉的角度出发，决定是否在起诉书中作出认定。

七、尾部

1. 起诉书应当署具体承办案件公诉人的法律职务和姓名。

2. 起诉书的年月日，为签发起诉书的日期。

当自然人犯罪、单位犯罪并存时，在叙写被告单位、被告人情况时，应先叙述被告单位、法定代表人及有关属于责任人员的被告人的情况，再叙述一般的自然人被告人情况；同时，在起诉的理由和根据部分，也按照先单位犯罪、后自然人犯罪的顺序叙写。

4. 变更起诉决定书样式

________人民检察院

变更起诉决定书

检　刑变诉〔　〕　号

被告人________________一案，本院以________号起诉书向你院提起公诉，在开庭审理过程中，发现案件事实与起诉书指控的事实不符（被告人________的真实身份与起诉书中叙述的身份不符）。现根据查明的事实对____________号起诉书作如下变更：

被告人的身份变更为：

认定的事实变更为：

适用的法律变更为：被告人________（姓名、罪状），其行为触犯了《中华人民共和国刑法》第________条，犯罪事实清楚，证据确实充分，应当以________罪追究其刑事责任。根据《人民检察院刑事诉讼规则（试行）》第四百五十八条的规定，变更起诉，请依法判处。

________号起诉书未被变更部份仍然具有法律效力。

此致

×××人民法院

检察员：×××

（院印）

年　月　日

变更起诉决定书制作说明

1. 本文书依据《人民检察院刑事诉讼规则（试行）》第四百五十八条的规定制作。为人民检察院在法庭审理中变更起诉时使用。

2. 被告人身份、认定的事实和适用的法律等的叙写以及其他问题，参照起诉书格式样本。

3. 本文书的份数和送达参照起诉书。

（执笔人：江海昌）

二、管辖确定与处理

15. 上级侦查机关指定侦查是否产生指定管辖的法律效果?

公诉人在办案过程中可能出现侦查管辖和公诉管辖不一致的情况。例如A市公安局指定B区公安分局对某一案件进行立案侦查。B区的公安局侦查完毕后，将案卷移送到B区检察院。B区检察院公诉科收到案卷后，承办人进行了初步审查后发现该案不属本区管辖而拒绝收案。B区的公安局认为，该案既然由A市的公安局进行了指定管辖，那么B区的检察院公诉部门自然就取得对该案的管辖权。那么上级公安机关指定侦查的案件，作为被指定侦查的同级检察院是否自然取得公诉管辖权呢?

《刑事诉讼法》及相关的司法解释明确规定立案管辖和审判管辖。上级公安机关对刑事案件的立案、侦查以及进行指定管辖，不等于相应的检察机关自然取得对该案的公诉权，同样不等于相应的法院取得了对该案的审判权。对于本无管辖权的案件，检察机关的公诉权是源于与之相对应的法院的审判管辖权的。在现有的法律框架内，出现上述情况时可以有两种方法进行处理。第一种是在对该案件侦查终结后，将案件移交犯罪地或犯罪嫌疑人居住地的公安机关，由该公安机关移送相应的检察机关提起公诉。第二种是被指定立案侦查的公安机关报请其上一级公安机关与该市中级人民法院协商后，由中级法院指定该市某基层法院管辖，并通知与中级法院对应的市级检察院，市级检察院再通知相应的基层检察院。按照第一种处理办法，犯罪地或犯罪嫌疑人居住地的公安机关还需要进一步熟悉案件情况，然后再移送起诉，而这会增加许多无谓的工作量。但由于相应的检察机关具备对该案的公诉权、相应的审判机关具备对该案的审判权，避免了一些具体向领导汇报、与不同司法机关协商或者指定环节。按照第二种处理办法，由负责侦查案件的该区（县）级公安机关向其上一级公安机关进行汇报，上一级公安机关再与同级的中级人民法院进行沟通磋商，由该中级人民法院经研究确定由哪一个基层法院审理该案，还要通知同级市一级检察院，再由市检察院通知与被指定法院对应的基层检察院，同时取得对该案的公诉管辖和审判管辖权。

【司法实例：周某贩卖毒品案】

犯罪嫌疑人周某系浙江宁波镇海人，2013年5月22日凌晨其与徐某事先电话联系，欲以人民币420元/克的价格向徐某出售50克冰毒（甲基苯丙胺），后被告人周某驱车至宁波江北区某公路的公交站附近交易完毕。之后徐某来到宁波北仑某棋牌室赌博被人举报后被当场抓获，之后徐某协助公安机关抓捕了犯罪嫌疑人周某。

【分析】

在该案中，宁波市公安局北仑分局依照上级机关的指定管辖对于犯罪嫌疑人周某涉嫌贩卖毒品罪一案进行立案侦查，侦查完结后移送至北仑区人民检察院公诉科，承办人经阅卷后发现，该案无论是从被告人的住所地还是犯罪行为的实施地和结果地均不在北仑，不属于本区管辖而将此案退回宁波市公安局北仑分局。

【处理结果】

北仑检察院将该案退给宁波市公安局北仑分局，该区公安局经请示宁波市公安局，最后将犯罪嫌疑人周某涉嫌贩毒一案移交至有侦查管辖权的宁波市公安局江北分局，最后由江北分局移送江北区人民检察院提起公诉，从而解决了该案的管辖权问题。

（执笔人：张蕾）

16. 一人犯数罪时如何确定侦查管辖权？

在一人犯数罪的管辖冲突中，如果犯罪嫌疑人犯的数罪分别属于公安机关和人民检察院管辖，此时应如何处理管辖权问题呢？

犯罪嫌疑人犯有数罪，各罪分别属于公安机关和人民检察院管辖的，发生时间可能是在公安机关或者检察机关立案之前的，可能是在立案的侦查过程的。对此最高人民法院、最高人民检察院、公安部、国家安全部、司法部、全国人大常委会法制工作委员会《关于刑事诉讼法实施中若干问题的规定》（1998 年）第 6 条明确规定："公安机关侦查刑事案件涉及人民检察院管辖的贪污贿赂案件时，应当将贪污贿赂案件移送人民检察院，人民检察院侦查贪污贿赂案件涉及公安机关管辖的刑事案件，应当将属于公安机关管辖的刑事案件移送公安机关。在上述情况中，如果涉嫌主罪属于公安机关，管辖由公安机关为主进行侦查，人民检察院给予配合；如果涉嫌主罪属于人民检察院管辖，由人民检察院为主侦查，公安机关予以配合。"这是对公安机关与检察机关对一人犯数罪出现交叉管辖时的规定，称作次罪随主罪管辖原则。根据这一原则，在立案之前，若能根据控告、举报、报案或者犯罪嫌疑人的自首等材料分清主罪与次罪的，应该由对主罪有管辖权的机关进行统一的立案侦查，对次罪有管辖权的机关配合。公安机关或者人民检察院在立案后的侦查过程中，发现犯罪嫌疑人还实施属于人民检察院或者公安机关管辖的罪行。如果已立案侦查的罪行是主要罪行，则由立案机关为主进行侦查；如果新发现的罪行或者犯罪嫌疑人新犯的罪行是主罪，则可以由对该罪行有管辖权的机关为主进行侦查。而这里所称的主罪应当是指行为人所犯数罪中的主要罪行，即数罪中社会危害性最严重、应受刑罚处罚最重的犯罪。具体而言，对于主罪的确定可采用法定刑的衡量标准；一般情形下，以行为人触犯的数罪名中的法定最高刑最重之罪为主罪；如果法定最高刑相同，则应以可能判处最重刑罚之罪为主罪。总之，区分次罪与主罪要结合法律相关规定，要从各罪的性质、情节轻重、危害大小和法定刑的轻重以及可能判处刑罚的轻重等多因素进行综合考虑。

【司法实例：刘某受贿、危险驾驶案】

2013 年 9 月犯罪嫌疑人刘某任宁波某高校副校长兼基建办主任，其在任基建办主任期间，利用职务便利收受包工头王某的行贿款 5 万元后被他人举报而案发。同年 11 月，刘某主动到江北区纪委交代其受贿的事实，由江北区人民检察院反贪局对该案进行立案侦查，后移送审查起诉并被取保候审。2014 年 1 月，刘某在取保候审期间又因为醉酒驾驶机动车辆，且酒精含量超过 80mg/100ml，被宁波市公安局江东分局查处而被该局刑事拘留。

【分析】

在该案中，犯罪嫌疑人刘某在 2003 年 11 月因为犯受贿罪已经被江北区人民检察院立案侦查并被采取取保候审的强制措施，然后其在取保候审期间又因犯危险驾驶罪而被刑事拘留，此时就出现了对于一人犯数罪的管辖冲突问题，对于刘某受贿罪是属于检察院管辖，而对于危险驾驶罪则属于公安局管辖。如果要将犯罪嫌疑人刘某的两个罪名进行并案处理，是交由江北区人民检察院处理，还是由宁波市公安局江东分局处理呢？此时应看犯罪嫌疑人刘某涉嫌的受贿罪和危险罪，哪个属于主罪，依据次罪随主罪管辖原则来处理。在该案例中，犯罪嫌疑人刘某所犯受贿罪的社会危害性以及可能所受的刑罚处罚肯定大于刘某所犯的危险驾驶罪。

【处理结果】

该案最后由宁波市公安局江东分局将刘某所犯的危险驾驶罪一案的案卷移送至宁波江北区人民检察院，由江北区人民检察院对犯罪嫌疑人刘某所犯的受贿罪和危险驾驶罪进行并案处理。

（执笔人：张蕾）

17. 确定网络诈骗罪管辖权的方法是什么？

随着互联网络发达，网络诈骗案件时有发生。与传统诈骗犯罪相比，网络诈骗的犯罪行为和犯罪结果通常是分离的，网络的服务器所在地，网络行为人客户端所在地与被骗人网络客户端所在地也通常不在一处，那么这些不同，又将会对网络诈骗犯罪的管辖权确定产生怎样的影响呢？

【司法实例：刘某诈骗案】

犯罪嫌疑人刘某（安徽安庆人）以缴纳会费的形式加入V9平台，平台提供店铺等技术支撑，客户将钱直接打给后台，后台五五分成。2013年1月14日至28日期间，犯罪嫌疑人刘某在浙江金华市利用家中电脑，在淘宝网上假借“宋美美”店铺销售服装，通过提供虚假链接地址，多次实施诈骗行为，骗取无锡的受害人胡某、涪陵的受害人陈某、海口的受害人吴某等人民币共计13049.5元。案发后，犯罪嫌疑人刘某退清全部赃款。

【分析】

本案是一起利用网络实施诈骗的新型犯罪，引出如何确定网络犯罪的管辖权问题。我国《刑事诉讼法》第24条规定，“刑事案件由犯罪地的人民法院管辖”。关于何为犯罪地，最高人民法院《关于执行〈中华人民共和国刑事诉讼法〉若干问题的解释》明确规定，“犯罪地是指犯罪行为发生地。以非法占有为目的的财产犯罪，犯罪地包括犯罪行为发生地和犯罪分子实际取得财产的犯罪结果发生地”。但在本案中，在判定管辖权时可能面临多种问题。就某一起具体事实而言，犯罪嫌疑人刘某在浙江金华的网络上引诱被害人，被害人之一胡某在无锡的网络上被骗，行骗地与被骗地都是犯罪行为发生地，就会出现金华与无锡两地均有管辖权，有可能发生管辖权的争议；从整个案件来看，涪陵的被害人陈某被骗后报案，公安机关进一步查实居住在外地的犯罪嫌疑人还先后诈骗了无锡的胡某、海口的吴某等，那么涪陵的司法机关能否管辖无锡和海口的案件也会出现争议。一般认为根据《公安机关办理刑事案件程序规定》第16条规定，“几个公安机关都有权管辖的刑事案件，由最初受理的公安机关管辖。必要时，可以由主要犯罪地的公安机关管辖”。最高人民法院《关于执行〈中华人民共和国刑事诉讼法〉若干问题的解释》第17条规定，“两个以上同级人民法院都有权管辖的案件，由最初受理的人民法院管辖”。因此涪陵、无锡、海口等地的司法机关都有管辖权，但由于涪陵的司法机关先受理，整个案件可由涪陵的司法机关管辖，这样不仅有利于节约司法资源，还有利于对被告人的公正量刑。

（执笔人：张蕾）

18. 公诉案件开庭后法院发现没有管辖权时应如何处理？

依据《刑事诉讼法》和最高人民法院《关于执行〈中华人民共和国刑事

诉讼法〉若干问题的解释》的相关规定，人民法院接受人民检察院移送的案件后，应当在7日内进行审查完毕，如果发现不属本院管辖的，应当退回人民检察院。如果法院在开庭审理后才发现本院没有管辖权，如何处理？目前形成三种意见：一是认为法院已经开庭审理，被告人的犯罪行为清楚，且其本人也没有提出管辖权异议，所以人民法院可以径行作出判决。二是在此情形下，既然人民法院已经发现没有管辖权则不能继续审理，而应与检察院协商，由该检察院将案件移送至相应检察院后，由其向有管辖权的人民法院移送起诉。三是由法院直接向有管辖权的法院移送。下面将逐一进行分析：

首先，《刑事诉讼法》规定的管辖包括侦查和审判两个方面。侦查管辖主要是侦查职责的明确与分工，考虑到犯罪分子作案后流窜外地等情况，为防止出现推诿、放纵犯罪行为并未严格地域管辖，但如果发现没有管辖权的也应依法移送；而审判管辖在《刑事诉讼法》第24条明确载明："刑事案件由犯罪地的人民法院管辖。如果由被告人居住地的人民法院审判更为适宜的，可以由被告人居住地的人民法院管辖。"同时有规定表明，侵财性犯罪地包括犯罪行为地和犯罪结果地。如果在一起案件中公安机关因辖区内被害人之诉求而立案侦查，并经检察院批准采取了强制措施，检察机关就此向人民法院提起了公诉。人民法院开庭审理查明，被告人的居住地以及犯罪的行为地、结果地均不在本院地域管辖的范围内，很显然法院对该案件没有管辖权。第一种意见明显与法律规定相悖，如果法院径行判决，则属于程序违法。

其次，人民法院自行移送依据不足。《刑事诉讼法》和最高人民法院《关于执行〈中华人民共和国刑事诉讼法〉若干问题的解释》都明确规定，接受案件后人民法院经审查发现没有管辖权的应当退回人民检察院；对符合开庭审理条件的案件经过庭审后应分别作出有罪、无罪、不予认定、不负刑事责任和终止审理的裁决。如果法院开庭后发现本院没有管辖权，主要原因是由于庭前未能审查全部案卷材料，或者审判员疏忽审查地域管辖的因素。如果说让法院向有管辖权的审判机关移送不但对被告人的羁押期限有影响，而且受移送法院在案件的受理程序上会受阻。因为《刑事诉讼法》明确规定：第一审公诉案件的受理是指"人民法院对提起公诉的案件进行审查后……"并没有明确法院之间的移送是受案依据。如出现上述情形时，由人民法院决定退回检察院，再由检察院向有管辖权的人民法院移送。最高人民法院、最高人民检察院、公安部、国家安全部、司法部、全国人大常委会法制工作委员会《关于刑事诉讼法实施中若干问题的规定》第34条载明，"人民检察院受理同级公安机关移送审查起诉的案件，按照刑事诉讼法的管辖规定，认为应当由上级人民检察院或者同级其他人民检察院起诉的，应当由人民检察院将案件移送有管辖权的人民检察院审查起诉”。可见刑事案件的移送管辖在人民检察院之间进行是有法可依的。针对此种情况可由目前审理案件的人民法院与提起公诉的人民检察院协商，由检察院将案件移送至相应检察院后，由其向有管辖权的人民法院移送起诉。

最后，人民法院如果没有审判管辖权，那么公安机关侦查权的合法性也会被质疑。在整个刑事诉讼活动中，公安机关、人民法院和人民检察院分工不同，公安机关取得证据、人民检察院审查证据、人民法院认定证据。在查处经济犯罪活动中，公安部曾多次严令禁止无管辖异地办案，对于公安机关没有管辖权所取证据来源是否合法也需要重新审查，因而在人民法院决定退回后，人民检察院也应认真依法审查，如公安机关确系违法侦查则应行使法律监督权，要求当地公安机关撤销案件，移送有管辖权的公安机关侦查，以避免更大范围的“毒树之果”产生，真正做到依法保障被告人的合法权益。

【办案随想】

出现公诉案件开庭后主审法官才发现对该案没有管辖权，这种情况在司法实践中极其少见。出现的原因有可能是收案的法官由于疏忽而未对该案的管辖问题给予足够的重视。如果基层人民法院所受理的案件本应由中级人民法院管辖，此时基层人民法院就与基层人民检察院进行协商，由该基层人民检察院将案件上报至市级人民检察院，由市级人民检察院将该案向同级人民法院提起公诉。如果出现该案应由其他地域的基层人民检察院管辖，则应由受理该案的基层人民法院与基层检察院协商，由检察院将该案移送至有管辖的其他地域的基层检察院进行办理。

（执笔人：张蕾）

三、期限种类与计算

19. 公诉人应注意哪些办案期限?

公诉人拿到案卷后，不要急于看案卷的实体部分，注意办案过程中的期限，避免出现违法办案的情况，具体需要注意哪些期限呢？下面将《刑事诉讼法》中关于办案过程中涉及的相关期限列举如下：

（1）以小时为单位的期限

①传唤、拘传持续的时间最长不得超过 12 小时，不得以连续传唤、拘传的形式变相羁押犯罪嫌疑人。

②拘留或逮捕犯罪嫌疑人后，除有碍侦查或无法通知的情形外，应当把拘留原因和羁押的处所，在 24 小时内通知被拘留人或被逮捕人的家属或其单位。

③侦查机关或部门对于被拘留或被逮捕的人，应当在拘留或逮捕后的 24 小时内进行讯问。

（2）以日为单位的期限

①人民检察院自收到移送审查起诉的材料之日起 3 日内，应当告知犯罪嫌疑人有权委托辩护人。人民法院自受理自诉案件之日起 3 日内，应当告知被告人有权委托辩护人。

②人民检察院自收到移送审查起诉的案件材料之日起 3 日内，应当告知被害人、法定代理人或者近亲属、附带民事诉讼的当事人及其法定代理人有权委托诉讼代理人。人民法院自受理自诉案件之日起 3 日内应当告知自诉人及其法定代理人有权委托诉讼代理人。

③对于扣押的物品、文件、邮件、电报或者冻结的存款、汇款，经查明确实与案件无关的，应当在 3 日内解除扣押、冻结，退还原主或者邮电机关。

④对于有被害人的案件，决定不起诉的，人民检察院应当将不起诉决定书送达被害人。被害人不服的，可以自收到决定书后 7 日内向上一级人民检察院申诉、请求提起公诉。

⑤对于人民检察院依照《刑事诉讼法》第 173 条第 2 款作出不起诉决定。被不起诉人如果不服，可以自收到决定书后 7 日内向人民检察院申诉。

（3）以月为单位的期限

①人民检察院对于公安机关移送起诉的案件，应当在 1 个月内作出决定，重大、复杂的案件可以延长半个月。

②人民检察院审查案件，对于需要补充侦查的，可以退回公安机关补充侦查，也可以自行侦查。对于补充侦查的案件，应当在 1 个月内补充侦查完毕。补充侦查以两次为限。补充侦查完毕移送检察院后，检察院重新计算审查起诉期限。

③人民法院、人民检察院和公安机关对于犯罪嫌疑人、被告人取保候审不得超过 12 个月。

（执笔人：张蕾）

20. 侦查期间改变管辖的能否重新计算期间?

在诉讼期间的计算过程中，常常会遇到一些特殊的问题，譬如期间的中断、期间的重新计算等问题。侦查期间改变管辖能否重新计算呢？侦查期间改变管辖能否导致期间的重新计算呢？

这需要从刑事案件的侦查管辖来看。在具体的法律规定上，刑事案件的侦查管辖规定较为原则。根据相关侦查管辖的规定，一个案件可能有几个公安机关都有管辖权，又规定几个公安机关都有管辖权的由最初受理地的公安机关管辖，但是必要的时候移送主要犯罪地管辖。侦查的灵活性决定了随着侦查的进展，主要犯罪地可能发生变化。在级别管辖中，重大涉外犯罪、重大经济犯罪、重大集团犯罪和下级公安机关侦破有困难的案件其侦查管辖的界限是模糊的。而侦查管辖的确定属于典型的行政化行为。如果允许侦查期间因为改变管辖重新计算期间，将会使侦查机关因为办案期限不足而改变管辖，对犯罪嫌疑人的羁押期限延长。而且由于少数执法单位对法律规定的理解或认识的差异，对某些诉讼环节中出现的个别特殊羁押期限的计算出现了偏差，使在押犯罪嫌疑人在同一诉讼环节、同一羁押地，其羁押期限被双重计算，造成了实质上的超期羁押，在缺乏富有实效的监督制度的情况下，很有可能侵犯犯罪嫌疑人的合法权益。因此强化刑事案件各诉讼阶段羁押期限的监督，切实保障在押人员不被违法超期羁押，是法律赋予检察机关的重要职责。它不仅有效维护了在押人员的合法权益不受侵犯，确保法律的公正、正确实施，也是社会主义人权观念在监管环节的重要体现。《刑事诉讼法》就诉讼的各个阶段的羁押期限所作的明确规定，对案件的顺利诉讼起了绝对的保障作用，给检察机关检察监督工作提供了可靠依据，使在押犯罪嫌疑人、被告人的人身权利得到了合法的保护。

【司法实例：卢某某盗窃案】

犯罪嫌疑人卢某某，男，现年 27 岁，家住安徽省定远县高塘乡，其在江苏省太仓市打工时因涉嫌犯盗窃罪被江苏省太仓警方立案，并在网上通缉。

2012 年 4 月 9 日安徽省定远县警方依据江苏省太仓市公安局制作的《拘留证》将其抓获，将其临时羁押在安徽省定远县看守所。经审查卢某某在此之前在定远县高塘乡也有盗窃嫌疑。依照《刑事诉讼法》第 25 条“几个同级人民法院都有管辖权的的案件，由最初受理的人民法院审判。在必要的时候，可以移送主要犯罪地的人民法院审判”之规定，经协商由江苏省太仓市警方将案件移送安徽省定远县警方管辖。安徽省定远县公安局于同年 4 月 26 日开出《拘留证》重新向其宣布刑事拘留。至 5 月 8 日卢某某实际羁押已达到《刑事诉讼法》对其刑拘规定的 30 日的期限，但定远县公安机关既未按程序移送检察机关审查批准，也未对其变更强制措施。认为该案羁押期应从 4 月 26 日重新拘留时计算，未超过法定羁押期限。

【分析】

笔者认为，定远县公安机关的行为已造成了对在押人员的超期羁押。因为该案不符合重新计算羁押期限条件。首先，依据《刑事诉讼法》第 158 条第 1 款规定：“在侦查期间，发现犯罪嫌疑人另有重要罪行的，自发现之日起依照本法第一百五十四条的规定重新计算侦查羁押期限。”上述规定从诉讼环节上是指在批准逮捕后的“侦查期间”，从实施对象上是指发现“另有重要罪行”的犯罪嫌疑人。而该案的卢某某涉嫌盗窃罪被抓获归案后即被发现其以前涉嫌同样的盗窃犯罪行为，不管卢某某是在安徽定远县作案，还是在江苏省太仓市作案，这都是其犯罪的继续，只不过是作案地点发生变更，而并非属于“另有重要罪行”。该案的管辖权转移后，卢某某仍在刑事拘留阶段，而且羁押地一直没有改变，因而卢某某既不是在法律规定的“侦查期间”被发现，也不属“另有重要罪行”，所以不符合法律上的重新计算羁押期限的条件，其羁押期限应从实际被拘留之日起计算。至于接受管辖的公安机关重新宣布对其刑事拘留，只能表明该案管辖权的转移，其羁押期限不该因此而受到影响，导致该案超过法定羁押期限。其次，在本案中虽然卢某某的作案行为涉及两地公安机关管辖，其属于“跨市、县管辖范围连续作案”和“在居住地作案后逃跑到外市、县继续作案”的嫌疑分子。但安徽省定远县公安机关依照地域管辖原则并案后，应在法律程序规定的 30 日内报送人民检察院批准逮捕，而随意重新计算羁押期限的做法是违背法律原则的行为，实际侵害了在押嫌疑人的合法权益。

（执笔人：张蕾）

21. 补充侦查期间如何计算羁押期限？

《刑事诉讼法》第 158 条规定：在侦查期间，发现犯罪嫌疑人另有重要罪行的，自发现之日起重新计算侦查羁押期限。补充侦查作为一种特殊侦查活动，在“补充侦查期间”是否可以重新计算侦查羁押期限？虽然“补充侦查期间”属于广义上的“侦查期间”，但除了侦查阶段的补充侦查外。审查起诉和庭审阶段的补充侦查都不能适用第158条的规定。理由如下：

第一，法律明确规定了审查起诉阶段补充侦查案件的处理方式。综合《刑事诉讼法》的规定，检察机关退回补充侦查的案件，公安机关应在1个月内补充侦查完毕，补充侦查以两次为限。补充侦查完毕后，公安机关应将案件移送检察机关，由检察机关根据案件事实、证据、犯罪情节以及是否需要追究刑事责任等情况，综合判断作出诉与不诉决定。《公安机关办理刑事案件程序规定》第271条第2项规定，对检察机关在审查起诉阶段退回补充侦查的案件，在补充侦查期间发现新的罪行需要追究刑事责任的，应当重新制作《起诉意见书》，移送检察机关审查。可见，公安机关在审查起诉阶段将退回补充侦查的案件以发现新罪名为由重新计算侦查羁期限没有法律依据。

第二，审查起诉和庭审阶段的补充侦查有其特定的诉讼任务。即在原有侦查工作的基础上，补充收集起诉、审判所必须的证据材料，确保起诉、审判阶段诉讼活动的顺利进行。具体而言，审查起诉阶段进行补充侦查，是便于检察机关全面审查案件，依法作出诉与不诉的决定，庭审阶段进行补充侦查，则是使法院能够客观、公正审理案件，做到不枉不纵。

第三，案件侦查终结后重新计算羁押期限违反刑事诉讼基本原则。及时性原则是刑事诉讼的基本原则之一，体现在诉讼进程中就要求办案人员在法定时限内尽量缩短办案时间，尽快处理案件。如果允许在案件侦查终结后，公安机关可以在审查起诉和庭审阶段的补充侦查期间以发现新罪名为由重新计算侦查羁押期限并继续侦查，将诉讼阶段由审查起诉和审判阶段向前退回到侦查阶段，就会使已侦查终结的犯罪事实得不到及时处理。造成对犯罪嫌疑人、被告人的超期羁押和拖延诉讼，不仅违反了刑事诉讼的及时性原则，也严重侵害了犯罪嫌疑人、被告人的合法权益。

22. 共同犯罪中，一人重新计算侦查羁押期限的，同案犯是否一并重新计算?

根据《刑事诉讼法》第158条及《刑诉规则》的规定，犯罪嫌疑人另有重要罪行是对其重新计算侦查羁押期限的前提。也就是说，重新计算侦查羁押期限的规定仅适用于那些在侦查羁押期间被发现另有重要罪行的犯罪嫌疑人。共同犯罪案件中，只有部分人被发现另有重要罪行的，只能就符合条件的人重新计算侦查羁押期限。其一，认为犯罪嫌疑人有罪行，是侦查机关对其实施侦查和羁押的基础。共同犯罪案件中，那些未发现另有罪行的犯罪嫌疑人已因其罪行被先行羁押，再对其重新计算侦查羁押期限无事实基础。其二，设立羁押期限意在为司法机关办理案件提供时间保障，同时也是对犯罪嫌疑人人身权利的保护，以免其被长期剥夺人身自由。另有重要罪行重新计算侦查羁押期限的关键在于，前罪所经过的侦查羁押时间归于无效，全案的侦查羁押期限自发现新罪之日起计算。这样其实际的羁押期限可能大大超出犯单一罪行的时间。如果对其他同案犯罪嫌疑人也重新计算侦查羁押期限则会产生株连无辜的后果，严重违背《刑事诉讼法》保障人权的立法精神。因此，出现上述情况时，为防止案件审理的迟延，应对另有重要罪行的犯罪嫌疑人另案处理，对其他同案人则在侦查终结后移送审查起诉。

（执笔人：张蕾）

23. 审查公安机关移送的案件时，发现犯罪嫌疑人涉嫌属于检察机关管辖的新罪行的，能否适用重新计算侦查羁押期限的规定？

根据《刑事诉讼法》关于管辖的规定精神及《刑诉规则》关于审查起诉的要求，对审查起诉中发现犯罪嫌疑人另有新罪，且该罪应由检察机关管辖的，可视具体情况作不同处理：如果公安机关侦查的部分，事实不清、证据不足，需要补充侦查的，可退回补充侦查，也可由审查起诉部门自行补查。同时将审查中发现的应由检察机关立案侦查的新罪部分移送本院自侦部门查处，全案查清并经审查后一并提起公诉。其中一部分无法查清不符合起诉条件的，不影响对其余部分的起诉和审判。如果公安机关侦查部分符合起诉条件的，可暂停对其提起公诉，将审查中发现的应由检察院立案侦查的新罪部分移交自侦部门立案侦查。不论哪一种情况，对检察机关而言，都是立案查处一件新的案件，其侦查、审查起诉均要严格按照法律及有关规定进行，侦查羁押期限自检察机关立案时起算，但不必另行办理逮捕手续。

（执笔人：张蕾）

24. 共同犯罪案件中需要补充侦查的，如何计算侦查羁押期限？

在司法实践中，经常会出现某犯罪嫌疑人涉嫌的罪名较轻，可能判处的刑罚在有期徒刑1年以下，但却由于同案犯的其他罪行需要进一步侦查而导致诉讼迟延，最终的结果可能导致对该嫌疑人造成了隐性的超期羁押，如何避免该情况的发生呢？

【司法实例：李某伙同盗窃团伙盗窃案】

犯罪嫌疑人李某伙同某盗窃团伙共同实施盗窃，其仅参与盗窃作案一次，涉案价值为3000余元。2012年7月15日李某被公安机关抓获并刑事拘留，其他同案犯也陆续抓获并与李某一起被批准逮捕。后该案因其他同案犯的罪行涉及面广、案情复杂，分别经市、省检察机关批准延期2个月，全案于2013年的2月才侦查终结，并移送检察机关审查起诉。在审查过程中，发现仍存在事实不清且有线索表明该案中同案犯周某涉嫌抢劫罪的嫌疑，后检察机关决定退回补充侦查。在退回补充侦查期间，公安机关经查证同案犯周某确实犯有重大抢劫案件。对于周某的羁押期限从新罪行发现之日起计算没有异议，但对于李某的羁押已超过6个月而且还可能继续羁押。因此李某的实际羁押期限有可能超出法院依法对其判处的刑期。在本案中对李某的羁押期间应如何处理，能否重新计算？

修改后《刑事诉讼法》第158条规定，在侦查期间，发现犯罪嫌疑人另有重要罪行的，自发现之日起依照本法第154条的规定重新计算侦查羁押期限。从法条来看，这一规定针对的是犯罪嫌疑人，而不是案件，只有犯罪嫌疑人本人另有重要罪行的，才能对其重新计算羁押期限；如果其本人除正在侦查的罪行外，没有被发现另有重要罪行的，不能因为其他同案犯另有重要罪行而对其重新计算羁押期限。罪责自负，是刑事诉讼的一项基本原则，如果因为共同犯罪中的一名犯罪分子另有重要罪行而对其他共同犯罪人都重新计算羁押期限，则严重违反了这一基本原则，侵犯了其他犯罪嫌疑人的诉讼权利。犯罪嫌疑人李某因参与盗窃团伙而被逮捕，侦查中发现同案犯周某另有抢劫重大犯罪嫌疑，如李某除盗窃罪外没有其他重要罪行，并没有与周某共同抢劫，则不能对李某重新计算侦查羁押期限。对李某和团伙中不符合“另有重要罪行”条件的犯罪嫌疑人，均应当按照《刑事诉讼法》第154条、第156条的规定严格确定羁押期限或者延长羁押期限。经审查共同盗窃犯罪事实清楚，证据确实、充分，犯罪性质和罪名认定正确，法律手续完备，应当移送人民检察院审查起诉。如果羁押期限届满，案件仍需要继续查证的，对犯罪嫌疑人可以取保候审或者监视居住。对于周某的抢劫罪行，可以另案处理，不能因此影响对李某犯盗窃罪的正常办理。

（执笔人：张蕾）

四、讯问与询问的准备与方法

25. 讯问犯罪嫌疑人前应做哪些准备?

公诉人在审查起诉阶段必须讯问犯罪嫌疑人。讯问犯罪嫌疑人是公诉人在审查起诉阶段不可缺少的而且是一项非常重要的工作，它不单单是法律的强制规定，而且对于公诉工作而言极具重要意义，它是展开其他公诉工作所不可缺少的一环。

(1) 讯问犯罪嫌疑人的意义和目的

我们可以通过讯问犯罪嫌疑人了解是否有非法取证情形，是否有相关的非法取证线索，是否需要启动非法证据排除程序。通过讯问犯罪嫌疑人可以查找漏罪、漏犯的线索，积极地开展侦查监督工作。通过讯问犯罪嫌疑人可以发现证据体系的漏洞，发现犯罪嫌疑人供述的模糊之处，并通过讯问犯罪嫌疑人查清案件事实，准确认定案件事实。通过讯问犯罪嫌疑人，听取犯罪嫌疑人的辩解，我们还可以发现是否存在刑事冤假错案的可能性。通过讯问犯罪嫌疑人可以预测庭审时的控辩争点，有针对性地设计庭审讯问问题，并预测犯罪嫌疑人的回答。为了增强讯问犯罪嫌疑人的效果，提高讯问犯罪嫌疑人的效率，争取在讯问犯罪嫌疑人时能有效地解决上述一系列问题，“不打无把握之仗”，就需要做好讯问犯罪嫌疑人之前的准备工作，明确讯问的重点和难点，做到有的放矢、目标明确。

(2) 通过审阅在案证据明确讯问重点

讯问犯罪嫌疑人之前首要的准备工作就是要审阅案卷在案证据。审阅在案证据的目的是发现在案证据之间的矛盾，例如被害人陈述与犯罪嫌疑人供述之间是否有矛盾，谁说的更可信，公诉人要将这些问题作为讯问犯罪嫌疑人的要点摘录下来。

通过审查犯罪嫌疑人及同案犯的供述发现同案犯罪嫌疑人的供述之间是否有矛盾，矛盾点在哪，同样将这些矛盾之处摘录下来，以备在讯问犯罪嫌疑人及同案犯时作为重点讯问内容。

通过审查犯罪嫌疑人的供述发现犯罪嫌疑人的供述自身的不合理之处或者与其他证据之间的矛盾之处。犯罪嫌疑人翻供的，应着重对比其翻供与原供，仔细审查其哪些供述与在案的其他证据一致或者与其他证据有矛盾，核实其不一致之处及辩解是否合理，并予以摘录，在讯问犯罪嫌疑人时作为讯问时应查清的重点问题。

审阅在案证据，查看犯罪构成要件是否能够得到在案证据的证明，在案证据是否有缺漏，证据体系是否存在漏洞。对于犯罪构成要件中不充分的证据部分，应当准备相应的问题，并在讯问犯罪嫌疑人时重点讯问，弥补证据体系的漏洞。

在讯问犯罪嫌疑人之前，还需了解犯罪嫌疑人在侦查阶段、审查批准逮捕阶段的认罪态度，是供认犯罪事实还是部分供认或者是全盘否认，以便预先准备讯问的方案和策略。

总之，在讯问犯罪嫌疑人之前要明确需要查清的具体事实，准备好讯问的重点和问题，拟好讯问提纲。通过对在案证据的全盘了解，对犯罪嫌疑人是有罪还是无罪形成一个基本的判断，为接下来的讯问应采取的方案和策略打下基础。

（执笔人：刘浪）

26. 怎样防止讯问犯罪嫌疑人流于形式?

讯问犯罪嫌疑人是如此重要，要切实防止讯问犯罪嫌疑人流于形式。有的公诉人见犯罪嫌疑人已经认罪就认为详细讯问犯罪嫌疑人没有必要，在讯问犯罪嫌疑人时“走过场”，使讯问犯罪嫌疑人流于形式。到庭审时，一旦被告人翻供，庭审时应对不及，就会相当被动，庭审效果也不好。

（1）审查分析在案犯罪嫌疑人供述与辩解，做好充分准备

事实上，公诉人在讯问前就要对审查起诉之前犯罪嫌疑人的供述与辩解进行分析，犯罪嫌疑人是否供述稳定一致，是一概否认，还是时供时翻。当犯罪嫌疑人曾经翻供，或者有翻供迹象的，此时更加不能在庭前讯问时流于形式。公诉人要做好犯罪嫌疑人在庭审时会翻供的充分准备。如果公诉人通过对证据的审查判断，认为现有证据确实、充分的，那么在庭前讯问犯罪嫌疑人时要尽量巩固犯罪嫌疑人的有罪供述，并且打消其继续翻供的心理，防止因其翻供而导致诉讼程序的拖延。公诉人要做好对犯罪嫌疑人的心理疏导和教育工作，通过向犯罪嫌疑人分析案件的证据状况，分析其翻供的具体内容和性质，指明其辩解对于定罪量刑没有影响或者其辩解是无法成立的，翻供也没有意义，做好犯罪嫌疑人的说服工作。

（2）注意细节的讯问和记录

在制作犯罪嫌疑人的认罪笔录时对于案件的关键事实和情节应当择要进行记录，对于之前的讯问笔录中存在的不清楚和模糊之处，应当详细讯问，让犯罪嫌疑人供述相关的案件细节。对于犯罪嫌疑人供述的不合理之处，也应让犯

罪嫌疑人进行解释。对于之前供述反复，曾经翻供的犯罪嫌疑人，要让其说明翻供的具体原因，对犯罪事实的经过和细节进行详细记录，消除之前供述的含糊、不稳定之处。对于庭审中存在翻供可能性的，应当在讯问时详细讯问，"堵死"其可能翻供的借口和原因，一旦犯罪嫌疑人在庭审中翻供，即可出示该份讯问笔录，制服其翻供。

（3）注意对辩解及线索的记录，严守防范冤假错案的底线

如果通过对证据的审查，发现犯罪嫌疑人有无罪可能性的，此时一定要根据证据之间的矛盾之处向犯罪嫌疑人进行讯问，核对相关的事实，对于犯罪嫌疑人所提出的无罪辩解的线索详细记录，并为继续收集相关证据、查清案件事实打下基础，切实严守防范冤假错案的底线。

（执笔人：刘浪）

27. 审查起诉阶段讯问犯罪嫌疑人时应注意的问题是什么?

（1）权利义务的告知与身份核实

公诉人在讯问前应做好充分的准备工作，了解犯罪嫌疑人的心理状态，全面掌握侦查机关已取得的证据。公诉人具体讯问犯罪嫌疑人时应注意首先告知讯问人的身份，告知犯罪嫌疑人的权利义务。然后核实犯罪嫌疑人的身份情况，查看户籍证明、常住人口基本信息等证实犯罪嫌疑人身份情况的相关书证上的犯罪嫌疑人的照片是否与犯罪嫌疑人相符，准确核对犯罪嫌疑人的身份，防止犯罪嫌疑人冒名顶替蒙混过关，防止出现"搞错"犯罪嫌疑人的情况。

（2）讯问时可做的工作

公诉人在讯问时要向犯罪嫌疑人核实案件相关的证据和与定罪、量刑有关的事实。讯问时切忌简单粗糙，对于关键情节及犯罪嫌疑人之前供述的模糊之处要进行详细讯问。对于其他证据与犯罪嫌疑人的供述相矛盾的部分，也应进行详细讯问。对于犯罪嫌疑人庭前供述明显不合理之处，如果有把握庭前说服犯罪嫌疑人认罪，有效制服犯罪嫌疑人的，可以让其进行合理性解释。如果没有制服犯罪嫌疑人的把握，应将问题在庭审讯问时抛出，出其不意，才能取得好的庭审效果。否则，因犯罪嫌疑人已做好相关的应对准备，公诉人在庭审讯问时就难以充分运用讯问技巧当庭揭露其罪行。

（3）讯问时应避免的问题

公诉人对于侦查期间获得的关键证据不要轻易向犯罪嫌疑人透露，避免因其否认该证据，或已做好相应的准备，从而使该证据失去应有的作用。例如在李某某盗窃案中，李某某辩称自己从来没有在某地某人家中行窃，甚至根本在案发时间段都没有到过某地。但公安机关在案发现场的一楼窗台上提取到了其

指纹。在审查起诉之前的侦查期间、审查批准逮捕以及逮捕之后的讯问期间，犯罪嫌疑人均辩称自己未来过某地。在审查起诉时，案件承办人向其出示了现场的照片和该枚指纹的关键性证据。犯罪嫌疑人虽然神色有些慌张，但却很快镇定下来，并改口说自己想起来，案发时间是去过现场，但只是路过，并没有入室盗窃，不小心才在现场留下了指纹。由于案件承办人没有相关的意识，导致案件的处理相当地被动。

公诉人在审查起诉阶段讯问犯罪嫌疑人时，还应注意讯问的方式方法和态度，尊重犯罪嫌疑人，以平常人相待，避免居高临下，激起犯罪嫌疑人的逆反、抵触、对抗心理。要注意讯问的语气，不可高高在上、语气生硬，这样容易引起被告人的逆反和厌恶心理，甚至导致无谓的翻供，使讯问陷入僵局。在讯问时要尽量使用肯定的语气，不能都采用疑问的语气进行讯问，否则会使犯罪嫌疑人产生错觉，认为公诉人掌握的证据不够充分，因而抱着侥幸的心理进行翻供。

对于犯罪嫌疑人翻供的，不可一味训斥，也不可一概地不予理睬，而应注意将其翻供作为查证是否存在在侦查阶段作错误供述，是否存在侦查违法取证行为等，避免冤假错案，充分发挥检察机关法律监督的职能。

（执笔人：刘浪）

28. 如何突破犯罪嫌疑人口供?

（1）公诉人突破犯罪嫌疑人口供的优势条件与重要性

公诉人是否需要有突破犯罪嫌疑人口供的能力？应该说，要成为一名综合素质全面的优秀公诉人，突破犯罪嫌疑人口供的能力是不可或缺的。在公诉人审查案件时，相应的证据已经比较完备，这些为公诉人突破犯罪嫌疑人口供创造了良好的条件。公诉人如果能够有效说服犯罪嫌疑人，突破其口供，让其配合司法机关对其案件的公正处理，对于提高诉讼效率，降低案件的诉讼风险都是百益而无一害的事情。

由于再审程序的启动对证据标准的要求更高，在一些出现新证据可能需要启动再审程序的案件中，如果欠缺被告人的口供，新的证据体系很可能是不完备的，原审判决很难被推翻。因此，在此种情况下，突破犯罪嫌疑人的口供就显得犹为重要。

有的犯罪嫌疑人在庭前一直保持沉默而拒绝配合，公诉人就无法了解犯罪嫌疑人的辩解，对于在案证据所构建的证据体系存在的漏洞有时也会一时疏忽而未能注意，等到庭审时，犯罪嫌疑人突然提出此前从未出现的辩解，公诉人又对此未做好充分的准备，法庭要对相关的辩解进行查证，要重新进行调查取证，而一旦辩解成立，检察机关的指控就不能成立，检察机关甚至要承担国家赔偿责任，后果是相当严重的。因此，公诉人要重视突破犯罪嫌疑人口供能力的训练，掌握相关的技巧。

（2）讯问前的准备工作

公诉人在讯问不认罪的犯罪嫌疑人时，首先要做好讯问前的准备工作，要全面审查在案的证据体系，对所有的证据都要做到“成竹在胸”，充分掌握案情，仔细甄别对犯罪嫌疑人有利、不利的证据，在案证据之间是否存在矛盾，案情是否存在疑点，哪些事实和证据需要向犯罪嫌疑人核实，并有针对性地整理归纳需要向犯罪嫌疑人核实的问题。此外对犯罪嫌疑人的人生经历、家庭成员情况等也应有大致的了解和掌握，分析犯罪嫌疑人不愿意供述的原因和心理。在做好讯问前的准备工作后，才能对犯罪嫌疑人进行讯问。

（3）讯问姿态

在讯问犯罪嫌疑人时，公诉人应保持良好端正的形象，既尊重犯罪嫌疑人，不贬损其人格，又不降低自己的身份。既愿意充分听取犯罪嫌疑人的意见，又不一味轻信犯罪嫌疑人的辩解。总之，公诉人在讯问时应做到不卑不亢。

（4）讯问方法

公诉人在讯问时可首先向犯罪嫌疑人表明身份，表明自己与侦查人员的区别，表明自己客观公正的立场和态度，以取得犯罪嫌疑人的信任。其次，应向犯罪嫌疑人了解其不愿意供述的原因，是否受到了侦查人员不公正的对待，是否存在刑讯逼供等侦查违法行为。最后，可根据案件情况，如果证据比较确实充分的，可站在客观中立的立场将案件证据分析给犯罪嫌疑人听，告知犯罪嫌疑人根据相互印证的证据体系，即使犯罪嫌疑人不供述，证据确实、充分也可以认定犯罪事实；告知其如实供述自己的罪行，根据法律的规定，即使是之前没有供述，在审查起诉阶段供述的，一样可以获得从轻处罚。要给其指明出路，告知其在现有的证据状况下，只有如实供述才能获得从轻处罚。同时可以向其分析具体的案情，以之前办过的类似犯罪嫌疑人情况案件的处理来点拨犯罪嫌疑人，让其认识到，只有如实供述自己的罪行才是唯一的出路。待犯罪嫌疑人愿意与公诉人交流并供述犯罪事实之后，可根据案件的情况，向其详细核实案情和案件中存在的疑点问题，做好详细的讯问笔录，完善案件的证据体系，为准确认定案件事实打下证据基础。

【司法实例：甘某华等10人盗窃、掩饰、隐瞒犯罪所得案】

在此案中，同案犯廖某某先被公安机关根据线索抓获，后廖某某即配合公安机关抓捕了其他4名盗窃同案犯。除了甘某华，其余的盗窃、掩饰、隐瞒犯罪所得的同案犯均陆续到案，且均供述了犯罪事实，只有甘某华拒不供认。但由于甘某华等人盗窃的均为电缆线，且盗窃的地点只有两处，部分盗窃犯罪事实的特征不明显，且仍有部分案犯在逃，故而案件仍存在一些疑点，甘某华的供述具有重要的证据价值。

公诉人在讯问甘某华之前全面审阅了案卷材料，列明需要向甘某华核实的相关证据和事实。在提讯时，公诉人首先和蔼地说明自己的身份和立场，抱着好奇心讯问甘某华为何在诸多同案犯（包括其堂弟甘某强）均对其明确指认的情况下仍拒不交代犯罪事实。甘某华称公安民警不尊重自己，歧视其系“斗鸡眼”，所以才故意不配合。

公诉人遂向其分析了全案的证据情况，告知其在诸多同案犯对其指认的情况下，案件事实铁证如山，其拒不交代对其非常不利，会被认为是认罪态度不好，无法获得从轻处罚。甘某华表示愿意详细交代犯罪事实，后公诉人逐笔详细核对了盗窃的犯罪事实，并制作了详细的讯问笔录，为准确查明案件事实提供了很大的帮助。

（5）“九步审讯法”①

美国审讯专家约翰里德总结出了“九步审讯法”，可资借鉴。其基本步骤如下：第一步，审讯者直接正面告诉被审讯人，他已被视为本案的犯罪嫌疑人，然后观察其反应；第二步，审讯者说出自己对实施该犯罪行为原因的推测，从而给有罪的被审讯人提供一个可以在道德上为自己开脱的理由；第三步，审讯者打断被审讯人的无罪辩解，并回到第二步的主题上；第四步，审讯者打断被审讯人关于该犯罪原因的辩解；第五步，审讯者要努力抓住被审讯人的注意力；第六步，审讯者应加强与被审讯人的目光接触，以克服其消极对抗情绪；第七步，审讯者使用一组选择疑问句以审讯人可以接受的方式使其承认该犯罪行为；第八步，审讯者让被审讯人讲出该犯罪行为的某些只有作案人自己知道的细节；第九步，审讯者让被审讯人讲出全部犯罪事实并制作书面供述。

（执笔人：刘浪）

29. 如何制作讯问笔录?

在拟好讯问提纲和讯问重点后，接下来的重要环节就是制作讯问笔录。讯问笔录并不是对整个讯问过程中所有的问题无一遗漏地逐字记录。制作讯问笔录也要做到目标明确、重点突出。讯问笔录分为认罪笔录和不认罪笔录。

（1）认罪笔录制作

如果犯罪嫌疑人认罪的，在讯问前所准备的问题都要在讯问时问到，巩固

① 参见邱睿：《公诉人庭前询问、讯问方法与技巧》，中国检察出版社2012年版，第83页。

其有罪供述，并通过讯问犯罪嫌疑人来消除公诉人对于犯罪事实的疑惑，让犯罪嫌疑人对于证据之间的矛盾点，对于其自己的供述的矛盾之处、不合理之处进行解释，消除证据之间的矛盾，通过讯问犯罪嫌疑人来核实案情，纠正其此前错误的或者明显不符合其真实意愿的供述，弥补之前讯问笔录的漏洞。认罪笔录对于其关键重要定罪量刑的细节应当有所记录，特别是对于犯罪嫌疑人的供述与其他证据之间矛盾的部分要进行详细地讯问并记录。例如实施入户盗窃的案子，可以通过讯问其进入房间时所发现的房间的物品摆设特征，其盗窃的财物摆放的位置，盗窃财物的具体特征等核实犯罪嫌疑人是否进入了盗窃现场，窃得的财物具体是哪些，增强自己的内心确信。

（2）不认罪笔录制作

对于犯罪嫌疑人不认罪的案件，讯问笔录的制作也是有必要的，并且要注意制作的技巧。一方面，如果犯罪嫌疑人此前曾经作过有罪供述，那么就要让其解释，为何会作出有罪供述，又为何会翻供，了解是否存在非法取证行为，此前的供述是否应当启动非法证据排除程序来予以排除。犯罪嫌疑人翻供或者有辩解的，应当就其辩解理由和内容进行详细的记录。另一方面，犯罪嫌疑人的辩解内容如果花样百出，那么就说明其辩解不真实的可能性很大，因为案件事实只有一个。在案件发生时，犯罪嫌疑人的所作所为，心理状态只能是一种情况，根据矛盾法则，其不可能存在多种行为和心理状态。对于这样的辩解理由和内容，公诉人也应当在讯问时予以记录。在庭审时再将各种辩解理由向法庭出示，并针对被告人明显的不符合常理的辩解进行当庭驳斥，会收到良好的庭审效果。

犯罪嫌疑人的辩解如果具有相当的合理性，此时也应当详细记录其辩解的内容，尤其是案发时的一些细节，是否能够提取到证明犯罪嫌疑人无罪的证据，还有哪些可以继续核实和查证的事实，在讯问完毕之后自行补证或者让侦查机关调取相应的证据，避免冤假错案。

（执笔人：刘浪）

30. 审查起诉阶段询问证人和被害人应注意哪些事项?

（1）询问的目的

因为在侦查阶段，侦查人员通常已经询问了案件相关的证人或者被害人，并已制作了有关的询问笔录。公诉人通常并不需要再次询问被害人或证人。只有在被害人、证人在侦查阶段所作的陈述或者证言仍模糊不清，或者与其他证据之间有矛盾，且根据在案证据尚无法排除案件疑点的情况下，公诉人才需要再次询问，并制作新的询问笔录。重新询问被害人、证人的目的是消除案件疑点，澄清事实，为准确查明相关案件事实服务。

（2）询问的重点与准备

因此，公诉人在补充询问时，应当着重从被害人、证人原先陈述的模糊、矛盾之处入手，抓住询问的重点和关键点。制作的询问笔录应能有效地对原先侦查阶段制作的询问笔录起到查漏补缺的作用。在公诉人询问之前，应当审阅全案的证据材料，对被害人、证人之前所作陈述、证言的模糊矛盾之处要有准确的把握，明确需要查清的问题，制定精要的询问提纲，这样在询问时才可做到有的放矢，达到询问的目的，同时也可有效避免因未问及关键问题，导致需要再次制作询问笔录的情况，避免重复劳动。

（3）询问环境与权利义务告知

公诉人在询问之前要选择一个合适安静的询问环境，尽量避免受到其他人或事的打扰，尽可能地保证询问的连续性，保证被询问人能够准确、自然地回忆并陈述其亲身感知的事实。公诉人在具体询问之前，还应根据法律的规定，告知被害人、证人应当如实地提供证言，有意作伪证或者隐匿罪证要负的法律责任。

（4）询问的内容

公诉人在询问时，首先应询问被害人、证人与犯罪嫌疑人、案件的关系及身份情况。明确其是否与当事人及案件具有利害关系，与犯罪嫌疑人的熟悉程度。接着让被害人、证人陈述其亲身感知的整个事实的经过、犯罪嫌疑人的特征，避免指认错误的可能。然后再展开有针对性的询问，在询问时要对有关定罪量刑事实不清和模糊之处进行询问，对于被害人陈述、证人证言与其他证据相互矛盾的地方或者其多次陈述或证言前后有反复、有矛盾的地方要详细询问，并让被害人、证人进行详细的描述，对于描述中不合理之处要追问，并让被害人、证人进行合理性解释。

（5）询问的注意事项

公诉人在询问时还要注意察言观色，注意观察被害人、证人作陈述时的表情、神态和语气，判断其对相关事实的描述是否准确，对其所作陈述和证言的真实性、可靠性及证明力的大小作出准确的判断，并获得内心确信。

（6）询问的延伸与挖掘

对于被害人、证人提出的一些案件细节并可能以此为线索找到派生证据、再生证据的，可记录下来，获取继续取证的线索，以便必要时寻找相关的旁证和派生证据，夯实整个案件的证据基础。对于证人、被害人提出的可能存在其他犯罪嫌疑人或者犯罪事实也要进一步调查取证，不要放过追诉漏罪、漏犯的相关线索。

（执笔人：刘浪）

五、量刑建议适用

31. 量刑规范化改革对我国司法改革进程的影响是什么?

在《刑事诉讼法》修正前，量刑规范化改革的规范性文件只是最高人民法院或者“两高三部”的单独或者联合发文，效力等级显然太低。《刑事诉讼法》修正后将定罪与量刑相对分离的诉讼模式予以确认，此后最高人民法院出台的关于适用《刑事诉讼法》的司法解释以及最高人民检察院的《刑诉规则》，就量刑建议、量刑庭审程序作出了规定，这是量刑规范化改革已经产生的对立法和司法解释的推动。

除此以外，量刑规范化改革对新的司法制度的催生，为下一轮刑事司法体制改革作了很好的铺垫。规范法官裁量权，将量刑纳入庭审程序，必须以检察机关推行量刑建议为前提。检察机关推行量刑建议，被告人及其辩护人实行量刑答辩，从程序上看两者是对等的，是司法程序的改进。不过从实际效果上看，还有值得改进的地方，比如根据现行《律师法》的规定，被告人的辩护律师在审查起诉阶段就可以查阅、复制全部案卷材料。但是，法律并没有规定律师要向公诉人提交相关证据材料。如此，一方面，如果被告人一方收集了有利于被告人的新证据，而这些新证据又是公诉人所不掌握的，那么，公诉人量刑建议时就可能因为没有考虑此部分内容而对被告人不利，从而影响检察机关公正执法的形象。另一方面，辩护律师可能会在法庭开庭时搞突然袭击，追求庭审效果，有违司法效率。所以，量刑庭审程序规范化改革以后会促进庭前证据展示制度的确立。

另外，对检察机关而言，因为通过量刑建议，检察机关可以将自身对被告人的量刑意见传达给法院、被告人、辩护人以及社会公众，通过这种意见的传达，检察机关自然而然地提升了自身的地位和影响力。首先，通过对法院传达量刑建议，对法院施加了影响力，这种影响力虽然不具有强制的效力，但是，量刑建议使得检察机关将量刑监督由原先的事后监督，转变为现在的事先建议、事中参与、事后监督的全方位监督。其次，由于检察机关通过量刑建议可以影响法院的量刑裁判，使得检察机关对于被告人及其辩护人的筹码增加，由于筹码的增加，公诉人与被告人及其辩护人沟通、协商的地位优势就提高了。有利于诉辩协商制度的产生。最后，由于检察机关本身的公信力，以及其量刑建议将被原汁原味地在法院刑事裁判文书中体现出来，所以，有利于提升检察机关在社会公众心目中的形象。可以肯定，在检察机关推行量刑建议以后，对被告人和法官的影响力加大。基于本方立场考虑，控辩双方完全在某种情形下会主动或被动地寻求合作。这就意味着辩诉交易或者辩诉协商将有很大的空间，为了规范这种提高司法效率的现实做法，有必要在制度上进行确立和完善。预计再过十年八年，检察机关量刑建议、人民法院量刑程序规范化改革之后的再改革必将继续深入。简易程序、普通程序被告人认罪案件简化审案件的审理程序可能会进一步改革，控辩双方主体地位会更加突出，法官中立性更为明显，甚至可能会发展到在事后对控辩双方没有异议的协议直接确认，即现在西方国家的辩诉交易制度的产生。当然，这必须有证据开示等配套制度的确立。

【办案随想】

笔者第一次接触量刑建议是2003年说服当时的检察长申报浙江省社科联有关课题——求刑权的制度设计，之后该课题顺利结项，同时单位开始在实践中摸索量刑建议，出台相关程序性规定，并与法院拟定实体法上的量刑细则。当时，所在区域的法院裁判文书中就对量刑建议载明并作出评价。后来，由于上级法院个别领导强烈反对，其他几个试点的法院全部终止了量刑建议的探索。而北仑检察院与北仑法院达成共识，量刑建议的实践并没有中止过。2008年年底，中政委有关司法体制和工作机制改革的意见中明确了“将量刑纳入庭审程序，规范法官量刑裁量权”，并于2009年5月21日至22日，举行了全国部分省市检察机关量刑建议庭审观摩暨公诉改革研讨会。之后，2010年2月最高人民检察院公诉厅出台的有关量刑建议的指导意见中提出检察机关量刑建议一般应当求幅度，必要时也可以求确定刑期，这一观点被同年9月13日出台、10月1日施行的“两高三部”《关于规范量刑程序若干问题的意见(试行)》所采纳。《刑事诉讼法》修改后，最高人民检察院修改后的《刑诉规则》，将相关内容修改为检察机关提出量刑建议既可以是一定幅度，也可以是确定的刑期。

2010年以来，围绕有关量刑规范化改革的议题笔者曾到很多地方进行过巡讲。总体而言，笔者认为一方面我们要提高自身量刑建议实体上的科学性、公正性；另一方面，只要我们能够提出量刑建议，只要我们的量刑建议在庭上表述出来，在裁判文书中反映出来，就一定会对法官的量刑裁判起到很强的影响力、制约力。量刑实体规范化改革尚在起步，而量刑程序规范化改革已经迈出大步，量刑程序规范化改革代表了司法民主的进程，只能向前推进，只会向前推进，不可能退回来，只能“踩油门”，无法“挂倒挡”。当时，笔者认为量刑规范化改革也是为了保障被告人的充分量刑辩护权，要保证充分量刑辩护权，就必须有证据开示制度配套，2012 年 3 月 14 日修正后的《刑事诉讼法》规定检察机关提起公诉后必须将全部案卷材料移送给法院，等于废止了 1996 年修正的《刑事诉讼法》中确立的“起诉一本主义”，从而使得对辩方而言庭前证据开示制度的迫切性不那么明显。但是，相对于公诉人而言，辩方在庭前展示其收集的相关证据材料显得更为迫切了。另外，现在尚未确立的辩诉交易制度，一定会以认罪案件与不认罪案件的刑事案件繁简分流程序等形式显现出来，只是我们还需要时间等待，但这一天一定会到来，无非是何时以何种形式到来，笔者相信这一制度的确立不会太久远。

（执笔人：潘申明）

32. 如何理解检察机关在量刑规范化改革中的作用？

司法体制改革是近年来的社会热点，而在刑事司法体制改革中，量刑规范化改革毫无疑问应当属最有意义、最有成效的改革之一。那么，量刑规范化改革的内生动因、外部原因是什么？检察机关在此项改革中又扮演怎样的角色呢？

（1）量刑与定罪的区别是量刑规范化改革启动的内因

自从有了国家公诉以后，定罪和量刑成了审判机关刑事司法的主要内容。定罪活动在先，量刑活动紧随其后，定罪活动是量刑活动的基础和前提，量刑活动则是定罪活动的必然结果和最终归宿。可以说，量刑至少是刑事司法正义的一半。

但是，量刑与定罪的确存在较大差别：①定罪解决是与非的问题，量刑解决多与少的问题，定罪是一个法律适用问题，更是一个事实判断问题，而量刑是一个合理与否的价值判断问题。从人的道德层面分析，人们通常更重视是与非的判断，而对多与少的权衡则不太重视，定罪活动贯穿于整个侦查、起诉、审判过程中，而量刑问题通常只会在法庭审理阶段才走上前台，但对被告人而言，也许关注的是最终被判多少刑期，而不是因为什么，被以何种罪名判处刑罚（部分有伤风化的罪名除外）。量刑程序改革的一个重要任务就是改变刑事诉讼中工作重心和力量分配不均衡的问题。②量刑活动所遵循的刑法基本原则与定罪活动有所不同。定罪强调罪刑法定、法律面前人人平等，量刑强调罪责刑相适应、刑罚个别化、体现宽严相济的刑事政策。③量刑活动所依据的程序规则和证据规则与定罪活动有所不同。定罪程序中的证明标准为排除合理怀疑或者说是证据确凿充分，但量刑程序并不相同，有认为应该采用优势证据标准，笔者认为对于控方重处量刑情节的证明标准应该与定罪的证据标准一样，因为加重量刑事实与定罪事实一样，都会影响对犯罪人的罪责程序，并导致其合法权益的剥夺；检察机关在定罪阶段和量刑阶段上的证明能力没有差异，而且，如此有利于限制公权力侵犯公民个人权利。但是，辩方轻处量刑情节的标准不需要达到排除合理怀疑的标准，只要优势证据标准即可。因为控方在调查手段、调查范围上，其获取证据的能力都远远高于丧失人身自由的被告人，也远远高于调查处处受限制的辩护人。

（2）司法民主进程的加快是量刑规范化改革的外因

我国有关量刑规范化的学术研究可以上溯到20世纪80年代华东政法大学苏惠渔教授的《电脑量刑》，实践中，山东淄博市淄川区人民法院、江苏姜堰市人民法院、宁波北仑区人民检察院等基层司法机关在21世纪初就开始积极探索量刑规范化或量刑建议制度，为2009年以来量刑规范化改革积累了宝贵的一手资料。但是，真正推动量刑规范化在全国铺开的应该归功中央政法委推动的司法体制改革运动。当然，互联网络在此当中也起到了推波助澜的作用。

根据2008年11月，中央政法委《关于推进司法体制改革若干问题的意见》，量刑规范化改革的责任单位是最高人民法院，最高人民检察院、公安部、国家安全部、司法部等为协助单位。此后，量刑规范化改革逐步在全国推行，2010年10月1日，“两高三部”联合签发的《关于规范量刑程序若干问题的意见（试行）》和最高人民法院《人民法院量刑指导意见（试行）》的正式施行，2012年3月14日修正后的《刑事诉讼法》第193条规定将定罪、量刑相对分离，2013年12月，最高人民法院决定于2014年开始在全国法院全面推行量刑规范化。应当说，量刑规范化改革最高人民法院的着力助推功不可没。但是，客观地讲，“规范法官裁量权，将量刑纳入庭审程序”并非是2008年11月之后才发生的，在21世纪初，各地检察机关推出的量刑建议制度，其实质就在于此。而且，只有检察机关推行量刑建议，才能将量刑纳入庭审程序，才能规范法官裁量权；只要检察机关推行了量刑建议，量刑就必然纳入庭审程序，必然会产生规范法官裁量权的效应。所以，准确地说，量刑规范化改革是在检察机关，尤其是基层检察机关积极推动下，逐步推进的。而目前检察机关推进和参与量刑程序规范化改革的主要手段主要就是量刑建议。

由上，检察机关在我国量刑规范化改革中的角色，可以概括为：量刑规范化改革的积极推进者、重要参与者和法律监督机关。关于量刑规范化改革积极推进者和重要参与者在前一段已经充分阐述，那么，在量刑规范化改革中，检察机关如何体现法律监督机关的属性呢？首先，量刑建议的提出，体现的是检察机关对人民法院量刑裁判的事先影响，给裁判者一个预设的空间或一个具体的参考量刑，这个量刑建议虽然对法院没有刚性的约束力，但是，却有很大的影响力，至于为何有很大影响力，留待下文论证。通过提出量刑建议，检察机关将量刑纳入庭审程序，在庭审中，公诉人通过在法庭调查和法庭辩论阶段，将定罪和量刑相对分离，完成了相对独立的量刑程序构建的一半，而且是最为重要的一半。因为，即便没有量刑答辩，即便被告人及其辩护人对公诉人的量刑建议不进行答辩，由于公诉人在庭审中，为了提出量刑建议，首先必须调查量刑事实，查明量刑情节，以及各量刑情节对最终量刑的影响，然后在此基础上提出具体的量刑建议。经过公诉人的活动，客观上已经将量刑纳入了法庭审理。检察机关通过参与庭审活动，达到事前影响的重要功效。其次，在落实检察长列席审委会制度的地方，检察长通过列席审判委员会，发表监督机关的意见，以监督和影响各审判委员会的最后决策，起到事中参与的功效。最后，一旦法院量刑畸重畸轻，检察机关依法提起抗诉。所有这些都表明检察机关是量刑裁判的重要监督机关，通过量刑规范化改革，不是淡化了检察机关作为法律监督机关的属性，而是强化和具体化了其法律监督机关的根本属性，所以，检察机关是量刑规范化改革的法律监督者。

【办案随想】

量刑规范化改革是中央政法委司法体制改革的一项重要内容，量刑规范化改革的责任单位是最高人民法院，但是检察机关也是不可或缺的配合部门，如果公诉人在法庭调查中不能就定罪和量刑分开讯问，分开举证、质证，如果公诉人不提出量刑建议，不进行量刑辩论，将量刑纳入庭审程序就是一句空话。所以，检察机关在推行量刑规范化改革中作用非常重要。

客观地讲，我国的量刑规范化改革只是开了个好头，并没有实现完全意义上的规范化量刑。检察机关是量刑规范化改革有力的推动者，但是，在目前的量刑规范化改革中，检察机关参与的程度，发挥的作用都还可进一步加强，要通过各种途径充分发挥检察机关在量刑规范化改革中不可替代的职能作用。量刑程序规范化方面，要思考如何介入，何时以何种形式介入；量刑实体规范化方面要思考如何提高量刑建议的准确率，如何通过量刑建议更好地影响量刑裁判，如何强化对量刑裁判的监督。

（执笔人：潘申明）

33. 怎样科学认识我国量刑规范化改革的基本思路?

规范量刑不仅是我国刑事司法面临的问题，而且也是世界各国普遍面临的问题，西方发达资本主义国家对量刑规范化改革要比我国早二三十年，而且，有的国家（如英国）目前仍在继续深化探索量刑规范化改革。

我国的量刑规范化改革，由检察机关量刑建议开始，因 2008 年 11 月中央政法委统一部署而加速，目前正是量刑规范化改革的关键时期。我国量刑规范化改革是一个从理论到实践，从个别基层检察院摸索到官方试点，再到“两高三部”全面铺开量刑程序规范化，直至2012年《刑事诉讼法》修正，“两高”先后出台相关司法解释确认，2013年年底，最高人民法院宣布从2014年开始全面推行量刑规范化改革的渐进过程。由基层试点到全面铺开，由量刑程序的规范化到量刑程序与量刑裁判实体规范化体现了中国特色。量刑规范化改革只有进路，没有退路，这一点主要体现在量刑程序规范化上。

我国量刑规范化改革的责任单位是最高人民法院，在实践中主要是检察机关和审判机关两个系统分别推进，检察机关推行量刑建议，人民法院推行量刑庭审程序规范化和量刑实体规范化。

量刑规范化改革的目的是量刑公正，而量刑公正不仅包括量刑结果公正即实体公正，还包括量刑过程公正，即程序公正。量刑规范化改革的目的从实体上看，就是为了更好地实现量刑公正（就被告人本人、本案来说是指罪责刑相一致）和量刑均衡（就与其他相同情形的被告人，相同情形的刑事案件来说，指同案同判，同罪同罚）；从程序上看，就是在过程上如何更好地体现量刑程序的多方参与和公开透明（针对刑事诉讼的当事人而非所有社会公众）。其意义在于：贯彻落实科学发展观，深入推进三项重点工作，满足人民群众对刑事司法工作新要求、新期待；深入贯彻社会主义法治理念，实现量刑公正，维护社会公平正义；规范量刑裁量权和法律适用，深入贯彻宽严相济形势政策，确保国家法律统一实施；实现审判公开，深入推进反腐倡廉建设，树立司法公信力和司法权威；提高量刑可预测性，增加刑罚导向功能，促进公民自愿遵循和认同法律；是推进立法科学化、司法精细化的有效途径。

量刑规范化改革是时代的呼唤，人民的需要，也是刑事审判工作自我发展、自我完善的需要，是巩固党的执政地位、建设和谐社会的需要，具有极为重要的意义。量刑规范化的基本思路在于：改革量刑方法、统一量刑步骤、确立量刑标准、完善量刑程序。

我国量刑规范化改革呈现出如下特点：（1）从内容上看，此次量刑规范化改革既包括量刑程序方面的改革，也包括量刑实体方面的改革，两者相互依存，相互促进，缺一不可。（2）从参与主体来看，此次量刑规范化改革是由最高人民法院牵头负责，与中央政法委、全国人大法工委、最高人民检察院、公安部、国家安全部、司法部共同落实，因此参与主体广泛。（3）从改革的推进方式看，量刑规范化改革经历了局部试点、全国部分法院试点再到全国法院全面推行的过程，前后历时5年，审慎推进、广泛调研，是一次典型的自上而下、上下联动的改革模式。

【办案随想】

量刑规范化改革是近年来一项影响大，反响好的司法改革。这项司法改革很好地体现了顶层设计和摸着石头过河相结合的改革模式，是我们司法民主进程的一个缩影。这项改革只能向前推进，无法向后退缩。检察机关要思考的不仅仅是如何配合法院完成量刑规范化改革，而是要从自身职能出发，挖掘如何充分发挥检察机关在量刑规范化改革中的不可替代作用。尤其是在法院量刑指导意见出台以后，如果检察机关对于量刑实体规范化的研究和应对跟不上，又将出现新的情况。

（执笔人：潘申明）

34. 量刑建议制度的理论基础和现行依据是什么？

量刑程序的自身价值主要体现在两个方面：其一是对公权力即法官的自由裁量权进行规制或约束；其二是对权利尤其是被告人和被害人的权利进行保障与救济。在量刑规范化改革全面推行以前，基层检察机关就积极推行量刑建议，而且取得了较好的效果，之所以能如此，是因为量刑建议本身具有深厚的理论基础：(1) 司法民主和人权保障的宪政理论，扩大诉讼民主，保障诉讼权利，使法庭量刑更加透明化，体现了对当事人诉讼主体地位和人格尊严的尊重。(2) 程序工具理论：可以有效避免“同案不同判”的现象，减少上诉率，从而提高诉讼效率，节约司法资源。(3) 程序正义理论：促进程序公开，让公平正义在法庭审理中以看得见的方式实现。(4) 权力制衡理论：规范自由裁量，拓展监督领域，使检察机关对量刑裁判由纯粹的事后监督，拓展到事前影响、事中参与和事后监督的有机统一。

2013 年 1 月 1 日，修正后《刑事诉讼法》施行前，我国有关量刑建议的规范性文件主要有 4 个，分别是 2010 年 2 月 13 日，最高人民检察院公诉厅出台的《关于开展量刑建议工作的指导意见》，2010 年 9 月 13 日“两高三部”联合签发，同年 10 月 1 日施行的《关于规范量刑程序若干问题的意见（试行）》，以及《刑事诉讼法》修正以后，最高人民法院出台的《关于适用〈中华人民共和国刑事诉讼法〉的解释》和最高人民检察院出台的《刑诉规则》。主要内容包括：(1) 强化有关量刑的调查取证工作，要求侦查机关、检察机关在侦查和审查起诉阶段应当注意收集和审查有关量刑的事实和证据；以前司法实践中，侦查机关对抓获经过、前科、累犯、品格证据、社会调查报告不重视。(2) 引入量刑建议制度，明确检察机关可以对被告人如何适用刑罚提出建议，当事人和辩护人、诉讼代理人也可以发表量刑意见；并实现了量刑建议与量刑意见的区分。(3) 强化律师的辩护工作。针对当前我国公民法律素养较低、难以有效维护自身合法权利的现状，加大了对被告人指定辩护的力度，扩大了指定辩护的范围；规定被告人不认罪或对量刑建议有争议的案件，因经济困难或其他原因未委托辩护人的，可以通过法律援助机构指派律师为其提供辩护。（4）倡导建立相对独立的量刑程序，在法庭调查、法庭辩论等阶段，将量刑活动纳入法庭审理程序，并针对不同案件的特点，设计了将量刑活动纳入法庭审理程序的方式和方法。（5）强化了裁判说理制度。要求在裁判文书中反映量刑活动，说明量刑理由。

从“两高三部”的联合发文来看，我们可以将目前法院认可或者说推崇的量刑建议制度概括为以下几个方面：

第一，检察机关一般应当提出量刑建议；

第二，量刑建议的提出必须单独制作量刑建议书；

第三，量刑建议书在提起公诉时提交人民法院；

第四，检察机关提出量刑建议一般应当建议幅度刑，确有必要的可以提出具体、确定的量刑建议；

第五，在法庭审理阶段，控辩双方应该围绕先定罪后量刑的原则展开；

第六，人民法院的裁判文书应当进行量刑说理，量刑说理的内容包括查明的量刑事实以及各事实对量刑的影响；载明检察机关的量刑建议，以及被害人及其诉讼代理人、被告人及其辩护人的量刑意见，并对是否采纳予以回应，并说明理由；人民法院查明的量刑裁判的理由。

根据上述规定，明确了检察机关可以提出量刑建议，而且，将量刑建议作为检察机关向法院提出有关被告人量刑建议的专属名词，被害人及其诉讼代理人、被告人及其辩护人所提出的有关量刑的意见，直接称为量刑意见，而不是量刑建议。此种的概念划分，很好地进行了概念的界定，给理论探讨和实务操作带来了极大的方便。而且，从某种意义上凸显了检察机关量刑建议的重要性。同时，规定明确了量刑建议提出的时间、方式与类型。

2012 年 3 月 14 日修正后的《刑事诉讼法》确立了定罪和量刑相对分离的庭审程序，而此后最高人民法院出台的《关于适用〈中华人民共和国刑事诉讼法〉的解释》第 230 条沿袭了以前的规定，明确：“人民检察院可以提出量刑建议并说明理由，量刑建议一般应当具有一定的幅度。当事人及其辩护人、诉讼代理人可以对量刑建议提出意见并说明理由。”而最高人民检察院修正后的《刑诉规则》第 399 条首次在最高司法机关的司法解释层面肯定了量刑建议可以具有一定幅度，也可以提出具体确定的建议，而没有在幅度刑和确定性量刑建议之间区分一个一般与例外的主从关系。该条规定：“人民检察院对提起公诉的案件，可以向人民法院提出量刑建议。除有减轻处罚或者免除处罚情节外，量刑建议应当在法定量刑幅度内提出。建议判处有期徒刑、管制、拘役的，可以具有一定的幅度，也可以提出具体确定的建议。”

【办案随想】

几年前，检察机关开展量刑建议还经常遭到法院系统的质疑，觉得是公诉权侵蚀了审判权。他们认为量刑裁量权属于法官的专属权，而且从来都是法院一家的事情，检察机关介入一脚有“抢权”的嫌疑。事实上，无论有无量刑建议，量刑裁量权都是专属于法院的，即便是提出量刑建议的检察官也没有参与量刑裁判。一些法官之所以否定量刑建议，其实是不希望量刑裁判受到外部的监督而已。量刑建议虽然是在量刑裁判之前提出，但是终究只是一个建议权，而且，在量刑裁判的过程中，公诉人一般并不参与（检察长列席审判委员会的情形除外）。但是这个事先提出的量刑建议在给合议庭提供了一个参照系的同时，也给辩方、社会公众一个参照系。所以，法官也许不考虑检察官意见，但他必须尊重控辩双方，尤其是社会公众的意见。量刑建议其实是另一种形式的量刑监督形式，通过量刑建议、量刑答辩影响合议庭思想，通过在裁判文书上载明量刑建议，将检、法两家观点“晒”在社会公众面前，经受法律和历史的检验。

因为法院的量刑裁判可以随意改变，所以，司法实践中很多检察官不想提出量刑建议。他们认为法官有天生的偏离量刑建议的倾向，量刑建议与量刑裁判不一致将成为常态，长此以往，检察机关公信力将无从谈起。通过多年的量刑建议实践，我们的观点是，法官偏离量刑建议的倾向是客观存在的，而且偏离的方向多是“高求低判”，而检察官为了保证量刑建议与量刑裁判的一致性或者说不要有太大的距离，会“随行就市”。所以，就某一阶段来说，可能某项犯罪越判越低，直到罪责刑相适应的边界，法官也将不再有勇气继续高求低判，从而会达成一种默契：为了满足被告人心理预期和降低上诉率，法官希望检察官适当地高求一点，他会适当低于量刑建议之下作出裁判。由此量刑建议与量刑裁判之间的关系，除了“高求低判”之外，还有“求得越高，判得越高”的同向上升或下降的第二个特点。这也是为什么我们主张量刑建议求点而不要求幅度的原因，因为即便检察机关求幅度，法官的参照点仍是幅度刑中的最低点，而且，一旦求幅度，而法官突破幅度，检察机关的尴尬将更为明显。法官的高求低判倾向，除了有主体意识作祟基础上的天生偏离倾向外，兼顾被告人及其辩护人的感受，减少上诉率也是一个重要因素。

（执笔人：潘申明）

35. 怎样形成量刑建议?

有关量刑建议的运行机制，笔者认为可以归纳为5个，分别为量刑建议的形成机制、提出机制、变更机制、保障机制、监督机制。量刑建议的形成机制可以分为三个层面来理解。

第一个层面，量刑建议的形成主体，哪些人参与到量刑建议的形成过程中来，具体由谁决定。从检察机关的办案机制来看，可能涉及的主体为五类，分别为承办人、主诉检察官、科室负责人、分管检察长、检察委员会。这五类主体的具体权限可以表述为，案件承办人在办结案件时，如果意见为提起公诉的，应当就量刑建议提出初步意见，供有权限决定的主体参考。如果检察委员会决定的案件，由检察委员会讨论决定量刑建议；检察长或分管检察长审批的案件，由检察长或分管检察长决定量刑建议；主诉检察官审批决定的案件，由主诉检察官决定量刑建议。科室负责人对于主诉检察官审批案件中的量刑建议，在备案审查期间，如果认为不适当的，可以建议主诉检察官修正，主诉检察官坚持自己观点的，科室负责人应写明不同意见后，提交分管检察长审批决定。

第二个层面，提出怎样的量刑建议，主要是检察机关的量刑建议究竟应该是幅度刑还是确定刑的问题。关于这个问题，2009年4月，最高人民法院出台的《量刑程序指导意见（试行)》中明确，检察机关的量刑建议应当是一个幅度。2009年5月20日至22日，最高人民检察院公诉厅组织全国16个省、自治区、直辖市的公诉处长在浙江省宁波市北仑区检察院召开量刑建议庭审观摩暨公诉改革研讨会时，与会代表围绕检察机关量刑建议应该是幅度刑还是“确定的一个点”展开热烈讨论，绝大多数代表认为量刑建议应该是一个“点”，理由是量刑建议的初衷应该是协助法官最终量刑，法定刑是一个幅度刑，宣告刑是一个点，检察机关就是通过量刑建议帮助法官从在法定的幅度中寻找一个适合于案件、适合于被告人的点，这种帮助，通过一个参照点来达成是非常合适的，而如果法定刑的大幅度中再确定一个幅度，如果幅度过大，接近于甚至等同于法定刑，那么量刑建议充其量只是帮助法官“找法”，而没有在帮助找到法律基础上，试图“用法”，中央政法委推行量刑规范化改革的目的是“规范法官裁量权”，简单的帮助“找法”显然无法起到此种作用。2010年2月13日，最高人民检察院公诉厅出台的《人民检察院开展量刑建议工作的指导意见（试行)》第5条规定，“建议判处有期徒刑的，一般应当提出一个相对明确的量刑幅度，法定刑的幅度小于3年（含3年）的，建议幅度一般不超过1年；法定刑的幅度大于3年小于5年（含5年）的，建议幅度一般不超过2年；法定刑的幅度大于5年的，建议幅度一般不超过3年，根据案件具体情况，如确有必要，也可以提出确定刑期的建议”。当时，最高人民检察院公诉厅的规定采用了一个变通模式，主流要求与最高人民法院基本一致，建议有期徒刑的一般应当建议幅度刑期，但是，允许建议确定刑期的做法，这为司法实践的“确定刑期的量刑建议”留了一定的生存空间。但在《刑事诉讼法》修正以后，最高人民检察院修正《刑诉规则》时，在第399条规定了检察机关量刑建议有期徒刑、拘役、管制的，可以具有一定幅度，也可以具体确定。

笔者认为，量刑建议一般应当提出一个确定刑期，根据案件情况，如果因案情重大、疑难、复杂或其他不适宜提出确定刑期的，检察机关也可以提出一个相对明确的量刑幅度。理由除了上面已经提到的以外，还基于以下考虑：

第一，量刑建议、量刑答辩和量刑裁判分别是控、辩、审三方实施的行为，公诉人通过量刑建议树立一个靶子，辩方根据量刑建议展开量刑答辩，法官根据控、辩双方的意见和查明的犯罪事实、量刑事实进行最后的量刑裁判。在这个过程中，法官除了考虑罪责刑相适应以外，还必须要考虑的是被告人及其辩护人的心理预期和心理承受，如果检察机关建议一个幅度刑，那么，被告人及其辩护人通常会以幅度刑的最低点作为其对量刑裁判的心理预期基点，在此基础上，提出更低的量刑建议，一旦法官高于最低点量刑，被告人在“上诉不加刑”的心理暗示下，通常会认为，也许上诉可以改变一审的量刑裁判，因为即便是对立的公诉人也认为“我有可能、我可以”判处比宣告刑更低的量刑，从而引发无谓的上诉。事实上，法律作为社会科学，无法如同自然科学一样精确计算，一份判决量刑是否合适，只能是该判决书上载明的量刑是否合适，不能倒推出，除此以外的其他量刑裁判一律不合适，一个因为故意伤害致人重伤被判处有期徒刑五年的被告人，是否就不能被判处五年零二个月，或者四年零十个月？我想没有人会如此武断地回答不可以。所以，当法院在量刑建议的量刑幅度最低点以上量刑时，被告人认为因为在最低点量刑也是合适的，至少公诉人认为是合适的，所以，也许上诉以后二审法官也会认为是合适的。加上在“上诉不加刑”原则的心理激励下，在幅度刑的量刑建议推行之后，被告人的上诉率很可能会呈上升趋势。

第二，量刑建议是幅度刑还是确定刑在检、法两家之间可能还涉及一个是否侵蚀审判权之争，其实检察机关的量刑建议只是一个建议，对法院不具有刚性的影响力，法官可以采纳也可以不采纳，当然是否采纳应当建立在有事实根据与法律依据的基础上，不能说检察机关建议幅度刑没有侵蚀审判权，建议确定刑期就是侵蚀审判权。

第三，在检察机关内部看来，鉴于量刑建议在绝大部分检察机关都是一个新生事物，承办检察官并没有丰富的量刑建议的经验，相比较而言，法院量刑裁判了几十年，经验丰富，检察官在量刑方面内心没底，所以，应该求幅度刑。似乎只有求幅度刑，就可以给检察官一个很好的磨炼机会，慢慢适应。撇开案件事实与法律，如果公诉人对每个案件设定一个量刑幅度，法官就在预设的幅度内量刑，法官是否有做傀儡的感觉。承办法官在主体独立意识的驱使下，从来就有一种“冲出牢笼”，突破量刑建议的幅度刑期的冲动，在这种冲动下，又兼顾到被告人感受，考虑到上诉率的问题，往往会向下突破量刑建议幅度刑期的最低点进行量刑。一旦发生此种情况，检察机关是否会觉得更驳面子，检察形象和司法形象是否都更受影响。相反，如果检察机关量刑建议一个点，被告人的心理预期就是以这个点为基准，希望被判处更低的量刑，法院在审判时综合考虑被告人的量刑情节包括认罪态度，做最后的量刑裁判可能与量刑建议相同，也可能高于或低于量刑建议，但是通常来说一般不会相差太远，因为量刑建议点的确定，肯定不会是求幅度刑时的最低刑，而应该是幅度刑中的中间值，比如量刑建议为有期徒刑5年到7年的，量刑建议求确定刑期的通常应该是有期徒刑6年，而不会是5年或7年。而且，对于检察机关求一个确定的刑期以后，对法官并不产生直接的约束力，所以，不会侵蚀审判权，相反，法官可以更容易摆脱检察机关量刑建议的影子，因为量刑建议只是一个点，我只要高于或低于这个点，就很容易证明法官的量刑裁判是依法独立作出，很容易证明法官独立人格的存在。所以，法官反而不会因为顾忌社会公众对自己是否成为傀儡的情结而人为地拉高或降低刑期，在这种思维下，最终的量刑裁判可能更容易做到罪责刑相适应和体现刑罚的个别化原则。从检察机关角度看，法官高于或低于量刑建议进行量刑裁判，只要不是过分高于或低于，那么，在法律共同体还是社会公众看来，应该都是可以理解的，因为，无论在哪个主体内心对某项事物的判断，都有一个容忍度，正如我们前面分析的，符合罪责刑相适应的量刑裁判应该是一个幅度，所以，在一定幅度内的量刑裁判和量刑建议，都应该被认为是适当的。当然，在司法实践中，个案而言“低求高判”的少，“高求低判”的多。但是，通常情况下，综合来看，量刑建议的刑期越高，量刑裁判的刑期也越重，量刑建议的刑期越低，量刑裁判的刑期也就越轻。这说明，量刑建议对量刑裁判没有刚性的约束力，但是，还是具有很大的影响力。

第三层面，如果量刑建议应该求一个确定的刑期，那么如何确定量刑建议的确定刑期。笔者认为，量刑裁判的依据无非是事实和法律，量刑建议也应该如此。检察机关在审查起诉阶段应该查明犯罪嫌疑人的犯罪事实和量刑事实，这是最起码的事情。其次，检察机关要准确适用法律，进行“找法”活动，在找到需要运用的法条之后，根据法条的适用以及法律和个案的犯罪事实、情节，以及人身危险性、悔罪表现等因素，根据司法逻辑中的三段论，由法定刑演绎出个案的宣告刑，这是第二步，主要解决的是犯罪行为人罪责刑相适应的问题；最后，应该对本区域有关同类情形的犯罪事实的量刑情况进行统计分析，实证研究，而后再提出一个确定的刑期，这一步主要期望通过同罪同判、同案同判，解决相同情形下不同主体之间的量刑均衡问题。这当中，其实有关某类犯罪情形的量刑情况的实证可以在平时的时候完成，这是一项基础性的工作。实证所得出的结果，并不是我们量刑建议唯一的依据，只是我们确定量刑建议的重要参考，与以往一致的量刑不见得就一定是符合罪责刑相适应和刑罚个别化原则的，但是，检验是否违背量刑均衡原则应该是没有问题的。从最高人民法院推行的量刑指导意见来看，法院量刑分为确定量刑起点、确定基准刑、确定宣告刑三个步骤，而确定的量刑起点上，所有量刑起点以接近于法定刑起点为起点，然后根据犯罪数额等调节至基准刑是否必要？比如说盗窃罪在浙江省 3000 元为定罪起点，8 万元为数额巨大起点，如果张三盗窃 4 万元的基准刑根据 4 万元在 8 万元中的比重，可以很简单地计算出以 1 年 6 个月为基准刑是合适的，根据最高人民法院量刑指导意见，先确定量刑起点为 3 个月至 6 个月，然后，再根据 4 万元的盗窃数额，计算基准刑为 1 年 6 个月。两种方法孰优孰劣，非常明确。这里面，可能涉及的一个问题是，也许最高人民法院认为犯罪数额等可以影响量刑的都应该是量刑情节，根据先定罪，后量刑原则，先就刚够定罪的数额进行确定量刑起点是比较合适的。但在笔者看来，定罪和量刑应该有所区分是不错的，先定罪后量刑也是对的。但是我国既然选择的是定罪和量刑相对分离的量刑程序，就没有必要一定要拘泥于每一个部分都要严格彻底贯彻先定罪后量刑的原则。而且，很多时候量刑情节和定罪情节是交叉的，某一个犯罪情节是定罪情节，而该定罪情节又影响量刑，比如说前面所举的张三盗窃 4 万元，这 4 万元是定罪情节也是量刑情节，我们是否有必要先确定 3000 元是定罪情节，超过定罪起点 3.7 万元是量刑情节。

【办案随想】

人民法院以“法定刑—基准刑—根据量刑情节进行调整—宣告刑”作为量刑基本路径总体上是对的，但是在如何确定基准刑这个环节以及如何通过量刑情节进行调整还是有很多值得探讨的空间。

法律逻辑是大前提：现行法律规定，某种罪状的犯罪行为人应当依法被判处的刑罚；

小前提：有证据证明的法律事实，现有证据足以证明犯罪行为人具有法律规定的罪状、情节；

结论：本案的具体处理，犯罪行为人应当依法被判处合适的刑罚。

但事实上，司法人员可能是先借由自身的法律素养，形成一个大致的判断，然后用三段论进行验算。司法既要强调科学性，也要强调社会性，两者应该兼顾。

开展量刑建议的探索这么多年，接待过数十次前来学习取经的检察官的询问："你们的量刑建议是怎样确定的呢？"毫无疑问，他们都担心公诉人无法精准量刑建议，或者说他们很害怕具体的量刑建议与法院最终的量刑裁判之间产生距离，影响我们检察机关的权威和形象。

如前所述，笔者一直认为量刑的公正性体现在犯罪行为本身危害性和应受刑罚惩罚程度，更体现在同罪同罚、同案同判。如果说前一个问题一个新罪名，从来没有发生过，没有参照系的罪行，所以公诉人和法官由于主体认识上差异可能导致量刑建议与量刑裁判有较大差异的话，对于那些常见罪名，我们除了分析个罪的罪责刑相适应以外，通过对某一时间段的本区域本罪名的量刑情况进行归类分析，就可以得出大致相当的量刑参照标准。这种基于大量数据统计而得出的结论是非常具有说服力的，无论是检察官还是法官都不能忽视这一点。这就是我们所说的量刑公正性体现。

（执笔人：潘申明）

36. 如何提出量刑建议？

量刑建议的提出机制中提出主体是明确的，就是公诉人代表检察机关提出，而且是向人民法院提出。可能产生疑问的只是提出时间和提出方式，从提出时间看，有两个时间可供选择，一个为提起公诉时，一个在法庭开庭时，现行"两高三部"的联合发文以及最高人民检察院公诉厅《人民检察院关于开展量刑建议工作的指导意见（试行）》和最高人民检察院出台的《刑诉规则》的相关规定都明确，检察机关量刑建议在提起公诉时提出，根据案件情况，也可以在发表公诉意见时提出。提出方式上，主要通过量刑建议书提出或在发表公诉意见时阐明。

对于这个问题，有两点必须明确，是否所有的案件在提起公诉时提出量刑建议，就必须制作量刑建议书？主要的争议点是建议适用简易程序的案件是否也一定要制作量刑建议书。官方和主流观点认为，量刑建议的载体只能是量刑建议书或公诉意见书，不能是其他法律文书。笔者认为，简易程序的设置本身就是追求效率，而在简易程序案件中制作量刑建议书，并不符合效率原则。因为一份量刑建议书的基本内容必须包括被告人、案由、案号、量刑情节以及各量刑情节对最终量刑的影响、量刑建议、公诉人、公章、日期等，公诉人要制作一份规范的量刑建议书也是耗时耗力的。相比较而言，如果在起诉书中“请求依法判处”的后面直接加上对被告人的建议量刑，就显得更为方便快捷。有人提出起诉书是法定格式的法律文书，不能任意修正，笔者认为，既然这是一项司法改革，就是对以往制度的推陈出新，如果过分拘泥于过往的形式，那么又谈何司法改革。而且，每一项司法改革要想取得圆满成功，必须要为各方主体寻找利益点，寻找原动力，量刑建议制度是一项很有意义的司法制度，但是它是否能在现实中广泛推行，必须由公诉人来具体操作。特别是现在主诉检察官制度在基层检察院广为推行，必须为案件的具体承办人、主诉检察官寻找积极推进量刑建议的原动力。根据修改后《刑事诉讼法》的规定，所有基层院一审的刑事公诉案件，只要符合相应条件，均可适用简易程序。其中，3 年以下简易程序案件占基层检察院案件总量的40%左右，对于这些轻罪案件，如果只是在依法判处加上建议量刑的相关内容，工作量增加不是很大，积极性就高。相反，如果一定强求量刑建议书的制作，很可能会导致简易程序案件适用量刑建议比率变小。所以，笔者认为适用简易程序审理的案件，应当允许公诉人在起诉书中直接提出量刑建议。

另外，对于适用普通程序审理的公诉案件，是否一律制作量刑建议书。从规范的角度讲应该是制作量刑建议书比较妥当，但是，制作量刑建议书应当制作几份，现行规定中并未标明。这涉及是否需要送达各被告人及其辩护人，如果需要，那么是否需要原件？需要原件，则对公诉人来说，一起多被告人的公诉案件，制作量刑建议书也是一件烦琐的事情。笔者认为几种方案可选：一是可以要求检察机关制作一份原件，被告人及其辩护人可以复印件的形式被告知。二是检察机关制作一份量刑建议书送达法院，被告人及其辩护人可以复印。三是检察机关制作量刑建议书的正本和副本，正本送达法院，副本随起诉书送达被告人及其辩护人。对此，笔者认为第二种方案方便，但是不规范，笔者认为还是第三种比较妥当，检察机关制作量刑建议书正本一份送达法院，副本若干送达被告人及其辩护人比较妥当，因为如果根据第二种方案，被告人如果没有聘请律师，没有提出复印申请，那么，他可能无法获得量刑建议书的复印件，不利于量刑答辩意见的形成。有一种观点认为，量刑建议书不需要送达被告人，只需送达法院。笔者认为，只要制作了量刑建议书，就应该送达法院和被告人，但是客观地说，在某些案件中被告人收到检察机关的量刑建议书后的确会引发翻供，这主要是因为被告人预期和法律对某一行为的制裁相差太大，比如说入户盗窃 30 元人民币，后为抗拒抓捕暴力威胁后逃离现场的被告人，因转化为入户抢劫，起刑点为 10 年有期徒刑，大大出乎被告人意料，在趋利避害的本能驱使下，翻供是绝大多数人最后的挣扎，被告人的翻供造成了司法资源的消耗增加，这也是为什么公诉人更愿意在发表公诉意见时提出量刑建议的原因。

关于有多名被告人的公诉案件的量刑建议书我们是制作一份量刑建议书还是每个被告人制作一份量刑建议书呢，我们认为应该是分别制作同时送达各相关被告人。另外，根据最高人民检察院公诉厅的文件，量刑建议要么通过制作量刑建议书，要么在公诉意见书中提出，但在司法实践中，公诉人发表公诉意见但并不都向法庭提交书面的公诉意见书。所以，笔者认为，把庭上提出量刑建议的形式限定为公诉意见书是不妥当的，只要规定公诉人可以在发表公诉意见时提出量刑建议即可。这就是说，量刑建议的提出形式不限于书面，口头也可以，口头提出通常是在发表公诉意见的时候。

【办案随想】

我国虽然在 2010 年 10 月 1 日开始在全国全面推行量刑规范化改革，但是 3 年过后，还是有很多地方没有很好地推行。有的检察院怕与法院量刑裁判差距过大，只是要求公诉人在审结报告中写明，然后等量刑裁判后再对照。

笔者认为，量刑建议既然称为建议，一定是有被建议对象，这个被建议对象就是我们的法官。如果公诉人在形成量刑建议之后，只是自我欣赏，那么，对于法官来说等于没有发生过。量刑建议的实际效用没有起到。对公诉队伍的素质提升而言，也缺乏足够的压力，更加具有随意性。

作为检察机关，一方面要勤学苦练，狠抓公诉队伍建设，提升能力，以适应量刑规范化改革；另一方面也要通过倒逼机制推动队伍建设，绝不能因为担心量刑建议与量刑裁判差距太大而畏手畏脚，不向法院提出量刑建议，使量刑规范化改革无法贯彻落实，这样的后果必然是损失更大的面子。

（执笔人：潘申明）

37. 量刑建议提出的最佳时间是何时?

一般而言，检察机关在提起公诉时就已经根据当时查明的证据，认定的犯罪事实，就某个被告人已经形成了量刑建议，并根据审批程序审批完毕。所以，通常在提起公诉时即可提出量刑建议。但是，由于量刑建议的轻重与被告人的主观预期之间可能会产生差距，如果差距过大，高于被告人的心理预期，可能会导致被告人在收到量刑建议书后，产生“鱼死网破”、最后一搏的心态。从而导致一些本来一直认罪的被告人在知悉检察机关量刑建议后反倒翻供了，给一些没有准备的公诉人造成措手不及的突然袭击。这种情况，通常发生在罪行较重的被告人身上，比如入户盗窃小额财物，为逃离现场使用暴力的转化型抢劫案件，法定最低刑10年有期徒刑，而一些法盲认为既然没有造成伤害，以财物价值无论如何不会重到哪去，从侦查阶段一直到提起公诉全部认罪。当了解到公诉人量刑建议10年有期徒刑时，就很容易翻供。所以，我们建议重罪案件，提出量刑建议的最佳时间是法庭调查结束，全案证据固定好之后，在发表公诉意见时提出。

而对于3年以下的轻罪案件的被告人，尤其是一些轻微刑事犯罪案件，在提起公诉时提出量刑建议，不仅对被告人认罪不会有负面效应，而且可能会有正面促进作用。在公诉实践中，我们就发现很多一直不认罪的被告人，在收到起诉书，了解到检察机关量刑建议之后，反倒释然当庭认罪，同意适用简易程序。

【办案随想】

量刑建议提出的最佳时间，从充分保障被告人量刑辩护权角度，当然是检察机关正式向同级法院提起公诉时即告知是最为有利的。而从公诉人角度看，也许在法庭调查结束以后，法庭辩论开始，公诉人发表公诉意见时提出量刑建议是最为有利的，因为此时已尘埃落定，被告人即便由于公诉人量刑建议超出其预期，也不可能再重新推翻当庭供述。另外，从维护量刑建议严肃性来说，等到法庭调查完成，所有待查事实和证据材料全部经庭审举证、质证以后再作出是变数最小、最为稳定的。所以，笔者认为只要在这两个时间点之间，公诉人可以根据具体情况予以自由裁量。

（执笔人：潘申明）

38. 量刑建议能否在起诉书中写明?

由于起诉书有法定格式，所以，量刑建议一般采用量刑建议书的形式提出。在量刑建议书中不仅可以明确表达检察机关的量刑建议，而且可以列明据以提出量刑建议的罪名、量刑情节，以及说明各量刑情节对量刑建议的影响。

但是，对于适用简易程序，可能被判处3年以下有期徒刑、拘役、管制的轻微刑事案件，我们认为完全可以采用直接在起诉书中写明的形式。因为这类案件通常量刑不重，相对来说，量刑情节也较少。直接在起诉书中写明检察机关量刑建议，不仅简洁明了，而且，符合诉讼效率，便于节约司法资源。当然，公诉人也可以选择采用在法庭调查结束，法庭辩论阶段，公诉人发表公诉意见时提出量刑建议。

在提起公诉时直接提出量刑建议与公诉人发表公诉意见时提出量刑建议各有利弊，在提起公诉时提出量刑建议，有利于被告人方充分履行辩护权，有的放矢地开展法庭举证、质证和准备法庭辩论。缺点是被告人的量刑情节除了犯罪事实和人身危险性外，还有一些犯罪后产生的情节，比如立功等，如果立功发生在提起公诉以后开庭以前，那么检察机关量刑建议提出以后，面临一个变更的问题，这样给一些不知情的社会公众造成检察机关量刑建议不严肃甚至错误的感觉。而公诉人在发表公诉意见时提出量刑建议，的确是所有量刑情节已经查明确定，但是，由于量刑建议提出的时间比较晚，被告人方充分行使辩护权受到影响。

【办案随想】

起诉书是检察机关的法定文书，有规定的格式，所以当我们在起诉书中载明检察机关量刑建议，一些人就提出是违法的。我们认为，起诉书有法定格式是对的，但是，起诉书的法定格式也是在推行量刑规范化改革之前确定的，包括法律文书在内的司法制度必须顺应时代进步和现实需求。就简易程序的刑事公诉案件而言，是否真有必要制作一份专门的量刑建议书的确是值得我们思考的。

（执笔人：潘申明）

39. 变更量刑建议需要注意哪些事项?

量刑建议提出以后应当允许变更，正如提起公诉以后，由于证据和法律的变化，检察机关可以变更起诉一样，量刑建议所基于的量刑事实也可能发生变化，一旦量刑事实或法律发生变化，公诉人应当变更量刑建议。量刑建议的变更应当遵循量刑建议的审批权限，如果主诉检察官审批决定的案件，主诉检察官自己出庭公诉发现量刑事实发生变化，可以根据授权直接变更。但是，如果出庭公诉人并非审批决定人时，出庭公诉人应当建议休庭，在向有权决定的主体汇报庭上情况，由具有审批权限的主体决定后再当庭作出变更。出庭公诉人认为没有必要休庭直接变更的，必须庭后及时汇报并补办书面审批手续。如果量刑事实在开庭前就已经发生，则庭前就应变更，变更形式应当与提出形式相一致。

量刑建议在第一次开庭之后，法院量刑裁判之前能否再行变更。笔者认为，虽然大多数案件是一次开庭，但是，庭审活动的结束时间应该是法院作出判决之时。所以，在法院最终量刑裁判之前，公诉人均可以修正、变更量刑建议，修正形式通常应为书面形式。如果公诉人修正、变更量刑建议更有利于被告人的，法庭可以不用再次开庭。如果公诉人修正、变更后的量刑建议不利于被告人的，法庭必须组织再次开庭，以充分保障被告人的辩护权。

在很多地方，检察长列席审判委员会制度得到落实，那么，检察长在列席审委会时能否变更量刑建议。笔者认为，此时，应为量刑裁判活动的进行过程，法庭审理已经结束，所以，应该不允许检察长在此时修正量刑建议。这体现了对法庭对公诉人的尊重，因为根据检察一体化原则，公诉人的意见应该代表检察长的意见，既然代表检察长的意见，根据禁止反言原则，检察长不能随意推翻公诉人之前的言行。当然，如果检察长认为公诉人行为不当或者有滥用职权嫌疑的，可以追究公诉人责任。

【办案随想】

在实践中，个别公诉人在庭上随意变更经过领导审批的量刑建议，事后也不及时汇报。这种情形严重违背了办案层级负责制原则，公诉人当庭变更属于越权，这是不应被允许的。如果发现此种情况，应严加处理。否则缺乏应有的严肃性，对被告人的量刑建议权与定罪请求权一样是非常重要、神圣的司法权力，必须严格按照程序行使。

（执笔人：潘申明）

40. 保障量刑建议的措施是什么？

量刑建议的保障机制主要有四个：公诉人说理、检察长列席审委会、判决书载明、检察机关抗诉。公诉人说理是量刑建议最终实现的重要保障，公诉人说理的内容包括检察机关查明的量刑事实、各量刑事实对最终量刑的影响、法律依据、最终的量刑建议。公诉人说理主要是在开庭发表公诉意见时，但是量刑建议书也是重要的说理载体，包括载明量刑建议的适用简易程序案件的起诉书。

检察长列席同级审判委员会时可以重申量刑建议的事实基础和法律依据，阐明量刑建议的理由。如果经过此种程序，法院仍旧判决畸轻畸重的，检察机关可以依法提出抗诉，进行量刑监督。抗诉，虽然是事后监督，但是威慑力客观存在。

【办案随想】

量刑建议是一项程序性权利，虽然最终会影响案件实体判决，而且不具有终局性。对于量刑建议的保障机制，更严格地说，其实是一种检察机关实现量刑主张的保障机制。因为就量刑建议而言，只要在法庭上提出，就会对审判长有一种影响。四项保障机制，在笔者以前的研究成果中，常提的是公诉人说理、检察长列席审委会、抗诉，但在现在想来，只要法院刑事裁判文书中载明量刑建议，法官在量刑裁判时就一定会认真思考量刑建议，只有能积极回应，经得起法律和历史的检验才敢作出量刑裁判。其他的三项是锦上添花，而这一项是真正的“基本口粮”。因为只要法院把量刑建议在裁判文书上明确载明，量刑建议就一定能发挥对量刑裁判的影响力，起到对法官裁量权的钳制作用。

（执笔人：潘申明）

41. 刑事抗诉案件中，如何把握“量刑明显不当”？

刑事抗诉是人民检察院对人民法院的刑事判决、裁定进行法律监督的手段，其中刑事判决中出现量刑明显不当作为启动刑事抗诉的理由之一。在司法实践中对“量刑明显不当”认识比较模糊。因此如何界定“量刑明显不当”成为难点。根据语义解释，界定何为“量刑明显不当”在于界定超越量刑适当的标准达到何种程度属于“清楚的显露”，属实“容易让人看出或者感觉到”。

首先，应确定量刑适当的标准。量刑适当即法院判决对被告人量刑适当，具体来讲应指在根据案件犯罪性制裁和基本犯罪事实确定对犯罪人的拟判刑罚后，再根据个案中存在的法定情节和酌定情节修正而依法得出的最后量刑结果。适当的量刑应符合罪刑法定、罪刑相适应和法律面前人人平等的原则。

其次，在确定依法应判处的刑罚之后，对比与法院判决的量刑差，当量刑差达到“清楚的显露”的程度时，就是量刑明显不当了。具体如：（1）对依法应判处 3 年以下有期徒刑、拘役、管制刑罚的，量刑明显不当主要包括三种情形：一是法院判处适用刑种错误，即应判处拘役而判处管制，应判处有期徒刑而判处拘役或者管制，反之也是一样。管制、拘役、有期徒刑三种刑种对犯罪嫌疑人的人身权利的规定差别很大，管制是依法对犯罪人实行社区矫正，不剥夺其人身自由且劳动同工同酬的开放性刑种；拘役是短期剥夺犯罪人人身自由，实行劳动改造，同时享受每月可以回家一至两天和参加劳动酌量发给相应报酬。有期徒刑是剥夺犯罪嫌疑人一定期限人身自由并强迫其劳动接受教育改造。因此，不同的刑种对犯罪嫌疑人人身自由的限制程度是不同的，因此适用刑种错误显然属于量刑明显不当。二是依法应判处 3 年以下有期徒刑刑罚的，如果法院判决量刑差在一年以上的，属于量刑明显不当。三是依法应判处 3 年以下有期徒刑、拘役刑罚的，如果被告人不具备法定的缓刑条件，而法院错误适用缓刑的，因为适用缓刑可能导致原判刑罚最终不再执行，与依法判处实体刑相比，二者存在是否执行根本的差别，所以此种情形也属实量刑明显不当。（2）对依法应判处 3 年以上有期徒刑刑罚的，“量刑明显不当”主要包括两种情形，一是依法应判处 3 年以上 10 年以下有期徒刑刑罚的，法院判决量刑差在 3 年以上的。二是依法判处 10 年以上 25 年以下有期徒刑的，法院判决量刑差在 5 年以上的。以 25 年为有期徒刑的终界点，是因为根据《刑法》的有关规定，被告人数罪并罚总和刑期在 35 年以上的，合并执行的刑期最高不能超过 25 年。（3）对依法应判处无期徒刑的，而法院未判处的，属于量刑明显不当，反之也是一样。这主要是由无期徒刑与有期徒刑的区别决定的。虽然无期徒刑在执行过程中，犯罪分子表现符合法定条件，可以适用减刑或者假释，有可能减刑至有期徒刑，但两者存在质的差别：第一，根据《刑法》规定，被判处无期徒刑与被判处有期徒刑的犯罪嫌疑人，在剥夺人身自由是否存在期限的问题上存在可能性与确定性的区别，因为犯罪人在执行无期徒刑过程中能否获得减刑是有条件的，是不确定的，而有期徒刑是明确有时间限制的。第二，被判处无期徒刑与被判处有期徒刑的犯罪人，在羁押时间能否折抵刑期问题上也存在本质区别。由于无期徒刑无期限可言，因此被判处无期徒刑的犯罪人在判决执行之前先行羁押的时间不存在折抵刑期的问题。第三，《刑法》规定对被判处无期徒刑的犯罪人必须附加剥夺政治权利，且是终身剥夺，而对被判处有期徒刑的仅就危害国家安全的犯罪分子要求应当附加剥夺政治权利，对触犯其他罪名的则没有明确要求，两者在剥夺政治权利的期限上也有差异。

【办案随想】

作为量刑明显不当的判断依据有四：一是是否改变刑种；二是是否跨越量刑档次；三是同案犯判处刑期的比较，主从犯的比较；四是是否超过量刑建议指导意见的最大尺度。量刑与大众的可接受程度也是相关联的。

（执笔人：张蕾）

42. 如何对量刑建议进行监督？

量刑建议的监督机制包括内部监督和外部监督两类。内部监督包括形成量刑建议的审批机制、变更量刑建议的备案机制、量刑建议准确率的考评机制。外部监督机制包括判决书说理（反向监督）、上级院监督、社会监督。

（1）内部监督

①形成量刑建议的审批机制

量刑建议的内部监督首先体现在审批机制上，审批机制就是普通公诉案件的承办人、主诉检察官、科室负责人、分管检察长、检察委员会之间的分工，这与前面讲到的量刑建议的形成机制有相通的地方，也有不同之处。对于普通公诉人，实行承办人、科室负责人、分管检察长三级审批机制。对于主诉检察官自行签发的案件，应当在提起公诉3日前，将所办案件的移送起诉意见书、审查报告、起诉书等法律文书的复印件送交公诉部门负责人和检察长备案。检察长认为主诉检察官量刑建议不适当的，可以直接决定变更。公诉部门负责人认为主诉检察官量刑建议不当的，可以建议主诉检察官变更，或报检察长决定。但对于一些特殊案件，为了增强监督制约，可以规定相关被告人的量刑建议主诉检察官无权决定，仍要报检察长审批决定：a. 国家工作人员职务犯罪案件；b. 特别重大、疑难复杂的案件；c. 建议适用缓刑或定罪免罚的案件；

d. 追诉漏罪、漏犯的案件；e. 变更案件罪名或犯罪事实，直接影响定罪量刑的案件；f. 其他检察长认为需要呈报审批的案件。重大案件由检察委员会讨论决定。

②变更量刑建议的备案机制

公诉人根据庭审情况对原有量刑建议进行变更，或者发现案件需要延期审理、变更起诉、追加起诉、撤回起诉等不应提出量刑建议的情形，应在庭后及时向科室负责人汇报、补办书面审批手续或书面备案。

③量刑建议准确率的考评机制

谈及量刑建议准确率的考评机制涉及如何确定检察官量刑建议的合理性、法庭量刑裁判的公正性和检察机关的容错标准三个相互关联的因素。

笔者认为，量刑建议的刑种与判决的刑种不一致的，为不正确（拘役和短期有期徒刑可慎重考虑）。量刑建议的刑种为死刑、无期徒刑的，判决的刑种与其相同者，为正确。量刑建议的刑期在3年以下的，判决的刑期差异在6个月以内者，为正确。量刑建议的刑期为3～10年的，判决的刑期差异在1年以内者，为正确。量刑建议的刑期为10年以上的，判决的刑期差异在2年以内者，为正确。

最高人民检察院公诉厅于2010年2月13日发布的《关于开展量刑建议工作的指导意见》规定，量刑建议有期徒刑的一般应当建议一个幅度刑期，而且，根据刑期的长短，规定一个幅度刑期的长短，“法定刑的幅度小于3年（含3年）的，建议幅度一般不超过1年；法定刑的幅度大于3年小于5年（含5年）的，建议幅度一般不超过2年；法定刑的幅度大于5年的，建议幅度一般不超过3年”。“建议判处管制的，幅度一般不超过3个月”，“建议判处拘役的，幅度一般不超过1个月”。这个幅度刑期也不妨作为我们考察某一个量刑建议是否准确的参考依据，如果确定性量刑建议与量刑裁判相差值达到该文件规定的幅度一半的，则为不准确，否则，即为适当，因为前面我们已经首先提倡确定性量刑建议，而确定性量刑建议是以一个合适的幅度刑的中间值为基点的，故有此论。只是笔者认为该规定所涉及的幅度有时有点过大，如法定刑的幅度大于5年的，建议幅度一般不超过3年，如有期徒刑10年以上的，相差3年反倒不可能，有的地方又过小，拘役一般不超过1个月，要求过严。管制、拘役这种轻刑种，只要采纳刑种，应该就是成功的。

考核的对象为检察官正式向法院以口头或者书面提出的量刑建议。考核的程序是，案件的承办人在对法院判决审查时，应当对量刑建议的正确与否作出说明，科室负责人核对后签署意见，将其作为评估量刑建议正确率的依据。除对个案的量刑建议正确性进行考核外，还需要对全部进行量刑建议案件的正确率进行考核，即考核量刑建议正确的案件占全部案件的比例。将考评结果作为衡量检察官工作实效以及评定等级、职务升迁的一个重要参数，才能真正落实量刑建议的效果，实现良好的监督作用。从国外量刑建议的情况看，德国的量刑建议通常与量刑裁判比较接近，而韩国量刑裁判通常是检察官量刑建议的1/3～1/2（此信息根据2010年9月中国人民大学和韩国亚洲大学等在宁波北仑召开的中韩刑事司法改革研讨会资料获取）。

（2）外部监督

①判决书说理（反向监督）

我们说量刑建议体现了检察机关对审判机关的监督，可以规范法官裁量权。同时，审判机关通过判决书对量刑建议进行载明并作回应，反过来监督公诉人的量刑建议是否适当，笔者称之为反向监督。

根据“两高三部”《关于规范量刑程序若干问题的意见（试行）》第16条之规定，人民法院裁判文书应当进行量刑说理，量刑说理的内容包括：已经查明的量刑事实以及各量刑事实对量刑的影响，检察机关、被害人及其诉讼代理人、被告人及其辩护人提出的量刑建议或量刑意见，人民法院的量刑裁判及其理由。

笔者认为，法院判决书对量刑建议的回应包括列明检察机关量刑建议的刑种、刑期和理由，以向社会公开检察机关的量刑意见，对案中的各种量刑情节作出认定，尤其要对控辩双方有争议的量刑情节作出裁断，明确表明采用哪方意见并说明理由，对检察机关的量刑建议明确表示是否采纳，如果判决的刑罚与量刑建议相距甚远，应当说明理由。法院在判决书中说明理由既是对其自身自由裁量权的限制，同时也是对检察机关量刑建议的反向监督。通过判决书的载明和说理，公开量刑建议并由法官进行评述，能够促使公诉人不断提高量刑建议的水平。

这里我们应当说明的一个问题是，虽然我们要关注量刑建议的准确性，但是，作为检察机关不能过分关注法院裁判，否则，对于公诉人来说，很容易走入一个“以法院为准绳”的误区。量刑建议与量刑裁判之间有差别才说明有存在的必要，才说明量刑裁判可能因为量刑建议而受到影响，才可能使法官的量刑裁判的裁量权获得规范。当然，笔者这里所说的是两者可能不一致，而并不是说只有不一致才能起到监督的效果，我们认为刚开始实施量刑建议时量刑建议与量刑裁判之间存在一定差距很正常，随着双方博弈总体日益趋同性会增强，这才是量刑建议推行以后产生的效果。

笔者认为，人民法院的量刑裁判文书中载明量刑建议，并进行量刑说理是量刑建议制度充分发挥效用，量刑程序规范化改革取得良好效应的必要前提。

因为判决书是对社会公开的，是永久归档的，一旦量刑建议写进判决书，就等于把量刑建议和量刑裁判作为两种意见摆在那里。相对于社会公众而言，检察机关是专门的司法机关，检察机关的意见不仅建立在扎实的专业基础上，而且建立在充分了解案件事实和证据材料的基础上。检察机关的量刑建议是社会公众检验和判断量刑裁判是否公正的重要参考。正是基于此，人民法院才会在量刑裁判的时候慎重考虑量刑建议，法官的量刑裁量权才会得到较好的规范。反之，如果量刑建议仅仅停留在法庭前或法庭上，不能写进判决书，由于参加开庭的人员总是极少数，量刑建议的影响面不大。而且，由于没有白纸黑字写下来，只能是口耳相传，口耳相传容易发生误差，传着传着就变了味，真实性也产生了怀疑。

②上级院监督

在检察一体化原则下面，上级检察院对下级检察院是领导关系。为了加强对下级院量刑建议开展情况的监督，上级人民检察院可以通过听取汇报、备案审查、案件抽查等多种方式来了解和监督下级人民检察院的量刑建议工作。

③社会监督也是重要的外部监督方式

社会监督是指本单位、本系统之外的其他主体对量刑建议的监督，包括诉讼参与人的监督、人民监督员的监督、社会舆论的监督。诉讼参与人的监督主要是通过其对诉讼活动的参与，包括对量刑活动的参与，向法庭或者公诉人等表达自己的意思，传达本人对被告人量刑的意见来实现监督量刑建议和量刑裁判的效果。人民监督员是检察机关聘请的，代表社会公众对检察机关实施监督的人员，人民监督员如果认为某一起或某一类案件具有重要社会影响等，有必要关注的，可以通过合适的程序，了解量刑建议的形成、审批和提出过程，以便对相关人员和单位实行监督。另外，量刑建议提出以后，无论是否与量刑裁判一致，最终都会向世人公布。社会舆论在了解量刑建议后，如果认为不妥当的，就有可能会发出另一种声音，给检察机关施加压力。当然，如果舆论认为量刑建议适当，并作正面宣传的，也有利于检察形象的树立。监督机制就是一把双刃剑，当发现被监督者存在问题时，对被监督者就是一种鞭策，形象肯定受损。当发现被监督者不存在问题时，对被监督者就是一种保护，形象反而变得更为高大。

【办案随想】

量刑建议探索之初，一些学者和法院系统的同志认为是检察机关在扩权。检察机关作为《宪法》、法律规定的国家法律监督机关，在强化法律监督的同时，更要强化对自身执法活动的规范、制约和监督。量刑建议虽然不具有终局性，但是对法院的量刑裁判具有很大的影响力，容易滋生公诉队伍司法腐败。

检察机关的分管领导、纪检监察、检务督查部门要关注到这一领域，经常性地进行专项检查，随时随刻抽查等多种方式，强化对公诉队伍量刑建议活动的监督制约，提升检察机关执法公信力。

（执笔人：潘申明）

43. 应怎样科学理解将量刑纳入庭审程序的意义？

“规范法官裁量权，将量刑纳入庭审程序”是中央政法委推行量刑规范化改革的完整表述，将量刑纳入庭审程序首先就是要构建量刑庭审程序。关于量刑程序的建构其实就是将定罪程序和量刑程序分离，根据定罪程序和量刑程序的关系，庭审程序可以分为三种模式：第一种是定罪程序和量刑程序完全合一；第二种是定罪程序和量刑程序相对分离；第三种是定罪程序和量刑程序完全分离。西方发达资本主义国家，由于法律传统的不同，量刑制度也有所区别。英美法系国家主要体现的是定罪与量刑相分离，而大陆法系国家则强调定罪与量刑一体化，这也体现了不同法律传统的国家对于定罪和量刑的关系在认识上的不同。

（1）定罪和量刑程序完全合二为一的模式

这种庭审模式中，没有区分定罪程序和量刑程序，由同一组织在一个程序中解决定罪和量刑两个问题。事实上，这种模式下面，开庭解决的是定罪事实的查明与认定问题，量刑只是法官或合议庭在裁量时“瞬间”、“附带”解决的问题。对于被告人、辩护人以及公诉人、被害人而言，在庭审时把所有的精力都放在定罪事实的有无上。除了法官，其他各方主体对于量刑都没有机会参与。这种量刑模式已经与现代司法民主的潮流相违背，不利于被告人等诉讼权利的保障，也不利于对法官自由裁量权滥用的规制。我国在推行量刑规范化改革之前的庭审模式就是如此的，显然应为时代所抛弃。

（2）定罪和量刑完全分离的庭审模式

英美法系国家采用此种庭审模式，他们不仅将整个庭审程序明确地区分为定罪和量刑两个阶段，而且，通常由不同的组织来承担每一个阶段的审判裁量职责。从人权保障来说，这种模式是非常妥当的，因为，定罪是量刑的基础。只有经过定罪程序，查明检察机关指控的事实是否存在，罪名是否成立，才能对被告人进行量刑。特别是被告人或其辩护人作无罪辩护的时候，该模式对被告人方的权利保障尤为凸显。

但是，随着社会的发展，我们考量一项司法制度的价值体系也是多元化的。公正和效率是应该兼顾的，定罪与量刑完全分离的庭审模式，解决了程序公正问题，但确实是极不效率的。

（3）定罪和量刑相对分离的庭审程序

这种模式，我们强调的是将量刑程序显现出来，从幕后推至台前，不必强调一定要由两个组织来分别完成定罪和量刑，也不必拘泥于是否一定要先解决定罪问题，才能继续解决量刑问题，这一模式体现的是对公正和效率的兼顾。

笔者认为，我国采用第三种模式是比较妥当的，第一种模式是不利于被告人权利保障，容易导致法官滥用裁量权；第二种模式符合程序公正，有利于被告人等诉讼主体的权利保障，但是，显然不够效率，在我国案多人少矛盾非常突出的东部地区，基层法官、检察官工作压力已经很大，如果采纳第二种模式，必须增加大量的刑事检察官和法官，而这在目前形势下根本不可能做到。第三种模式是折中的做法，除了被告人或其辩护人做无罪辩护的以外，其他类型的刑事案件这两种价值的冲突并不明显。

在量刑规范化改革过程中，我们可以先选择定罪和量刑相对分离的庭审模式。等到一定时候，确有必要的，将被告人或其辩护人做无罪辩解的案件，可以区别对待，甚至可以进行定罪和量刑程序的相对分离。但是，应当明确的是，为了防止被告人无理的不认罪，导致司法资源消耗增加，应该与认罪案件作明显区别。如 2007 年英国认罪减让法中规定的，根据认罪阶段不同，将认罪可减让的程度分为 1/3、1/4、1/10 不等。我国今后也应当在此方面下足功夫，让认罪态度好，节约司法资源的被告人在量刑上充分体现，则才可能将有限的司法资源集中到重大、疑难，控辩双方争议大的案件上来。

具体到庭审程序设计上，笔者认为可以在法庭调查和法庭辩论、被告人最后陈述各个阶段强调定罪与量刑的相对分离，先定罪、后量刑。公诉人在举证示证时要遵循该原则，发表公诉意见时也要遵循该原则。法官在庭审活动中要积极引导控辩双方先定罪、后量刑的原则开展庭审活动。笔者认为，科学合理的量刑庭审程序的建构，主要是做到如何让各方诉讼主体充分发挥在量刑中的积极作用，包括被害人及其诉讼代理人在内。如对于被害人，我们不仅可以在检察机关审查起诉时听取被告人量刑的意见，而且可以在法庭上公诉人发表公诉意见之后，就被告人量刑发表单独的意见。现在我国未成年人司法改革中，要求司法机关制作社会调查报告，其实也是未成年人所在学校、居委会等社会组织通过社会调查报告的载体向司法机关转达有关涉案未成年人量刑的意见。

将量刑纳入庭审程序，体现的是法庭中心主义，要将量刑程序规范化达到预期目的，必须建立健全量刑建议、量刑答辩、量刑说理、量刑监督制度，必要时可以采用量刑听证制度。量刑听证不仅可以在审判环节采用，也可以在量刑建议环节采用。整个量刑程序规范化体现的就是刑事诉讼各方主体对量刑程序的介入，体现了国家对相关当事人、利害关系人必要的话语权保障。体现的是私权利对公权力的规制，追求的不仅是量刑实体上的公正、均衡，而且也体现了刑事诉讼程序独立的价值——程序公正，通过量刑程序的规范化，也许达不到实体法上的量刑公正，但是，各方主体和社会公众对量刑裁判结果的接受程度，或者说容忍度必然增加。

【办案随想】

中央政法委加强司法体制和工作机制改革的方案中有关量刑规范化改革表述是："将量刑纳入庭审程序，规范法官量刑裁量权。"现行《刑事诉讼法》规定的是定罪与量刑相对分离的庭审程序，这是符合现在刑事案件持续高位运行，司法机关案多人少的矛盾非常突出的现状。

从长远来看，也许量刑会与定罪走完全独立的道路，只要被告人对定罪有异议的就应当先解决定罪问题，再确定量刑问题。而要真正实现定罪量刑完全分离，必须实现认罪案件和不认罪案件的程序分流，而要很好地实现认罪与不认罪案件的程序分流，必须要能对认罪的被告人在量刑程序上给予较大幅度的减让。就好比英国的认罪案件量刑减让程序，根据认罪时间的先后，给予不同程度的量刑减让，认罪越早、越彻底，量刑减让越多，对于自首、到案后侦查阶段认罪、审查起诉阶段、当庭认罪等予以不同的减让幅度。从量刑政策上给予很好的导向作用，从而提高办案效率，节约司法资源。

（执笔人：潘申明）

44. 如何看待检察机关在量刑实体规范化中的作用?

目前量刑实体规范化的依据主要是最高人民法院颁布的《人民法院量刑指导意见（试行）》，这一规定旨在规范法官量刑的方法和步骤，以实现量刑适当为目标。主要内容包括：（1）归纳了量刑的基本原则，明确了量刑的根据以及法官在量刑时应当遵守的《刑法》基本原则，强调法官在量刑时要切实贯彻落实宽严相济刑事政策。（2）进一步规范了法官量刑的基本方法。明确了法官量刑的步骤、量刑情节调整基准刑的方法以及确定宣告刑的方法。（3）规范了十四种常见量刑情节的适用，倡导采用"定性与定量相结合"的方式，确定了十四种常见量刑情节调节量刑的幅度；自首可以减少基准刑的40%以下，犯罪较轻的，可以减少基准刑的40%以上或者依法免除刑罚。一般立功可以减少基准刑的20%以下，重大立功可以减少基准刑的20%～50%，犯罪较轻的，可以减少基准刑的50%以上或者依法免除处罚。从轻、减轻的刑罚不高于或等于被检举揭发的犯罪应当判处的刑罚。被害人谅解可以减少基准刑的20%以下，退赃退赔的可以减少基准刑的30%以下，被追赃的可以减少基准刑的10%以下；累犯，可以增加基准刑的10%～50%，前科可以增加基准刑的10%以下，犯罪对象为未成年人、老人、残疾人、孕妇等弱势人群的，可以增加基准刑的20%以下。在重大自然灾害、预防、控制突发传染病疫情等灾害期间犯罪的，可增加基准刑的20%以下。（4）规范了十五种常见犯罪的量刑，明确了包括交通肇事罪、故意伤害罪、强奸罪、非法拘禁罪、抢劫罪、盗窃罪、诈骗罪、抢夺罪、敲诈勒索罪、妨害公务罪、聚众斗殴罪、寻衅滋事罪、掩饰、隐瞒犯罪所得、犯罪所得收益罪、走私、贩卖、运输、制造毒品罪的量刑起点幅度和确定基准刑的方法。

这些规定对我国量刑规范化的确是一种促进，但是，笔者认为缺陷也是很明显的。其一，从内容上看，有关量刑情节的减轻和从轻幅度自由裁量权过大，比如说自首可以减少基准刑的40%以下，犯罪较轻的，可以减少基准刑的40%以上或者依法免除刑罚。40%的幅度供法官自由裁量，是不是过大，如何监督这种幅度内的裁量权滥用？其二，量刑规范化包括量刑实体规范化和量刑程序规范化，量刑程序规范化前面已经论述了检察机关、被告人、辩护人、被害人及其诉讼代理人甚至社会组织都可以通过各种程序介入量刑程序中来，起到了较好的效果。但是量刑实体规范化中，却只有最高人民法院一家制定了《人民法院量刑指导意见（试行）》，这个文件虽然在效力上不如《刑法》及相关司法解释，根据最高人民法院自身的意见，也认为这个文件不是司法解释，不能在裁判文书中援引，检察机关也不得作为抗诉的依据。但在司法实践中，对各级人民法院的指导作用却比《刑法》和司法解释更管用。

笔者认为，量刑实体规范化是量刑规范化的重要内容，从法院视角看，对量刑实体规范化的关注也远比对量刑程序规范化的关注更多。但是，就是这么一项重要内容，却成了人民法院的“独角戏”。检察机关、公安机关等以刑事检察、侦查为主要业务的部门却被排除在门外，不利于合理意见的吸收。事实上，由于有了量刑指导意见，一些法官根据其中规定的各个量刑情节的从轻、减轻幅度进行从轻、减轻后，很容易出现应当减轻或从轻幅度超过百分之一百，“于法有据，却显悖情理”的判决频频出现。由于量刑指导意见中，对于各量刑情节的从轻、减轻幅度在如何具体适用上并没有很强的可操作性，反而容易为某些法官恣意滥用裁量权提供依据。先前，因为没有量刑指导意见，作为法律职业共同体，在同一个地域内，对某一类犯罪、某一个犯罪情节应该如何量刑还是比较容易达成共识的，只要双方都处于一种理性、平和的状态，因为职业共同体的“一般认识”就是量刑的基准，这个“一般认识”每个人理解可能会有所不同，但他不会有30%、40%等的差距，而按照现在的量刑指导意见，是很容易产生这种差距的。此种利弊，非常明显。所以，笔者认为公安机关、检察机关要积极参与到量刑实体规范化的工作中来。

公安机关和检察机关参与量刑实体规范化的途径有两种，第一种是直接参与到人民法院量刑指导意见的制定中去，要把本部门对于量刑实体规范化的合理见解融合到指导人民法院量刑工作的指导意见中去，这种方案必须是在各部门之间达成共识的前提下才能施行；第二种方案是检察机关作为控方，既然在推行量刑建议，那么从规范量刑建议的角度，也可以对各级检察机关的量刑建议进行指导，来规范各级检察机关的量刑建议在实体法上的准确性和统一性，从而影响人民法院的量刑裁判。具体方法可以是出台《人民检察院量刑建议指南》或其他类似的规定。对于同类罪行，量刑建议指导意见可以略高于量刑指导意见。不管以哪种方法，都可以促进我国量刑实体规范化，从而推动量刑规范化。

【办案随想】

量刑规范化改革包括量刑程序规范化和量刑实体规范化，从笔者的角度看，量刑程序规范化要比量刑实体规范化改革开展得更有成效。程序规范化由于多方主体的共同参与在逐步向前推进，量刑实体规范化只有法院一家在进行，无论参与度还是科学性都有待进一步检验。检察机关作为法律监督机关，从量刑建议角度进行实体规范化方面的探索不仅可以，而且非常必要。不仅“两高”可以，而且地方各级检察院也可以与同级法院进行共同探讨量刑细则的拟定，实现区域内的量刑公正与均衡。当然检察机关单方拟定量刑建议指南也是很有意义的，至少可以保证本单位、本辖区量刑建议不会政出多门，体现量刑建议的公正性和均衡性。

（执笔人：潘申明）

45. 量刑规范化的初步效应体现在哪些方面?

量刑规范化改革的初步效果，从法院视角看，主要起到了如下效果：

第一，量刑更加公正、均衡。尽管《人民法院量刑指导意见（试行）》存在这样或那样的问题，但是“两高三部”《关于规范量刑程序若干问题的意见（试行）》的确是相对科学，一改以往量刑工作由合议庭在开庭后直接确定，将量刑纳入庭审程序，法官在合议之前已经听到了控辩双方甚至被害人及其诉讼代理人的意见，各项量刑事实、情节都已经查明，而且，量刑步骤也已经明确，相比较而言，量刑规范化改革以后，量刑更公正更均衡。

第二，提升了社会力量对量刑过程的参与度，量刑过程更加公开、透明，有效预防了“人情案、关系案、金钱案”的发生。量刑规范化改革以后，控辩审以及社会组织都不同程度地参与到量刑程序中来，由于各方主体参与度增加，对法官裁量权的规制程度就提高了，将量刑纳入庭审程序以后，量刑过程更加公开、透明，“人情案、关系案、金钱案”就相对少了。

第三，提高了控辩双方对量刑结果的认同度，服判息诉率明显上升，有利于实现案结事了。量刑规范化改革，尤其是量刑程序规范化以后，控辩双方对量刑都有机会充分表达观点，他们的观点虽然未必最终被法院采纳，但是，其话语权的保障，提高了控辩双方对量刑裁判的认同度，被告人服判息诉率明显上升，胡搅蛮缠的无谓上诉案件少了，由于量刑不公引发的当事人涉法上访也少了。

第四，提高了审判工作效率。原先量刑工作完全由法院承担，法院要做论述题，现在在法院量刑之前，已经有检察机关的量刑建议，有被告人及其辩护人的量刑答辩，还有被害人及其诉讼代理人的量刑意见，虽然不能说法院现在只要做选择题，但是，总也是有几个备选答案供参考，进行量刑裁判要比以前容易多了。

第五，有助于司法公信力、权威性的提升。量刑规范化改革是为了规范法官裁量权，将量刑纳入庭审程序。通过将量刑纳入庭审程序，将控辩双方等各方主体纳入量刑程序，扩大了司法民主，提升了司法公信力和司法权威，毕竟愿意将此部分权力纳入各方主体监督视野本身就已经提升了人民法院的良好形象。

从检察院视角看，量刑规范化至少起到了以下几个方面的良好效果：

第一，丰富了公诉权的内涵，由传统单一的定罪请求权，拓展到量刑建议权。公诉权本来就应包括定罪请求权和量刑建议权两个部分，量刑建议权是公诉权的必要组成部分，检察机关行使量刑建议权并没有侵犯法官的量刑裁判权。但是，在我国以前刑事司法实践中，检察机关只重视定罪，忽略量刑，现在量刑规范化改革以后，检察机关充实了公诉权的内容，恢复了公诉权的本来面貌。

第二，拓展了法律监督领域，强化了检察监督职能，真正有效地将量刑纳入了法律监督视野。以前检察机关对量刑的监督只限于事后对量刑畸轻畸重的裁判进行抗诉，但是，由于何为畸轻畸重本身就有一定主观性，而且，由于没有检察机关量刑建议在先，如果量刑裁判以后，审判机关表示已经充分尊重了检察机关意见，所有指控犯罪已经全部采纳，关于量刑检察机关本身并没有表态，现在抗诉有点不地道，那么，检察机关承办人在情感上是否也觉得过意不去，从而导致很多案件就在下不为例中不了了之。在量刑程序规范化改革以后，检察机关量刑建议在先，法院量刑裁判在后，如果法院在量刑裁判上与量刑建议相差甚远，那么检察机关以量刑畸轻畸重提出抗诉，首先在情感上已没有障碍了，事实上，在量刑规范化改革推行得好的地方，针对量刑裁判的抗诉不是少了，而是多了。

第三，拓展法律监督方式，由纯粹的事后监督转变为事前建议、事中参与、事后监督的多元化监督体系。由于量刑程序规范化的推行，检察机关对量刑的监督已经变成了一个全方位、多元化的监督体系，监督效果明显增加。

第四，增加了控方筹码，有利于在一些案件中进行辩诉交易。我国的司法传统接近于大陆法系，起诉法定主义的色彩非常明显。在这种司法传统下，推行量刑程序规范化改革以前，控方筹码很少，因为定罪事实是不能交易的，如果证据确凿充分，就应该起诉，证据不到位就不能起诉，没有交易的空间。量刑规范化改革以后，检察机关的量刑建议给检察机关提供了一定空间，基于量刑建议对法官量刑裁判的影响力，被告人及其辩护人会比以前更尊重公诉人，给检察机关在某些案件进行辩诉交易创造了基础。

第五，锤炼了公诉队伍，提高了法律监督能力和水平。由于量刑规范化改革，检察机关一般应当推行量刑建议，为了推行量刑建议，公诉人对案件的把握能力比以前要求更高，这就促使公诉人不断进行知识和能力的积累，量刑规范化改革的推进过程，也就是公诉人的能力和水平不断提高的过程。

由于检察机关以量刑建议和量刑监督两种身份积极介入量刑程序，使得检察机关对审判机关、对被告人及其辩护人的影响力加大，检察机关在刑事诉讼中的话语权增加。通过对量刑与定罪的同等关注，使得检察机关作为公平正义的法律守护神的身份凸显，检察机关在社会公众中的形象会更加良好。

但是正如每一枚硬币都有正反两面一样，量刑规范化改革给检察机关带来的不仅仅是机遇，也有挑战。首先，在推行量刑程序规范化后，公诉人量刑建议的能力是否适当。尤其是在一些西部地区，现在的公诉队伍能否胜任，特别是短期内能否接得上，让人担忧。其次，检察机关直接面临来自社会公众的压力，量刑建议推行后，如果量刑裁判与量刑建议一致，而当事人或社会公众不满，则认为量刑裁判就是在量刑建议的直接影响下产生的，检察机关应该承当主要责任；如果量刑建议与量刑裁判不一致，社会公众或被害人又会质疑，检察机关作为国家法律监督机关，为何不抗诉、不监督？检察机关尤其是案件承办人所承受的社会压力急剧增加。最后，检察机关司法腐败的预防，推行量刑规范化改革是为了规范法官裁量权，那么，在推行量刑建议以后，笔者认为，如何规范检察官量刑建议权行使也是非常重要的课题。

【办案随想】

量刑规范化改革得到了学界和实务界的广泛认可，但是，如果从精细化角度看，还是有区分的。比如说对于量刑建议，到目前为止还是有很多人认为因为无法保证与量刑裁判的一致性，从而会影响检察机关的权威性。有的地方主张求幅度刑，而一段时间以后，法官不仅有靠近幅度刑的最低刑期裁判的偏好，而且还有突破最低刑期在建议幅度的最低点以下判决的偏好。如此，主张求幅度刑以维护检察机关威信的人员是否主张把幅度刑扩大到毫无意义的法定刑幅度。笔者认为，量刑建议是为了影响量刑裁判，但绝不能拘泥于以与量刑裁判的一致性作为检验量刑建议准确性的唯一依据。司法运用不是简单的数学计算，一定程度的偏差应该是可以被容忍的，何况还需要体现法官作为裁判主体而强调的独立裁判，追求与量刑建议的差异性其实也是一种独立裁判的表现，只要在可容忍限度内就不应该大惊小怪，同时也不能因为量刑裁判与量刑建议的差异性就轻易否定量刑建议对量刑裁判的影响力。

（执笔人：潘申明）

46. 量刑建议与量刑裁判之间的关系如何把握？

量刑建议是检察机关根据查明的犯罪事实，向法庭提出的被告人应当承担的刑事责任的建议。量刑裁判是审判机关根据庭审查明的证据，认定的事实，适用法律，对被告人应当承担的刑事责任的判决或裁定。量刑建议是一种程序性、前导性、为法庭最终作出量刑裁判提供的参考意见，同时也为第三方评价量刑裁判提供一种参考。量刑建议对量刑裁判不具有刚性约束力，只有一定影响力。量刑建议最终要受量刑裁判的反向监督。即便是公诉人的量刑建议存在很大的问题，因为最终量刑裁判权在法官手里，法官也可以根据自身判断作出最后量刑裁判，只是公诉人的量刑建议乃至何以提出该量刑建议的能力水平还是思想态度需要接受法官乃至公众的考量。所以，量刑建议对量刑裁判是一种正向促进作用，不存在量刑建议影响司法公正的问题。

【办案随想】

有些同志认为量刑建议不能太具体，否则过分干预量刑裁判，笔者认为这种想法是不正确的，量刑建议的目的就是要能够影响量刑裁判，无非如何影响。根据现在的司法职权配置，量刑建议对量刑裁判只有一种参考而不是决定权，量刑建议的影响力不是刚性的约束力，量刑建议的实现是希望能够通过说理等方式说服审判人员采纳，是靠“理”而非“力”来发挥影响力的。

（执笔人：潘申明）

47. 量刑建议如何对量刑裁判起作用？

量刑建议对量刑裁判没有刚性的约束力，很多检察人员包括一些领导层认为量刑建议没有多大用处。在多年的量刑建议实践中，笔者也反复在思考这个问题。笔者的意见非常明确，量刑建议对量刑裁判不仅有影响，而且有很大的影响力。

首先，法官和检察官一样都是法律人，生活在一个区域，共同的法律教育背景，撇开本位主义考虑，相互的认识应该不会差到哪里去，所以，检察官基于事实和法律作出的量刑建议对法官是有很大的参照作用的。

其次，虽然法院从有刑事审判业务开始就有量刑裁判，而检察机关量刑建议前几年才开始探索。但是，具体到某个法官而言，应当说检察机关公诉部门集中的多是最优秀的人才，相对于个体而言，公诉人的素质和经验未必就比不过刑事审判法官。

最后，根据“两高三部”《关于规范量刑程序若干问题的意见（试行）》规定，量刑裁判文书中应当载明量刑建议并对是否采纳进行充分说理。由此，社会公众可以通过量刑裁判文书来了解检察机关的量刑建议，进而评判量刑裁判，尤其是法院系统现在推广量刑裁判文书上网公开的情势下，量刑建议将会因为被量刑裁判文书载明而发挥越来越重要的影响力。

【办案随想】

现实当中，很多法院没有把量刑建议写入量刑裁判文书，而检察机关也没有据理力争。如果量刑建议不写入裁判文书，只是由公诉人在法庭上声明一下，如同空气一般，无影无踪。在目前我国实际参加旁听的群众并不是很多的情况下，量刑建议当然就很难发挥效用。法官当然也不会太在意量刑建议，笔者的一个观点，也是在各地授课时反复讲的：量刑建议对量刑裁判是有很大影响力的，这种影响力只有通过写入量刑裁判文书才能实现，而且只要把量刑建议写入量刑裁判文书，量刑建议就一定能够对作出量刑裁判的法官产生很大的影响力。因为这是白纸黑字写着并要永久保存的，要向社会公开的，要经得起法律和历史检验的。

（执笔人：潘申明）

六、刑事和解适用

48. 适用刑事和解需要满足什么条件?

为了与“宽严相济”的刑事司法政策相适应，修改后《刑事诉讼法》设专章规定刑事和解公诉案件的诉讼程序，从而以法律条文的形式明确把刑事和解纳入了刑事诉讼程序中。那么刑事和解需要哪些条件？将《刑事诉讼法》第277条进行解读可以发现需要以下条件。

第一，基本条件。（1）案件事实清楚，证据确实充分。这是对案件实体方面的要求，如果案件事实不清或者证据不足，则无法确认相关人员的责任，因而也不具备和解的基础。（2）犯罪嫌疑人必须真诚认罪、悔罪。和解的重要内容是要求犯罪嫌疑人通过赔偿损失、赔礼道歉等方式获得被害人的谅解，这要求犯罪嫌疑人必须真心悔过，对被害人实行精神抚慰和补偿。刑事和解以被告人真诚悔罪为前提，如被告人不能真诚悔罪，即使其本人或者近亲属愿意对被害人作出赔偿并获得被害人谅解，也不能适用刑事和解程序。真诚悔罪应当包括以下几个方面：一是承认罪行。拒不承认所犯罪行，不能认为是真诚悔罪，但也不能因其进行合理合法的辩解而认为其不承认罪行。二是真诚悔过。犯罪嫌疑人应当出于自己的意愿，发自内心地意识到自己的行为给被害人带来的伤害，诚恳地希望得到被害人的谅解。三是向被害人赔礼道歉、赔偿损失等。即有主动、有效地弥补被害人因犯罪造成的损失，争取被害人谅解的举动。(3）双方当事人自愿和解，符合有关法律规定。“双方当事人自愿”是进行刑事和解工作的前提条件。这里的“自愿和解”是指双方当事人不受外力的干扰，出于自己的意愿达成和解。将自愿和解作为公诉案件当事人和解的条件之一，是为了防止被害人在受到暴力、胁迫等情况下违背自己的意志达成和解，同时也有利于避免犯罪嫌疑人为了获得从宽处罚被迫接受和解协议。实践中既有犯罪嫌疑人威胁、欺骗、引诱被害人达成和解协议的情况，也有被害人漫天要价、犯罪嫌疑人被迫接受和解协议的情况。这两种情形都违反了自愿原则，办案人员在审查时应当注意。“符合有关法律规定”是指和解应当在法律规定的范围内进行，和解的程序、内容应当符合法律规定，不得违背法律的禁止性规定。

第二，特殊条件。除符合上述三个基本条件外，修改后《刑事诉讼法》对当事人和解的公诉案件诉讼程序设置了一些特殊条件，主要有以下三个特殊条件：（1）罪名条件。修改后《刑事诉讼法》规定了可以进行和解的罪名。它们是《刑法》分则第四章、第五章的犯罪案件和除渎职犯罪以外的过失犯罪案件。在故意犯罪中，只有《刑法》分则第四章、第五章的犯罪案件可以进行刑事和解，这是因为在《刑法》分则中只有这两章规定的案件是单纯侵犯被害人人身权利、财产权利的犯罪案件。该法第277条规定，除了渎职犯罪以外的其他过失犯罪案件都可以进行和解。这是因为过失犯罪的社会危害性比较小，从刑责相适应的原则出发，允许过失犯罪的犯罪嫌疑人、被告人与被害人进行刑事和解。但是渎职犯罪不属于刑事和解范围。渎职犯罪的主体是国家机关工作人员，其侵犯的犯罪客体是国家机关工作人员履行职务时的忠诚与尽职，而且国家机关工作人员因渎职犯罪所造成的损失和影响往往很大，所以是不具备和解条件的。（2）刑罚条件。只有可能判处3年以下有期徒刑以下刑罚的《刑法》分则第四章、第五章案件和可能判处7年有期徒刑以下刑罚的除渎职犯罪以外的过失犯罪案件，才可以进行和解。这是因为和解的公诉案件必须是轻微刑事案件，超出了上述刑罚条件的犯罪案件，都是一些行为严重的犯罪案件，是不具备和解条件的。（3）犯罪起因条件。修改后《刑事诉讼法》第277条规定了一个犯罪起因条件。只有因民间纠纷引起的，符合《刑法》分则第四章、第五章规定的，可能判处3年以下有期徒刑的案件，适用刑事和解。这就排除了像侵犯公民民主权利犯罪和解的可能性，也排除了在实践中经常出现的强奸、绑架案件进行和解的现象。

第三，排除条件。修改后《刑事诉讼法》第277条第2款，规定了刑事和解的排除条件。犯罪嫌疑人、被告人在5年以内曾经故意犯罪的，不适用刑事和解。犯罪嫌疑人、被告人在犯罪发生前5年以内有过故意犯罪的，属于累犯或者有前科。这类犯罪嫌疑人、被告人在因犯罪被刑罚处罚后，仍然在5年以内犯罪的，证明该犯罪嫌疑人、被告人的人身危险性比较大，因此不应当通过和解，使其逃避刑罚处罚。

（执笔人：张蕾）

49. 刑事案件和解包括哪些具体程序?

刑事和解分为当事人主动和解及检察官建议和解。因主动和解的程序相对单一，因此主要从检察官建议和解的角度来探讨和解程序，主要包括以下流程：

第一，告知。承办案件检察官可以向犯罪嫌疑人、被害人双方提出和解建议，在当事人双方主动同意和解时，则应向双方明确告知刑事和解中的权利、义务及产生的法律后果。

第二，达成和解协议。该阶段在确保不泄露办案秘密的情况下，由和解主持者将有关的司法程序及案件情况介绍给当事人，促使双方当事人达成和解协议。

第三，审查和解协议。修改后《刑事诉讼法》第278条规定："双方当事人和解的，公安机关、人民检察院、人民法院应当听取当事人和其他有关人员的意见，对和解的自愿性、合法性进行审查，并主持制作和解协议书。"据此，在审查和解是否自愿时，重点在于审视双方确定的赔偿数额是否系自愿达成。以故意伤害案件举例，被害人在案件酿成时一般处于劣势地位，但到了审查起诉阶段，被害方由于公权力的介入往往成了强势一方。此时，办案人员既要避免被害人被逼和解，也要详细了解犯罪嫌疑人的真实和解意图。如李某故意伤害致人重伤一案，加害人李某因琐事与谭某发生抓扯，致谭某脸部受伤，出院后脸部遗留疤痕，经鉴定为重伤。谭某受伤的实际损失共4万余元，但检察机关在审查起诉阶段组织双方进行和解时，谭某坚持要求赔偿20万元。李某赔偿态度十分积极，经多次协商最终同意赔偿8万余元。但谭某无论如何都不同意，以上访、闹事相威胁，要求对李某从重处罚判处监禁刑。对这类案件，检察机关也不宜强行和解，因为即使强行和解，仍不利于矛盾的真正化解。

双方当事人自行和解的，承办检察人员应当听取当事人及其法定代理人、近亲属、辩护人、诉讼代理人等有关人员的意见，对和解的自愿性、合法性进行审查，并主持制作和解协议书。和解协议书应当首先写明案由、当事人双方的基本情况，写明协议是在检察人员主持下制作，其后要写明以下内容：（1）被告人承认自己所犯罪行，对指控的犯罪事实没有异议，自愿真诚悔罪。（2）被告人通过向被害人赔礼道歉、赔偿损失等方式获得被害人谅解。对于涉及赔偿问题的，应当写明赔偿的数额、方式、期限等。（3）被害人自愿和解，并同意对被告人从宽处罚。和解协议书应当由双方当事人签名或者捺指印。和解协议书应当一式三份，双方当事人各执一份，另一份交人民检察院附卷备查。

第四，和解协议的履行。犯罪嫌疑人在该阶段需要承担的义务较多，包括自身的认罪、悔罪，根据协议内容赔礼道歉、赔偿损失等。实践中也存在犯罪嫌疑人先期向被害人赔礼道歉、赔偿钱款，后同被害人达成和解协议的情形。如汪某抢劫案，汪某（14岁）抢劫龙某手机一部，后投案自首，并愿意赔偿损失。后由汪某家长带领汪某向龙某赔礼道歉，积极赔偿龙某因此受到的各方面损失1万元，龙某也表示不再要求追究汪某刑事责任，双方在检察机关的主持下签订和解协议。关于和解协议的履行时间，和解协议约定的赔礼道歉等内容，无疑应当在协议签订之前或者之时就要履行完毕，这是表明被告人真诚悔罪的基础。如果和解协议涉及赔偿损失问题，应当何时履行？对此问题存在较大认识分歧：一种观点认为，和解协议约定的赔偿损失内容，一般应当即时履行，但被害方自愿接受延期履行、分期履行的，也应当允许；另一种观点认为，和解协议应当即时履行。其主要基于如下两点理由：其一，从理论上看，允许分期履行的观点确实有其合理的一面，但从司法实践看，存在较大的问题，表现在：如果允许延期履行、分期履行和解协议约定的赔偿损失内容，对被告人从宽处罚的基础尚不能确定，会使被害方的合法权益难以得到切实保障，一旦被告人事后反悔、不履行或者不全部履行赔偿义务，无疑会损害司法权威，引发被害方申诉、上访等问题。其二，明确和解协议应当即时履行，可以更好发挥公检法机关在促进化解社会矛盾方面的合力。表现在：如果双方当事人在侦查、审查起诉阶段达成和解协议且即时履行完毕，被害方通常就不会在审判环节又提起附带民事诉讼。这无疑有助于减少不必要的重复劳动，减轻审判环节的负担。《刑诉规则》第 517 条对和解协议的履行时间作了相对明确的规定："和解协议书约定的赔偿损失内容，应当在双方签署协议后立即履行，至迟在人民检察院作出从宽决定处理前履行。确实难以一次性履行的，在被害人同意并提供有效担保的情况下，也可以分期履行。"即双方达成和解协议后，应当立即履行，至迟在人民检察院作出不起诉等从宽处理决定前履行。但是如果一律要求切实履行才能从宽处理，势必造成实际上的有钱才能从宽，无钱不能从宽，不利于保护困难群体，容易导致"花钱买刑"的误解。因此《刑诉规则》规定了为履行和解协议"提供有效担保"作为变通的情形。《刑诉规则》第 521 条第 1 款规定："人民检察院拟对当事人达成和解的公诉案件作出不起诉决定的，应当听取双方当事人对和解的意见，并且查明犯罪嫌疑人是否已经切实履行和解协议、不能即时履行的是否已经提供有效担保，将其作为是否决定不起诉的因素予以考虑。"

第五，作出赔偿决定。案件承办人根据对和解协议进行审查的结果，综合犯罪嫌疑人认罪、悔罪情况、有无自首、立功情节、被害人有无过错等案件综合情况，出具处理意见。如周某涉嫌交通肇事案，被告人周某系残疾人，驾驶三轮摩托车致一人死亡。被害人因死亡所造成的经济损失为 21 万余元，案发后，周某主动投案、认罪服法，其家属积极赔偿，并取得被害人家属的书面谅解。检察人员考虑到本案中周某案发前无前科劣迹、案发后自首、认罪悔罪，并积极进行赔偿，最终认定其情节轻微，未将其提起公诉。

（执笔人：张蕾）

50. 聚众斗殴犯罪能否适用刑事和解?

作为体现宽严相济刑事政策及化解社会矛盾的手段，刑事和解在化解社会矛盾中显示出来的实效是明显的，但作为一种制度的运行必须在合理、合法的框架内实施，不能因化解矛盾而牺牲公平正义。尽管法律以及相关的司法解释对于普通刑事案件和解的条件作出了规定，但在司法实践中仍然会对某些案件是否适用刑事和解产生疑惑，试以聚众斗殴犯罪为例，探讨这种类型的犯罪是否可以适用刑事和解。

刑事和解一般指加害人与被害者的和解，是指在犯罪后，经由调停人使加害者和被害者直接相谈、协商，解决纠纷冲突。作为一种以个人本位为视角的犯罪学理论，刑事和解在坚持犯罪是对社会秩序侵害的同时，也强调犯罪是对被害人合法个人权益的侵害，因此刑事和解的概念、内涵及运作均是建立在被害人、加害人基础上的，离开“被害人”、“加害人”的角色定位，刑事和解是无从谈起的。在诉讼上，和解系处分权主义所衍生的机制，它要求当事人对和解标的具备处分权，而且要求这种处分权必须是实体法上允许自由处分的权利或法律关系，否则，在程序法上不得进行和解。同样，刑事和解的适用也必须以被害人具有刑事实体处分权为前提。所谓被害人刑事实体处分权，是指刑事法律关系中的被害人所享有的自主决定是否放弃或部分放弃专属其个人的实体性权利，从而直接影响加害人刑事责任认定的权利，其实现途径主要包括亲告罪中的告诉、被害人承诺和刑事和解。在犯罪侵犯的客体为个人法益的情况下，被害人有实体处分权；在犯罪侵犯的客体为国家法益或社会法益的情况下，被害人不存在实体处分权。同时，犯罪客体总是通过一定的犯罪对象表现它的存在，也即犯罪分子的行为就是通过犯罪对象即具体物或者具体人来侵害一定社会关系的。因而，在犯罪侵犯的主要客体为国家法益或社会公共法益的情况下，常有一些具体的被害人遭受了物质性损害，尽管这类“被害人”的人身权利或财产权利受到了侵害，但是只是次要客体，这类犯罪的“被害人”无法完全代表被侵害的国家、社会，不具有刑事实体处分权，不得适用刑事和解。

在聚众斗殴犯罪中所造成的结果一般有具体被害人轻伤、重伤及死亡三种。而按照我国现行《刑法》的规定，聚众斗殴致人重伤、死亡的，应按故意伤害罪、故意杀人罪定罪处罚；只有聚众斗殴致人轻伤以下的，仍按聚众斗殴罪定罪处罚。笔者认为尽管聚众斗殴犯罪中被害人伤情结果不同，不论是造成轻伤、还是造成重伤或者死亡，这类型案件均不能适用刑事和解。(1) 造成轻伤后果的聚众斗殴罪不适用刑事和解程序的理由。一是聚众斗殴侵犯的主要客体是社会管理秩序，次要客体是个人的人身权利。司法实践中，聚众斗殴行为较多地发生在公共场所，往往同时造成对公私财物和公民人身权利（包括对斗殴的对方或者无辜的第三方）的侵犯，但其侵犯的主要不是特定的个人或者特定的公私财物，而是由于行为人公然藐视法纪和社会公德，破坏公共秩序，因此其侵害的主要客体还是公共秩序，对他人人身权利的侵害只是其侵犯的次要客体。二是犯罪对象主要是“加害人”，其次才是“受害人”。在聚众斗殴犯罪中，如果受轻伤者为斗殴的一方，则其身份则兼具加害人与被害人的性质。从聚众斗殴罪的犯罪客体来说，如果受轻伤者也参与了互殴行为，其行为也是侵害公共秩序，是对于公共秩序的“加害人”之一；而从个人的人身权利来说，其在互殴行为中受到对方的侵害造成轻伤，是人身权利的“受害人”。因此在互殴中受轻伤者的主要身份是“加害人”，次要身份才是“受害人”。因此造成轻伤后果的聚众斗殴罪这类犯罪的受轻伤的被害人无法代表被侵害的国家、社会，不具有刑事实体处分权，不得适用刑事和解。（2）造成重伤、死亡后果的聚众斗殴罪不适用刑事和解的理由。因为如果在聚众斗殴犯罪中犯罪嫌疑人、被害人的行为致使他人受重伤甚至是死亡，则犯罪嫌疑人、被告人的犯罪构成已经超出了聚众斗殴罪的评价范围，已向故意伤害罪、故意杀人罪转化。虽然此时犯罪嫌疑人涉及的罪名属于修改后《刑事诉讼法》规定的可以进行和解的罪名，但是由于涉及的故意伤害罪重伤以及故意杀人罪的刑期不是属于可能判处3年以下有期徒刑的案件，因此造成重伤、死亡后果的聚众斗殴的犯罪同样也不能适用刑事和解。

（执笔人：张蕾）

七、未成年人案件办理

51. 对未成年人刑事案件开展社会调查的困难有哪些？如何应对？

作为少年司法制度的重要组成部分，社会调查制度要求对涉案未成年人性格特点、家庭情况、犯罪原因等各方面情况进行全面调查，其调查结果在未成年人刑事案件处理以及犯罪预防等领域发挥着重要作用。但在司法实践中，由于各地的认识和做法不齐，导致在社会调查的主体确定、启动阶段、调查人员的诉讼地位、报告的性质和作用等方面都存在差异。

（1）社会调查的主体不同

由于法律对社会调查的主体并没有作出明确的、统一的规定，在实践中，各地社会调查的主体可谓多种多样，专业性不强。由于各自角色及工作侧重不同，各种主体开展调查均呈现出不同特点：律师的调查可能更关注有利于未成年被告人材料的收集，而忽略对其不利的因素；公诉人的调查则可能偏重于收集不利于未成年被告人的材料；法官调查的视角比较全面，但法官精力有限，且“自查自判”又有违法官中立超脱的地位；委托社会团体组织进行社会调查，可能会因承担调查的人员主业繁忙、人员不确定等主客观因素而无法保证调查的质量和时效；聘请专职社会调查员效果虽好，但需一定经费和办公场所作保障。

完善构想：目前我国正在开展社区矫正试点工作，基层司法行政机构是实际上的工作主体，该行政机构的工作人员一般都具有较高的文化水平和较强的法律及其他相关专业知识，他们的一项主要工作职责就是对社区服刑人员进行管理和监督，其开展社会调查工作有相应的工作经费支持。在法庭作出判决后他们可以根据社会调查情况有针对性地对未成年犯罪人进行社区矫治，有利于审判与矫治的顺利衔接。所以社会调查员由基层司法行政机构的工作人员（即社区矫正工作人员）担任比较适合。

（2）社会调查报告的性质和作用不同

有人认为社会调查报告多是基于人民法院、人民检察院的委托而产生，而且作为人民法院在审理未成年被告人案件前的准备工作之一，符合《刑事诉讼法》有关证据规定，应该是具备证据效力的，社会调查报告的性质与《刑事诉讼法》第48条规定的“鉴定意见”相似。也有人认为，社会调查报告作为一种反映未成年被告人性格特点、家庭情况、社会交往、成长经历以及实施犯罪前后的表现等情况的文字材料，也可以认为是一种特殊的证人证言，属于"品格证据"。只要在法庭上接受控辩双方的询问和质证，并经过查实以后，可以作为定案的根据。目前未成年人刑事案件社会调查材料宜视作未成年人刑事诉讼中综合性材料，其内容可以作为司法机关对未成年人刑事案件的处理参考。首先，社会调查材料形式内容呈现多样化，有的难以归入现行《刑事诉讼法》证据种类；其次，未成年人社会调查制度还处于探索实践阶段，调查报告的制作主体、形成程序、适用范围等多方面条件尚不完全具备，实践中还不能达到案件证据的内在要求；最后，由于最高人民法院量刑规范化改革亦尚处于试点阶段，对于量刑证据的具体划分以及举证责任分配等一系列相关问题尚未明确，故就未成年人刑事诉讼程序而言，欲把社会调查报告归入未成年人刑事案件诉讼证据还为时过早。但是社会调查报告毕竟具有其积极的作用。首先，调查报告所反映的内容是对未成年罪犯量刑的酌定情节之一，是影响少年法庭对未成年被告人量刑的一个重要因素，特别是对拟判处非监禁刑和免刑的被告人。其次，调查报告为法庭教育提供了有价值的材料。法庭教育是审理未成年人刑事案件的必经程序，对于未成年罪犯能否认罪服法，自觉改造有着积极影响。由于每个未成年罪犯个体情况存在差异，其接受法庭教育的自觉性及对教育内容的感悟能力亦不相同，因此，通过调查报告全面了解未成年罪犯的心理特性和成长历程，有利于少年法庭选准"感化点"，动之以情，又晓之以理，有针对性地开展法庭教育。最后，调查报告为跟踪帮教提供了有效的参考资料。宣判后矫正机关就可以有效地坚持分类管理和教育个别化原则，即根据调查报告所提供的情况，针对每个未成年罪犯的不同情况，包括生理、心理、家庭、学校、犯罪具体原因等，制定个别化矫正方案，实行有针对性地矫正工作。

完善构想：要将社会调查报告作为量刑的参考、教育的基础、矫治的依据，必须切实提高对社会调查报告的制作要求。首先，社会调查报告要具有公正性。调查人员应持公正无私之心，无先入为主之念，对未成年人有利和不利两方面的事实因素均应当予以调查。在调查的方法上应当直接接触、实地考察，以保证调查结论的准确可靠。社会调查员应当两人以上共同调查，对于与被告人或被害人有利害关系的社会调查人员应当回避。其次，社会调查报告应当具有全面性。在调查时，社会调查员应当走访家庭、学校、社区、单位，应当尽可能广泛听取多方面意见，了解其性格、爱好、交往人群、平时表现等，并可加入对未成年人心理测试的结果，更有利于判断其再犯可能性，包括犯罪后表现情况的调查。最后，社会调查报告应当具有客观性和科学性，更多的是对未成年人的现实生活背景的描述，减少不必要的社会调查员主观的判断。调查人员应具有法学、心理学、社会学等方面的知识背景，并掌握一定的社会调查技能，如面谈与沟通的技巧、制作和分析人格调查量表、撰写分析透彻的调查与评估报告等。

（3）社会调查的启动阶段

目前我国对未成年人刑事案件的社会调查，主要是在审查起诉、法院审判阶段进行。公安侦查阶段由于没有建立专门的未成年人侦查机构，社会调查工作没有得到有效开展。但是从有利于未成年人刑事案件司法分流的角度来看，社会调查的尽早启动，是充分发挥社会调查报告作用的有效举措。尤其是侦查阶段时间跨度大，更有利于调查人员利用相对充裕的时间进行更为细致的社会调查。

完善构想：自公安机关立案侦查阶段就开始启动社会调查，这样不仅为调查的质量提供保障，而且能充分发挥社会调查在刑事诉讼各阶段的作用，有效地对未成年犯罪嫌疑人实现司法分流，减少不必要的刑罚处罚。社会调查能为侦查机关是否对未成年犯罪嫌疑人适用强制措施、是否可以不立案不处理提出参考；能为检察机关是否可以作出不批准逮捕及不起诉决定提考参考；能为法院是否可以作出判处非监禁刑或免予刑事处罚提供参考。在具体做法上，公安机关可以在对案件事实进行侦查的同时，以社会调查的方式了解其生活、学习环境、成长经历、性格特点、心理状态及社会交往等情况，并通过现有公安协作网络解决外来未成年人的社会调查问题。同时，在条件允许的情况下，公安机关可以委托其他社会组织特别是社区矫正组织进行社会调查，从而减少公安机关的工作压力。

（4）社会调查人员的诉讼地位问题

我国法律用司法解释的形式规定了对未成年人刑事案件可以进行社会调查，但是对于社会调查员的法律地位并没有明确说明。在未成年人刑事案件的诉讼程序中，社会调查员究竟属于何种身份、其法律地位如何确定没有定论。一般人认为，首先社会调查员不是证人，根据我国《刑事诉讼法》的规定，证人是在诉讼程序之外了解案件真实情况的人，社会调查员是参加了诉讼以后才了解案件情况的，而且不是客观的真实情况而是法律证据反映的情况，属于法律事实，它和案件的客观真实情况有本质的不同。其次社会调查员不是鉴定人。鉴定人是接受司法机关的依法委托或诉讼参加人的委托聘请的专门人员，是针对案件中的专门性问题进行鉴定，而社会调查员调查的是未成年人的性格特点、家庭背景等非案件或者说是案件背景情况，两者的指向和目的根本不同。未成年人刑事诉讼程序源自于普通刑事诉讼程序，又区别于普通刑事诉讼程序。因未成年人主体的特殊性，决定了在审理未成年人刑事案件的程序中，要有与未成年人主体的特殊性相适应的审理方法、诉讼制度，而不能拘泥于普通刑事诉讼的模式。因而在设置未成年人刑事诉讼若干制度时，只要是符合“教育、感化、挽救”的方针和“教育为主，惩罚为辅”的原则，且有法律效果和社会效果的，这种制度就应该创建。

完善构想：将社会调查员视为诉讼参与人之一，如同未成年人刑事诉讼中的“成年近亲属”可参与法庭审理一样，赋予社会调查员诉讼参与人的诉讼地位，并在法庭事实调查结束后设置独立的听审程序，由调查员出庭宣读社会调查报告，并接受控辩审各方的询问。如果案件是不公开审理的，宣读社会调查报告后，社会调查员可离开庭审现场。

（5）社会调查制度的适用范围问题

开展社会调查需要与人力、财力、物力的负担相平衡，还需要社会认识的一致及有关社会组织配合协调。由于目前实施调查的主体大多数是当地的司法机关及社会组织，各地也没有普遍建立社会调查的异地协作机制，故对外来未成年人刑事案件就很难开展社会调查工作，即便有些调查的材料，也很难与“社会调查制度”框架下的社会调查工作相提并论，形成未成年人刑事案件社会调查工作适用范围明显不平衡。因此，我国目前没有做到对所有未成年人刑事案件普遍开展社会调查。

完善构想：社会调查工作应当建立全国性的协作网络，实行异地委托调查。从2003年开始，我国即已开始社区矫正试点工作，截至2006年，已有18个省市2147个街道（乡镇）开展社区矫正。一个全国性的社区矫正网络已初具雏形。在当前部分地区开展司法矫正人员进行未成年人刑事案件社会调查试点的基础上，利用现有全国性的社区矫正网络，建立异地社会调查的协作机制具有可行性。

（执笔人：张蕾）

52. 合适成年人在场制度存在哪些问题？怎样解决？

在未成年人刑事诉讼特别程序中，合适成年人到场制度是亮点之一。在修改后《刑事诉讼法》实施后，合适成年人在场制度面临诸多问题。

第一，合适成年人的法律地位模糊。修改后《刑事诉讼法》仅规定了合适成年人对于诉讼过程中侵害未成年人权益的行为有权提出意见，却并未规定提出意见后侦查机关不予纠正应如何救济，一旦合适成年人拒绝签名，笔录是否失去证据效力也未予以明确。这样导致合适成年人在讯问过程中也难以保障未成年人的诉讼权益。

第二，合适成年人到场的经费保障缺失。在某些地区，担任合适成年人的人员均有本职工作，其担任合适成年人工作的误工费用因未有专项经费项目，无法及时给予适当补贴，导致部分合适成年人以工作繁忙为由怠于履职。

第三，合适成年人的履职能力较弱。各地选拔的合适成年人均为社区、学校、或未成年人保护组织的工作人员，其法律专业知识不足，甚至不清楚新修改后《刑事诉讼法》对未成年人刑事司法保护的相关规定，即便在场参与诉讼，也仅能防止刑讯逼供等行为发生，却难以监督侦查人员诱供等较为隐蔽的违法行为，履职能力不强。

第四，合适成年人在各诉讼阶段的延续性不足。公安机关、检察机关和人民法院对合适成年人的选聘均各自为政，未形成统一的调配机制，出于工作需要在不同诉讼阶段随意抽取合适成年人的情况并不鲜见。涉罪未成年人可能在三个不同的诉讼阶段见到三个不同的合适成年人，导致其难以建立对合适成年人的信任，同时也不利于合适成年人及时掌握未成年犯的心理发展动态，难以对其展开适当的帮助和引导。

针对上述问题主要有以下一些对策：

第一，明确合适成年人到场的权利义务。《刑事诉讼法》规定到场的法定代理人或者其他人员认为办案人员在讯问、审判中侵犯未成年人合法权益的，可以提出意见。讯问笔录、法庭笔录应当交给到场的法定代理人或者其他人员阅读或者向他宣读，《刑诉规则》第490条则进一步明确了，“笔录应当交由到场的法定代理人或者其他人员阅读或者向其宣读，并由其在笔录上签字、盖章或者捺指印确认”。可见签名是证实法定代理人或合适成年人是否到场及是否阅读过笔录的最便捷方式，但规定中并未明确合适成年人在发现侦查机关的违法行为后是否有权拒绝签名，签名后笔录的效力如何等问题。因此如果当侦查人员在讯问过程中发生逼供、诱供等违法行为时，合适成年人有权提出意见，若侦查人员拒不纠正的，合适成年人有权拒绝签名，并在讯问后向有关部门提出控告。未经合适成年人签名的笔录，属于程序上的重大瑕疵，不得作为证据使用，以此提升合适成年人在场的法律效力，保障其监督实效。

第二，将合适成年人到场的经费保障落到实处。建议将合适成年人到场的专项经费纳入地方政府财政的保障范围，为合适成年人参与诉讼提供相应的误工补贴。补贴由政府财政支出，委托公安机关、检察机关和人民法院在不同的诉讼阶段及时发放，以提高合适成年人的参与热情。

第三，强化合适成年人到场在不同诉讼阶段的延续性。通过实施细则的方式，进一步明确公安机关、检察机关和人民法院在选择合适成年人时的基本一致原则，除非合适成年人确因工作、疾病等原因无法到场，否则检察机关和人民法院对同一犯罪嫌疑人应尽量选择与公安机关相同的合适成年人。

第四，建立合适成年人定期培训制度。由公安机关、检察机关和人民法院轮流组织，抽调三机关的未成年人刑事案件办案骨干，对登记在册的合适成年人开展定期的法律培训，也可聘请相关的社会学家、心理辅导专家对合适成年人进行心理学和社会学的专业培训。

（执笔人：张蕾）

53. 未成年人犯罪记录封存制度在检察环节如何适用?

犯罪记录封存制度的确立体现了我国全面落实宽严相济刑事政策，对未成年犯罪嫌疑人所秉承的“教育为主、惩罚为辅”原则，以及教育、挽救、感化方针，契合了未成年人的心理、生理特点，体现出对未成年犯罪嫌疑人的特别保护。在检察环节中，对于未成年人犯罪记录封存有哪些问题需要注意呢?

第一，明确犯罪记录封存的启动方式。从各国犯罪记录封存制度的启动方式来看，可将其分为自动启动和裁判启动。自动启动是指对于适用犯罪记录封存制度条件的未成年人犯罪情况，由司法机关自动予以封存；裁判启动是指由犯罪人提出申请经司法机关裁量后作出是否封存的决定。我国《刑法》、《刑事诉讼法》规定的未成年人犯罪记录封存制度的启动方式近似于自动启动，即符合“犯罪的时候不满十八周岁，被判处五年有期徒刑以下刑罚的”，就应当对犯罪记录予以封存，没有其他环节的规定。检察机关作出相对不起诉处理以及附条件不起诉的情况，在符合封存条件未成年人刑事犯罪的案件，由检察机关启动犯罪记录封存程序，向公安机关送达《未成年人犯罪记录封存告知书》，告知公安机关对某案件适用犯罪记录封存；对检察机关相关业务和档案管理部门发放《未成年人犯罪记录封存通知书》，对于适用封存制度的案卷材料做封存处理。对于公诉案件，法院判决处以5年有期徒刑以下刑罚的，如符合封存条件，法院可在判决书中作出封存的决定，检察机关在收到判决书之日起，就应启动犯罪记录封存程序，并及时向公安机关送达《未成年人犯罪记录封存告知书》，对案件有关材料以及有关犯罪信息实行封存处理。

第二，明确犯罪记录封存的形式。记载未成年人犯罪信息的犯罪档案，由公安、司法机关、司法行政机关、档案部门保管，应建立专门的保管制度，对未成年人犯罪档案实行单独的保管，建立专门的未成年人犯罪档案库，对未成年人犯罪档案材料独立编号，对经审批决定封存的未成年人犯罪记录、卷宗、不起诉等相关材料装订成册，严格按照规定加密保存。经审批决定解除封存后方可转入普通档案库。要求档案工作人员切实加强对未成年人犯罪档案资料的保密工作，每一个未成年人犯罪档案都应密封，档案封面不应注明未成年人的任何身份信息而只能标之以代号。不得擅自复印、摘抄或者传播具有未成年人犯罪的档案资料或内容，不得向新闻媒体、网络公司、影视机构、出版机构等公开或传播涉案未成年人的姓名、住所、照片、图像及可能推断出该未成年人的其他档案资料。同时，规定解封的例外情况。只有在封存后发现漏罪，且漏罪与封存记录之罪数罪并罚后被决定执行5年有期徒刑以上刑罚的情况下，经业务部门负责人、分管副检察长、院保密委员会及检察长四层审批同意后方可对其犯罪记录解除封存。

第三，明确犯罪记录封存的查询与审核。在特殊情况下，司法机关或有关单位可对未成年人犯罪记录进行查询，需要犯罪封存记录的查询和审核程序。法律明文规定为“司法机关为办案需要或者有关单位根据国家规定”，一是司法机关，但必须是办案的需要；二是有关单位，在有国家规定的情况下进行。不授予个人查询权可以有效地保护公民的个人隐私。未成年人的犯罪记录在刑事司法办案的各个环节都会留存，封存主体包含了公检法各机关，有必要指定检察机关作为唯一的审核主体。因为法院和公安机关都不能完全覆盖未成年人刑事犯罪记录的全部内容，而检察机关作为法律监督的机关，往往在审查逮捕、审查起诉等环节中发挥承前启后的作用，能够完全知晓未成年人刑事犯罪案件的主要内容和处理结果，具备答复未成年人是否具有犯罪记录的能力。同时，实施审核主体的唯一性，对于未成年人犯罪记录封存制度的正常运行具有重要保障作用，依法保障未成年人犯罪记录不被其他人获知，保证封存的效力。对未成年人犯罪情况进行查询，须向具有管辖权的检察机关提出申请，说明查询单位、对象、原因、理由等内容。检察机关在对查询申请依法进行审核后，出具《未成年人犯罪记录查询结果告知书》，向申请单位提供未成年人是否存在犯罪记录的说明，并要求查询单位履行相应保密义务。

第四，明确未成年人犯罪记录封存检察监督的运行模式。检察机关对未成年人犯罪记录封存的法律制度执行情况的监督，应纳入法律监督职能中刑事执行监督的范畴。重点要对犯罪记录封存的启动、依法进行查询的单位是否对被封存的犯罪记录的情况予以保密，查询后对于相关信息的使用是否超出法律规定的范围等进行监督。无论是检察机关自行发现的，或未成年人及其近亲属向检察机关提出申诉的，检察机关都应依法进行监督。一方面，检察机关可以通过检察建议等方式，对执行未成年人犯罪记录封存制度不规范、不到位情况进行监督，督促执行单位改进整改措施、健全工作制度，进一步推动此项工作的规范化、制度化建设。另一方面，还可以运用纠正违法通知书，甚至追究刑事责任等手段，对国家机关工作人员在执行未成年人犯罪记录封存制度过程中，滥用职权或者玩忽职守，对应当封存的犯罪记录不予封存，并且因违法公开未成年人犯罪记录而造成严重后果，构成犯罪的，应当依法立案侦查，追究其刑事责任。

（执笔人：张蕾）

八、附条件不起诉的理解和适用

54. 怎样正确看待附条件不起诉的意义?

在司法实践中，公诉人作出一个不起诉决定通常都要提交检察委员会讨论，而作出附条件不起诉的还要设置考察期限，规定考察条件，确定帮教组织，两次提交审批等，工作量增加很多，有同志反映办理一起附条件不起诉案件的工作量是普通公诉案件的6倍。所以，作为一名公诉人，要提升自身社会责任感，为失足青少年能早日回归社会作出自己的贡献。那么，如何正确看待附条件不起诉的意义呢?

附条件不起诉的意义在于不仅给了涉案未成年人一条重新回归社会的道路，而且，通过设置一定条件，帮助其经过一种内心的磨炼，促使其反思悔过。从这一点来说，要比相对不起诉来得更为科学，相对不起诉在不起诉作出之前他是犯罪嫌疑人，作出后一旦宣布，整个事情就结束了。对于涉案未成年人来讲，有一种“过山车”的感觉，突然从“地狱”到了“天堂”，因为速度太快，效果未必最佳，这就是立法设置附条件不起诉制度的必要所在。

通过一定期限的考察，完成一定的条件，我们可以借以观察未成年犯罪嫌疑人是否真心悔过，同时这个过程本身就是促进他真心悔过。

【办案随想】

在2010年浙江省宁波市北仑区人民检察院推出附条件不起诉制度以后，各大媒体轮番轰炸。当时，有媒体记者问笔者，为什么要推出附条件不起诉?附条件不起诉有没有超越当时法律规定?笔者当时就回答附条件不起诉没有超出当时法律框架，是对相对不起诉的一种规范。当一起刑事案件犯罪嫌疑人突然被宣布作相对不起诉决定时，签完字就哈哈大笑，扬长而去，公诉人也是没有办法，因为不起诉决定已经生效了，你不能随意收回。相对不起诉给了犯罪嫌疑人一次重新回归社会的机会，但是缺乏对其犯罪行为的惩治和教育，效果不一定好，严肃性总体不够。而附条件不起诉则不然，公诉人审查案件后认为可以作出附条件不起诉，要走一系列程序，时间比较长。检察机关对犯罪嫌疑人宣布附条件不起诉以后，还设置了考察期，规定考察期内完成一定时间公益劳动等，以表示其真心悔过，当时对于未成年人还要求必须定期提交思想汇报，考察期满，要填写考察表，写综合汇报进行考察评估，如此折腾，目的就是给犯罪嫌疑人一个心理上的压力，让他付出一定的代价“长长记性”。事实证明，这种做法的教育效果是非常好的。

（执笔人：潘申明）

55. 附条件不起诉与相对不起诉如何更好地区分?

附条件不起诉是指根据修改后《刑事诉讼法》第271条规定，“对于未成年人涉嫌刑法分则第四章、第五章、第六章规定的犯罪，可能判处一年有期徒刑以下刑罚，符合起诉条件，但有悔罪表现的，人民检察院可以作出附条件不起诉的决定”。根据修改后《刑事诉讼法》的规定，附条件不起诉在主体上只适用于未成年人，罪名上只适用于《刑法》分则第四、五、六章所涉及的罪名，刑期上只限于可能判处1年有期徒刑以下刑罚的，符合起诉条件但有悔罪表现的情形。

相对不起诉是根据修改后《刑事诉讼法》第173条第2款之规定“对于犯罪情节轻微，依照刑法规定不需要判处刑罚或者免除刑罚的，人民检察院可以作出不起诉决定”。但是何为犯罪情节轻微，并没有明确的解答，如果用“依照刑法规定不需要判处刑罚或者免除刑罚的”来解释犯罪情节轻微似乎又是循环论证。在司法实践中，一些适合判处缓刑的案件，检察机关根据具体情形作出相对不起诉决定是比较常见的。而且，相对不起诉不限于未成年犯罪嫌疑人，也没有罪名上的限制。

所以，从条文来看，相对不起诉的条件要比附条件不起诉的条件更为严格，因为相对不起诉只针对犯罪情节轻微，依照《刑法》规定不需要判处刑罚或者免除刑罚的犯罪嫌疑人。而附条件不起诉则针对可能判处1年有期徒刑以下刑罚的未成年犯罪嫌疑人。而从司法实践来看，相对不起诉的适用范围更广，便捷性更快。为此，有的地方对附条件不起诉并不是很积极，符合附条件不起诉的案件直接作出相对不起诉的情形也是经常会有的。

（执笔人：潘申明）

56. 附条件不起诉中“条件”的设置应注意哪些问题?

最高人民检察院修订后的《刑诉规则》第498条规定：“人民检察院可以要求被附条件不起诉的未成年犯罪嫌疑人接受下列矫治和教育：

（一）完成戒瘾治疗、心理辅导或者其他适当的处遇措施；

（二）向社区或者公益团体提供公益劳动；

（三）不得进入特定场所，与特定的人员会见或者通信，从事特定的活动；

（四）向被害人赔偿损失、赔礼道歉等；

（五）接受相关教育；

（六）遵守其他保护被害人安全以及预防再犯的禁止性规定。”

结合这条规定，笔者认为附条件不起诉条件的设置，主要是要根据犯罪嫌疑人罪行和个体的特点有针对性地设置，总的原则是不要未成年犯罪嫌疑人“流血”，但一定要让他“流汗”，只有流了汗，才会促使他反思，为什么要流汗，如何不要再流这种汗。在6个月到1年的考察期内，反复多次参加公益劳动等矫治活动，对于强化和深化未成年人的认识是很有效果的。

【司法实例：张某盗窃案】

在一起未成年人盗窃案件中，高二学生犯罪嫌疑人张某被宣布附条件不起诉，考察期8个月，充实公益劳动40小时。一次，区青少年宫打电话，让他去操场拔草，他一个人先骑车过去，半小时后，打电话叫了五六个人，帮他一起拔，一天的活，很快就干完了，拍拍屁股走了。青少年宫向我们反映了实际情况。问算不算完成公益劳动，怎么算时间？

【分析】

这个问题放在平时可能会有争议，因为劳动有计时和计件两种方法。从计时角度来说，张某干活时间不长，从计件角度来看，他已经完成了帮教单位——青少年宫安排的公益劳动。但是，就本案来说，笔者听到汇报后，直接告诉青少年宫：这次公益劳动不能计入总时间。附条件不起诉中要求的公益劳动不是指劳动量，而是要亲力亲为的，因为只有亲力亲为，“出出汗”、“洗洗澡”才能达到“治治病”的效果。劳动的过程也是他反思的过程，为什么要劳动？今后怎么办？值不值得等一系列问题他都会思考到。通过这种“面壁思过”，拉长他们的心路，推动他早日回归社会。

【处理结果】

笔者后来让承办人把张某找过来，我亲自跟他谈话，明确告诉他，公益劳动必须自己一个人完成，不能找伴，更不能让伙伴代替自己干活。否则，只能说明他没有真心悔过，我们可以撤销不起诉决定。后张某表示认错，主动提出这次拔草不计入公益劳动时间。后来，张某对待每次公益劳动都非常认真。其家长非常感谢，表示幸亏我们帮他教育子女，才使张某浪子回头。

“不能流血，必须流汗；不要判刑，一定要吃苦，给他机会，但也要他付出代价”，这就是我们设置附条件不起诉制度的初衷和目的。

（执笔人：潘申明）

57. 办理附条件不起诉案件存在哪些难题？如何破解？

【司法实例：韩某盗窃案】

2013年8月，高三学生韩某（16周岁）放暑假到宁波某地游玩，在其朋友李某家居住，其趁李某白天上班，独自在家之际，将李某放在书房内的一台价值人民币3000元的华硕笔记本电脑拿走，在临走时还给被害人李某发短信告知其回学校，并且同时将房内翻腾一遍，将门锁用螺丝刀撬坏伪装有人入户盗窃假象。当日晚上被害人李某下班回到家中发现其笔记本电脑被人偷走，而且有门锁被撬、家中被翻的痕迹，因此李某判断有人入户盗窃，李某电话联系并向韩某询问是不是她拿走了电脑，韩某表示否认，于是李某立即报警。之后，警察通过现场勘验检查发现是熟人作案，于是锁定韩某为犯罪嫌疑人，韩某经过强烈的思想斗争，最终将电脑归还给李某，并主动到公安机关投案自首。

在本案审查起诉期间，办案检察官认为韩某虽已构成盗窃罪，但她作为一名在校学生，系未成年人，且家中有生病的父母，于是与公安民警和社区矫正工作人员一起对其进行社会调查，了解到韩某平日遵纪守法，性格活泼，无犯罪记录，具有良好的社会帮扶帮教条件。因此在确认韩某符合《刑事诉讼法》有关适用附条件不起诉的罪名、可能性刑罚、法定起诉、有悔罪表现等条件后，经检委会同意决定根据《刑事诉讼法》对韩某适用附条件不起诉，并附考察期6个月，要求韩某每周撰写思想汇报，以便承办检察官及时了解其思想动态。在半年之后，韩某最终被不起诉并重新回归学校。

（1）适用附条件不起诉会遇到的困难

①如何区分附条件不起诉与相对不起诉适用条件

根据《刑事诉讼法》第173条的规定，对于犯罪情节轻微，依照《刑法》规定不需要判处刑罚或者免除刑罚的，人民检察院可以作出不起诉决定。根据《刑事诉讼法》第271条的规定，附条件不起诉适用于涉嫌刑法分则第4、5、6章规定的犯罪，可能判处1年有期徒刑以下刑罚的案件。附条件不起诉与相对不起诉都适用轻罪案件。虽然相对不起诉的未成年犯罪嫌疑人一般都具有自首、防卫过当、紧急避险过当、犯罪预备等法定的免予刑事处罚情节。但是，在没有法定免予刑事处罚情节的情况下，司法实践中也有直接根据《刑法》第37条“犯罪情节轻微，不需要判处刑罚”的规定而适用相对不起诉的情况。实际在这种情况下，对可能判处1年有期徒刑以下的轻罪案件，二者在理论上都可以适用，但适用结果不同。《刑事诉讼法》没有严格区分两者的适用条件。

有观点认为相对不起诉决定具有终局性，决定一旦作出即发生法律效力，检察机关对被不起诉人不再具有监督制约的职责。韩某因贪图利益而实施犯罪，适用相对不起诉虽会使其免受刑罚处罚，不受监禁场所的消极影响，但免受刑罚处罚的结果很可能会使韩某错误地认为犯罪不会受到惩罚。刑罚能够让韩某感受到犯罪所要付出的代价，附条件不起诉的帮教程序能够让其因畏惧受刑罚处罚而不敢再犯；也有观点认为韩某是未成年人，综合其法定情节和酌定情节完全可以直接作相对不起诉，若适用附条件不起诉需要长时间的考察帮教，应从节约司法资源，提高诉讼效率的角度考虑将此案快速办理，提高办案速度。

②如何把握犯罪嫌疑人有无“悔罪表现”

附条件不起诉前的过程是暂缓起诉，暂缓起诉后不起诉的结果才是附条件不起诉。是否有“悔罪表现”是决定是否适用附条件不起诉的一个重要因素。而如何评价有无“悔罪表现”目前尚无统一标准。《刑事诉讼法》之所以规定要有悔罪表现并附“条件”是判断和督促未成年犯真正悔悟，消除社会危险性，不再犯罪。我国《刑法》所指的“悔罪表现”，必须是发自内心的、自觉自愿的、积极主动的“悔罪”，而不是附条件的、有利益驱动的、被动的“悔罪”。一般来说，犯罪嫌疑人在考验期中的“悔罪表现”是显而易见的，是希望达到“不起诉”结果的一种努力。在这种情况下，犯罪嫌疑人的“悔罪表现”是否发自内心、是否自觉自愿、是否主动真诚，其实已经不好判断。如果仅凭犯罪嫌疑人在考验期中的表现判断其“悔罪表现”，可能会造成犯罪嫌疑人“虚假悔罪”，为犯罪嫌疑人逃避刑罚处罚提供条件和便利。所以，在附条件不起诉决定作出前，对有无“悔罪表现”需结合犯罪嫌疑人的性格特征、社会交往、犯罪原因、成长经历、家庭环境等因素综合评判，在考察期内则体现在对设定条件的遵守和完成程度上。

③如何计算附条件不起诉适用的刑期条件

根据《刑事诉讼法》的规定，检察机关对于涉嫌《刑法》分则第4、5、6章规定的犯罪，可能判处1年以下有期徒刑，有悔罪表现，符合起诉条件的未成年犯罪嫌疑人，可以实施附条件不起诉。从《刑法》规定本身来看，法定刑在1年有期徒刑以下的第4、5、6章规定的罪名，只有侵犯公民通信自由罪和偷越国边境罪。而从宣告刑的角度，加上法定的、酌定的从轻、减轻处罚的量刑情节，实践中可能判处1年有期徒刑以下刑罚的案件数量比例又有所增加。由于全国范围内量刑规范化的开展，使得检察机关具有一定幅度的量刑建议权，但对轻微刑事案件来说，量刑幅度一般在1年以上或以下浮动，导致对附条件不起诉要求的可能判处1年有期徒刑以下刑罚的条件一般也不能通过量刑建议明确确定，同时因检察官在幅度的把握上会因主观认识不同而不完全一致，所以，案件承办人对“可能判处1年以下有期徒刑”的判断结果不会完全一致。而对刑期的计算直接影响到该制度的适用，比如说在韩某盗窃案中，盗窃金额为3000元，根据2013年浙江省高级人民法院《关于确定盗窃罪数额标准的通知》，考虑韩某具有未满18周岁，自首、退赃、取得被害人谅解等情节，其量刑幅度的最高值应该在有期徒刑1年以下。所以，在司法实践中，适用附条件不起诉的案件时应明确如何准确计算“可能判处1年以下有期徒刑”的方法。

④如何把握附条件不起诉所附条件

《刑事诉讼法》虽然规定了在考验期限内未成年犯应当遵守四项规定，但在实践中不能涵盖附条件不起诉的所有条件内容。“条件”是作出附条件不起诉决定并进入考验期后设置的，一旦违反“条件”情节严重，就应当撤销附条件不起诉决定，提起公诉；考验期满，遵守所附“条件”，就应当作出不起诉决定。所以说所附“条件”是否科学合理，恰当可行是附条件不起诉制度实施后能否取得良好社会效果的关键因素。目前，除《刑事诉讼法》规定的4个条件外，一般还应附加哪些条件，学界和实务界对附条件不起诉所附条件在大体趋同的基础上仍存差异，实践中亦难把握。

（2）如何破解适用附条件不起诉的难题

①统一适用条件和区分标准

a. 合理区分相对不起诉与附条件不起诉制度。从适用客体上看，附条件不起诉所适用的案件要比相对不起诉社会危害性更大，属于应当起诉的案件；相对不起诉所适用的案件为可以起诉的案件，因犯罪情节轻微，依照《刑法》规定不需要判处刑罚或者免除刑罚。附条件不起诉的特点在于使未成年人受条件约束，是针对未成年人的生理、心理、思想都不成熟的特性设计的，所附条件具有准刑罚性。当附条件不起诉与相对不起诉在适用条件上存在重合时，如果未成年人不具备法定免除处罚情节，基于对未成年犯罪嫌疑人教育改造的角度考虑，应当优先适用附条件不起诉，通过考验期内的监督、教育和矫治，既可让未成年犯罪嫌疑人体会到所犯罪行的严重性，又可使其增强防御不良习气感染的主动性，这有利于帮助其复归社会。

b. 确定附条件不起诉案件适用刑期的计算方法。若将可能判处1年有期徒刑以下刑罚的刑期计算方法限定在量刑建议幅度在1年以下，显然使附条件不起诉的适用案件范围变得狭窄，与设立未成年人附条件不起诉制度的初衷不相适应。因此，建议在实际操作中，只要在量刑建议幅度内有可能判处1年有期徒刑以下刑罚就可适用，无须考虑量刑幅度的最上限是否在1年以下。一般来说量刑幅度的最上限在3年以内的均有可能判处1年有期徒刑以下刑罚。这种观点与我国现行的一些法律规定也是一致的，比如说我国《刑法》第72条对缓刑的规定，《刑事诉讼法》第210条、第277条对简易程序和刑事和解的规定，均体现了法律对3年以下有期徒刑犯罪处罚上的区别对待，根据案情和量刑幅度，只要有可能判处1年有期徒刑以下刑罚，理论上应该可以适用附条件不起诉。

c. 细化所附“条件”。未成年犯罪嫌疑人在考验期内的行为是否符合条件的要求，也是衡量其有无悔罪表现的标准。首先，在附条件不起诉的适用条件里应该明确规定具备“获得被害人谅解”这一条，没有获得被害人谅解的未成年人不适用附条件不起诉。其次，要根据矫正目的设置具体的条件。例如，韩某盗窃案中为使被韩某所破坏的社会秩序尽可能修复，可要求向被害人道歉，书面悔过等；有必要设置一些选择性条件，如到犯罪嫌疑人所在的社区、村民委员会、学校等地方进行公益劳动，参加到敬老院帮老人打扫卫生、洗衣等活动；若有不良嗜好或身体、心理疾病，应该强治治疗，包括戒瘾治疗、精神治疗、心理治疗、身体治疗等；发布“禁止令”，限制在考验期限内从事特定活动，进入特定区域、场所，接触特定的人，如禁止上网吧等。一方面让涉罪的未成年人，在向社会提供劳动服务的过程中悔罪赎罪，回归社会；另一方面尽可能减少未成年人与不良因素接触，避免再次感染。

②完善当事人的权利救济方式

a. 在附条件不起诉与相对不起诉中，赋予犯有同种轻罪的未成年犯同等的救济权。由于未成年人缺乏一定的独立判断能力，无法深刻认识适用附条件不起诉或相对不起诉的后果，不论是附条件不起诉还是相对不起诉，都必须得到未成年犯法定代理人的同意。同时规定，未成年犯及其法定代理人对检察机关撤销附条件不起诉决定不服的，可以向上一级检察院提出申诉。

b. 关于被害人不服的权利救济，被害人的利益和意愿是一种重要的考量因素，不论是作出附条件不起诉决定还是相对不起诉决定，在决定前都应当充分听取被害人的意见，坚持化解矛盾贯穿办案始终。就附条件不起诉制度来说，如果在所附“条件”中明确“确有悔罪表现”、“得到被害人谅解，达成和解协议”这几种条件，问题出现的可能性就很小了。当然也不排除被害人事后反悔再申诉的情形，但和解协议的存在显然也是对被害人的约束。在程序上，建议通过司法解释对被害人行使救济权利上作出更明确的规定。对于附条件不起诉的决定，被害人不服可以向上一级人民检察院申诉；对最终的不起诉决定，被害人不服的可以向上一级人民检察院申诉，也可以自诉。

c. 从附条件不起诉制度设立的目的来看，设置附加义务不是强制措施、刑罚执行方式，而是在未成年犯及其法定代理人不持异议的情况下考察未成年犯有无悔罪表现的一种措施。所以，在附条件不起诉撤销后，在法院判决有罪并处以管制、拘役、有期徒刑的情况下，不能比照强制措施折抵主刑期限；若判决无罪，未成年犯已履行的部分义务，不得请求返还、支付劳动报酬，不能申请国家赔偿。另外，设立附条件不起诉的考验期和缓刑的考验期的目的都是一致的，都是为了考察未成年犯有无真心悔罪，能否消除社会危险性。从这点来看，经过附条件不起诉的考验而不合格的未成年犯应该也不具备适用缓刑的条件。

（执笔人：张蕾）

九、其他

58. 审判监督程序抗诉与二审程序抗诉有何区别?

在我国，刑事抗诉是人民检察院履行审判监督职能的主要方式。我国的刑事抗诉有两种：一种是针对未生效判决提出的二审抗诉，另一种是针对已生效判决提出的再审抗诉。二审抗诉是指人民检察院认为一审人民法院作出的判决、裁定确有错误，在法定期限内依法定程序向上级人民法院提出要求重新审理原案的诉讼活动，是人民检察院代表国家行使法律监督权的表现。而再审抗诉指最高人民检察院认为各级人民法院已经发生法律效力的判决、裁定确有错误或者上级人民检察院认为下级人民法院已经发生法律效力的判决、裁定确有错误，因而按照审判监督程序向同级人民法院提出的抗诉。两种刑事抗诉中存在哪些区别呢?

首先，二者抗诉的期限不同。二审抗诉针对的是未生效的判决、裁定，所以必须在法定期限内提出，而法律对于再审抗诉的提出并没有规定期限，任何时候发现错误都可以提出。

其次，二者抗诉的主体不同。有权提出二审抗诉的主体是基层人民检察院至高级人民检察院。值得注意的是由于最高人民法院的判决、裁定是最终的判决、裁定，从判决、裁定之日起生效，因此最高人民检察院针对的必然是已生效的最高人民法院的判决、裁定，只能提出再审抗诉。而基层人民检察院只能提出二审抗诉，且必须是针对未生效判决、裁定的同级抗诉。有权提出再审抗诉的，是与中级人民法院对应的人民检察院至最高人民检察院，且最高人民检察院只能提出再审抗诉。

再次，二者抗诉的效力不同。二审抗诉是在第一审判决、裁定发生法律效力之前提出的，所以必将阻止其生效。再审抗诉是在原审判决、裁定已经生效的情况下提出的，它的提出不影响原审判决、裁定的执行，在人民法院按照审判监督程序重新审判期间原判决、裁定继续有效。

最后，二者标准的严格程度不同。二审抗诉针对的案件是未生效的判决或裁定，本身就允许上诉或抗诉，不存在判决或者裁定的权威与否的问题。而再审抗诉不同，它针对的对象是已生效的案件，是法院的权威判决或裁定，所以是否决定提出再审抗诉更应当谨慎。

（执笔人：张蕾）

59. 庭前会议应注意哪些具体问题?

修改后《刑事诉讼法》中关于庭前会议制度的规定实现了三大功能，即实现控辩双方信息对称、强化庭审中心地位、有效地实现繁简程序的分流。但在司法实践中还需要注意以下几个方面的问题:

第一，关于庭前程序的适用范围。鉴于庭前会议的进行需要控辩双方的密切配合，一般的被告人往往因为法律知识的欠缺及对庭前会议程序的理解不足，而难以充分掌握对证据表示异议后，法庭不对证据进行详细调查质证将导致的程序及实体后果，现阶段庭前程序的适用范围可限定为有辩护人参与的案件。但如果被告人主动提出启动庭前会议的申请，则可以考虑允许其直接参与庭前会议。

第二，庭前会议程序的启动条件。根据修改后《刑事诉讼法》的规定，庭前会议的启动者为审判人员，但法条并未明确主持庭前会议的审判人员是否等同于庭审程序的法官。从维护法官心证的独立性考虑，虽然在我国现有的实践中设立预审法官为时尚早，但如若在立案庭中专门设立审前程序法官则不啻于一种有益尝试。法院的立案庭受理刑事案件后，由专门的审前程序对立案后的刑事案件进行甄别，根据公诉方、辩护方的请求，或由法官主动发起庭前会议，并将会议场所设立于法院，法院发起庭前会议前需提前告知控辩双方，给予双方一定的准备时间。

第三，庭前会议程序的审查内容。进入庭前会议的案件往往是具有一定争议甚至较为疑难复杂的案件，法官在召集诉讼各方参与庭前会议后，可重点围绕以下几个方面展开：一是解决影响审判进行的程序性问题。对于公诉人、当事人及法定代理人在庭前提出如回避、申请鉴定、申请通知新的证人到庭，或调取新的证据、管辖异议、诉讼程序方式的选择、审判方式的选择以及是否附带民事诉讼等程序性问题。二是提出侦查人员、鉴定人员、专家证人到庭。在刑事诉讼中将可能逐步出现侦查人员、鉴定人员、专家证人出庭的情形，将此项内容的申请提前到庭前会议中，可由控辩双方共同讨论需要出庭的侦查人员、鉴定人员、专家证人名单，对一方拟通知到庭的鉴定人员及专家证人资质先行审核，以利于在庭审前作好通知及聘请准备。三是控辩双方进行证据开示。先由提起公诉的一方将所掌握的证据种类及名称进行说明，之后由辩方开示其所调取的证据，双方可对证据的举证顺序提出意见，但不得涉及证据所证明的内容。双方在充分证据开示的前提下，明确没有异议的事实和证据，并由法官整理出双方争议的焦点，可当庭由法官制作“无争议证据及事实清单”。庭审时针对清单上罗列的事实和证据进行简单质证，如举证方只需宣读证据名称等。四是对于非法证据进行排除。预审法官召集公诉人、当事人和辩护人、诉讼代理人参加庭前会议。在庭前会议中，诉讼各方就非法证据排除等程序性问题提出意见。检察机关对指控犯罪的证据合法性承担举证责任。被告人、辩护人提出非法证据申请的，要“提供相关的线索或材料”，包括提供涉嫌非法取证的的人员、时间、地点、方式、内容等具体情况，同时可以协调检察机关对相关证据合法性的证明进行调查和准备。诉讼各方在庭前会议中展开举证和辩论，辩论的范围仅限于证据的可采性，不涉及可信性。通过庭前会议进行初步的审核，确定诉讼各方对非法证据争执的焦点，明确庭审的重点，为顺利、高效开庭创造条件。五是开展刑事和解。如果在审查起诉阶段，被告人真诚悔罪并且与被害人达成刑事和解，检察机关认为仍然需要向法院起诉，可以在庭前会议上向法官提出针对被告人与被害人达成刑事和解方面的从宽处理的量刑建议。如果在审查起诉阶段，被告人与被害人双方尚未达成刑事和解，而在法院审理阶段，双方有意愿达成刑事和解的，法官可以在庭前会议上组织双方进行刑事和解，同时通知检察机关，检察机关可以适当派员参加并针对刑事和解方面提出意见。

第四，公诉人在庭前会议中应注意的事项。其一，要坚持控辩双方对等展示，防止证据突袭。凡辩护方准备在法庭上使用的证据都需要事先向检控方展示，包括如：(1) 辩方准备传唤到庭的证人，应事先通知检察机关其姓名和地址，如果对这些证人有询问笔录，即使不打算在庭审程序中使用，经检察机关要求，也应向检察机关展示；辩护人庭前询问被告人、被害人以及鉴定人，如果形成笔录，经检察机关要求，也应展示。(2) 对拟在法庭上使用的书证、物证、鉴定意见、勘验及检查笔录等证据，应事前向公诉方展示。(3) 辩护方虽然在一般情况下不必相应地告知公诉方其辩护意见，但是鉴于公诉方的起诉书意见明确地表达了公诉意见及根据，作为根本上否定了公诉方起诉意见的辩护人的无罪辩护，可以作为一种特殊的情况，要求辩护方展示其主张和理由，以使庭审在双方都有准备的情况下进行。其二，涉及国家安全、公共利益等特殊证据，公诉人可拒绝展示，但须经法庭审查与批准。凡是可能对辩护有帮助的证据材料，无论是否打算在庭审中使用，检察官都应当随时向辩方展示。但检察机关可以根据“公共利益”的要求，对“敏感性材料”，如涉及警方情报人员、关系其他案件侦查、可能暴露特殊搜索手段的材料，不予展示。其三，确立证据展示的法律后果。为确保刑事证据展示程序的有效性，对违反证据展示程序的行为做出纠正制裁是十分必要的。在与法院沟通协调的基础上，建立对违反证据展示程序的制裁制度：一是负有展示义务的不履行展示义务时，对方可以向法官申请作出裁定，强制其履行展示义务，公诉人要积极履行证据展示义务，同时也要督促辩方履行相应义务。二是延期审理，证据被展示并做一定的诉讼准备后再恢复庭审。三是排除证据的证明力。即对诉讼一方有意不展示应当展示的证据，致使该证据因时机的丧失，难以核实或反驳的，法庭有权依职权或对方的申请，裁定违反展示义务的一方出示的证据不采纳。同时对违反义务的律师或诉讼参与人由其主管部门进行惩治。

【办案随想】

公诉人在出席庭前会议前应分三个阶段做好准备。首先，在会前充分准备。作为公诉人要在庭前熟悉、掌握、正确理解运用证据，并做好应有的预判，这样才能应对辩方可能在会议中提出的各种问题，才能在会议中占据主导地位。在审查起诉阶段，对收集到的各项证据材料进行认真审查，在证据种类、证据证明力、调查方法等方面，严格遵守法律的规定，严格把握证明标准，尽量将可能出现的各种问题解决在起诉之前。同时加强对证据合法性的审查，要在非法证据的审查方面下功夫，提高甄别非法证据的能力，对可能存在非法取证的犯罪嫌疑人供述、被害人陈述等言词证据进行重点核实。其次，在会议要听取各方的主张，充分阐明控方意见。在庭前会议上，公诉人作为控方，应在耐心倾听辩护人、当事人等各方对于回避、出庭证人名单、非法证据排除等与审判相关问题的意见，了解掌握辩方收到的犯罪嫌疑人不在犯罪现场、未达到刑事责任年龄、属于依法不负刑事责任的精神病人等卷外证据。只有这样才能避免出现法庭上被动应辩的情形。最后，公诉人要在会后加强证据完善及庭审研判。会后公诉人要对在会议中对方提出的各种意见进行认真总结，整理出各种争议的焦点。根据庭前会议上掌握的情况，要明确庭审过程中辩护方所持的意见，对争议的问题做好相应的预测，并做好应对之策。另外要视情况进一步收集证据，对于辩方提出的涉及被告人无罪、罪轻的证据进行审查，核实其真实性。对于辩方提出的非法证据，及时核实、调取证据合法性的相关证明。

（执笔人：张蕾）

60. 被害人能否提出加重被告人刑罚的申诉？如何提出？

【司法实例：刘某故意伤害案】

刘某因琐事与同事张某发生争执，挥拳打中了张某的鼻子，后经鉴定张某鼻部的损伤程度为轻伤。案发后，刘某的家属主动代替刘某赔偿了张某医药费1万元。某区检察院以刘某犯故意伤害罪向某法院提起公诉，张某以被害人身份提起刑事附带民事诉讼并要求被告人支付其他的医疗费、误工费、后续治疗费等费用3万元。法院经审理后认为，被告人犯罪情节较轻，到案后能如实供述犯罪事实，确有认罪悔罪表现，并已赔偿被害人部分经济损失，可以酌情从轻处罚，遂判决被告人刘某犯故意伤害罪有期徒刑1年，缓刑2年。判决生效后，被害人认为对被告人处罚太轻，要求加重处罚，在向检察院申请抗诉未果后，转向法院申诉，要求再审此案。

就被害人张某能否提出要求加重被告人刘某刑罚的申诉有着不同的观点。第一种观点认为，被害人张某可以向法院提出申诉，但不能启动本案的再审。理由是被害人张某向法院提出申诉是《刑事诉讼法》赋予被害人的程序性权利，但由于公诉案件中追究被告人的刑事责任是检察院向法院提起的，如认为生效判决对被告人的刑事处理确有错误，只能由检察院提起抗诉，被害人无权要求加重对被告人的刑罚。第二种观点认为，被害人张某不能向法院要求加重对被告人的刑罚，只能向检察院提出申诉。理由是如被害人在公诉案件中仅以被害人身份参加诉讼，认为对被告人处罚过轻，要求加重处罚的，法律已经规定可以向检察院申请抗诉，被害人要求加重对被告人刑罚的申诉只能向检察院提出，而不能向法院申诉。

根据《人民检察院复查刑事申诉案件规定》，刑事申诉是指申诉人对检察院诉讼终结的刑事处理决定或对法院发生法律效力的刑事判决、裁定不服，依法提出重新处理的请求。修改后《刑事诉讼法》第241条规定，当事人及其法定代理人、近亲属，对已经发生法律效力的判决、裁定，可以向法院或者检察院提出申诉，但是不能停止判决、裁定的执行。因此《刑事诉讼法》明确了法院、检察院均有权管辖刑事申诉，当事人具有自由选择权，既可以向检察院申诉，又可以向法院申诉。但是对两者受理申诉的具体分工没有明确。

在刑事诉讼中当事人不是发动再审的主体。当事人的申诉在很大程度上只是法院和检察院发动再审的材料来源，其并不必然导致再审，可能导致对已经生效的裁判进行复查的结果。被害人要求加重对被告人刑罚的申诉宜向检察院提出。从被害人与检察院之间的关系来看，公诉案件中的被害人是指人身、财产及其他权益遭受犯罪行为侵害的人。修改后《刑事诉讼法》将被害人的诉讼地位从一般诉讼参与人定位为当事人之一，规定当事人是指被害人、自诉人、犯罪嫌疑人、被告人、附带民事诉讼的原告人和被告人。这对维护被害人的合法权益起到了十分重要的作用。但应该看到的是，由于追究犯罪的职责主要不是由其承担，其作为当事人的诉讼地位受到一定限制，不是独立的，从某种意义上来看具有从属性。而检察院既代表国家，也代表了被害人的利益，国家对被害人合法权益的保护主要通过检察院行使相关职能来实现。正是如此，《刑事诉讼法》规定，被害人及其法定代理人不服地方各级法院第一审判决的，自收到判决书后5日以内，有权请求检察院提出抗诉。检察院自收到被害人及其法定代理人的请求后5日以内，应当作出是否抗诉的决定并且答复请求人。由于检察院发动的再审通常是不利于被告人的，而被害人与检察院在这点上利益具有共同性，因此应借鉴被害人如不服一审未生效判决只能要求检察机关提出抗诉的精神，其要求加重对被告人刑罚的申诉也宜向检察院提出，这也便于和检察院行使的职权结合起来。被害人如果将加重被告人刑罚的申诉向法院提出，将会使法院处于矛盾的境地。

我国《刑事诉讼法》对于当事人向法院提出申诉的理由没有规定，但该法第242条规定，当事人的申诉只要符合以下四种情况，法院就应当进行重新审判：一是有新的证据证明原判决、裁定认定的事实确有错误，可能影响定罪量刑的；二是据以定罪量刑的证据不确实、不充分、依法应当予以排除，或者证明案件事实的主要证据之间存在矛盾的；三是原判决、裁定适用法律确有错误的；四是违反法律规定的诉讼程序，可能影响公正审判的；五是审判人员在审理该案件的时候，有贪污受贿、徇私舞弊、枉法裁判行为的。实践中，被害人不服裁判，要求加重对被告人处罚申诉的主要理由是认为有新的证据。由于实践中没有区分信访申诉与诉讼法上狭义的申诉，没有将申诉视为一种诉讼行为，因此对于申诉人提供的新的证据，法院不能主动调查核实，这就导致了法院无法对申诉人提供的新的证据作出判断，进而无法对生效判决认定证据情况作出评价。基于此，法院往往会作出驳回申诉的通知。即使法院对被害人要求加重被告人刑罚的申诉发动了再审，其处理结果与原来裁判结果也没有什么区别，而这与被害人为维护自己利益提起申诉的期望是不相符的。由于与“上诉不加刑”原则一样，在检察院提起抗诉时存在例外，因此从维护自身利益出发，被害人要求加重对被告人刑罚的申诉宜向检察院提出。按照现代诉讼的基本原理，法院的审判活动包括再审活动，都必须是以“诉”的存在和提出为前提条件，也就是所谓的不告不理原则。所谓不告不理，就刑事诉讼而言，是指刑事审判程序在启动上必须以承担控诉职能的检察院提起控诉为前提，法院无权自行受理刑事案件，必须等待检察院提起公诉，否则，法院就不能展开审判。根据这种“无利益则无诉讼”原则，以刑事再审制度较为发达的法国、德国为例，再审的提起要受到一系列法律限制，不利于被告人的再审。要么完全不允许提起，要么被限制在较为狭窄的范围，且要受到诸如诉讼时效、申请理由等方面的限制。因此，在这些国家，被害人是无权提出再审的，又因法院不能主动发动再审，被害人如果不服判决，仍然是需要通过检察院提出。基于该原则，本案中的被害人不是案件的启动者，其不能直接向法院提出要求加重对被告人刑罚的申诉。但应该看到的是，我国的《刑事诉讼法》从追求客观真实出发，赋予了各级法院有权主动发现生效裁判中的错误，并自行提起再审程序。由此，我国的法院在提起再审程序方面，很大程度上是不受控审分离、不告不理原则限制的。应该看到的是，再审程序本身就蕴含着价值冲突，那就是裁判的既判力和案件的客观真实之间的矛盾。不同国家刑事诉讼法从不同立场出发，或偏重某一方面，或进行衡平。就我国刑事再审程序而言，目前比较可行的方法是区别对待再审程序权：对于当事人提出的有利于被告人的申诉，法院应当受理；而对于不利于被告人的申诉，只能向检察院提出。这不仅利于法院、检察院职责明确，依法行使职权，也可使申诉得以及时、正确地处理。

（执笔人：张蕾）

61. 怎样提高刑事法律援助的实效性？

刑事法律援助制度的目的在于让每个人都能平等地站在法律面前，让司法的正义不能因为个体条件的差异而区别对待，而且正义应该是无条件的。2007年《刑事诉讼法》规定将“应当”接受援助的对象限定为盲、聋、哑或者未成年人以及可能被判处死刑的人，同时限定实施法律援助阶段为审判期间，而在司法实践中，大多数没有委托辩护人的公诉案件的被告人并没有得到法律援助，就因为不属于“应当”接受法律援助的范围而被拒之门外。律师参与刑事辩护率过低已成为制约我国刑事司法公正的现实瓶颈。修改后《刑事诉讼法》第34条的规定一方面扩大了刑事法律援助的适用对象，将可能判处无期徒刑的犯罪嫌疑人、被告人纳入刑事法律援助的对象；另一方面将刑事法律援助的时间跨度向前延伸至侦查阶段，涵盖了侦查阶段、审查起诉阶段和法庭审理阶段，还将指定辩护的方式由人民法院直接“指定承担法律援助义务的律师为其提供辩护”改为由公检法三家各自“通知法律援助机构指派律师为其提供辩护”，这样使得更多的犯罪嫌疑人、被告人有机会获得法律帮助，不仅有利于避免冤假错案的发生，而且也有助于提高刑事辩护率。修改后《刑事诉讼法》中关于刑事法律援助方面的规定使受法律援助受众的范围进行扩张，接受法律援助的阶段也从审判阶段向前推延至侦查阶段、审查起诉阶段。应该说条文只是解决问题的某一个方面，如果缺少对进行法律援助律师设定一个最低的工作标准，就不能保证法律援助律师能保质、保量地完成法律援助任务，那么许多刑事法律援助就会成为无效辩护，犯罪嫌疑人、被告人得到仅仅是来自法律援助律师的“心理安慰”。而如果缺少正确合理的评价体系，就无法激起法律援助律师的工作热情，让法律援助律师全力以赴地为犯罪嫌疑人、被告人实施有实质意义上的刑事辩护。

如何提高刑事法律援助工作的实效性是摆在法律共同体面前的一道难题，应该如何解决呢？笔者认为需建立一套科学的评价体系和最低工作标准，是保障刑事法律援助工作健康发展的基础。

第一，关于刑事法律援助的最低工作标准，可以从以下几个方面来考虑：

(1) 从援助律师向犯罪嫌疑人、被告人提供法律服务的累积时间进行计算，如会见时间、阅卷时间、调查取证时间等；

(2) 从援助律师提供法律服务的实际工作量进行计算，如准备向检察机关提供法律意见书、辩护词等书面稿件所消耗的时间等；

(3) 从援助律师提供的法律意见被检察机关、审判机关采纳率的统计等。

第二，关于对法律援助的评价体系，可以从以下几个方面来制定：

(1) 确立对于刑事法律援助律师的具体的评价标准，并且划分不同的等级；

(2) 明确具体由哪些主体实施对刑事法律援助律师的评价，如法律援助机构或其他司法行政机关；

(3) 在一定的时间范围内，根据不同的刑事法律援助律师所取得的评价指数，落实预先制定的奖惩机制，既包括物质上，同时也应包括精神上的鼓励。笔者相信通过最低工作标准和评价体系的贯彻落实将会使更多刑事法律援助工作成为真正富有生命力的有效辩护。

（执笔人：张蕾）

62. 哪几种情形下可以建议法庭延期审理？

根据《刑事诉讼法》第198条规定：“在法庭审判过程中，遇有下列情形之一，影响审判进行的，可以延期审理：

（一）需要通知新的证人到庭，调取新的物证，重新鉴定或者勘验的；

（二）检察人员发现提起公诉的案件需要补充侦查，提出建议的；

（三）由于申请回避而不能进行审判的。”

根据《刑诉规则》第455条规定：“法庭审判过程中遇有下列情形之一的，公诉人可以建议法庭延期审理：

（一）发现事实不清、证据不足，或者遗漏罪行、遗漏同案犯罪嫌疑人，需要补充侦查或者补充提供证据的；

（二）被告人揭发他人犯罪行为或者提供重要线索，需要补充侦查进行查证的；

（三）发现遗漏罪行或者遗漏同案犯罪嫌疑人，虽不需要补充侦查和补充提供证据，但需要补充、追加或者变更起诉的；

（四）申请人民法院通知证人、鉴定人出庭作证或者有专门知识的人出庭提出意见的；

（五）需要调取新的证据，重新鉴定或者勘验的；

（六）公诉人出示、宣读开庭前移送人民法院的证据以外的证据，或者补充、变更起诉，需要给予被告人、辩护人必要时间进行辩护准备的；

（七）被告人、辩护人向法庭出示公诉人不掌握的与定罪量刑有关的证据，需要调查核实的；

（八）公诉人对证据收集的合法性进行证明，需要调查核实的。

在人民法院开庭审理前发现具有上述情形之一的，人民检察院可以建议人民法院延期审理。”

第 456 条规定：“法庭宣布延期审理后，人民检察院应当在补充侦查的期限内提请人民法院恢复法庭审理或者撤回起诉。

公诉人在法庭审理过程中建议延期审理的次数不得超过两次，每次不得超过一个月。”

最高人民法院《关于执行〈中华人民共和国刑事诉讼法〉若干问题解释》第 157 条规定：“在庭审过程中，公诉人发现案件需要补充侦查，提出延期审理建议的，合议庭应当同意。但是建议延期审理的次数不得超过两次。法庭宣布延期审理后，人民检察院在补充侦查的期限内没有提请人民法院恢复法庭审理的，人民法院应当决定按人民检察院撤诉处理。”

第 164 条规定：“对于辩护人依照有关规定当庭拒绝继续为被告人进行辩护的，合议庭应当准许。如果被告人要求另行委托辩护人，合议庭应当宣布延期审理，由被告人另行委托辩护人或者由人民法院为其另行指定辩护律师。”

第 165 条规定：“被告人当庭拒绝辩护人为其辩护，要求另行委托辩护人的，应当同意，并宣布延期审理。被告人要求人民法院另行指定辩护律师，合议庭同意的，应当宣布延期审理。

重新开庭后，被告人再次当庭拒绝重新委托的辩护人或者人民法院指定的辩护律师为其辩护的，合议庭应当分别情形作出处理：

（一）被告人是成年人的，可以准许。但被告人不得再另行委托辩护人，人民法院也不再另行指定辩护律师，被告人可以自行辩护；

（二）被告人具有本解释第三十六条规定情形之一的，不予准许。

依照本解释第一百六十四条第一、二款规定另行委托、指定辩护人或者辩护律师的，自案件宣布延期审理之日起至第十日止，准备辩护时间不计入审限。”

由以上这些规定我们可知延期审理一般由公诉人或辩护人提出建议，适用情形主要是因为：（1）检察人员认为需要补充侦查；（2）控辩双方或一方认为需要通知新的证人到庭作证或者调取新的物证，或者重新鉴定或者勘验；

(3) 由于申请回避或拒绝辩护权需要另行委托或者指定辩护人的。公诉人认为需要补充侦查提出延期审理建议的，合议庭应当同意，但每起案件建议延期审理的次数不超过两次，每次不超过1个月。延期审理后检察机关未在补充侦查期限内恢复法庭审理的，视为撤回起诉。

在司法实践中除了出现这些法定情形可以适用延期审理之外，审限不够，通过延期审理借时间的情形也时有发生，尤其是在一些团伙犯罪、黑社会性质犯罪等。就检察机关来说，延期审理有时也可以巧妙运用。当发生意外，案件的确存在重大瑕疵，影响定罪，法院准备判决无罪，不允许检察机关撤回起诉时，检察机关可以建议延期审理，因为对于检察机关的延期审理建议，人民法院应当同意。如果在延期审理期间，无法对案件重大瑕疵进行补强，则不用恢复法庭审理，该案视为撤诉。

（执笔人：潘申明）

63. 如何增强刑事抗诉书的说理性？

要增强刑事抗诉书的说理性，应当从论点明确、论据充足、论证充分、结构完整、逻辑严密、理由与事实证据及处理结果协调一致、充分展示案件的“个性”等方面着手。

第一，说理要透彻，使抗诉书具有很强的说服力。如何做到说理透彻，主要有以下几点。其一是说理要有明确的针对性。人民检察院提起抗诉是因为法院的判决或裁定“确有错误”，那么抗诉书就应当针对错误判决书或裁定书的确有错误之处，不但明确指出判决或裁定的具体错误之处，而且要根据《刑诉规则》的相关规定，指出法院判决或裁定错误的性质。这就是提出鲜明的论点，就是为批驳“竖起靶子”。其二是说理要有清晰的条理性。如果一份错误的判决或裁定存在不只一处错误或不只一种性质的错误，就要注意叙述的条理和层次。因此，首先要讲究叙述顺序，一般按照认定事实错误、适用法律错误、严重违反诉讼程序、量刑不适当等各种错误的顺序，依次阐述抗诉理由；其次将同种的多处错误集中起来阐述；然后在指出判决或裁定的某一错误之后，紧接着运用事实、法律和理论进行批驳，指出其错误的原因，提出正确的结论。其三是说理要有强烈的驳论性。缺乏甚至没有说理论述，是大部分抗诉书的最大通病。抗诉理由要有驳论性，就是要运用证据、法律和法理对判决或裁定的错误逐一驳斥，各个击破，达到驳倒原审判决或裁定错误的目的，从而推翻原审判决或裁定的结论。其四是说理要有严密的逻辑性。论述的逻辑性，就是要求综合运用概念、判断、推理等符合客观规律的逻辑思维方法来证明论点。在对原审判决、裁定进行批驳后，还要针对抗诉的观点进行立论性总结，提出抗诉要求，从而使抗诉书全文逻辑严谨，结构完整。

第二，要针对不同情况详细论证案件与法定抗诉理由的关系，充分说理。其一，关于法院裁判认定事实错误的说理。法院裁判认定事实错误不外乎两点：一是依据的证据不全，即对于关系到案件主要事实的证据材料，应当认定的没有认定；二是依据的证据不真，即对未经调查核实的无效的甚至虚假的证据材料，予以认定。制作抗诉书就要围绕这两个方面摆清事实，对原来查明的事实进行重新梳理，对法院的上述错误在抗诉书中指明并予以澄清。其二，关于法院裁判适用法律错误的说理应着重从刑法原则及犯罪构成要件上阐述案件应当适用的法条，指出原审裁判适用法律错误所在。要注意援引法律准确，适用法律概念规范，要使用“法言法语”。具体而言，适用法律错误一般有以下两种情形：一是定性错误。即对案件进行实体评判时产生错误，导致有罪判无罪或混淆此罪和彼罪、一罪和数罪的界限。在定性错误情况下，抗诉书要运用刑法总则及犯罪构成理论，对犯罪主观要件、客观行为、侵犯客体等方面进行深入阐述。二是量刑错误。这种情况下，则需要对影响量刑的所有法定情节和酌定情节进行综合分析，并从社会危害性、主观恶性等角度出发，详细阐述原审裁判在认定量刑情节上的错误、产生错误的原因及其危害程度。

（执笔人：张蕾）

64. 制作补充侦查提纲时有何注意事项？

在办理公诉案件中，公诉人经常要将案件退回公安机关补充侦查。经过阅卷后如果发现现有的证据状况无法达到起诉条件，则需要制作补充侦查提纲，引导侦查机关说明要补充何种证据以及补充证据过程中需要注意的事项，因此补充侦查提纲制作水平的高低直接影响补充侦查效果的好坏，也直接体现办案人审查证据能力、法律运用能力和法律监督能力的强弱。

（1）补充侦查提纲一般的制作方法

制作补充侦查提纲需要结合案件事实、证据和犯罪构成要件，对审查中发现的问题进行分解、细化，归纳出各待证事项，写明要查什么、为何查、如何查三项内容。具体方法如下：

①熟悉案情和掌握相关法律规定是写好补充侦查提纲的前提。办案人只有通过仔细认真地阅卷，才能充分了解现有证据情况，了解证明的事实。只有掌握相关法律规定，才能充分了解犯罪构成要件有哪些欠缺，了解现有证据已经达到什么样的证明程度和存在哪些不足，这是撰写补充侦查提纲的前提。

②分解和细化待证事项是写好补充侦查提纲的基础。通过第一项的工作，办案人对案件的事实、证据有了基本认识，对其中的证据缺陷也有所了解，但

这种认识和了解一般是抽象和笼统的，难以落实到侦查工作中。须将这些抽象笼统的待证事项分解、细化成若干具体、细小的待证事项，并一一列举。这是撰写补充侦查提纲的基础。

③将具体的待证事项进行归类是写好补充侦查提纲的关键。归类的原则和标准是所涉罪名的犯罪构成要件，从该罪的主体、主观、客体、客观对这些具体、细小的待证事项进行归类，归纳出哪些事项是属于哪个构成要件，这样补充侦查的必要性、方向性可以凸显出来。

④按查什么、为何查、如何查三项内容写明补查事项是写好补充侦查提纲的保证。待证事项归类后，办案人对需要补充侦查的事项明确后，接下来就是要落实到书面，撰写一份阐述详尽、层次清晰、说理清楚、依据充分的补充侦查提纲。具体的方法因人而异、因案而异。一般应按查什么、为什么查、怎样查三项内容安排写明各补查事项的结构。“查什么”是指写明经审查后认为证据较为薄弱、存在疑点及矛盾的地方，指出需要查清的事实；“为什么查”是指写明为何要对这部分事实进行补查，一般需要结合案件性质及犯罪构成要件，指出哪个构成要件或重要情节没有查清；“怎样查”是指指出补查的方向、方法等。

（2）制作退回补充侦查提纲存在的问题

①名称适用混乱。在工作中，各院、各公诉人对提纲文书的名称不统一，粗略统计有补查提纲、退查提纲、退补提纲等。笔者认为，补充侦查提纲的名称应为《补充侦查提纲》，以与最高人民检察院统一下发的《补充侦查决定书》上所注明的名称相符。

②目的、内容、方向和方法阐述不清。许多补充侦查提纲只写要求不写理由，或只写工作目的不写开展工作方法，没有具体的目的、方向和方法；还有些退补提纲用语不规范、逻辑性差，对要求补充侦查的内容表述不清，使侦查部门对退补的案件不明所以，不知从何处着手侦查，甚至产生一定程度的抵触情绪，公诉部门引导侦查的职能也因此大打折扣，补充侦查不能发挥应有效果，甚至导致第二次退回补充侦查。

③没有体现补充侦查事项的必要性。按修改后《刑事诉讼法》、《刑诉规则》的有关规定，必要性原则是检察机关在将案件退回补充侦查时必须坚持的原则之一。实践中，相当多的侦查人员对退查态度消极，认为公诉人是没事找事甚至是故意刁难。因此，补充侦查事项必须体现需要查清事项的必要性，特别是要阐明该事项与犯罪构成要件、重要量刑情节的关系。

④说理不充分。实践中，退补提纲普遍存在列举问题不详细、不全面、说理性不够等问题，这导致侦查人员补充侦查方向不明，影响了侦查人员补充侦

查的积极性和针对性。

⑤主次不明，重点不突出。对于一宗案件特别是疑难复杂案件，需要补查的待证事项往往是散乱庞杂的，必须进行归纳整理，分清主次。一些补充侦查提纲却主次不明、重点不突出，严重影响补查效果。

⑥可查性较差。在部分案件中，由于证据灭失等客观原因，补充侦查事项的可查性较差，已无法进行补充，要求侦查机关完成这类工作明显不妥。

为此，必须规范退补提纲的制作，提高退补提纲的说理性。一方面规范退补提纲制作形式。退补提纲应当包括退补事项和相关要求两个部分，当犯罪嫌疑人涉嫌多起犯罪事实时，还应当分事实列明退补事项。另外一方面是规范退补提纲内容。为了提高退补提纲的说理性，退补事项必须详细列明退补缘由、方向及具体内容。同时，退补事项必须全面列明审查起诉中发现的问题，并注明补充侦查完毕后移送检察机关的时间等。一般而言，一份好的退补提纲应具备以下几个特点：

①说明退补的必要性。在司法实践中，存在退补权被任意使用的情况。主要表现在：一是延长办案期限而退回补充侦查，以退回补充侦查来解决审查期限即将届满的燃眉之急；二是为追求案件的“完善”而退回补充侦查，纠缠案件的细枝末节，不能及时起诉；三是有的案件证据已经无法再搜集，出于各种原因，仍将案件退回补充侦查；四是缓解公诉部门案多人少的工作压力，将一些通过自身努力可以轻易补查到的证据，安排侦查机关去补查；五是对存疑不起诉的案件，认为必须经过两次退查，因而对第一次退查仍不清楚，又作出退回补充侦查的决定。上述情况既浪费了侦查资源，又无端延长了犯罪嫌疑人的羁押期限，影响了检察机关的形象。因此，退补提纲应当充分说明退补的必要性。

②语言的规范性。退补提纲一定要使用法言法语，做到严肃、严谨、细致，条理清晰，并且通俗易懂。实践中，语句不通，用词不当等不规范的情况不仅影响法律文书的严肃性，还会使侦查部门对公诉部门的退补产生质疑，其补查工作也会敷衍塞责，公诉部门引导侦查的职能也因此大打折扣，补充侦查不能发挥应有效果，很可能导致第二次退回补充侦查。

③内容的说理性。说理内容要做到全面、充分、透彻，已经查到的证据能够证明哪些犯罪事实，已经达到什么样的证明程度，证据的哪些方面还存在不足，为什么要补查这些证据，要让侦查部门完全明白。说理必须要抓住重点和症结点，围绕案件争议的焦点和法律规定展开说理，解决主要矛盾，尤其是证明犯罪嫌疑人无罪或者罪轻的证据，更要全面透彻地予以阐明。这样做可以使侦查机关心悦诚服地接受退补提纲提出的要求，积极主动地做好补充侦查

工作。

④补查事项的明确性。在把握案件实质的前提下，要根据不同案件的不同证据标准，不同的补查空间，围绕案件所显示的当事人、证物、鉴定等归纳总结，尽可能做到要求补查的事项，目的明确，内容具体，方式恰当。在补侦提纲中应当清楚：a. 原侦查存在的事实、证据缺陷，需要弥补的环节；b. 补充侦查的证据要求及所需达到的目的；c. 补充侦查的方向；d. 结合案件性质及犯罪构成要件，详列补查细节，在要求补侦的证据材料中，凡外延宽泛或者内容抽象的，均应当将其分解、细化成若干具体、细小的待证事项，并一一列举。必要时，还可与侦查人员一起商讨补侦方案，促成共识。

⑤待补证据的指导性。在案件事实不是十分清楚的情况下，审查起诉部门也不清楚具体需要补充哪些证据，但是对指控犯罪还需要哪一方面的证据是清晰的，这时列退补提纲，就要做到指导性。根据案件实际需要补查的证据进行分类，有时可以按照重要程度分类，指出哪些是主要的、哪些是次要的；有时可以按照需要证明的犯罪构成要件分类，指出主观方面、客观方面、客体方面、主体方面的证据需要哪些，为侦查工作提供准确的侦查方向。

⑥退补过程的联动性。法定退补时间为1个月，在退补提纲中可以要求侦查机关每10天通报一次补侦情况。这样做能够有效避免侦查行为的盲目性，有助于及时解决退补工作中遇到的问题，切实提高退补工作的质量和效率。一是在发现补查过程中存在违法侦查行为后，能够及时发出纠正违法通知书，要求侦查机关纠正违法行为。二是由于退补的案件经补查后，事实和证据可能发生变化，随之会带来新的要求和问题，能够及时调整侦查方向。三是对侦查机关应当补查，却未补查，而是仅与说明的，诉侦双方能够及时加强工作沟通，交换意见，共同研究取证的突破点，有效减少二次退补现象的发生。

（执笔人：张蕾）

第二部分

证据审查

一、证据审查基础

65. 审查起诉阶段如何贯彻证据裁判原则?

2010年7月1日施行的“两个证据规定”和2012年3月14日修正的《刑事诉讼法》都确立了证据裁判原则。这对我国刑事诉讼制度的科学化起到了实质性的推动作用。但是，如何正确理解证据裁判原则，如何理解证据裁判原则与“以事实为根据，以法律为准绳”之间的关系，如何贯彻落实证据裁判原则，这是我们每一个公诉人应该认真思考的问题。

(1) 现行法律、司法解释对于证据裁判原则的规定

“两高三部”2010年7月1日颁行实施的《关于办理死刑案件审查判断证据若干问题的规定》(以下简称《办理死刑案件证据规定》)第2条规定，“认定案件事实，必须以证据为根据”。该条规定首次明确确立了我国证据法上的证据裁判原则。2012年修改后《刑事诉讼法》对证据裁判原则作了更为细化的规定，即“对一切案件的判处都要重证据，重调查研究，不轻信口供。只有被告人供述，没有其他证据的，不能认定被告人有罪和处以刑罚；没有被告人供述，证据确实、充分的，可以认定被告人有罪和处以刑罚。证据确实、充分，应当符合以下条件：(一) 定罪量刑的事实都有证据证明；(二) 据以定案的证据均经法定程序查证属实；(三) 综合全案证据，对所认定事实已排除合理怀疑”。

(2) 贯彻证据裁判原则的意义

我国《刑事诉讼法》规定了“以事实为根据，以法律为准绳”的刑事诉讼基本原则。“以法律为准绳”是在“以事实为根据”的基础上对案件事实进行法律意义上的评价。事实认定是前提，法律评价是后果。我国《刑事诉讼法》规定，公安机关提请批准逮捕书、人民检察院起诉书、人民法院判决书，必须忠实于事实真相。故意隐瞒事实真相的，应当追究责任。而这里的事实就是司法者根据证据、运用证据规则所认定的事实。如果事实认定出现问题，那么法律评价必然会有偏差。事实认定准确是正确办理案件的重要基础和前提。依法准确认定事实的重要原则就是证据裁判原则。它是指对于案件争议事项的认定，应当依据证据。证据裁判原则是证据法的基本原则，是司法者在刑事诉讼的各个阶段认定案件事实时都应当遵循的重要原则。

(3) 贯彻证据裁判原则与“证据确实、充分”证明标准的关系

贯彻证据裁判原则就是要求司法工作者认定案件事实应当依据证据，而证据又必须达到一定的标准才能认定事实，进而“认定被告人有罪和处以刑罚”。对被告人定罪处刑的证据标准就是“证据确实、充分”，反过来说，就是没有确实、充分的证据就不能认定案件事实和对被告人定罪处刑。审查起诉阶段贯彻证据裁判原则，其关键也就在于对“证据确实、充分”的证据证明标准的把握。

(4) 审查起诉时如何确保“证据确实、充分”

根据我国《刑事诉讼法》的规定，“证据确实、充分”应当符合以下三个条件：

第一个条件就是：定罪量刑的事实都有证据证明。

正如罗马法的法谚所言，“没有证据证明的事实，应被视为不存在”。切实贯彻证据裁判原则首先就要求公诉人在审查起诉活动中要具备严格根据证据认定事实的意识，并将证据裁判原则贯穿于整个审查起诉活动的始终。

具体而言，公诉人在审查起诉时一些最重要的文书制作，如审查报告、起诉书等，都要贯彻证据裁判原则。这些文书中的相关事实的认定，都要以证据为依据。如认定犯罪嫌疑人、被告人的身份情况时要以户籍证明等证据为依据；认定犯罪嫌疑人被采取强制措施的日期要以拘留证、逮捕证、取保候审决定书等文书上记载的向犯罪嫌疑人宣布、犯罪嫌疑人签字确认的时间为依据等。没有证据证明的事实不能写入公诉案件审查报告“依法审查后认定的事实”部分；没有证据证明的事实也不能写入起诉书“经依法审查查明”的事实部分。甚至审查报告、起诉书中“认定、查明的事实”中的每一句话，都必须要有证据能够证明。

公诉人制作起诉书的“最高境界”就是起诉书中所写的内容一字不落地成为判决书的内容。而要做到这一点，就必须使我们起诉书所撰写的内容得到证据的有力支撑和完整证明。公诉人必须依靠证据说话，依靠事实说话，这样才能“站得住脚”，才能理直气壮地在法庭上指控被告人，揭露其罪行，确保准确惩治犯罪、保障人权，维护司法公正。

第二个条件就是：据以定案的证据均经法定程序查证属实。

这一条件包含两层含义。第一层含义是指：证据必须符合法律的规定，具备法律所规定的证据属性，也即认定事实所依据的证据必须具有证据能力，具有客观真实性、合法性和关联性。不具有证据资格和能力的证据不能作为定案的证据。因此，在审查起诉活动中，公诉人首先需要对证据的证据能力和资格、证据的合法性进行审查，排除非法证据，确定具有合法性的证据才能作为

认定事实的依据。

长期以来，证据合法性的审查几乎处于“虚置”状态，证据资格和能力的审查只具形式意义。侦查机关侦查卷宗中的证据几乎原封不动地都会成为定案的证据。而随着排除非法证据规则在我国《刑事诉讼法》中的确立和实施，侦查取证合法性已进入裁判者的视野。排除非法证据的辩护将成为辩方对控方证据体系进行攻击的“致命武器”。公诉人应当对证据的合法性问题引起高度的重视，尽早排除非法证据，有效补正、解释瑕疵证据，才能立于不败之地。

第二层含义是指：定案的证据必须经过法定的侦查机关依法侦查调取、经过审查起诉环节的调查核实，最终经过法庭的举证、质证等法庭调查程序最终才能作为定案的证据。因此，如果法院判决认定的相关事实和情节所依据的证据未经过控辩双方的举证、质证等法庭调查程序，则属于严重程序违法，检察机关可以提出纠正违法的意见，如果这些证据的采信与否影响对被告人定罪量刑的，检察机关甚至可以提出抗诉，通过二审或者再审程序予以纠正。

第三个条件就是：综合全案证据，对所认定事实已排除合理怀疑。

经常听见案件承办人称“我确信就是犯罪嫌疑人干的，可就是没有证据”。首先，没有证据就不能仅凭猜想和臆断来认定事实，就不能“确信”是犯罪嫌疑人干的。其次，案件承办人之所以能“确信”是犯罪嫌疑人干的，肯定是存在一些证据，否则这种“确信”也无从产生。因此并不是没有证据，只不过是相关的证据还不充分。但公诉人在审查案件时一定要注意，在认定案件事实时不能仅凭推测，应综合全案证据，综合考量对于所认定的事实能否排除合理怀疑。

【司法实例：张某友故意杀人、强奸案】

在张某友故意杀人、强奸案中，原审法院认定张某友（系被害人张某的叔叔）于1999年12月2日晚，进入张某屋内，将张某强奸后，为防止罪行暴露，用双手将张某扼颈致死，后将张某尸体背至小李庄村南的一机井旁，用从家中带来的面粉袋和绳子装上半袋砖头绑于尸体脖颈处，将张某沉尸于机井内。侦查机关经分析认为，被害人家是四合院，屋墙较高，一般很难翻入；被害人家院内有一条大狼狗，案发当晚没有叫；被害人当晚从院内锁好了院门；案发当晚，被害人家只有被害人、张某友、张某友80岁的母亲在家，张某友系未婚中年男子。因此，只有住在院内的张某友有作案的可能性。

【分析】

应该说，侦查人员的分析确实有一定的道理。但作为一名公诉人，其工作性质和职责与侦查人员是有区别的。对于侦查人员而言，可以采用推测的方式确定侦查方向，缩小侦查范围，排查犯罪嫌疑人。但对于公诉人而言，要防止先入为主，要真正树立证据裁判的意识。在审查案件时，要全面、综合审查在案证据是否达到“证据确实、充分”的起诉标准。要注意排除案件事实、证据中存在的疑点。如果证据有所欠缺的，在哪些方面还可以进一步侦查，还可以获得哪些证据，积极引导侦查机关调查取证，完善证据链体系，确保案件起诉质量。事实上，本案中侦查人员忽视了被害人系乡村医生在其家中开设诊所的特殊情况，不能排除同村熟人叩门求医伺机潜入作案的情况。

【处理结果】

本案一审法院以故意杀人罪、强奸罪判处张某友死刑。张某友不服提出上诉，二审法院改判张某友死刑，缓期二年执行。张某友在服刑5年后，经他人举报，公安机关抓获真凶胡某刚，二审法院再审宣告张某友无罪。

（5）公诉人在贯彻证据裁判原则时应秉持的理念

公诉人在贯彻证据裁判原则时要注意，不要让过强的“正义感”蒙蔽了眼睛，首选“宁肯放纵一个犯罪分子，也绝不冤枉一个公民”。

中国长期以来大一统的历史传统导致国家机器非常强大，民众对国家机器的信任和依赖也非常高。集体主义、从众心理比较普遍，个人主义、主体意识则非常欠缺。在此种背景下，我们对于犯罪嫌疑人都深恶痛绝，必先惩治而后快，哪怕其中有些许可能会“搞错对象”也在所不惜，因为没有一个犯罪嫌疑人不与案件有关联，一个完全没有联系的人很难成为犯罪嫌疑人，“无风不起浪”、“八九不离十”的想法不仅在普通公众中普遍存在，在我们的司法职业人员中也是很有市场。表现在司法实践中，一些司法机关领导、办案人员正义感过强，容易以“我认为就是他犯的罪”、“不是他还会是谁”等主观定罪的思维模式取代证据裁判意识。

刑事诉讼的立法一直以来都有两个可选的逻辑假设，其一是我们每个人都是潜在的被告人（犯罪嫌疑人）；其二是我们每个人都是潜在的被害人。如果以我们每个人都是潜在的被告人为刑事诉讼立法的逻辑起点，为了保障我们每个人的合法权益不被恣意剥夺，在没有确凿证据证明被告人（犯罪嫌疑人）犯罪之前，必须保障被告人（犯罪嫌疑人）的基本权利。否则，就个案上看侵害的是现实中的犯罪嫌疑人或被告人，但从长远来看，我们每一个社会成员可能都是下一个主观归罪的受害者。如果是以我们每个人都是潜在的被害人作为刑事诉讼立法的逻辑起点，那么对于被告人（犯罪嫌疑人）应体现“从重从快”打击的政策。因为唯有如此才能防止可恶的被告人（犯罪嫌疑人）侵犯我们每个人的合法权益。

（执笔人：刘浪）

66. 怎样审查证据的客观真实性?

证据本身存在是否客观真实、是否可靠的问题。如果判决据以定案的证据都是真实可靠的，那么许多冤假错案就不至于产生。而如果在证据的真实性判断方面出现偏差，就意味着可能采信了不客观、不可靠的证据而造成对事实的错误认定，最终就会造成冤假错案。所以，《刑事诉讼法》规定，证据必须经查证属实，才能作为定案的根据。证据“查证属实”的应有之义就是，证据符合客观事实，具有真实性。

(1) 如何审查言词证据的客观真实性

言词证据等主观性证据往往具有不稳定性。许多言词证据，往往真假掺半，不可全信，因此其客观性审查尤其重要。对于证人证言而言，由于证人记忆的偏差或者受其表达能力所限，证言也不可能100%反映客观真实的情况。此外，司法实践中还存在证人的翻证问题。此时更需要审查判断原证与翻证二者何者为真。对于被害人陈述，由于被害人系受到犯罪行为侵害的人，被害人自身的立场、犯罪行为的刺激、受侵害时的客观环境等因素都可能影响被害人陈述的真实性。对于口供，由于犯罪嫌疑人趋利避害的心理等影响，其不稳定性、反复性表现得更为明显。

①言词证据客观真实性审查的基本方法

在审查言词证据等主观性证据的客观真实性时，一方面要审查其供述或者陈述自身的合理性；另一方面要审查其与其他证据之间是否有矛盾，与在案的其他证据之间是否能相互印证。如果言词证据本身不符合常理，陈述者又无法合理解释的，那么言词证据的客观真实性就存疑。一般而言，能得到其他较多证据佐证、支撑、印证的证据其客观真实性较强，相反，与其他在案证据之间存在诸多矛盾又无法得到合理解释的，则其客观真实性往往存疑。

②口供真实性审查方法

因为通过刑讯、指供、诱供得来的口供虚假的可能性较大，所以我国《刑事诉讼法》规定了口供自愿性原则，即严禁刑讯逼供和以威胁、引诱、欺骗以及其他非法方法收集证据，不得强迫任何人证实自己有罪。我国《刑事诉讼法》还规定了口供补强规则，即只有被告人供述，没有其他证据的，不能认定被告人有罪和处以刑罚，口供需得到其他证据的印证和支撑才能采信。最高人民法院、最高人民检察院、公安部、国家安全部、司法部联合印发的《关于办理死刑案件审查判断证据若干问题的规定》第34条规定，根据被告人的供述、指认提取到了隐蔽性很强的物证、书证，且与其他证明犯罪事实发生的证据互相印证，并排除串供、逼供、诱供等可能性的，可以认定有罪。

在司法实践中经常会出现翻供现象。所谓的翻供就是被告人、犯罪嫌疑人的供述前后不一，互相矛盾的情况。根据矛盾法则，有罪供述和无罪辩解二者之间相互矛盾的内容必有一真也必有一假。这时判断翻供和原供二者真实性的一个重要的方法就是要注意寻找翻供或原供中提及的一些细节是否有补强证据可予印证，得到印证的内容一般较为可靠，无法得到印证的部分往往不具有真实性。此外，比较稳定一致的供述或辩解其可靠性较高，供述或辩解反复的，往往是不真实的。真实的供述或辩解还需要符合逻辑法则和经验法则，明显违背常理又无法合理解释的供述或辩解往往是虚假的。

（2）如何审查实物证据的客观真实性

实物证据包括物证、书证、视听资料、电子数据。对于实物证据真实性的审查，一方面要注意实物证据是否有篡改和伪造的痕迹或可能。注意实物证据自身是否存在矛盾。例如，对于书证的前后内容是否存在矛盾，内容有无修改的痕迹或可能，视听资料是否存在剪辑的痕迹，前后是否一致、连续等。另一方面要注意审查实物证据与勘验、检查、提取、扣押笔录记载的是否一致，确保实物证据是由侦查人员通过合法的侦查活动所提取，避免提取的实物证据“张冠李戴”。同时，还应结合相关的言词证据来判断，审查相关言词证据所描述的实物是否与在案的实物证据相一致，是否存在不一致和矛盾之处，如果存在，是否能合理解释其矛盾之处。最后，还应从实物证据的来源，提取、保存的经过来确保相关实物证据与案件的关联性和客观真实性。

在侦查人员故意伪造证据时，公诉人判断证据客观真实性的难度较大。因为侦查人员在破案方面有压力，尤其是在命案上破案压力巨大，甚至有口号叫“命案必破”。这就导致侦查机关有时会“造证据”、“做证据”，即把案卷的证据材料“做成”是相互印证的。

比如进行侦查实验、指认辨认、指使同监室案犯进行“狱内侦查”等。案卷在表面上看上去很“干净”，证据之间的矛盾很难被发现。但既然是假的，必然会有破绽，必然会留下蛛丝马迹。公诉人在发现案件存在蹊跷之处时，就应仔细审查，应当善于从证据之间的细微矛盾之处着手，发现证据之间惊人吻合的不合常理之处，通过复核相关证据来审查证据的真实性。

【司法实例1：张某抢劫案】

在此案中，张某抢劫杀害了一名出租车司机。张某在到案初期对其犯罪事实供认不讳，但在侦查后期翻供。

【分析】

如果通过审查在案证据尚无法判断犯罪嫌疑人供述的真伪时，公诉人应当注意通过挖掘犯罪嫌疑人的供述获取“再生证据”，继续补充调查取证，通过调取到的再生证据、延伸证据和旁证来检验口供的真伪。

【处理结果】

后经审查发现，张某有罪供述中提及一个细节，即被害司机在路上曾带过一男一女，且该两名乘客曾在一银行门口下车。因此，可以通过调取客观性的银行监控录像的证据来核查张某供述的真伪。后经调取银行的监控发现其供述内容属实。因此，本案中根据张某的有罪供述提取到了隐蔽性很强的视听资料监控录像，其口供得到有效补强和印证，据此可以确定其有罪供述的真实性。

【司法实例2：陈某抢劫案】

在此案中，被告人陈某曾供述系其一人作案，但后又翻供，称其和胡某共同作案，而胡某并未到案。

【分析】

陈某的原供真实还是翻供真实？单单从口供本身而言难以判断，因为二者均具有一定的合理性。这时就要从其他证据来鉴别其口供的真伪。既然陈某提到有胡某共同作案，则应查明胡某在作案前后是否与被告人陈某在一起，其当时是如何活动，是否与陈某联系，进而判断胡某是否有共同作案的可能性。

【处理结果】

后公诉人调取了陈某、胡某在案发当晚的手机通话记录，发现在案发当晚陈某和胡某的手机一直处在同一基站范围，且相关证人也证实陈某和胡某二人关系密切。因此，陈某所供述的与胡某共同作案的口供的真实性更强，应予采信。

（执笔人：刘浪）

67. 审查证据合法性的方法是什么？

（1）证据合法性审查的重要意义

证据的合法性是关乎证据的证据能力和资格的问题，它是一道门槛，证据是否具备合法性决定了证据能否进入裁判者的视野，能否由裁判者进一步权衡其证明力大小，进而以具备合法性的证据来建构案件事实的问题。不具合法性的证据，如刑讯逼供获取的证据将会被排除，不能作为定案的根据。

《刑事诉讼法》上禁止不计代价、不择手段、不问是非的真实发现。[①] 现代法治国家的《刑事诉讼法》均确立了非法证据排除规则。我国修改后《刑事诉讼法》规定了两种应予排除的非法证据。一种是采用刑讯逼供等非法方

① 参见林钰雄：《刑事诉讼法（上册总论篇）》，中国人民大学出版社2005年版，第422～423页。

法收集的犯罪嫌疑人、被告人供述和采用暴力、威胁等非法方法收集的证人证言、被害人陈述。另一种是不符合法定程序收集的可能影响司法公正且不能予以补正或作出合理解释的物证、书证。

为了化解巨大的破案压力，或者是为了“破案立功”，个别侦查机关和侦查人员为了尽早破案，不惜采用非法方法获取证据，有的直接采用刑讯逼供或者指供诱供的手段获取口供，在获取口供之后，为了寻求其他证据对口供进行“印证”而不惜采用违法的方法获取其他证据。如通过狱内侦查、指认辨认等来“强化”口供的证明力，这样往往会酿成冤假错案。因此，必须依法坚决排除非法证据，发挥非法证据排除规则程序性制裁的“震慑”作用，有效遏制侦查中的违法取证，“净化”在案证据，防止虚假、错误的证据干扰司法人员的视线，保证司法人员能够准确认定案件事实。

（2）如何发现非法取证的线索

排除非法证据的前提是发现非法取证，发现非法取证的首要线索来源就是当事人。被刑讯逼供的犯罪嫌疑人、被告人以及受到暴力、威胁取证的证人、被害人通常是最有发言权的。刑事诉讼的当事人及其辩护人、诉讼代理人通常也最有申请排除非法证据的积极性。所以当当事人或其辩护人、诉讼代理人提出申请排除非法证据时，公诉人要引起高度重视，认真调查核实。

当然也应让当事人提出非法证据的种类及具体线索，提供涉嫌非法取证的人员、时间、地点、方式等相关材料或线索，并记录在案，方便公诉人进行调查核实，同时也可防止相关当事人滥用其诉讼权利，影响刑事诉讼的效率。

公诉人若要有效发现非法取证的线索，还应仔细审查全案证据材料，从证据材料的细微之处，从证据的外在表现形式、案外的情状等入手，查找相关的线索。具体审查的重点内容如下所示：

①案件破获经过是否合理以及侦查机关（部门）确定犯罪嫌疑人的过程。侦查机关（部门）侦破案件的思路如果从一开始就错误了，很可能就会抓错人。如果抓错犯罪嫌疑人，侦查人员为了“突破口供”，尽早破案，后续的刑讯逼供等违法取证行为就可能难以避免。因此，公诉人首先应当审查的就是案件的破获经过，审查侦查机关锁定犯罪嫌疑人的理由和过程是否合理。

②侦查机关（部门）使用的技术侦查措施是否经过严格的批准手续。技术侦查措施的实施如果缺乏有效的监督和制约很容易侵犯公民的隐私权。所以我国《刑事诉讼法》规定，技术侦查措施必须经过严格的批准手续才能实施。否则通过技术侦查措施取得的证据不但属于取证程序违法，不能作为定案的证据，而且侵犯了公民的隐私权，应当承担相应的法律责任。

③犯罪嫌疑人是否在决定羁押后 24 小时内已送看守所。《刑事诉讼法》

明确规定，被拘留、逮捕的犯罪嫌疑人和被告人24小时之内必须送看守所羁押，讯问在押的犯罪嫌疑人、被告人只能在看守所进行。通常而言，在看守所讯问犯罪嫌疑人时基本上很难有刑讯逼供的机会和可能，且提讯的起止时间在提讯证上都会有相应的记录。如果在此时间内刑讯逼供，看守所管教在犯罪嫌疑人提押、还押检查时就会发现。而如果在拘留、逮捕之后24小时之内没有送看守所羁押，那么在决定羁押24小时之后的时间里获取的口供就系违法取证。

④外地抓获的犯罪嫌疑人押送时间是否合理。从外地抓获的犯罪嫌疑人在带至本地看守所的路途中侦查人员有刑讯逼供的时机。如果路途押送时间过长，又不能合理解释，不能排除在此期间内对犯罪嫌疑人进行刑讯逼供的可能。

⑤犯罪嫌疑人被带出看守所进行辨认、指认的程序是否合法，时间是否合理。如张高平、张辉叔侄强奸案中，二人三次被带出看守所去指认现场。但是只有最后一次辨认时二人才准确地辨认出了作案现场。前两次的辨认均系侦查人员指引二人到达现场。所以公诉人可从反常的辨认程序、次数中发现侦查人员违法制作辨认笔录的线索。

⑥讯问、询问笔录是否全部移送。一般而言，侦查过程中制作的讯问、询问笔录都需要全部移送。讯问笔录如果是在看守所进行，提押证上会记明提押、还押的时间。如果提讯证上显示有提讯的记录，但却没有制作讯问笔录，就需要了解在此次讯问时是否制作了讯问笔录，但由于犯罪嫌疑人不认罪、提出了无罪辩解而未移送。

⑦讯问的同步录音录像资料是否完整。如果侦查机关（部门）移送、提交了经过剪辑、删除、只有部分时间的、不完整的讯问同步录音录像，但犯罪嫌疑人、被告人又恰恰提出在该未同步录音录像的时段内侦查人员有刑讯逼供的行为时，侦查机关（部门）应对此作出合理的解释。否则，辩方一旦对此提出异议，并启动非法证据排除程序，公诉人在庭审时证明取证的合法性也会存在困难。

⑧讯问笔录形式是否合法。讯问笔录应当经犯罪嫌疑人、被告人核对无误，再签字确认。有时犯罪嫌疑人的讯问笔录中核对的意见会写“基本属实”、“同意”等，这时讯问笔录所记载的内容是否系犯罪嫌疑人供述的真实反映就存在疑问，讯问笔录的合法性也就存在疑问。如果犯罪嫌疑人提出异议或者辩解，讯问笔录就因欠缺合法性而难以采信。实践中还发现有侦查人员在讯问笔录上伪造犯罪嫌疑人签名的拙劣行为。所以公诉人对讯问笔录形式合法性的审查也要予以高度重视，必要时应让犯罪嫌疑人核实讯问笔录是否是其真实意思的表示，相关的签名是否是其所签等。

⑨最后应审查犯罪嫌疑人供述、被害人陈述以及证人证言的内容是否与其智力、心理、文化水平等相符。相关的言词证据明显与当事人的智力、心理和文化水平不相符合的，则可能存在指供、诱供或者指证的嫌疑，应当认真审查甄别，必要时需要重新向有关当事人进行核实，复核证据。

【司法实例：唐某武故意杀人案】

在此案审理中，一审法院认定，2006年4月24日晚上7时许，被告人唐某武至某一楼出租房内，与卖淫女翁某因嫖资而发生纠纷，唐某武即持随身携带的尖刀捅刺翁某，致其当场死亡，后逃离现场。

【分析】

在该案中，侦查机关仅凭被害人外阴部的精斑系唐某武所留就推断出是唐某武作案。侦查机关所下的这个结论有些武断，因为精斑只能证实被害人与唐某武有过性接触，但不足以证实唐某武杀人，因为杀人必须要有杀人的动机。而正是因为侦查机关对唐某武杀人有了先入为主的推断，进而据此抓捕唐某武，之后又为了审讯突破破案，而采用刑讯逼供的方式获取唐某武的口供，最终酿成了错案。

（执笔人：刘浪）

68. 怎样理解和审查证据的关联性？

（1）证据关联性的内涵

美国《联邦证据规则》第401条规定，“相关性证据是指任何事实的存在具有任何趋向性的证据，即对于诉讼裁判的结果来说，若有此证据将比缺乏此证据时更有可能或更不可能”①。证据法意义上的证据关联性是指证据对于犯罪构成要件、定罪和量刑事实等证明对象是否具有直接或间接的证明力。也即证据所能反映的内容是否与案件的构成要件有关，是否与定罪、量刑的事实有关。对于犯罪构成要件及定罪、量刑的事实没有“证成”或者“证否”等证明作用的证据，对于案件而言是不具备关联性的。

大多数证据的关联性体现为直接的证明作用，但也有些证据只对具有证明作用的其他证据起到辅助的支撑、补强或者削弱作用，这些证据也是具有关联性的。例如，证人声称一盗窃案发后在皎洁的月光下亲眼看见被告人从失窃房屋中走出。但辩护人提交了一份报纸，报纸上记载了案发当晚的天气情况，即当晚是阴天、多云，根本就没有月亮。这份报纸就削弱了证人证言

① ［美］罗纳德·艾伦等：《证据法：文本、问题和案例》，张保生等译，高等教育出版社2006年版，第148～149页。

的可信性，进而影响证言的证明力，这使得在一般情况下对于案件事实并无影响的报纸上记载的天气情况的事实也就具有了证明意义，因而具备证据的关联性。

又如在受贿案件中，辩护人经常会提出一些有关被告人在单位努力工作、表现良好的证据。这些证据对于案件的定罪事实而言，并不是一个考量的因素。但在另外一些可能判处缓刑的案件中，被告人是否一贯表现良好，是否是初犯、偶犯，是法庭裁判决定判处其缓刑是否会发生社会危险性的衡量因素。因此，这些证据关乎法庭判处其缓刑可能性的大小，对于量刑而言具有相关性，因而具备证据的关联性。又如在凶杀案的现场，被害人家中遗留有陌生人的烟蒂，其上面所含的DNA物证就很可能是犯罪嫌疑人所留。但如果上述烟蒂是被害人吸烟后丢弃的，那么就不具有关联性。

（2）证据关联性审查的前提

进入证据关联性审查的证据还必须是合法取得的，具备证据能力的证据。如果证据属于非法证据，应予依法排除，那么也不能作为证据关联性审查判断的对象。因为其不具备证据能力就谈不上是否具有证明力和证明力的大小。换句话说，证据的合法性是审查证据关联性的前提。

（3）实物证据关联性审查的意义

证据关联性的审查对于客观的物证、书证等具有特别的意义。因为物证和书证的客观性较强，一旦与案件建立关联性就具有极强的证明力，能很容易锁定犯罪嫌疑人，或者证明相关的事实。例如故意杀人案中，在现场发现的刀具上经鉴定留有被害人的血迹，该刀具就很可能是凶器。又如在犯罪嫌疑人的衣服上发现喷溅式的被害人的血迹，犯罪嫌疑人就具有重大的作案嫌疑。又如行贿人行贿记录本上记载的送钱对象、金额、时间等也能够对行贿、受贿事实起到相当强的证明作用。

（4）证据关联性的解释

证据关联性审查的一个重要方面就在于对客观性证据的解释。即对于实物证据等客观性证据应当充分注意该证据所蕴含的意义、透露的信息，并进而进行合理地解释和分析，审慎判断证据的证明力。在建立证据之间的关联性时，需要进行解释，但既不能过度解释，刻意建立关联性；也不能解释不足，在存在关联性时，通过任意解释排除其关联性。

【司法实例1：唐某武故意杀人案】

唐某武故意杀人案中，一审法院认定，2006年4月24日晚上7时许，被告人唐某武至某一楼出租房内，与卖淫女翁某因嫖资而发生纠纷，唐某武即持随身携带的尖刀捅刺翁某，致其当场死亡，后逃离现场。

【分析】

在该案中，侦查人员在被害人外阴部提取到了唐某武的精斑。公安机关因此锁定唐某武，将其抓获。后唐某武交代犯罪事实。事实上，这处精斑与唐某武是否杀人没有关联性。精斑只能说明唐某武与卖淫女发生过性接触，但并不能证明唐某武杀人。侦查人员对提取的精斑进行了过度解释，因而错误地锁定犯罪嫌疑人，造成错案。

【司法实例2：张辉、张高平强奸案】

在张辉、张高平叔侄强奸案中，被害人8个手指指甲内检出混合DNA谱带，可由死者和一名男性DNA谱带混合形成，但排除两张所留可能。

【分析】

在该案中，侦办人员人为刻意解释，以不排除死者（系发廊洗头工）生前与人接触所留为由，把该证据剔出定罪证据体系。该案中案件承办人对证据关联性的解释不足，人为地刻意解释排除了相关证据的关联性，最终酿成冤案。

（执笔人：刘浪）

69. 如何运用刑事印证证明规则进行证据的审查判断？

公诉人审查判断证据的方式多种多样，但是采用印证证明方式是审核各证据的真实性以及综合判断案件证据是否达到确实充分的有效方法。

（1）刑事印证证明规则的理解

所谓的“印证”，是指两个以上的证据在所包含的事实信息方面发生了完全重合或者部分交叉，使得一个证据的真实性得到了其他证据的验证。[①] 刑事印证证明，是指某一案件事实只有得到两个或者两个以上的证据相互印证和共同证明才可予以认定的证明方法。刑事印证的证明规则是司法实践中通行的认定案件事实的重要证据规则。应当说，印证证明规则是具有相当的合理性的。因为一个孤立证据的真实性只能通过它与其他证据、事实之间的关系来判断。只有得到其他证据的支持和佐证、印证的证据，其可靠性和真实性才较强，单凭一个孤立证据是无法证实其自身的真实性的。当然，我们说的证据之间相互印证，只是指证据之间在“链接点”上是相互一致、吻合、重叠的。因为每个证据包含的信息和内容是并不相同的，也并非完全一致，因而，必然有重叠吻合的地方，也有相互之间不相同的地方。换言之，证据之间有时证明的内容

① 参见陈瑞华：《刑事证据法》，北京大学出版社2012年版，第334页。

和对象并不完全相同，而印证就是问题的关键。两个证据之间只有通过印证的部分即“链接点”才能“扣合”在一起，形成证据锁链。各个“链接点”形成的一致的证明对象总体构筑了案件的事实。没有得到印证的部分是不能被认定为案件事实的。因此，司法实践中有“孤证不能定案”的说法。

（2）法律、司法解释的有关规定

事实上，我国现行《刑事诉讼法》、司法解释中多处体现了印证的证明要求。我国现行《刑事诉讼法》第53条明确规定，“只有被告人供述，没有其他证据的，不能认定被告人有罪和处以刑罚”。这也从反面体现了刑事印证证明规则的要求。

最高人民法院、最高人民检察院、公安部、国家安全部、司法部《关于办理死刑案件审查判断证据若干问题的规定》（以下简称《死刑案件证据规定》）中对于该规则也有多处规定。例如对于证人证言的审查判断，应当着重审查证人证言之间以及与其他证据之间能否相互印证，有无矛盾；证人在法庭上的证言与其庭前证言相互矛盾，如果证人当庭能够对其翻证作出合理解释，并有相关证据印证的，应当采信庭审证言；未出庭作证证人的书面证言出现矛盾，不能排除矛盾且无证据印证的，不能作为定案的根据。

又如对于被告人供述和辩解应当着重审查其供述和辩解与同案犯的供述和辩解以及其他证据能否相互印证，有无矛盾；被告人庭前供述一致，庭审中翻供，但被告人不能合理说明翻供理由或者其辩解与全案证据相矛盾，而庭前供述与其他证据能够相互印证的，可以采信被告人庭前供述。被告人庭前供述和辩解出现反复，但庭审中供认的，且庭审中的供述与其他证据能够印证的，可以采信庭审中的供述；被告人庭前供述和辩解出现反复，庭审中不供认，且无其他证据与庭前供述印证的，不能采信庭前供述。

对于勘验、检查笔录应当着重审查勘验、检查笔录中记载的情况与被告人供述、被害人陈述、鉴定意见等其他证据能否印证，有无矛盾。在利用间接证据定案时，必要条件之一就是：据以定案的间接证据之间相互印证，不存在无法排除的矛盾和无法解释的疑问。

《死刑案件证据规定》还规定了口供补强规则，即根据被告人的供述、指认提取到了隐蔽性很强的物证、书证，且与其他证明犯罪事实发生的证据互相印证，并排除串供、逼供、诱供等可能性的，可以认定有罪。

对于证明力较弱的言词证据的采信问题，《死刑案件证据规定》也提出了印证的要求，即对于有下列情形的证据应当慎重使用，有其他证据印证的，可以采信：①生理上、精神上有缺陷的被害人、证人和被告人，在对案件事实的认知和表达上存在一定困难，但尚未丧失正确认知、正确表达能力而作的陈述、证言和供述；②与被告人有亲属关系或者其他密切关系的证人所作的对该被告人有利的证言，或者与被告人有利害冲突的证人所作的对该被告人不利的证言。

（3）如何运用印证证明规则证明案件事实

需要运用印证证明规则证明的案件事实是与案件定罪、量刑有关的事实。《刑诉规则》第436条详细规定了与案件定罪、量刑有关的事实内容。该条规定，公诉人讯问被告人、询问证人、被害人、鉴定人，出示物证，宣读书证、未出庭证人的证言笔录等应当围绕下列事实进行：①被告人的身份；②指控的犯罪事实是否存在，是否为被告人所实施；③实施犯罪行为的时间、地点、方法、手段、结果，被告人犯罪后的表现等；④犯罪集团或者其他共同犯罪案件中参与犯罪人员的各自地位和应负责任；⑤被告人有无刑事责任能力，有无故意或者过失，行为的动机、目的；⑥有无依法不应当追究刑事责任的情况，有无法定的从重或者从轻、减轻以及免除处罚的情节；⑦犯罪对象、作案工具的主要特征，与犯罪有关的财物的来源、数量以及去向；⑧被告人全部或者部分否认起诉书指控的犯罪事实的，否认的根据和理由能否成立；⑨与定罪、量刑有关的其他事实。这些案件事实都是需要证据之间根据印证规则予以证明的事实。

一般而言，只有二份以上证据的证据链接点相互链接，共同证明某一案件事实时，对于该部分案件事实才形成有效印证，而予认定。只有当与定罪、量刑有关的案件事实都能在证据之间环环相扣、相互印证证明时，全案的证据锁链才得以形成，才可谓“犯罪事实清楚，证据确实、充分”。

【司法实例：徐某某故意伤害案】

2012年9月2日7时30分许，犯罪嫌疑人徐某某在某区某宾馆门口，将事先准备好的硫酸泼向路过该处的被害人李某某，并对其进行殴打。经鉴定，被害人李某某因被烧伤，全身多处大面积皮肤疤痕达35%，并致使容貌显著变形、丑陋及功能障碍，其损伤程度评定为重伤。犯罪嫌疑人徐某某于当日到某派出所主动投案，并如实供述犯罪事实。

【分析】

在该案中，案件事实中与定罪、量刑有关的事实都得到了相关证据的全面印证证明。犯罪嫌疑人徐某某的身份有其自己的供述与户籍证明可以印证证实；犯罪嫌疑人的作案动机、犯罪故意有犯罪嫌疑人徐某某的供述可以证实，该供述的内容又得到被害人陈述的佐证；作案的时间有犯罪嫌疑人的供述、被害人的陈述、两名目击证人的证言、现场监控录像相互印证证实；作案的地点有犯罪嫌疑人的供述、被害人陈述、两名目击证人的证言、现场监控录像相互印证证实；使用的作案工具（硫酸）可以由现场勘验、检查笔录、理化检验鉴定报告印证证实；被害人李某某人身受到伤害的后果事实有两名目击证人的证言、犯罪嫌疑人的供述、被害人的陈述、住院病历、手术记录、出院记录、诊断报告单、检验报告单以及人体损伤程度鉴定书可以相互印证；犯罪事实系犯罪嫌疑人徐某某所为有目击证人的证言及其辨认笔录予以指认，同时犯罪嫌疑人的供述及被害人的陈述、现场监控录像均可相互印证予以证明；犯罪嫌疑人徐某某的供述及公安机关出具的到案情况说明可以印证证实犯罪嫌疑人徐某某主动投案并如实供述犯罪事实的情况。

（执笔人：刘浪）

70. 怎样运用证据链接点准确地认定案件事实?

证据链接点是认定案件事实的重要环节，也是印证证明规则运用的关键。对于公诉人而言，审查判断证据的一项重要内容就是审查判断证据与证据之间的链接点是否能够形成有效链接。审查判断证据链接点是否存在，是否断裂，需要补强哪些链接点，案件事实才可认定，这些都是公诉人需要掌握的重要证据审查技能。

（1）证据链接点的内涵与意义

所谓“证据链接点”就是证据与证据之间指向一致、相互印证的部分。证据链接点是将证据串连起来的关键节点，证据与证据之间缺乏链接点就无法形成证据锁链。一个个孤立的无法相互链接的证据就像散落的一颗颗珍珠，没有证据链接点对证据的链接，珍珠就无法串成“珍珠项链”，证据也就无法形成证据锁链。证据与证据之间、证据与案件事实之间关联性的确立就是依靠证据链接点进行连接，进而环环相扣，形成证据锁链。缺乏证据链接点链接的证据是无法证明案件事实的。

单凭间接证据定案时，证据链接点串连的证据要形成闭合的证据锁链，否则，证据链出现断裂和缺口，证据链无法闭合就不能排除合理怀疑，案件事实就无法认定。因此，证据链接点是证据相当重要和关键的节点，证据链接点也是我们认定事实的重要依据。

（2）如何判断证据链接点是否有效链接

判断证据链接点是否有效形成的关键在于证据链接能否排除其他可能性，确立案件事实的唯一性。例如，犯罪嫌疑人供述在2013年10月份的某一天，在某地大润发超市大门口窃得电动自行车一辆。但在2013年10月，辖区派出所接到3名被害人报案称其均各自失窃了一辆电动自行车。因此，尚难以判断到底犯罪嫌疑人盗窃的是不是这三名被害人失窃的三辆电动自行车中的一辆，又或许是盗窃的其他未报案的被害人的电动自行车，还是犯罪嫌疑人记忆不准确，从而供述的内容有偏差等，案件尚未因此而水落石出。但是，如果犯罪嫌疑人供述该辆电动自行车的具体特征如型号、颜色，电动自行车后备箱内的物品，盗窃的具体时间段，并对盗窃的地点进行辨认等个性化特征与被害人陈述的都可以相互对应，一一吻合的，则证据链可以有效形成，案件事实也据此可以认定。

公诉人在寻找、判断证据链接点时要特别注意该证据链接点的个性化特征及其特别“新奇”、“奇特”之处。公诉人往往可以通过这些证据内容中的“新奇”、“奇特”之处来锁定案件事实。例如，在一起受贿案中，犯罪嫌疑人供述称其受贿时，恰巧在某年12月份，单位一名同事清扫积雪时，不慎被一辆大车撞死。因其之前欠该同事5万元，其在该同事死后想要将欠款还清，遂向行贿人提出，行贿人即将5万元受贿款交给犯罪嫌疑人。经查询，该单位中因公殉职的该名同事的事情确实有当地的新闻报道。因此，关于该笔受贿的具体时间、事由等案件事实的证据链接点即可由该特别“新奇”的事件予以锁定，证据链接点也可有效形成。

（3）证据链接点如何补强

证据链接点正是通过将证据链接起来共同证明案件的某一事实或情节，如果证据与证据之间不能形成有效“链接”和证据锁链，证据之间不能有效吻合，那么要通过进一步的深入挖掘、补充证据、细化证据内容来“构筑”证据链接点，进而形成完整的证据锁链。

【司法实例1：沈某金盗窃案】

在此案中，公安机关移送起诉意见书认定，2013年3月1日凌晨3时左右，犯罪嫌疑人沈某金在某区某街道长江路好丽登酒店停车场，采用技术开锁的方式，窃得被害人王某某停放在此处的奥迪牌轿车内休闲利群香烟11条、330软中华香烟1条半、阳光利群香烟4条、苹果4S手机1部，价值共计人民币21161元。

【分析】

犯罪嫌疑人沈某金曾供称，其在2013年3月1日凌晨左右，仅在该酒店停车场窃得3条花色包装的利群香烟，有3条黑色包装的利群香烟，还有2条有一点硬中华香烟。6条利群香烟均被其卖掉，但2条硬中华香烟因为系假烟而未能卖掉，公安机关在其暂住房查获了该2条假的硬中华香烟。在侦查阶段后期和审查起诉阶段，犯罪嫌疑人沈某金均翻供，称其并未实施该笔盗窃行为。

被害人陈述的财物被盗的时间、地点、失窃的具体财物等与公安机关移送起诉意见书认定的一致，但与犯罪嫌疑人沈某金有罪供述的内容存在较大的差距。

被查扣的赃物中中华香烟不是软中华香烟，而是2条假的硬中华香烟。

案件事实存在重大疑点。被害人陈述与犯罪嫌疑人的供述及物证存在矛盾，证据之间的链接点无法形成。公安机关根据当晚沿途的监控设施，研判出犯罪嫌疑人作案后离开现场的路线，并清晰地拍摄到了犯罪嫌疑人坐在出租车副驾驶室的照片。该照片经肉眼比对，与犯罪嫌疑人沈某金的相貌非常相似。但犯罪嫌疑人沈某金在侦查阶段的后期和审查起诉阶段均翻供，辩称其3月1日还在老家，还未到作案地。

因此，本案现有证据之间存在矛盾，且不能形成有效的链接点，案件事实不清。本案补强证据、形成证据链接点的关键就是如何确立监控录像照片上的犯罪嫌疑人与犯罪嫌疑人沈某金的关联性。后案件承办人将监控录像所拍摄的犯罪嫌疑人照片交由犯罪嫌疑人沈某金进行辨认，犯罪嫌疑人沈某金承认照片上的人就是其本人。证据链接点有效形成，能够证明案发当晚确系犯罪嫌疑人沈某金一人作案的事实。

【司法实例2：廖某某贩卖毒品案】

在该案中，廖某某供称在2013年8月20日左右的一天，经事先电话联系，其将毒品冰毒（重约0.8克）以500元的价格在某路口卖给了金某。金某的证言也证实在2013年8月20日左右的一天，其用电话联系了廖某某要购买500元的毒品冰毒，后廖某某在某路口将毒品冰毒给其，其将500元人民币交给廖某某。通话记录显示，在2013年8月20日21时许，二人有4次通话记录。在2013年8月21日14～15时，二人有7次通话记录。

【分析】

本案中，虽然廖某某和金某均称廖某某贩卖毒品的时间是在8月20日左右，但通话记录显示20日、21日二人之间均有通话记录。那么廖某某贩卖毒品的时间到底是在哪一日？此时由于关于证明案件事实发生时间的证据链接点并未有效锁定，因此案件事实尚不清楚。此时，应当进一步询问证人金某、讯问犯罪嫌疑人廖某某，确定二人进行毒品交易的具体时间是在下午还是在晚上，从而通过通话记录这一客观性证据来固定毒品交易时间这一具体的案件事实。

后经补充询问和讯问，金某与廖某某均称二人毒品交易的具体时间是在20日左右的下午。据此，二人所称的毒品交易时间点的证据链接点得以确立，可以确定廖某某贩卖毒品的时间是在2013年8月21日的下午。

（执笔人：刘浪）

71. 运用客观性证据审查模式审查判断证据的方法有哪些?

客观性证据审查模式是近年来先由浙江省人民检察院推出，然后为全国检察机关所推广的刑事案件证据审查判断模式。作为一名公诉人必须很好地了解、掌握客观性证据审查模式的相关知识，并准确地在公诉实践中予以运用。

(1) 客观性证据审查模式的理解与界定

客观性证据审查是指公诉部门在办理案件过程中，将审查工作重心从以被告人口供等言词证据为中心转变到以客观性证据为核心上来。审查侦查机关（部门）移送的案件材料时，充分梳理和挖掘客观性证据，凭借客观性证据具有可靠的稳定性和关联性的最佳证据特征，确认案件基础事实脉络，并以此为基础对全案证据予以审查和检验，进而认定犯罪事实的审查工作方式。

客观性证据审查模式的一个很重要的认识就是：客观性的证据是不会说假话的，它是一个客观性的存在。它存在的最重大的意义，就是以它来调整、纠偏、检验主观性的证据。这就与“口供中心主义”、“口供是证据之王”的理念形成强烈的对比和反差。当然，客观性证据也有客观真实性的问题，就是它本身是客观的，没有被伪造，这样的客观性证据才是牢靠的。

(2) 运用客观性证据审查模式应坚持的原则

客观性证据审查模式应当坚持以下四个原则：

一是客观性证据优先运用原则。客观性证据应当作为认定案件相关事实的关键性证据予以审查运用，对查证属实的物证、书证等客观性证据应作为最佳证据在定案中优先采用。客观性证据审查模式强调，应对客观性证据进行优先审查，就是首先以客观性证据来重构案件事实，再将各种客观性证据所构筑、证明的事实与主观性的证据所构筑的事实进行对照，对主观性证据进行检验，辨明其真伪。

具体在审查案件证据时先不审查犯罪嫌疑人、被告人的供述，而是先审查现场勘查笔录和现场照片、鉴定意见、视听资料等客观性证据，最后再来审查口供。因为先审查口供很可能会先入为主，不能发现客观性证据与口供的矛盾之处，或者对客观性证据所反映的信息进行错误的解释，甚至予以忽略，这样就会导致错案的发生。

二是客观性证据充分挖掘原则。全面审查侦查活动收集的证据，挖掘和运用客观性证据，发现派生证据、再生证据，形成证据组合运用体系。审查中要注意从证人证言、口供等言词证据中发现可能存在客观性证据的信息或线索，进而挖掘并查证。对犯罪嫌疑人供述的作案过程，要与现场勘查记录、尸体（人身）检验报告等相比对，寻找印证点和矛盾点，根据审查和补证情况对相关证据做出如何采用的取舍；证明犯罪嫌疑人购买、携带、丢弃、隐匿作案工具、涉案物品的行为过程，不仅要结合证人证言进行辨析，还要与搜查、扣押、提取笔录进行比对，没有提取的要补充提取，从而查明相关证据是否相互印证；案件发生途经相关公共场所和单位的，要审查是否存在监控资料，在相关现场安装有监控设备的，要审查是否已按法定程序予以提取，没有提取的要补充收集。

三是客观性证据科学解释原则。准确把握客观性证据可能蕴含的案件信息，防止对客观性证据解释过度或解释不足。对客观性证据的审查既要重视收集过程，更要注重挖掘和运用客观性证据蕴含的相关信息，确立关联性。通过审查现场勘验、检查笔录，确定收集、提取的客观性证据与案件事实的关联性；通过审查辨认笔录、鉴定意见，确定相关现场获取的客观性证据与行为人的关联性；通过审查尸体检验报告和人身检查笔录，确定尸体检验过程的客观性、损伤结论的科学性，并由此还原行为方式和力度、确定作案工具，进而与案件事实建立关联等；通过审查搜查、扣押、提取笔录，建立犯罪嫌疑人人身或处所发现的物品、文件等客观性证据与案件事实之间的关联性。

四是客观性证据全面验证原则。犯罪嫌疑人、被告人的供述、被害人陈述、证人证言等言词证据应当经得起客观性证据的检验，客观性证据之间能够得到印证。

【司法实例：尹某被枪击案】

2007 年 11 月 13 日，广州海珠区珠江医院门口发生一起枪击案，医学教授尹某被民警开枪打死。后公安机关刑事技术专家对现场提取的各种客观性证据进行了检验和分析，专家通过对现场死者衣服的弹孔、车窗沿的撞击痕、物质成分等一系列客观性证据的提取、检验及分析重建了一个犯罪现场。就是民警当天发现尹某和一个朋友在汽车内，尹某身上有酒气，遂进行检查。尹某欲强行开车离开，当时民警已经掏出枪支，尹某车窗已摇下，枪口在车窗处对准尹某。尹某强行发动汽车，枪口撞击车窗下沿，致使子弹激发，将尹某打死。

【分析】

在该案中，认定民警是走火误伤还是有意杀人，对于案件的处理走向有着至关重要的影响。但由于当时案件发生的时间非常短暂，两者皆具有可能性，仅凭民警的口供或者是尹某坐在副驾驶室的朋友的证言，都很难具有完全的说服力，只有依靠对客观性证据的充分挖掘、检验和解释才能验证口供与证言的真实性，有效还原案件事实真相，得出正确的结论，公正地处理案件。

（执笔人：刘浪）

72. 如何理解“孤证不能定案”?

(1)“孤证不能定案”的原因

“孤证不能定案”指的是某一案件事实如果仅有孤立、单个的证据予以证明时，案件事实就未达到证据确实、充分的证明标准，因而不能定案。这里的案件事实既包括全案事实，也包括部分案件事实。这里的孤证显然更多的是指直接证据，因为要仅凭间接证据定案，还须以诸多的间接证据形成完整、闭合的证据锁链，且必须要排除合理怀疑。因此，实践中更是不可能仅凭孤立的间接证据定案。

通常而言，某一事实只有一个孤立的证据和信息来源能证明的，其可靠性较差，就像两点之间只能形成一条直线，而通过一点可以画出无数条直线一样。仅依据某一孤立的证据来认定事实，造成司法误判的可能性很大。因为某一案件事实的发生必然会留下诸多的证据，仅仅只有一个孤立的证据，没有其他证据对该证据的内容予以支撑，一旦该孤立证据的内容不真实，整个事实的基础也就因此而崩塌。长期以来的司法实践也证明，只有单个孤立的证据来证明某一案件事实，其证据基础是不牢靠的。而且某一事实如果只有单个孤立的证据来证明，司法人员也难以据此排除合理怀疑，形成内心确信。

(2)“孤证不能定案”原则在司法实践中的体现

在司法实践中，仅有犯罪嫌疑人的供述这一孤证而无法定案的情况是最常见的。例如，犯罪嫌疑人因某笔盗窃行为而被抓获，犯罪嫌疑人到案后交代了6笔犯罪事实，但其中只有4笔犯罪事实的被害人被找到。公安机关出具情况说明，称犯罪嫌疑人另两笔犯罪事实既无被害人报案，也无法找到被害人。这种情况下，犯罪嫌疑人的该两笔无被害人报案的犯罪事实就无法认定。

“孤证不能定案”体现了我国刑事印证证明的客观要求。《刑事诉讼法》第53条也规定，“只有被告人供述，没有其他证据的，不能认定被告人有罪和处以刑罚”。司法实践中最可能出现的偏差就是仅凭犯罪嫌疑人的口供定案，所以法条明确予以禁止，并着重强调了只有被告人供述这一“孤证”，没有其他证据不能定案的原则。我国《刑事诉讼法》仅明确规定了仅凭被告人的供述这一孤证无法定案，那么对于只有其他的一份直接证据，例如证人证言、被害人陈述等，能否径直认定被告人有罪呢？显然也是不行的。因为仅有一份直接证据而没有其他证据对该直接证据的内容进行印证，建立在该直接证据基础上的事实就是不牢靠的。一旦该直接证据存在虚假，就会导致事实认定的错误而造成错案。

（执笔人：刘浪）

73. "疑点利益归于被告人"原则应如何理解和适用?

(1) 适用前提

"疑点利益归于被告人"原则是指关于实体犯罪事实之认定，若法院已经穷尽证据方法而仍存在无法排除的疑问时，应为对被告有利之认定；反面言之，法院为不利于被告之犯罪事实认定，以经过证明并获得确信者为前提。[①]在刑事司法过程中，人们对事实真相的探求受到诸多条件的限制，人们所能发现的只能是无限接近于事实的真相，但永远无法恢复事实的原貌。刑事司法人员只能依据证据来认定相关的事实，这些能认定的事实是"已知"事实。有时穷尽各种侦查手段和方法，由于证据的灭失等原因，遇到"未知"事实或者事实存疑，那是再寻常不过的事情了。但是刑事司法人员在此种情形下又不能不作出最终的裁断。在此种情形下，刑事裁判所依据的重要原则就是"疑点利益归于被告人"原则。

(2) 适用的理论基础

"疑点利益归于被告人"原则被认为是法治国刑事诉讼程序之下，支配刑事裁判过程的基础原则。其理论基础在于：刑事之处罚，乃对于宪法所保障之人民基本权利的干预行为，依照法治国原则，在此必须充足法律所定的犯罪成立要件，即就被告的罪责必须获致充分的确信，否则即属违法之侵害。[②] 在我国《刑事诉讼法》上，"犯罪事实清楚，证据确实、充分"是认定被告人有罪所必须达到的证明标准，未能达到此证明标准的，即不能作出被告人罪名成立的判决。因此，在某一犯罪事实存疑的情况下，就不能认为系"犯罪事实清楚"，也不能作为判决所查明的事实。

(3) 仅适用于事实认定

司法实践中通常所说的"就低认定"就是适用"疑点利益归于被告人"的通俗说法，这里的"就低认定"通常是对实体法事实的"就低认定"，即对于犯罪数额、重罪与轻罪等法官在综合全案证据认定事实时，对于被告人的定罪与量刑具有影响的事实存在疑问时，"就低认定"对于被告人有利的事实。

(4) 适用于犯罪事实构成要件是否成立

"就低认定"通常意味着一种包含关系，即某两个犯罪事实的构成要件之间具有"大包小"的包含关系。构成"大"事实的要件完全包含构成"小"事实的要件，即在确定完备构成小事实要件的情况下，对于是否构成"大"

① 参见林钰雄：《严格证明与刑事证据》，法律出版社2008年版，第127页。

② 参见林钰雄：《严格证明与刑事证据》，法律出版社2008年版，第127页。

事实所须具备的其他要件存在疑问时，只能“就低认定”“小”事实构成要件已经完备，“小”事实成立，“大”事实不成立。

例如，对于在证明被告人是否具有完全刑事责任能力的证据之间相互矛盾，而穷尽证明方法也无法排除这一矛盾时，法官只能“就低”作出被告人不具备完全刑事责任能力的事实认定，从而对被告人从轻或者减轻处罚。

又如，对被告人盗窃的数额，被告人的说法与被害人的说法不一致，或者被告人供述其盗窃的数额高，被害人陈述称其失窃的数额少，或者被告人供述的其盗窃的数额少，被害人陈述的其失窃的数额高。此时法官只能对被告人盗窃的数额“就低认定”，即采信某一较少的盗窃数额的说法，作出有利于被告人的盗窃数额认定。

再如，对于认定被告人系集资诈骗罪还是非法吸收公众存款罪时，如果认定被告人的“非法占有的目的”是否存在具有疑问的，即应当“就低认定”被告人不具有“非法占有的目的”，因而只能认定被告人构成非法吸收公众存款罪。

还有强制猥亵妇女与强奸的未遂在奸淫目的是否存在时存有疑问的，只能认定为强制猥亵妇女罪，故意伤害与故意杀人的未遂在认定是否具有剥夺他人生命的目的存疑时，只能认定为故意伤害等。

（执笔人：刘浪）

74. “就低认定”的适用限度是什么？

司法实践中所说的“就低认定”是存在一定的适用限度的，不是不分原则和具体情况的一味“就低认定”，否则会造成事实认定的偏差。

（1）适用范围的限制

在适用的范围上，“就低认定”仅能适用于对实体法相关案件事实的认定，而不能适用于刑法法律适用问题。对于在犯罪事实已经查清的基础之上，应如何对被告人的行为进行评价，这是实体法上的法律解释问题，不属于事实认定问题。不能在适用实体法时一味地“就低”作有利于被告人的解释，适用“疑点利益归于被告人”原则。法官只能根据刑法的解释方法和原则对实体刑法的适用进行裁判。即使通过刑法的解释作出了不利于被告人的定罪处罚，也并不违背“疑点利益归于被告人”原则，因为二者的适用范围不同。

（2）适用时间和对象的限制

在适用的时间和对象上，“就低认定”的适用必须是在对全案的证据进行评价之后作出。不能对单个证据或者部分证据进行判断，而“提前”、分别适用“疑点利益归于被告人”的原则，因为单单分别就单个或部分证据进行判断，可能这些证据都不能完全证明案件事实，案件事实都存在疑点，那么这样提前作出的"疑点利益归于被告人"的裁断就会存在偏差。只有综合全案证据进行审查判断之后仍然存在"疑点事实"时才能将"疑点利益归于被告人"，作出有利于被告人的事实认定。

例如在某一故意杀人案中，被告人辩解称其并未想杀害被害人，但多名证人均称听到被告人扬言要杀害被害人，而被告人在伤害被害人时所击打的部位均为致命的部位。如果仅将被告人的辩解单独拎出来进行事实的判断，或者仅将被告人的辩解与一名证人的证言放在一起进行判断，很可能会得出被告人是否具有故意杀人的主观故意存疑的认识。在未能综合全案证据进行审查判断的情况下，就提前作出"就低认定"，显然是错误的。

又如在某一盗窃案中，被告人甲称其伙同被告人乙到被害人家中行窃，窃得金项链一条、金耳环一副。被告人乙称其伙同被告人甲到被害人家中行窃，窃得金项链一条，现金人民币1500元。被害人则声称家中失窃，被窃金项链一条、金耳环一副、现金人民币2000余元。那么如何就事实进行认定呢？是就低认定3人所说的"最低"，即被告人甲伙同被告人乙仅进入被害人家中窃得金项链一条吗？显然不是，此时应当对全案证据进行综合的判断，"就低认定"证据相互之间可以得到印证的部分。即被害人所声称失窃的金项链一条、金耳环一副、现金人民币1500元。

（执笔人：刘浪）

75. 审查证据之间矛盾重重案件时应注意哪些事项？

在案证据之间如果矛盾重重显然增加了审查者误判事实的可能，公诉人审查判断证据的难度也加大。一旦证据采信错误必然造成事实认定有误，错案的发生也就在所难免。

公诉人发现在案证据之间矛盾重重时，首先，应着重审查证据的合法性。证据的合法性是证据客观真实性的重要保障。刑讯逼供等非法手段获取的口供以及通过暴力威胁手段获取的被害人的陈述及证人证言等非法证据均应依法予以排除，不得作为定案的根据。违反法定程序收集的物证、书证且无法进行补正、解释的，也应当予以排除，不得作为定案的根据。

其次，应当综合全案证据进行审查判断，不能遗漏任何能够证实案件事实的证据及证据中的任何细节，不论这些证据属于控方证据还是辩方证据。只要证据与案件事实之间具有关联性就不能忽视。有些证据及细节虽无法直接证明案件事实，但是可以对关键的直接证据起到支持或者否定的证明作用，能够加强或者削弱直接证据的证明力，对于案件事实的认定也有证明作用。

最后，应当判断直接证据（通常是口供、证人证言、被害人陈述）所“构建”的犯罪事实是否成立。具体应从两方面进行判断：一是该直接证据本身的证明力。即该直接、言词证据是否真实可信，是否合情合理，有无违背常理之处。二是从该直接证据与其他证据之间是否能印证，是否存在矛盾等方面进行审查。该直接证据受到越多的在案证据的支持，其可靠性越强，与在案的其他证据存在的矛盾越多，则越不可信。

【司法实例：黎某贩卖毒品、容留他人吸毒案】

公安机关移送起诉意见书认定：犯罪嫌疑人黎某于案发当晚在其与女友陈某居住的暂住房内将毒品冰毒贩卖给任某某，并容留任某某在房间内吸食毒品冰毒。

【分析】

犯罪嫌疑人黎某辩称，任某某到其暂住房想要吸食毒品，遂让其帮忙代购，之后其出门购买毒品冰毒。其回到暂住房后，任某某将两包利群香烟和一百元钱交给其，其就让任某某在暂住房内吸食毒品。

证人任某某的证言证实，当天其到黎某的暂住房玩，看见暂住房桌子上有毒品冰毒及吸毒工具，遂向黎某要求吸食毒品。黎某称，“你没钱也想吸毒?”于是任某某从其身上摸出两包利群香烟给黎某，黎某遂让其吸食，其就开始吸毒。

初看该两份证据，证据之间存在矛盾，案件事实单从这两份证据尚难以判断二人所言何者为真。如果按照黎某的供述，事实是其仅帮忙代购毒品并容留任某某吸毒，而按照任某某的证言，其是将香烟和毒品作为交换，黎某系贩卖毒品之后容留吸毒。案件承办人认为，证据之间存在矛盾，黎某贩毒的事实无法认定。

后笔者通过仔细翻阅全案证据材料，发现还有陈某的证言，但其证言比较简略，仅称当晚任某某到了之后即开始吸食毒品冰毒，任某某到暂住房后黎某并未出门。

通过对全案证据的审查，可以认定黎某贩毒并容留任某某吸毒的事实。首先，陈某的证言否定了黎某所声称的为了替任某某代购毒品而专门出门购买毒品的事实。其次，陈某的证言可以与任某某的证言相印证，证明毒品本来就在，任某某一到了之后就开始吸毒。再次，黎某和任某某的证言在一个新奇、特别的链接点上可以相互印证，那就是以两包利群香烟换取毒品的细节。又次，从黎某的供述及任某某的证言而言，黎某代购毒品的证言更不可信而任某某的证言更可信。因为代购毒品一般是出钱让他人代购，但黎某收取的却是香烟，不合情理。最后，任某某的证言提到了黎某所说的一句话这一细节，且因为其当时身上没有钱，所以才给了两包香烟，这些证词相当合情理，更加真实可信。

综上，通过对全案证据的分析，可以认定任某某的证言更加可信，其证言所称应为事实，黎某的辩解与事实不符，不能采信。

公诉人将黎某的该笔犯罪事实诉至法院，庭审中黎某也未表异议，法院判决亦予确认。

（执笔人：刘浪）

76. 证据之间的矛盾如何区分与排除?

（1）哪些矛盾是实质性的重要矛盾

对证据进行审查判断，依法审查证据、认定事实是公诉人审查起诉工作中非常核心和关键的工作内容。在审查案件证据过程中，发现在案证据之间存在矛盾，应如何取舍，也是公诉人经常会遇到的问题。案件事实中对于被告人定罪量刑有影响的矛盾是实质性的重要矛盾。

《死刑案件证据规定》第5条规定，办理死刑案件，对被告人犯罪事实的认定，必须达到证据确实、充分。证据确实、充分是指……证据与证据之间、证据与案件事实之间不存在矛盾或者矛盾得以合理排除。公诉人在审查证据时就是要仔细甄别证据之间的矛盾，通过细致的分析判断，“穿透事实的迷雾”，去粗取精、去伪存真，到达准确认定案件事实的目的。

对证据进行审查判断时，要区分是关键性矛盾还是非关键性矛盾；是需要合理排除的矛盾还是不可排除的根本性矛盾；矛盾的存在是否影响案件事实的认定；证据之间矛盾的存在是否是因为证据链的断裂而导致证据之间无法印证；哪些矛盾是需要补充证据来进行完善；哪些矛盾通过合理的解释和分析就可以排除。

（2）证据之间实质性矛盾与合理差异的区分

证据之间实质性矛盾与合理差异如何区分？一般而言，证据之间的矛盾对于认定被告人定罪量刑的事实有影响的，则属于关键的重要的实质性矛盾。实质性矛盾属于非此即彼的不可调和的矛盾。而证据内容之间的合理差异则是一些细枝末节的对案件的定罪量刑没有影响的非实质性矛盾。

如关于案发的时间，被害人、证人、犯罪嫌疑人等受当事人的感知、记忆和表达的影响，存在一些大致的偏差，不是那么精确也是正常的，都具体精确到几时几分一般而言是不符合记忆规律的，反而可能使人对证据内容的真实性产生怀疑。有些看似是实质性的差异，但经过解释和纠正就可以变成可以理解的合理差异。

（3）实质性矛盾的排除

证据之间如果出现重大的无法排除的根本性矛盾，往往预示着可能存在虚假证据，或者不慎排除了真实的证据，甚至有造成错案的可能。公诉人应当善于发现证据中的实质性、根本性矛盾，并排除虚假的证据。如果证据之间的矛盾经过分析研究、进一步的调查取证，矛盾仍然无法排除，案件事实就处于不清楚的状态，无法达到起诉证据标准是不能起诉的。

在证据自身存在矛盾（如翻供、翻证）、证据与证据之间存在矛盾（如各种证据甚至是同种类证据之间存在矛盾）、个别证据或证据的部分内容与其他证据存在矛盾的情况下如何取舍？应当遵循怎样的原则对证据内容进行判断和采信？

根据证据学上的矛盾法则，单个证据材料内容自相矛盾，证据内容自身不统一的，该证据必有问题；两个证据材料互相矛盾的，证据之间就是不统一的，那么这两个证据材料必有一假或者两个证据材料都有虚假成分；某个证据材料的内容与其他证据相互印证的内容互相矛盾的，大多属于假证；某个证据与已经相互印证证明的案件事实相互矛盾的，必是假证。

（执笔人：刘浪）

77. 如何慎重对待“狱侦”获取的证据，防止冤假错案发生？

狱内侦查通常是在侦查机关的授意或者默许下，由与犯罪嫌疑人一起被羁押在同监室的案犯或者未决犯“贴靠”被羁押的犯罪嫌疑人，进而获取犯罪嫌疑人有关的犯罪证据的侦查行为。但不当的狱内侦查行为易导致狱内被羁押的案犯或者未决犯为了“立功”而对在押的犯罪嫌疑人实施类似的“刑讯逼供”行为，其暴力强度和人身折磨甚至有过之而无不及。而且狱内侦查行为通常只能获取所谓的“情况证据”。狱侦特情从犯罪嫌疑人口中获知的犯罪线索或者犯罪嫌疑人向狱侦特情吐露的犯罪事实等证言也只是一种传来证据，其可靠性并不高。

公诉人在审查狱侦特情所提供的证据时一定要注意其合法性和真实性，只有查证属实的，才能作为旁证，但不能作为主要的定案证据。

【司法实例1：张辉、张高平强奸案】

在张辉、张高平强奸案中，警方把同监室犯人的证言作为犯罪嫌疑人有罪供述自愿性、真实性的证据。

【处理结果】

该同监室犯人原本就是侦查机关作为特情使用的狱内侦查人员，该人员在协助侦查机关获取被告人有罪供述过程中就存在不正当行为，其证言本身缺乏真实性。原一审法院以强奸罪判处张辉死刑，张高平无期徒刑。上诉后，二审法院改判张辉死缓，张高平有期徒刑15年，后送监狱执行。服刑期间，两张及其亲属不断申诉，2012年3月26日浙江省高级人民法院经再审开庭审理后宣告张辉、张高平无罪。

【司法实例2：唐某兴故意杀人案】

在唐某兴故意杀人案中，在案证据中有与唐某兴同监室的樊某某提供的书面材料，称唐某兴曾向其讲述杀害谢某容并抛尸的过程。

【分析】

狱侦特情提供的证言一方面作为传来证据，证据的证明力较低，且仅仅是一种情况证据，并不能担保唐某兴供述的可靠性。原一审法院以故意杀人罪判处唐某兴死刑，缓期2年执行。唐某兴不服提出上诉。重庆市高级人民法院以原判事实不清、证据不足为由，发回重审。重审后，重庆市第一中级人民法院认为指控证据不足，指控犯罪不能成立，依法宣告唐某兴无罪。

（执笔人：刘浪）

78. 书证与言词证据相互矛盾时应如何处理?

（1）原则上书证优先

“口说无凭，立字为证。”可见，书证一方面属于客观性证据，另一方面当事人对于书证的记载一般较为慎重，其客观真实性的程度较高，而言词证据通常受当事人的感知、记忆、表达等的影响具有不稳定性。在通常情况下，当书证与言词证据互相矛盾时，原则上应优先采信书证，以书证的客观记载有效补足、纠正言词证据的模糊说法和不准确之处。

对于一些诈骗类案件，犯罪嫌疑人往往会信口雌黄，说得天花乱坠，但客观性的书证往往可以一针见血地戳穿犯罪嫌疑人的谎言，是驳斥犯罪嫌疑人无理辩解的最有力的证据。

（2）注意书证的真实性审查

优先采信书证的前提是书证本身具有客观真实性。书证不存在伪造或者笔误等失实的情况。具体可审查书证的来源、取证过程、保管链条，通过笔迹鉴定等多种方式来审查书证的真实性。

（3）查清矛盾的原因并排除矛盾

在具体审查时还应查清书证与言词证据产生矛盾的原因。有的是陈述者的记忆偏差造成与书证所记载的不一致等，但有时也不能排除书证存在记载失实的情况。可将原始的书证交由当事人进行辨认，让当事人对其言词证据与书证之间存在的矛盾进行解释，如果能够合理解释，且与其他证据可以印证，也可以采信当事人所作的言词证据。如果当事人的解释不合理，且无法得到其他证据印证的，则应当采信书证。

【司法实例：张某受贿案】

在张受贿案中，在书证合同的订立时间上，当事人所作的言词证据与合同订立的时间整整差了一年，当事人称为2013年1月1日，但合同上却是2012年1月1日。后经当事人解释，由于当时是2012年跨年，刚进入2013年，当事人由于习惯的问题，写错了。且其他的书证包括飞机票等也显示应为2013年而非2012年。所以此书证上的内容应为笔误。

（执笔人：刘浪）

79. 刑事错案的证据特征是什么?

只有发现刑事错案的“苗头”，才能采取有效的应对措施，从而坚决避免错案。对于公诉人而言，拿到案卷证据材料后，要善于从在案的证据材料中发现刑事错案的“蛛丝马迹”和证据特征。公诉人只有从中发现出现错案的可能性，积极地提出纠正措施，积极核查，才可将错案“扼杀在摇篮”里，避免严重后果的产生，坚守防止冤假错案的底线。从司法实践来看，刑事错案的证据特征大致有以下几种：

（1）犯罪嫌疑人、被告人的有罪供述与其他在案证据仅“简单印证”，甚至相互矛盾并无法合理解释

从刑事冤假错案的其他证据与口供的印证情况来看，有些案件中犯罪嫌疑人、被告人的供述与客观性证据等仅能“简单”印证。有些案件甚至犯罪嫌疑人、被告人的供述与其他证据在细节上出入较大，证据之间相互矛盾，无法合理解释。同时，犯罪嫌疑人、被告人的口供也无法得到其他证据的有效补强。

因为犯罪事实并非犯罪嫌疑人、被告人所亲为，其有罪供述均为“伪供”，这些口供要么是侦查人员通过刑讯逼供获取，要么由侦查人员根据在案其他证据进行指供诱供而得到。在这些情况下，犯罪嫌疑人要么“胡编乱造”，要么根据侦查人员的“意愿”进行供述。因为非自愿供述的犯罪嫌疑人、被告人并非真正作案的人，因而其与侦查人员一样，也无法获知真正的犯罪嫌疑人作案的隐秘性、“内知”事实。这样犯罪嫌疑人、被告人的口供只能描述粗略的，甚至是不真实的“犯罪事实”。这样的口供必然与客观真实的其他证据之间会产生矛盾，并且无法合理解释。

【司法实例1：李某明故意杀人案】

在此案中，一审法院认定，被告人李某明于2007年5月13日19时许，

窜至本村村民李某潮及其母谢某香家行窃，被李某潮发现扭打后，即拿起木棒先后击打李某潮、谢某香头部数下，致李某潮、谢某香当场死亡。

【分析】

李某明供述作案动机系行窃，且行窃成功，但现场并无其供述的存放钱的木箱，房内物品也没有明显翻动的迹象；被害人手上的手表、身上的钱财均在，与盗窃动机不符。根据尸体检验报告分析，被害人李某潮是在没有任何防备情况下遭受突然打击倒地（检验表明伤口在后脑部，无抵抗伤）与被告人供述在拉扯中持棒击打（如此状况伤口应在前顶部）不符。经模拟实验，被告人供述的击打方式并不能形成现场横梁击打痕。被告人供述连续击打杀人位置、过程与现场血迹的形成状况不相吻合。

【处理结果】

一审法院判处李某明死刑，李某明不服提起上诉。浙江省人民检察院二审审查后认为，认定李某明构成故意杀人罪证据不足，建议发回重审。案件发回重审后，侦查机关作撤案处理。

【司法实例2：唐某武故意杀人案】

在此案中，一审法院认定，2006年4月24日晚上7时许，被告人唐某武至某一楼出租房内，与卖淫女翁某因嫖资而发生纠纷，唐某武即持随身携带的尖刀捅刺翁某，致其当场死亡，后逃离现场。

【分析】

被告人的有罪供述与在案的其他证据存在诸多矛盾，无法排除或得到合理解释。主要有：一是供述杀人后的尸体形态（床上）与现场勘查（床下）不符；二是现场有水龙头，而供述称杀人后在现场水桶中洗过手，不符常理，且现场勘查笔录中没有水桶的记载，更没有检验水桶血迹；三是供述称杀人后是从门口直接逃出，但经检察人员复勘现场发现，现场是特殊门锁，无论是从里面还是外面必须借助钥匙才能打开或闭锁，这意味着唐逃离时必须用钥匙打开并用钥匙闭锁房门，而唐某武始终未供述到钥匙和锁门问题；四是供述称与被害人发生性关系时未戴安全套，射精在阴道内，而在被害人阴道内并未检出精斑。

【处理结果】

一审法院以故意杀人罪判处唐某武死刑，唐某武不服提起上诉。浙江省人民检察院经审查后认为，本案认定唐某武构成故意杀人的证据不足，建议发回重审。二审法院发回重审后，侦查机关作撤案处理。

(2) 犯罪嫌疑人、被告人频繁翻供

从司法实践来看，刑事冤假错案中的犯罪嫌疑人、被告人在刑事诉讼阶段中几乎都翻供了。显然，这是比较容易解释的。因为犯罪事实并非犯罪嫌疑人、被告人所为，其不承认是正常现象，而承认了反而是不正常的，如果有机会，其就会向侦查人员、司法人员“喊冤”，因此翻供就成为一种普遍的现象。

在张辉、张高平强奸案中，在侦查阶段，张辉有17份笔录，其中4份无罪供述，13份有罪供述；张高平有16份笔录，其中10份无罪供述，6份有罪供述，到审查起诉阶段和一、二审审理时全面翻供。

在唐某兴故意杀人案中，唐某兴虽在侦查阶段曾供述作案过程，但2009年3月5日公安机关讯问时，唐否认杀人；同年3月21日，某区检察院讯问时，唐再次否认杀人；庭审过程中，唐均否认杀人，并称受到刑讯逼供才供述杀人。

在吴某全故意杀人案中，被告人供述不稳定，时供时翻，吴某全共接受讯问10次，4次承认与史某幺共同抢劫杀人，6次否认；史某幺共接受讯问11次，7次供述与吴某全一起抢劫杀人，4次供述与“陈某”一起作案，吴某全没有参与。

在唐某武故意杀人案中，唐某武被抓获当天，即作了“因嫖资纠纷而杀人”的有罪供述。起诉阶段、一审审判阶段翻供称：有嫖娼但未杀人。

在李某明故意杀人案中，李某明在归案后，多次异地羁押，侦查人员对其进行高强度讯问30多次，其中有20余份讯问笔录没有记录具体犯罪事实，李某明在审查批准逮捕环节否认犯罪，在十余次讯问中没有否认杀害李某潮母子，在一审庭审也作了有罪供述，但其多次翻供作无罪辩解，上诉后坚持无罪辩解。

(3) 犯罪嫌疑人的多次有罪供述之间相互矛盾

一般而言，如果犯罪嫌疑人就事实作无罪辩解时，如果辩解的理由五花八门，各不相同，根据矛盾法则，其辩解虚假的可能性就很大，因为如果真实事实只是其中的一种辩解理由，那么其肯定会坚定地坚持其一致的辩解，而没有必要编造诸多不同的辩解理由。同样地，如果犯罪嫌疑人心理防线被突破，愿意痛快地交代犯罪事实，其有罪供述就应该是稳定一致的，而没有必要编造或者故意说出多种不同的事实经过。当犯罪嫌疑人、被告人的多次有罪供述前后矛盾，出现多种对作案经过、手段、方式等犯罪事实的不同供述时，犯罪嫌疑人被刑讯逼供或者指供、诱供的可能性大大增强，出现冤假错案的可能性也大增。

【司法实例3：佘祥林案】

在湖北佘祥林案中。4月15日，无名女尸被发现4天之后，警方对佘祥林的审讯有了重大突破。佘祥林承认："张在玉是我弄死的。"随后，佘祥林交代了第一种作案过程：1994年1月2日晚11点多钟，佘带着张在玉来到雁门口红旗碎石厂一个山坡，用木杠将张打死埋在山沟里。这个说法随即遭到了警方的否定。他们认为，发现张在玉的尸体地点不对，这个作案过程纯属伪口供。另外，在沉尸现场，警方又找到了新的物证。4月17日，在抽干沉尸水塘里的水后，一个用于沉尸的蛇皮袋子摆在了专案组组长的案头。当时，发现蛇皮袋子里还有4块石头，这被认为是佘祥林沉尸的主要罪证。当晚，对佘的审讯就围绕着蛇皮袋子开始了。

问：你提到的蛇皮袋子是谁的？

答：不晓得。

问：杀张在玉的石头是从哪里来的？

答：是下山的时候捡的，不是从杀人的地方捡的，石头是长方形的，杀完后就扔了。

问：打完人后又怎样？

答：打完后，我和魏太平两人将张在玉推到水塘里，不知道是谁直接在绳子上缚了石头，还是用蛇皮袋子装石头拴上沉尸的。80%是蛇皮袋子装石头后拴上沉尸的。

问：你仔细想一下是用什么东西沉尸的？

答：我想起来了，是用蛇皮袋子装石头沉底的。

接近天亮的时候，专案组得到了一份佘祥林亲笔书写的交代材料。这份看似牢靠的书面材料，随后不攻自破。调查表明，佘作案前后，魏太平曾患有严重的胃病，不可能参与作案。

4月20日，专案组组长亲自展开了对佘的审讯。这一回，审讯取得了重大突破，佘详细交代了独自杀人沉尸的经过，警方最终采信了这份口供，并被用在之后检方的起诉书中。接下来几天，佘的口供逐渐在向警方调查得到的事实靠拢，直至最终定案。①

【司法实例4：李某伟故意杀人案】

在辽宁李某伟案中，12月21日，距离被拘传至公安局接受讯问仅仅过了3天，李某伟供认是他杀害了自己的妻子邢某。通过查阅卷宗，李某伟的委托律师发现李的有罪供述存有蹊跷，"多次审问被告人李某伟时，被告人时供时

① 参见张军主编：《刑事证据规则理解与适用》，法律出版社2010年版，第359～360页。

翻，且口供前后矛盾，每次讯问都不一致”①。

【司法实例5：孙某刚案】

在云南孙某刚案中，孙某刚仅有的4次有罪供述笔录上清楚地反映出办案人员先入为主，有罪推定的思想。这些供述相互矛盾、前后不一。②

【司法实例6：唐某兴故意杀人案】

在唐某兴故意杀人案中，唐某兴被控杀死与其非法同居的被害人谢某容。唐某兴在公安机关的有罪供述中的诸多情节前后矛盾。

（4）第三人在犯罪现场遗留客观性证据，无法排除第三人作案的可能性

如果第三人在犯罪现场遗留客观性证据，就无法排除第三人作案的可能性。只有排除第三人作案的可能性才能认为案件已经排除了第三人作案的合理怀疑。但是侦查人员、司法人员往往会因为思维惯性、先入为主，有意地对这些来自第三人的客观性证据视而不见或者人为地歪曲解释予以排除，这样就容易酿成错案。

【司法实例7：李某伟故意杀人案】

在辽宁李某伟案中，虽然经过比对，现场勘查提取的指纹和足迹都不是李某伟的，但由于感情这个线索，使警方的视线转移到了李某伟身上，开始寻找他杀人的证据③。

【司法实例8：孙某刚案】

在云南孙某刚案中，警方在现场找到过既不是陈某会又不是孙某刚身上脱落的白色纽扣，这一证据证明了当时有第三人出现在现场。④

【司法实例9：张辉、张高平强奸案】

在张辉、张高平叔侄强奸案中，被害人8个手指指甲内检出混合DNA谱带，可由死者和一名男性DNA谱带混合形成，但排除两张所留可能。但侦办人员人为刻意解释，以不排除死者（系发廊洗头工）生前与人接触所留为由，把该证据剔出定罪证据体系。

（5）凶器未找到

根据口供补强规则，“根据被告人的供述、指认提取到了隐蔽性很强的物证、书证，且与其他证明犯罪事实发生的证据互相印证，并且排除串供、逼供、诱供等可能性的，可以认定有罪”。真正作案的犯罪嫌疑人一般都能说出

① 参见《时代商报》2005年4月16日。

② 参见张军主编：《刑事证据规则理解与适用》，法律出版社2010年版，第381页。

③ 参见《时代商报》2005年4月16日。

④ 参见张军主编：《刑事证据规则理解与适用》，法律出版社2010年版，第380页。

其作案后丢弃凶器的地点，作案的工具一般也较为容易找到。但在错案中，因为犯罪嫌疑人并未作案，因此很难说出凶器在哪里，在案证据中往往就没有凶器。

在杜培武案中，通过对弹痕的鉴定，公安机关确认死者是被路南县公安局配发给被害人王俊波的自卫枪所杀，作案工具枪支在案件审理时未查获。[①]

在佘祥林案中，法医鉴定书认定张在玉系被人用钝器打击头部至昏迷后又抛入水中溺水死亡。但此案的凶器没有找到。[②]

在河南赵作海案中，被害人被杀人碎尸，案犯在杀人之后肢解了尸体，应该有凶器，而柘城县公安局一直没有找到这个凶器。[③]

在云南孙某刚案中，杀害陈某会的作案工具一直没有找到，这一关键证据的缺失，使判定孙某刚为杀人凶手的结论缺乏重要依据。[④]

（6）依靠种类证据定案

同种类型的证据只能证明相关证据与属于犯罪嫌疑人的证据属于同一种类，因其不具有唯一性和个体识别功能，因而不具有个别化区别和排他性的证明作用，证据效力较低。因此仅仅依靠血型等同种类证据不足以锁定犯罪嫌疑人，也不足以据此建立案件与犯罪嫌疑人的客观联系。仅仅以犯罪嫌疑人、被告人的生物样本与现场的客观性证据的生物样本属于同一种类而予以定案易导致认定事实的错误。

【司法实例 10：杜培武案】

在杜培武案中，公诉方同时提供了侦查机关利用"高科技"手段获得的证据：包括警犬气味鉴别、泥土化学成分分析、"拉曼测试"（射击火药残留物测试）等，称昌河面包车离合器踏板、油门踏板、刹车踏板上的泥土与杜培武所穿鞋袜的气味相一致，与其衬衣及衣袋上黏附的泥土痕迹、衣袋内一张100元人民币上的泥土痕迹为同一类泥土，并在其所穿衬衣右袖口处检出军用枪支射击后附着的火药残留物。[⑤] 该案中的气味、泥土化学成分、火药残留物等均系种类证据，均不能排他地锁定杜培武即系犯罪嫌疑人。

---

① 参见郭国松、曾民：《世上还有包青天吗——杜培武的"死囚遗书"催人泪下》，载《南方周末》2001年8月24日。

② 参见张军主编：《刑事证据规则理解与适用》，法律出版社2010年版，第358页、第361页。

③ 参见张军主编：《刑事证据规则理解与适用》，法律出版社2010年版，第366页。

④ 参见张军主编：《刑事证据规则理解与适用》，法律出版社2010年版，第380页。

⑤ 参见郭国松、曾民：《世上还有包青天吗——杜培武的"死囚遗书"催人泪下》，载《南方周末》2001年8月24日。

【司法实例 11：孙某刚案】

在孙某刚案中，孙某刚的血型是 B 型，而陈某会是 AB 型，血型鉴定孙某刚躺过的朋友的床上有 AB 型血，而孙某刚不能说明血从哪里来的。公安局解释，虽然由于条件所限，无法鉴定是否为陈某会的血迹，但结合案发时间以及其他情况，足以认定孙某刚有杀人嫌疑。①

【司法实例 12：李某春案】

在山西李某春案中，李某春被控强奸，公安人员将李某春和其他两名犯罪嫌疑人的血样送到大同市公安局刑侦技术科进行鉴定，看是否与被害人褥面上遗留的精斑血型一致，结果是只有李某春的血型和精斑血型一样。为了慎重起见，2000 年 6 月 14 日，办案民警将李某春的血样和受害人褥单上的精斑送往省公安厅进行 DNA 鉴定。7 月 27 日，鉴定结论为“褥单上精子 DNA 与李某春血痕 DNA 谱带位置一致”，警方据此于 7 月 28 日将李某春刑拘。后李某春的血样被送至公安部鉴定，公安部做了 9 个位点的基因鉴定，结论是“所检白色褥面上的精斑不是犯罪嫌疑人李某春所留”。因此，错案才得以纠正。②

（执笔人：刘浪）

80. 如何区分应用侦查谋略获取的证据与采用威胁、引诱、欺骗的方式获取的证据？

（1）二者区分的必要性

修改后《刑事诉讼法》第 50 条规定，“严禁刑讯逼供和以威胁、引诱、欺骗以及其他方法收集证据，不得强迫任何人证实自己有罪”。因为犯罪嫌疑人在轻松、毫无压力的环境下供述几乎不太可能。犯罪嫌疑人总是在面临一定的心理压力，甚至是不同程度的心理威胁、引诱甚至是欺骗的情况下“被迫”供述的，而这些又常常被视为是侦查讯问中的技巧。可能是考虑到对于运用侦查谋略获取证据与采用威胁、引诱、欺骗等非法方法收集证据在实践中需要根据案件的不同情况进行区别，不可一概予以排除，所以修改后《刑事诉讼法》第 54 条并未将以威胁、引诱、欺骗的方式获取的证据明确列为非法证据。因此，需要在实践中确立对二者进行区分的标准，避免争议。

（2）区分的标准

法律之所以宣示以威胁、引诱、欺骗的方式获取证据是一种“非法”的

① 参见张军主编：《刑事证据规则理解与适用》，法律出版社 2010 年版，第 379 页。

② 参见张军主编：《刑事证据规则理解与适用》，法律出版社 2010 年版，第 385 页。

取证方法主要基于两个考虑：一是有些这种方式的取证行为违背了基本的道德准则或者侵犯了犯罪嫌疑人基本的权利，因而为法治国家所不允许；二是在这些情形下获取的证据特别是口供或者证人证言等言词性证据出现虚假的可能性极大。

我们从上述两点出发，确立区分采用侦查谋略取证和应被禁止的采用威胁、引诱、欺骗的方式获取证据的标准。即在采用侦查谋略获取证据时，一不能突破人们可以接受的道德底线，不能侵犯当事人的基本权利；二不能导致无辜者作出虚假的有罪供述。

（3）司法承诺的限度

司法实践中比较常见的侦查人员讯问策略就是司法承诺。所谓的司法承诺就是侦查人员承诺当犯罪嫌疑人作有罪供述的，将给予其某种回报、利益等司法上的从宽处遇。例如承诺取保候审，承诺安排其与家属见面、承诺不起诉、承诺缓刑、承诺从轻、减轻或免除刑罚、承诺免除死刑、承诺对其涉案家属取保候审或不起诉等。对于司法承诺的合法性，主要的区分标准就是侦查人员在使用司法承诺时是否以法律没有规定的利益相许诺。合法有效的司法承诺不能超出侦查机关（部门）自身的职权，属于法律所规定的利益。例如在行贿罪中，可以向行贿人承诺在刑事立案之前主动交代行贿事实的，可以减轻或者免除处罚。对于受贿人则可以向其承诺，如实交代犯罪事实的，可以从轻处罚等法律上明确的规定。对于犯罪情节较轻，取保候审不致危害社会的，也可以采取取保候审等强制措施，这些都是侦查机关在职权范围和法律允许的范围内可予的承诺，因而不属于应当禁止的“引诱”取证。

（4）可允许的讯问技巧

美国著名法官理查德·波斯纳曾经指出：“法律并不绝对地防止以欺骗手段获得口供。在审讯中，是允许要一定的小诡计的。特别是夸大警察已经获得的、对犯罪嫌疑人不利的其他证据，让犯罪嫌疑人觉得招供也没有什么的预先的战术设计，这都是许可的。其主要理由是，这些获得许可的小诡计都不大可能引出假的口供。”因此，在讯问中警方经常利用的共同犯罪讯问时的“囚徒困境”讯问方法就不能被视为“欺骗”的违法方法获取口供。又如讯问时向犯罪嫌疑人称“我们已经调取了你在作案时的监控录像”、“我们已经提取到了你在现场留下的指纹”、“你的同案犯已经到案，且指认你指使他运送毒品”等都是可以被接受的侦查讯问技巧和谋略。

（执笔人：刘浪）

81. 对辩方提供的证据怎样进行审查与处理?

一般情况下，辩方提交的证据都是有利于犯罪嫌疑人、被告人的证据，主要是为了证明犯罪嫌疑人、被告人无罪或者罪轻等事实或情节。对于辩方提供的证据也应当从证据的合法性、客观性和关联性等方面进行核实。辩方提供的证据主要有书证、证人证言、被害人陈述。

(1) 实物证据的审查

对于实物证据主要应核实其真实性。例如，如果辩方提供的是书证，应审查是否系原件，如果系副本或者复制件，应审查是否有制作过程的说明，以及原件存放于何处。对复制件的真实性有疑问时，应让侦查机关重新取证，调取书证的原件。

又如，对于故意伤害类案件，辩护人经常在审查起诉阶段或者庭审阶段提交被害人或其家属出具的收条和谅解书等。辩方通常试图以此来证明犯罪嫌疑人、被告人或其家属赔偿被害人损失，取得被害人谅解等事实，并请求对犯罪嫌疑人、被告人从轻量刑。具体可以通过比较被害人及其家属在收条和谅解书上的签名笔迹，从外观上核实是否有伪造签名的可能性；还可通过公安在卷证据中被害人的联系电话向被害人进行电话核实，了解犯罪嫌疑人、被告人是否对其进行赔偿，赔偿数额是否相符，出具的谅解书等是否是其真实意思的表示等。

(2) 证人、被害人翻证的处理

如果辩方提供的是被害人陈述或者证人证言，那么就要审查此前被害人或者证人是否就同一证明事项已经向侦查机关提供过相关陈述或者证言，是否对同一证明事项作了与之前在侦查机关所作的不同的陈述或者证言，即是否“翻证”等。如果存在“翻证”现象的，要查明被害人、证人翻证的原因。查明是否存在辩方欺骗、引诱、威胁、收买被害人、证人而致翻证的。如果存在上述辩方违法取证情形的，要让公安机关及时介入，追究相关人员的法律责任。

【司法实例：黄某某等4人强奸案】

在黄某某等4人强奸案中，检察机关指控黄某某等4人轮奸被害人张某。庭前辩护律师提交了一份被害人张某出具的一份说明，称其系自愿，并非强奸。该份说明与被害人张某在侦查阶段报案时的陈述完全相反，辩护律师据此要作无罪辩护。

公诉人得知该情况后，通知公安机关展开调查。经公安机关询问，被害人张某称黄某某的姐姐给了其2万元现金，让其改证言，并承诺黄某某释放后将再给 18 万元。公安机关遂立案侦查，并将被害人张某刑事拘留。

（3）年龄证据的核实

如果辩方提供了此前侦查机关并未获取的证人证言，即出现了新证据。有的是犯罪嫌疑人、被告人的父母关于犯罪嫌疑人、被告人年龄问题的证据。通常辩方欲以此证明犯罪嫌疑人、被告人因为登记户籍时报大了年龄而未满 14 周岁或者未满 18 周岁。对于年龄问题的核实，应让公安机关调取其出生证明、接生婆的证言、无利害关系人的证言，甚至族谱、学籍档案、同龄人的证言等进行调查核实。

（4）庭审证据“突袭”的处理

对于辩方在庭审时进行证据突袭，提交新的证人书面证言的，应当核实其形式是否合法，即书面证言是否经过证人核对、签字确认。如有的辩护人会打印好笔录让证人签字，因为证言的内容与证人的真实意思不符，证人通常仅会签字而不会确认“以上笔录我看过，与我说的相符”。这样，证人证言在形式上不合法，应建议法庭对该份证据不予采信。如果证人证言等系根本否定案件事实的，甚至证明犯罪嫌疑人、被告人无罪的，应当让侦查机关对证人重新取证。如果辩方之前隐匿该无罪证据，到庭审时才突然出示的，公诉人应指出辩方明显违反《刑事诉讼法》的规定，必要时可以建议法庭休庭。

如果庭审出现的新证据一时无法核实真伪的，公诉人应建议法庭休庭或延期审理，由公安机关依法调查核实。

（执笔人：刘浪）

82. 怎样理解《刑事诉讼法》第 53 条“只有被告人供述”的规定？

我国《刑事诉讼法》第 53 条规定，“只有被告人供述，没有其他证据的，不能认定被告人有罪和处以刑罚”。但通常情况下，一个案件公安机关移送审查起诉时不可能只有被告人的供述，而没有其他证据。当然在一个案件中可能存在部分事实只有被告人的供述，没有其他证据证实的情况（其中最常见的是没有被害人报案）。这种情况认定为只有被告人的供述，没有其他证据的，显然是没有争议的。但有两名被告人供述的，是否还是属于“只有被告人供述”呢？三名、四名被告人甚至更多的被告人的供述在案，是否还是认为“只有被告人供述”？同案被告人的供述是否一律视为“被告人的供述”？具体的证据体系要达到怎样的程度，才能认为不是“只有被告人供述”而可以认定案件事实呢？这就涉及证据确实、充分的证明标准和程度的理解与判断问题。虽然我国《刑事诉讼法》第53条第2款规定了证据确实、充分应当符合的三项条件，即（1）定罪量刑的事实都有证据证明；（2）据以定案的证据均经法定程序查证属实；（3）综合全案证据，对所认定事实已排除合理怀疑。但该三项条件毕竟还是比较抽象和概括的。

在司法实践中，一般而言，如果只有两名犯罪嫌疑人的供述，没有被害人报案陈述，没有证人等其他证据的，通常认为系“只有被告人供述”而无法认定案件事实。

【司法实例：黄某、冯某盗窃案】

在此案中，黄某、冯某到案后供述了6笔犯罪事实，该6笔犯罪均系二人在马路边撬轿车车锁的方式进行盗窃。但其中仅两笔有被害人报案。虽然黄某、冯某均供述了犯罪细节，包括行窃的时间、地点、盗窃的对象、窃得的财物等均一致、吻合，且供述稳定，二人也均对作案的现场进行了辨认。但这种情况下，司法实践中一般也仅认为只有二名犯罪嫌疑人的供述，没有其他被害人的陈述或者特定的赃物等证据予以佐证，尚不足以对所认定的事实排除合理怀疑。本案中，检察机关认定了二人所供述的其中两笔有被害人陈述予以印证的事实。

（执笔人：刘浪）

二、言词证据审查

83. 同案犯的供述属于被告人的供述还是证人证言?

（1）认定同案犯供述证据属性的意义

司法实践中，经常出现共同犯罪的犯罪嫌疑人并非同时被抓获归案的情况。共同犯罪的犯罪嫌疑人并非同时接受审判也是经常出现的现象。因此，后到案的犯罪嫌疑人的案卷证据中，经常会出现已被司法处理的共同犯罪的其他犯罪嫌疑人、被告人的供述。在未成年犯罪嫌疑人与成年犯罪嫌疑人分案处理时，也有同案犯供述的证据材料。同案犯的供述是属于被告人的供述还是证人证言对于其应当是适用口供的审查判断证据规则还是适用证人证言的证据规则具有一定的意义。

（2）同案犯供述的证明价值

如果关于某一事实和情节只有口供与同案犯的供述予以证实，那么是否能认为系“仅有被告人供述没有其他证据的，不能定罪量刑”呢？我们认为，同案犯的供述作为一种证据，主要是为了证明在案被告人的相关犯罪事实。由于同案犯与在案被告人在部分或全部犯罪事实上的“共同经历”决定了同案犯的供述具有重要的证明价值，对于认定案件事实具有重要的意义。如果将同案犯的供述归入被告人的供述，当某些事实仅有同案犯与被告人的口供予以证实时，认为系“仅有被告人的供述没有其他证据的，不能定罪量刑”，那么很多案件事实将无法认定，不利于刑事案件的事实认定和正确处理，不符合司法实践的需要。事实上，“仅有被告人供述没有其他证据的，不能定罪量刑”是指某一案件事实仅有被告人自己的供述这一孤证而没有其他证据可以印证时，不能仅凭被告人口供而对其定罪量刑。既然有同案犯的供述对被告人的供述予以印证，证据确实、充分的，也同样可以认定案件事实。

（3）同案犯供述的证据特征及应适用的证据规则

同案犯的供述不能否认其作为“被告人供述”的特征。因为同案犯往往会基于自身利益的考虑，有时会向其他同案犯推卸罪责，有的则会攀供。作为一种供述，其显然也具备口供的一些特征，有时会呈现出相当的不稳定性，其真实性和可靠性有时会受到种种因素的影响。有时追诉机关为了获得对主犯等的追诉而需要从犯等进行配合，而进行变相辩诉交易时，从犯的口供有时也难免会夸大主犯的犯罪事实。国外“污点证人”制度就是一个例子，在我国虽然没有“污点证人”制度，辩诉交易也没有取得“合法”地位，但司法实践中的变相辩诉交易确实是存在的。鉴于同案犯的口供也具有口供的特征，因此主要依靠同案犯的口供认定被告人的犯罪事实时要持慎重的态度。同案犯的口供主要是作为被告人供述的补强证据而存在的，因此，应适用特殊的共犯口供补强的证据规则，具体该证据规则的运用可参见本书相关问题的论述。

此外，同案犯的供述取证规则上也是适用口供的取证规则而非证人证言的取证规则。因此在证据归类时，我们倾向于将同案犯的口供归入被告人的供述与辩解。在列明证据名称时应明确写明“同案犯某某某的供述与辩解”。

（执笔人：刘浪）

84. 如何认定被害单位代表陈述的证据属性?

（1）被害人陈述与证人证言的区别

在我国《刑事诉讼法》中，被害人陈述与证人证言是两种不同的证据种类。被害人陈述是指犯罪行为的受害人就案件事实及其所受犯罪侵害的情况，向司法机关所作的口头陈述。证人证言是指证人就其所了解的案件事实向司法机关所作的口头陈述。被害人是与案件有直接利害关系的当事人，享有一系列当事人的诉讼权利，影响着诉讼的进程和结局，而证人是因为了解案件情况而负有作证义务的诉讼参与人。

（2）被害单位代表陈述的证明价值

被害单位代表的陈述通常在侵财类犯罪中出现。此时，单位是犯罪侵害的对象。被害单位代表的陈述通常是为了证明单位财物损失情况以及犯罪嫌疑人与被害单位的关系，是否是单位职工；犯罪嫌疑人对涉案的财物是否具有经手、保管职责等；还有些被害单位代表的陈述能够为公安机关侦破案件提供线索。

（3）不能以是否享有提起刑事附带民事诉讼权利认定是否是被害人

鉴于我国盗窃、抢夺、抢劫等侵财类案件多发，这些案件的被害人都提起刑事附带民事诉讼显然会使司法机关不堪重负，因此，司法机关限制了这些被害人的诉讼权利。最高人民法院《关于适用〈中华人民共和国刑事诉讼法〉的解释》第138条第1款规定，被害人因人身权利受到犯罪侵犯或者财物被犯罪分子毁坏而遭受物质损失的，有权在刑事诉讼过程中提起附带民事诉讼；被害人死亡或者丧失行为能力的，其法定代理人、近亲属有权提起附带民事诉讼。可见，只有少数的故意伤害罪、故意杀人罪、交通肇事罪、过失致人死亡罪、过失致人重伤罪、故意毁坏财物罪等罪名的案件中，被害人才享有提起刑事附带民事诉讼的权利，但并不能以被害人是否享有提起刑事附带民事诉讼的权利来反推其是否系被害人，因为我们也不能否认盗窃、抢夺、抢劫等侵财类案件的财产损失者是被害人。

（4）被害单位代表陈述属于证人证言

我们倾向于认为，一般情况下，被害单位代表的陈述属于证人证言。被害人陈述与证人证言的本质区别就在于与案件是否有直接的利害关系。被害单位如果是一人公司，整个公司的经营由该代表经营，其收益、损失等都由该被害单位代表承担，那么该被害单位代表的陈述应属于被害人陈述。如果被害单位代表仅为公司经理或公司的其他经营管理人员，被害单位的财物损失虽然与其有一定的利害关系，但并非直接利害关系，因此其陈述只能被视为是证人证言。而那些在车间内工作的车间主任、部门负责人甚至是员工的陈述，虽然一定程度上都代表着被害单位，但也由于与案件并无直接的利害关系，只能被归入证人证言。

（执笔人：刘浪）

85. 行政机关在行政执法和查办案件过程中收集的言词证据能否作为刑事诉讼的证据使用？

（1）修改后《刑事诉讼法》相关条款的理解

修改后《刑事诉讼法》规定，对于行政机关在行政执法和查办案件过程中收集的物证、书证、视听资料、电子数据等证据材料，在刑事诉讼中可以作为证据使用。修改后《刑事诉讼法》所列举的这些证据材料均为客观的非言词证据。修改后《刑事诉讼法》的该条规定从反面进行解释，即通常在一般情况下，上述情况下收集的言词证据是不能作为刑事证据使用。因为言词证据如犯罪嫌疑人的供述、相关证人证言等刑事侦查机关重新取证并不困难，相关的证据也不会灭失。且行政机关在行政执法过程中对于当事人的权益保障及证据标准和要求与在刑事司法机关在刑事司法程序中对于当事人的权益保障和证据标准和要求显然是不可同日而语的。刑事司法程序中作为刑事证据取证的规范性要求更高，因此，通常情况下上述言词证据是不能直接作为刑事证据使用的，应由刑事侦查机关依照刑事诉讼程序重新获取。

（2）例外情况

根据《刑诉规则》的有关规定，如果确有证据证实涉案人员或者相关人员因路途遥远、死亡、失踪或者丧失作证能力，无法重新收集，但供述、证言或者陈述的来源、收集程序合法，并有其他证据相印证，经审查符合法定要求的，可以作为证据使用。即在确实无法重新取证的情形下，为保障实体正义的实现，不可因噎废食，需要灵活处理，但应审慎采信，尽可能地确保案件的公正处理。

（3）公安机关执法过程中收集的言词证据如何转化

公安机关既具有查处普通行政治安案件的职责，又具有刑事侦查的职责，在这种情况下，其具有行政机关和刑事侦查机关的双重身份。在刑事立案之前其查处相关案件属于行政机关，在刑事立案之后则属于刑事侦查机关。但由于普通刑事案件的立案标准高于普通治安案件的立案标准。所以，只有相关证据表明案件已经达到刑事案件的立案标准，公安机关才会立案，而在此时间点以前，公安机关通常已经将犯罪嫌疑人、相关的证人等控制住，并进行调查取证。通常情况下，对于犯罪嫌疑人公安机关会进行多次讯问，其供述也不止一份。而对于证人如卖淫女、嫖客、赌客等，公安机关通常就只询问一次，并将相关的证言笔录附卷。

因为侦查机关在询问当事人时，并未告知当事人相关诉讼权利和义务，因此，直接将这些询问笔录附卷作为刑事证据使用存在一定的问题。但仅仅因此而再次询问相关证人等也确实增加了程序上的诉累，不符合程序效率的原则。我们建议公安机关在询问前向当事人告知所有当事人的诉讼权利和义务，然后再由侦查人员进行询问，这样既可充分保障当事人的合法权益，使得相关询问笔录符合刑事司法的证据要求，又避免了重复取证导致的诉讼不经济、不效率。

（执笔人：刘浪）

86. 犯罪嫌疑人作无罪、罪轻辩解时如何应对?

（1）正确对待犯罪嫌疑人的无罪、罪轻辩解

犯罪嫌疑人作无罪、罪轻的辩解本身是犯罪嫌疑人行使辩护权的体现。公诉人有客观义务，要保证案件得到公正处理，让每一个案件当事人都能够感受到公平正义。保障犯罪嫌疑人的合法权益，是公诉工作的重要内容，公诉人不是“刽子手”。因此，公诉人在遇到犯罪嫌疑人作无罪或者罪轻辩解的，不能一味地认为犯罪嫌疑人系无理狡辩，要认真分析，仔细甄别，区别对待，甚至在讯问犯罪嫌疑人还应当积极主动地讯问犯罪嫌疑人有无参与实施犯罪行为，对自己的行为有无辩解。

公诉人的职责是准确查明案件事实，做到不枉不纵。在讯问犯罪嫌疑人时，要让犯罪嫌疑人详细地讲述其辩解的内容，公诉人应认真听取犯罪嫌疑人的辩解，为后续判断其辩解的真伪做好充分的准备，对于其辩解中明显不合情理的地方要及时地提出，让其对此进行解释。必要时应对犯罪嫌疑人提供的相关线索进行记录，便于后续对其辩解的查证。

（2）犯罪嫌疑人辩解明显不能成立时的应对

当然，公诉人审查了全部案件证据材料，并对犯罪嫌疑人的辩解进行分析判断，认为犯罪嫌疑人的无罪、罪轻辩解明显无法成立、纯属狡辩的，要依据案件的证据、事实对犯罪嫌疑人提出的无理辩解予以分析和驳斥，充分阐明法律政策，让其树立只有坦白交代才能获得从轻处罚的正确观念，积极引导犯罪嫌疑人如实供述自己的罪行，打消其试图通过无理辩解获得从轻处罚或者因此而逃避处罚的念头。公诉人也应允许犯罪嫌疑人对公诉人进行反驳。公诉人在与犯罪嫌疑人庭前的互相辩驳会使犯罪嫌疑人认识到自己的无理辩解是无法成立的，从而愿意认罪，进而有利于案件的迅速、妥善处理，有效避免诉讼的拖延。但有时犯罪嫌疑人冥顽不灵，即使在铁的事实面前也不愿认罪，此时要区分案件情况，有些案件中的关键证据不宜过早向犯罪嫌疑人提示或者暴露，因为犯罪嫌疑人可能会据此思考新的辩解和应对之策，在庭审中就会提出新的辩解，公诉人对此应做好充分的准备。

（3）犯罪嫌疑人的辩解可能成立时的应对

公诉人如果在审查案件的证据材料之后，发现犯罪嫌疑人无罪、罪轻的辩解有可能成立时，应当积极进行补充调查取证。一方面，应避免冤枉无辜，坚守防范冤假错案的底线；另一方面，对于其罪轻的辩解也不应漠视，要切实坚守检察官客观中立的立场，积极调查相关的案件事实和情节，查证犯罪嫌疑人罪轻的辩解，在事实存疑的情况下，作出对犯罪嫌疑人有利的事实认定。

（执笔人：刘浪）

87. 如何查证犯罪嫌疑人的辩解？

（1）听取犯罪嫌疑人辩解的重要意义

认真听取犯罪嫌疑人的辩解是公诉人讯问犯罪嫌疑人时的重要工作内容之一。听取犯罪嫌疑人对案件的辩解和意见一方面可以有效避免冤假错案的产生，因为刑事冤案中犯罪嫌疑人是无辜的，其提出辩解几乎是必然的现象；另一方面也是检察官履行客观中立义务的要求。公诉人虽然代表国家追诉犯罪，但保持客观中立的立场，对犯罪分子不枉不纵，维护司法公正也是其重要的价值追求。对于有利于犯罪嫌疑人的相关事实也应当尽可能地查清，对于相关的证据要积极地调查核实。在不能查清相关事实的情况下，只能作出有利于犯罪嫌疑人的事实认定。"疑罪从无"、"存疑时有利于被告人"是刑事司法中事实认定的重要原则。

（2）正确梳理犯罪嫌疑人的辩解与在案证据之间的矛盾

在听取犯罪嫌疑人的辩解时，如果犯罪嫌疑人的辩解与在案证据存在矛盾之处或不合情理，一方面要根据在案证据对犯罪嫌疑人的辩解提出反驳，让犯罪嫌疑人进行解释。犯罪嫌疑人能作出合理解释的，或者在案证据存在疑点的，应当重新调查核实在案证据，审查在案证据是否具备真实性、合法性和关联性。另一方面还应审查犯罪嫌疑人的辩解与在案证据是实质矛盾还是非实质矛盾。在案证据中有不清楚、模糊的地方应从在案证据的来源着手，重新调查核实。例如，犯罪嫌疑人提出其有自首情节的，可向侦查机关出具到案经过的陈述人了解其到案的具体详细情况，到案经过是否是陈述人所目击的情况，到案经过陈述笔录有无遗漏相关事实和情节等。又如犯罪嫌疑人提出正当防卫或者防卫过当的，而被害人、证人等的陈述或证言描述不清楚或者可能刻意有所隐瞒的，应当通过补充询问来查清事实。

（3）注意挖掘再生证据，必要时自行补证

公诉人认为犯罪嫌疑人的辩解具有合理性，且对于案件的定罪量刑有影响的，应让犯罪嫌疑人提出可能证明其辩解内容的相关证据和线索，并做好详细的记录。同时根据其辩解的内容，努力寻找、挖掘再生证据，以证实或者证否犯罪嫌疑人的辩解。一般情况下，可列明详细的补充侦查提纲由侦查机关（部门）补充调查取证，案情重大的，公诉人应当与侦查机关或部门一起或自行去调查取证，确保证据的客观和真实，并在调查取证的过程中亲身听取相关言词证据，观察相关的证人、被害人作证时的表情等，获得“内心确信”。

（执笔人：刘浪）

88. 如何审查同一主体所作前后矛盾的言词证据?

在案件侦查过程中，侦查机关为了获得详细的案件情况、巩固证据等，会对同一犯罪嫌疑人进行多次讯问，因而会形成多次讯问笔录。同时对于事实尚不清楚的部分，也可能会多次询问同一证人或者被害人，这样就会形成两份以上的询问笔录。同一犯罪嫌疑人、证人、被害人可能会作出前后不一致的内容供述、证言或者陈述。因而，同一人所作的言词证据就可能会前后矛盾。

（1）分析前后矛盾产生的原因

言词证据产生矛盾的原因多种多样。有的是因为陈述人的记忆偏差。有的是被害人在第一时间报案时由于紧张或者没有仔细查看其财物损失而在第二次陈述时予以纠正。还有极端的是被害人被犯罪嫌疑人的家属，甚至是律师“收买”而改变之前的陈述。有的是犯罪嫌疑人在监室内受到同监室人员的蛊惑，因而翻供。有的是犯罪嫌疑人经过仔细认真回忆和梳理，详细地对之前未说清楚的细节进行了供述。

因此，公诉人应当仔细地梳理、分析同一主体不同的陈述、证言、供述产生的原因，在准确查明原因的基础上作出正确的判断。

（2）审查判断的基本方法

对于前后矛盾的言词证据，其证据内容中比较稳定一致的内容通常较为可靠。一般而言供述或者陈述比较详细、细致、具体，要比简单、粗略、概括的更加可信。此外，语气模棱两可不如语气坚定的可靠。那些存在反复的相互矛盾的内容还要结合其他证据进行判断。

如果通过对在案证据的审查仍无法查清的，公诉人还可重新讯问或询问，让当事人解释前后说法不一致、供述或陈述发生变化的原因，便于公诉人分析判断。同时，公诉人还可结合全案的其他证据，将前后矛盾的言词证据放在整个证据体系中进行审查判断。既分析前后矛盾的不同言词证据自身的合理性，又分析言词证据与整个证据体系、已经查明的事实和证据之间的关系，从整体上对言词证据进行审查判断。

【司法实例：沈某金盗窃案】

2013年3月1日、11日、13日的3天凌晨，沈某金3次在某一宾馆门口利用撬锁工具打开轿车的后备箱实施盗窃。在最后一次实施盗窃时被宾馆保安抓获。公安机关民警现场提取到了沈某金丢弃的撬锁工具。沈某金到案后前两次供述称其2月底回河南老家，3月10日才来到某市，并拒不供认犯罪事实。后在被刑事拘留1个月后才开始供述自己3次实施盗窃的经过。其此后4次供述均对3次盗窃的犯罪事实供认不讳。且对其实施盗窃的地点、被窃汽车的方位及销赃地点进行了辨认。其供称在3月1日第一次盗窃时窃得休闲利群香烟3条、花色利群2条，硬盒中华香烟2条。但因收赃的人认为2条硬盒中华香烟是假烟而未收购。民警至其在某市的暂住房内查获该2条硬盒中华香烟。但至审查起诉阶段，沈某金翻供称其系3月10日才来到某市，没有实施3月1日的盗窃行为。问其为何之前多次稳定供述，其称是公安机关在其第3次讯问时连续25小时讯问，才被迫供述。

【分析】

公诉人经审查发现，因为宾馆保安通过查看门口的监控发现3月1日至案发，多次发生轿车被撬、车内财物失窃的案件。宾馆遂专门安排人员值班，日夜查看实时监控。案发当天凌晨，沈某金正是因为值班人员查看监控才被抓获的。后公安机关调取之前失窃时的监控录像，发现犯罪嫌疑人均是在凌晨以撬轿车的后备箱的方式作案。后公诉人向侦查人员了解，为何认为沈某金具有前两次盗窃的作案嫌疑。公安机关称在3月1日该宾馆门口轿车内财物失窃后，因为当时为凌晨，路边的行人较少，因此调取了沿途附近的监控录像，发现犯罪嫌疑人最后乘上出租车离开，而路口的监控录像拍摄到了犯罪嫌疑人坐在出租车副驾驶室的相貌照片，经与沈某金的照片比对，非常相似。所以，公安机关认定3月1日那起盗窃案系沈某金作案。

在该案中，沈某金的有罪供述比较稳定，且作案的细节供述比较详尽，其盗窃的部分赃物已被查扣，应该说，其有罪供述的真实可靠性较高。其虽辩称在3月10日才来到某市，此辩解比较简单粗陋，仅此一说，且没有其他证据予以佐证，其为伪证的可能性较大。但由于3月1日的被害人报案称其失窃的财物（总价值达人民币2万余元，包括花色利群11条，休闲利群7条半，一部2月1日购买的尚未拆开使用的苹果iPhone5手机）远多于沈某金所供称的财物，且被害人报案时称失窃的是软盒中华香烟5条，与沈某金所供称的2条假的硬盒中华香烟有较大的出入。但被害人对其失窃财物的描述比较简略，且没有其他证据可予印证，案件事实的认定存在一定的困难。

后公诉人将出租车上犯罪嫌疑人的照片复印后交由沈某金进行辨认。沈某金确认出租车副驾驶座上的犯罪嫌疑人的照片就是其本人。公诉人遂采信沈某金的有罪供述，将沈某金3次盗窃的事实予以起诉，沈某金当庭表示认罪，承认其3次盗窃的事实，并称其之后是因为公安机关告知其将以被害人报案时的失窃数额移送审查起诉，因害怕受到重判，所以才彻底推翻了之前的供述。

（执笔人：刘浪）

89. 被害人陈述与犯罪嫌疑人供述相互矛盾时应如何处理?

（1）产生矛盾的原因

被害人的陈述有时会有夸大损失或者损害的倾向，所以公诉人在审查被害人陈述时要予以注意。犯罪嫌疑人的供述通常也具有避重就轻的倾向，公诉人在审查时也要注意不被迷惑。因此，由于这两类言词证据的天然特点，以及两类证据作证主体的立场和利害关系的分歧，在二者之间也会经常性地产生矛盾。

（2）合理性差异的判断

如果二者的矛盾仅仅是细枝末节的合理性差异，例如，对于犯罪行为发生的时间、地点、行为手段、行为过程、造成的结果等的陈述、供述相互之间差异不大的，可以结合二者的共同点和链接点对事实作出正确的认定。例如，犯罪嫌疑人对于盗窃的时间供述可能为8月初的某一天晚上，而被害人陈述可能是8月6日晚上，第二天早上起床发现物品失窃，可以结合二者的共同点认定犯罪嫌疑人的作案时间是在8月6日晚。

（3）实质性矛盾的排除

如果被害人的陈述与犯罪嫌疑人的供述存在对定罪量刑有影响的重要差异

和矛盾的，这时首先应当从二者与其他证据之间的印证情况及二者自身的合理性来判断其真实性。如果出现无法调和的根本性矛盾，则二者必有一假，那么要通过其他证据来判断二者何者为真，何者为假。有时无论是采信被害人的陈述还是采信犯罪嫌疑人的供述，对于定罪没有影响，但对于量刑有一定的影响，这也是二者之间的重要差异和矛盾。此时首先应当从被害人陈述或犯罪嫌疑人的供述与其他证据之间是否能得到印证的角度来判断二者的真实性，采信二者中得到其他证据印证的内容。

【司法实例：张某强奸案】

一起强奸案中，犯罪嫌疑人张某供称其与被害人系自愿发生性关系，而被害人称其系被犯罪嫌疑人强奸。当时作案的现场系在一空旷的建筑工地里，地上石子非常不平。被害人被强奸之后背上都有伤痕，犯罪嫌疑人脸上有被抓伤的痕迹。被害人系刚满18岁的处女。被害人虽与犯罪嫌疑人系老乡，但二者相识时间不长，其他人也不认为二者之间有暧昧关系，或者系男女朋友。因此，通过对其他证据的审查和分析，被害人所陈述的事实与其他证据可以相互印证，并具有合理性，而犯罪嫌疑人辩称二人系男女朋友关系，自愿在建筑工地内发生关系的辩解既不合理又不能得到其他证据的印证，显然不能成立。因此应当采信被害人的陈述，作出准确的事实认定。

（4）矛盾无法排除时的处理

在二者都无法得到印证的情况下，应进一步考察二者的合理性，采信较为合理的部分。如果二者均具有一定的合理性，在经过补充侦查，穷尽证据手段之后仍无法判断的，可依照“就低不就高”的原则作出有利于犯罪嫌疑人的事实认定。

例如，犯罪嫌疑人供称其案发当天到被害人家中窃得现金人民币1300元左右，被害人陈述称其家中失窃现金人民币1500元左右。在没有其他证据可对被害人失窃现金人民币1500元的事实予以印证的情况下，只能依照“就低不就高”的原则采信犯罪嫌疑人的供述，认定犯罪嫌疑人仅窃得现金人民币1300元。

（执笔人：刘浪）

90. 侵害方与受害方说法相矛盾时认定和采信的方法是什么？

（1）侵害方与受害方说法相互矛盾的原因分析

在侵害方与受害方系多人的情况下（如聚众斗殴等），由于侵害方或者受害方本身就有亲戚、朋友等关系，但二者在立场上处于对立关系。侵害方（犯罪嫌疑人一方）的人会袒护己方，受害方有时也会夸大其词。因此，二者之间的说法相互矛盾也是经常出现的现象。而这种情况下如果又缺乏客观中立的证人时，公诉人对于事实的判断存在一定的难度。这时不能简单地采信人数众多一方的说法而草率地作出事实的认定。公诉人同样需要认真分析，仔细甄别。

（2）提炼已被证明的基础事实

公诉人首先应从证据材料中提炼出被相互印证证明的待证事实。需要注意的是，不能简单地按照某一方证据的多少来决定采信哪一方的说法，在双方言词证据相互矛盾的情况下，要从其他证据着手来考察哪方的说法更加真实可信。那些能够得到更多的其他证据支撑、佐证的说法通常更为真实可信。公诉人还应在审查中强化对客观性证据的运用，除通过同一认定等技术鉴定外，要注重运用经验法则、逻辑法则和自然规律进行解释，充分挖掘客观性证据的证明力，坚持运用客观性证据验证言词证据，结合全案证据，查明案件事实。

（3）审查判断的具体技巧与方法

通常情况下，因为趋利避害是人之常情，而侵害方或者受害方的内部人员对己方不利的说法是可以采信的。因为对于“自己人”除了相互推诿的情况外，如果不是客观真实的，也没有必要说出对己方不利的话语。此外，对于双方共同认可的事实，则说明双方均无异议，这一事实是可以采信的。在采信这些得到印证的基础事实的情况下，需要在基本事实的基础上，进一步推敲双方说法的合理性。要通过详细的补充讯问和询问，对于事实的细节进行追问，对于双方之间的矛盾点应让双方对其所供述和陈述的合理性进行解释，认真分析双方争议的矛盾点及矛盾产生的原因，对于明显不合理的解释不予采信。只有当定案证据之间的矛盾得以排除或得到合理解释的，才可据此认定案件事实。当穷尽各种证明方法仍不能判断双方的说法何者为真，何者为假时，应当作出有利于犯罪嫌疑人的事实认定。

（执笔人：刘浪）

91. 证人证言与犯罪嫌疑人的供述相互矛盾时如何采信?

（1）证据和谐性考察

证人证言与犯罪嫌疑人的供述存在矛盾，采信任何一方的说法都影响犯罪事实的认定时，需要甄别二者的真伪，排除虚假的证据。对于证据内容真伪的判断应将其放入全案的证据体系中进行考察。一项真实的证据必须与全案的证据保持和谐统一，即其与其他证据在证明方向上应具有协调性和一致性。如果一项证据与在案证据在证明方向上存在相反的趋势，与其他在案证据均有矛盾，基本可以确定系伪证。

同时，一项证据也必须在其自身内部具有和谐性和统一性。如果一项证据自身前后互相矛盾，难以自圆其说，其本身的不合理性就说明了其自身内容的矛盾无法调和，因而系伪证的可能性非常大。所以，在两个证据之间存在矛盾时应从其自身内部是否和谐，是否合理，其与在案的其他证据是否和谐，在证明方向上是否一致等方面对其进行仔细的甄别，去伪存真，最终决定取舍。

【司法实例：黎某贩卖毒品案】

在一起贩卖毒品案件中，犯罪嫌疑人供称证人到其住处要吸食毒品，遂让其去购买毒品供证人吸食，其拿了证人200元钱以及利群香烟2包便出门去买来毒品之后给证人吸食。证人则称案发当日其到犯罪嫌疑人的住处去玩，发现房间内有毒品，其要求犯罪嫌疑人将毒品给其吸食，犯罪嫌疑人称，“你没钱也想吸毒?”其就将身上的2包利群香烟交给犯罪嫌疑人后开始吸食毒品。

单单从犯罪嫌疑人和证人的证言来看，可能会无法排除合理怀疑，无法作出准确的事实认定。但是在案证据中还有犯罪嫌疑人女朋友的证言，其证言虽然比较简略，却相当的关键。其称当时证人到犯罪嫌疑人住处之后就开始吸食毒品，犯罪嫌疑人也没有出去过。因此，犯罪嫌疑人女朋友的证言可有效印证吸毒证人的证言，并驳斥了犯罪嫌疑人出去代购毒品的说法。因而应当采信吸毒人员的说法，认定犯罪嫌疑人以2包利群香烟为对价，将毒品贩卖给证人并容留其吸食的事实。此外，从犯罪嫌疑人的供述来看，拿着200元钱和2包利群香烟为对价去帮他人购买毒品本身就不太合理，因而可信度较低。可见，该案中，犯罪嫌疑人的供述与其他两名证人的证言在证明方向上存在矛盾和不一致之处，其自身内部也存在不合理性。因此，其供述的内容不能被采信，应当参考证人证言作出事实的认定。

后公诉人对犯罪嫌疑人的该笔犯罪事实提起公诉，庭审时，犯罪嫌疑人对该笔犯罪事实亦供认不讳，法院依法判决其贩卖毒品罪罪名成立。

（2）派生证据的收集与证据补强

有时由于在案证据不充分、存在应当调取的证据未能调取的情况，导致在证人证言和犯罪嫌疑人供述存在矛盾的情况下一时难以辨明真伪。此时，应当顺着证人证言或者犯罪嫌疑人的辩解寻找可能存在的潜在的派生证据。如果派生证据能够被找到，该派生证据可以对原证据形成有效的印证和佐证，证明原证据的内容得到了其他证据的补强，因而其真实性就得到了证明，应采信原证据的内容。当然，如果穷尽证明方法和证据手段依然无法判断存在矛盾的两个证据何者为真的，只能就低采信对犯罪嫌疑人有利的证据。

（执笔人：刘浪）

92. 怎样处理证人之间就同一事实所作的相互矛盾的证言?

（1）证人证言之间相互矛盾的原因

不同的证人对同一事实所作的证言由于受到多种因素的影响，其证言的内容很可能是不一致的。例如证人是否直接观察到了事情的经过，其证明的对象和内容是否一致，证人个体之间存在的记忆、表达能力的差异，证人对事情的关注、注意程度，证人与当事人的关系以及与案件处理结果的利害关系等都会对证言的真实性、可靠性产生影响。

如果不同证人的证言在表达、语气等方面都丝毫不差，反而容易让人对证言的取证是否合法，程序是否规范等产生怀疑，证人证言的真实性也可能存在问题。因此，不同的证人证言之间存在差异也是经常会出现的正常现象。

（2）采信证言的考虑因素

公诉人在发现证人之间就同一事实的证言存在矛盾时，应当首先综合全案证据，就证人证言、犯罪嫌疑人供述、被害人陈述、鉴定意见等证据进行综合审查和分析，从中发现、提炼这些证据所能够共同证明的事实，寻找这些证据之间的共同点和链接点，锁定案件的其他能够被证明的基础事实。对于证言之间的细节描述不一致之处要仔细分析，是证人对其亲身直接感知事实的陈述还是其所作的猜测性推断？证人与案件当事人是否存在利害关系，是否存在偏袒或者夸大陷害犯罪嫌疑人的可能？证人的作证能力是否有影响或欠缺？证人证言的内容是否合理可信，前后是否存在矛盾？证人证言与其他证据之间是否存在矛盾，是仅与个别证据存在矛盾，还是与其他在案证据均存在矛盾？

一般而言，前后稳定一致，对于事实的描述细致、合理、自然的证言比前后反复，对事实的描述粗糙、概括、简要又不合情理的证言可信性要高。那些与其他在案证据之间矛盾较多，不相符合的证言因无法与在案证据体系相容而可信度较低。在审查与当事人或者与案件的处理结果有利害关系的证人证言时要注意其立场，客观中立证人的证言可信度较高。

（执笔人：刘浪）

93. 同案犯罪嫌疑人之间相互推诿时如何认定事实?

在共同犯罪中，同案犯罪嫌疑人之间相互推诿，均辩称自己在犯罪中的作用较低或系从犯的情况也是经常会出现的。比如盗窃犯罪中，有的辩称自己在望风，其他犯罪嫌疑人在具体实施盗窃行为。又如在故意伤害犯罪中，有的辩称造成被害人伤势的并非其本人所为而系同案犯的伤害行为所致等。

（1）不影响定罪量刑的可不予区分

在司法实践中，帮助犯与实行犯有时对量刑的影响并不大。因为我国《刑法》上只有主犯、从犯、胁从犯的区分才对量刑有影响。帮助犯也可能是主犯，在共同犯罪中，不足以区分主犯和从犯的情形也是很常见的。所以，同案犯罪嫌疑人之间互相推诿的，有时对犯罪嫌疑人的定罪量刑影响不大，可不予区分。而在个别共同犯罪中，犯罪嫌疑人在事先经过商议、预谋，事后又形成了不同的犯罪分工，这样犯罪嫌疑人在共同犯罪中的作用就更是相差无几，对量刑几乎没有影响，所以也没有具体区分的必要。在这些情况下，可笼统概括同案犯罪嫌疑人的行为即可，没有必要再花时间和精力来区分同案犯之间的犯罪地位。

（2）对同案犯罪嫌疑人供述与辩解的审查

有时共同犯罪中犯罪嫌疑人的具体行为，比如说故意伤害犯罪中的直接致害人是谁，对于量刑是有较大影响的，其实行行为和帮助行为在犯罪中的作用有重大区别，因而有进行区分的必要。

在此类案件中，首先，公诉人应从其他证据，尤其是客观性证据着手，对犯罪嫌疑人的辩解进行检验。例如，在犯罪嫌疑人实施故意伤害行为时，是否有视频监控，能否看清楚实施犯罪行为的过程和行为人。客观性的证据通常可以准确地锁定犯罪嫌疑人，例如凶器上留有的犯罪嫌疑人的指纹，或者视频监控录像设备准确拍摄到了实施犯罪行为的嫌疑人等，都可以帮助公诉人准确地区分共同犯罪中犯罪嫌疑人的具体行为。

其次，公诉人还可审查被害人能否指认具体实施伤害行为的犯罪嫌疑人。被害人对犯罪嫌疑人能否准确指认，描述行为是否具体细致，语气是否肯定等都影响其陈述的可信性和客观真实性。公诉人还应审查同案的犯罪嫌疑人对直接致伤行为人的描述是否细致可信，能否排除其他人致伤的可能性等。

最后，公诉人可从同案犯罪嫌疑人供述与辩解的合理性角度进行审查。犯罪嫌疑人的供述是否稳定还是前后不一等。一般而言，犯罪嫌疑人的供述比较稳定，前后一致的，其供述的可靠性较高。犯罪嫌疑人对同案犯罪嫌疑人的具体犯罪行为的描述细致、具体且语气肯定的，其供述的可信性也较高。

（3）补充侦查和当面对质

公诉人还可通过讯问犯罪嫌疑人、询问被害人，通过讯问相关的细节观察犯罪嫌疑人的表情，获得内心的确信，并确定具体的侦查补证方向和思路。有时因为视频监控录像中的行为人比较模糊，此时应将相应的监控录像、照片交由犯罪嫌疑人进行辨认，以查清事实。

必要时可以让相互推诿的同案被告人当庭进行对质，通过观察二者在供述时的语气、神情等，判断何者所言为真。如果穷尽侦查手段后仍然难以区分的，应根据“存疑时有利于被告人”的原则，作出有利于被告人的事实认定。

（执笔人：刘浪）

94. 共同盗窃案件中，多名犯罪嫌疑人及被害人对盗窃财物数额说法不一时如何认定？

在多人共同实施的盗窃案中，对于盗窃的数额，多名犯罪嫌疑人及被害人的说法不一致是经常会出现的情况。在这种情况下，如何运用刑事印证的证明规则及存疑时有利于被告人的原则来认定盗窃财物的数额就显得相当重要。我们认为，应当首先依照刑事印证证明的要求对相关的盗窃数额进行认定，同时适当辅之以“心证”进行采信，最后无法查清事实时适用存疑有利于被告人的原则进行认定。

【司法实例：罗某等人盗窃案】

罗某、黄某、孙某某、郭某某4人系某电子厂员工，4人利用夜间工厂下班时间，至厂区内盗窃液晶显示屏。后由罗某至他人处销赃，得款由其分给其余3人。罗某供述其根据销赃的具体价格和销赃得款计算出销赃的液晶显示屏的具体片数为170片左右。黄某和孙某某系该车间的具体操作工，二人均估计，两辆推车已经装满，每辆推车相应型号的显示屏装满正好是100片，因此显示屏的片数为200片左右。郭某某仅参与接运，对于盗窃的具体片数不清楚。被害单位代表陈述称，因其报案时距离案发时间较长，其清点案发前后1个月时间内失窃的数量远远高于犯罪嫌疑人供述的数额，达到360余片。

对于该案，由于被害人报案时所陈述的失窃数额系犯罪嫌疑人作案的某一时间段清点的数额，难以据此认定该时间段内所有失窃的财物均为犯罪嫌疑人所窃，且该数额远高于犯罪嫌疑人所供述的数额，从“存疑有利于被告人”的原则出发，应当就低认定。那么，应当采信销赃人罗某的供述还是黄某和孙某某的供述呢？如果说罗某因其亲自销赃并清点了显示屏的数量这一角度说，其供述的数量应当更可信。但是黄某和孙某某参与了具体盗窃，且从其二人的经验出发所作的判断也具有相当的可信性。考虑到罗某具体销赃，可能为了私吞赃款，有可能会对数额和销赃的价格有所隐瞒，因此，其供述尚存在一定的疑点。而黄某和孙某某二人的供述可以相互印证，且又具有相当的合理性，因此，公诉人采信黄某和孙某某的供述，认定犯罪嫌疑人盗窃的显示屏的片数在200片左右。后案件起诉至法院，罗某对起诉指控的事实也无异议，法院判决也认定了检察机关指控的事实。

（执笔人：刘浪）

95. 口供补强规则的运用技巧有哪些?

口供补强规则，是指仅凭被告人的口供不能定案，只有当被告人的口供能得到其他证据的补强时，才能认定案件事实的证据规则。所谓的补强其实就是我们平常所说的“印证”。我国现行《刑事诉讼法》第53条确立了口供补强规则。该条第1款明确规定：“对一切案件的判处都要重证据，重调查研究，不轻信口供。只有被告人供述，没有其他证据的，不能认定被告人有罪和处以刑罚；没有被告人供述，证据充分确实的，可以认定被告人有罪和处以刑罚。”

（1）补强证据应对口供中的关键构成要件事实进行补强

但补强和印证必须对犯罪构成要件均形成补强和印证，形成完整的证据锁链，如果在关键的如客观行为构成要件方面无法得到补强、印证的，犯罪事实往往难以认定。

【司法实例1：万某某盗窃案】

犯罪嫌疑人万某某与其老乡万某于2009年10月27日晚9时许因形迹可疑被巡逻民警抓获。万某某在被抓获后即主动交代了其两笔涉嫌盗窃犯罪的事实。其中，其交代的于2009年10月17日伙同他人以“仙人跳”的方式盗窃一男子3800元现金的事实有被害人的报案陈述可以印证，因而可以认定。但其交代的于2009年10月27日晚8时许伙同“阿霞”以“仙人跳”的方式盗窃另一男子现金2500元的事实并无被害人报案。民警在抓获犯罪嫌疑人万某某时从其身上扣押了现金2500元。其老乡万某的证言证实：2009年10月27日下午5点其与犯罪嫌疑人万某某在一起，后于当晚8时左右犯罪嫌疑人万某某去办事情，两人分开。当晚9时许，犯罪嫌疑人万某某办完事情后又与其在一起，后两人均被民警抓获。此证言的内容与犯罪嫌疑人万某某供述的一致。

【分析】

在司法实践中，对于仅有犯罪嫌疑人的供述，但没有被害人报案的盗窃案，检察机关一般会依照《刑事诉讼法》的相关规定，不予指控。但就本案而言，情况稍有特殊，犯罪嫌疑人万某某供述的2500元赃款被扣押在案，且其他证据均与其供述的内容相吻合，也未发现有矛盾之处，犯罪嫌疑人万某某又系自首，其供述又具有相当的可信性。因此承办检察官认为，犯罪嫌疑人万某某对于其被抓获当晚的盗窃事实有多次供述，且多份供述稳定一致。另从其身上还搜出了2500元赃款。证人万某的证言也证实了案发当晚犯罪嫌疑人万某某先后与其在一起的事实，虽然其无法证实犯罪嫌疑人万某某的犯罪事实，但至少可以佐证万某某供述的真实性。因此，案件承办检察官认为，犯罪嫌疑人万某某的供述真实、可信，对该笔犯罪事实应予起诉。

【处理结果】

本案的实际处理情况是：案件起诉到法院后，虽然相关的证据材料对万某某的供述均能印证，但是却缺少关键性的被害人的报案笔录——这类能直接证明法益侵害后果等犯罪客观构成要件的证据。虽然赃款2500元现金扣押在案，但由于现金是货币，是种类物，不具有个性化特征，因此无法排除合理怀疑。而万某某所供述的同案犯"阿霞"也未能到案，故法院未支持检察机关对该笔犯罪事实的指控。

从本案实际处理情况来看，如补强证据仅能佐证"自白"的真实性，尚不能认定案件事实。补强证据必须补强法益危害后果等客观构成要件事实（如被害人的损失等"罪体"）才可谓证据充分。

（2）口供补强程度

真正从事了犯罪行为的被告人系案件的亲历者，因此，对于案件事实而言其本人应该是最了解的。但历史已经反复证明，自白基于种种原因仍然有虚假的可能性，而一旦根据虚假的自白作出裁断则往往就会造成冤案。为避免因偏信自白而导致误判，许多国家和地区陆续规定了自白补强规则。那么应如何甄别被告人自白的真伪呢？有两种解决思路：一是"专门性知识原则"；二是要求对被告人身份的同一性进行补强。

"专门性知识原则"是美国新泽西州最高法院在卢卡斯案（State v. Lucas）中引入的。在该案中，法官认为，如果被告人的口供中提到一些专门性知识，那么被告人知道这些专门性知识这一事实就能达到充分地补强被告人口供的程度。[①]"两高三部"出台的《死刑案件证据规定》第34条也规定，"根据被告人的供述、指认提取到了隐蔽性很强的物证、书证，且与其他证明犯罪事实发生的证据相互印证，并排除串供、逼供、诱供等可能性的，可以认定有罪"。"专门性知识原则"假定只有犯罪行为人才会知晓一些与犯罪事实有关的"专门性知识"。这一假定大体正确，在一般情况下，也是有效的，但也并非不存在例外。例如罪行的实施者可能会向他人转述其实施犯罪的相关事实与情节。案发时的目击证人也很可能观察到这些"专门性知识"。所以，"专门性知识原则"仅为判断被告人自白真实性的方法之一，而不可全信。

至于犯罪行为人与被告人身份同一性补强的问题，虽然从自白补强规则的

---

① 参见 Andrew L. - T Choo，"Confessions and corroboration：a comparative Perspective"，Crime. L. R. 1991，DEC，867 - 877，转引自宋英辉、汤维建主编：《我国证据制度的理论与实践》，中国人民公安大学出版社2006年版，第195页。

创设价值之一——“排除虚假供述，以防止误判”来看，最好是犯罪行为人与被告人身份的同一性能有补强证据予以证实。但在司法实践中此种要求很少能达到。例如很多盗窃案件中只有被害人关于失窃的大概时间、地点及失窃财物的报案陈述，现场很少能提取到指纹等能够锁定犯罪嫌疑人的证据。而且案发时往往没有目击证人，即使有，也很可能未能找到。所以，要求所有案件中均有补强证据能够对被告人身份的同一性进行补强不太现实。但如果不要求对身份的同一性进行补强又可能难以避免出现被告人张冠李戴的情况，从而导致错判。

事实上，上述两种方法所解决的问题归根结底落实到一个问题，那就是补强证据的补强程度问题，即根据补强证据并结合被告人的口供，判断补强证据是否能够对口供进行支撑，能否使裁判者达到“内心确信”，进而采信口供、认定案件事实的问题。这是自白补强规则的核心问题。我们认为，要甄别犯罪嫌疑人、被告人自白的真伪，必须对全案证据进行综合判断，排除证据之间的矛盾之处，或者能够对证据间的矛盾作出合理的解释，进而排除合理的怀疑，方能定案。具体可从如下几个方面对自白进行考察：第一，考察自白本身是否真实可信。包括考察自白是否具有亲临性，是否真实、具体，犯罪嫌疑人的自白是否能体现其亲身体验和感觉。第二，考察自白与其他证据之间是否有矛盾，矛盾是否能够排除，自白与客观事实是否相符。第三，考察作出自白的客观外部环境及作出的过程是否有可疑之处。[①]

【司法实例2：罗某强盗窃案】

犯罪嫌疑人罗某强于2010年4月28日20时左右因为在某一购物中心门口盗窃自行车而被巡逻民警抓获。被抓获的当晚其对盗窃自行车的事实供认不讳，但并未供述其他犯罪事实。后经检测，犯罪嫌疑人罗某强的尿检报告呈阳性，证实其正在吸毒。在调取了犯罪嫌疑人罗某强的前科资料后，民警发现罗某强曾因犯盗窃罪、贩卖毒品罪而被判刑，还曾因吸毒被强制隔离戒毒6个月。根据这些事实，公安机关决定将其强制隔离戒毒。2010年5月6日民警向其宣布，其可能将被劳动教养1年。某市劳动教养管理委员会于2010年5月11日对其作出了劳动教养1年的决定。2010年5月12日，当民警再次讯问犯罪嫌疑人罗某强时，其供述了伙同“王老五”在4月20日左右的一天21时左右，由“王老五”踩其肩膀爬上一暂住房二楼平台，从窗户进入，窃得1台笔记本电脑和1300元现金的犯罪事实。5月13日，罗某强还带民警去辨认

① 参见［日］松尾浩也：《日本刑事诉讼法（下卷）》，张凌译，中国人民大学出版社2005年版，第39页。

了作案现场。5月15日罗某强还供称，“王老五”是用螺丝刀一样的东西打开暂住房的窗户进入的。后民警找到了被害人2010年4月17日的报案笔录，称在当日确有1台笔记本电脑和1500元现金被盗。但被害人却称门窗没有被撬，防盗门、窗都保持完好，阳台窗外拉锁门也锁着，没有被撬痕迹。

【分析】

粗看案卷材料，这似乎是一起简单的盗窃案，与我们平常办理的入室盗窃案没有区别。证据材料中既有被害人的报案笔录，又有犯罪嫌疑人的供述，且犯罪嫌疑人对作案现场还进行了辨认。犯罪嫌疑人罗某强对盗窃事实供认不讳且供述一直稳定一致，其对盗窃的时间、地点、赃物等的供述均与被害人的陈述基本吻合，也未发现有明显的矛盾之处。但在审查起诉过程中，案件的承办检察官却发现了下述矛盾：被害人称阳台窗外的拉锁门被锁，没有被撬的痕迹；但犯罪嫌疑人罗某强却供述，是用螺丝刀一样的东西打开暂住房的窗户进入的。但该一情况并未得到注意和充分的重视，案件被起诉至法院后，检察官去提审其同一监室的其他案件的犯罪嫌疑人时，却得知了如下情况：犯罪嫌疑人罗某强在监室里说，“本来不是我干的事情，检察院也要起诉我”。发现该情况后，为防止错案发生，检察机关将该案退回公安机关补充侦查，让公安机关继续调查取证。经查，公安机关移送的该笔犯罪事实并非犯罪嫌疑人罗某强所为，而是犯罪嫌疑人罗某强在被行政拘留期间其同监室的方某所为。犯罪嫌疑人罗某强之所以要这么做，是因为其因吸毒、盗窃将要被劳教1年，但是如果其承认了该笔盗窃的犯罪事实，可能被判的刑期仅为几个月。

因此，我们在运用自白补强规则认定案件事实时一定要重视证据之间的矛盾。在存有疑问的情况下，要仔细讯问犯罪嫌疑人，让其对证据之间的矛盾进行合理的解释，一旦发现犯罪嫌疑人对案件证据之间的矛盾无法合理解释，即应考虑其供述虚假的可能性。此外，对犯罪嫌疑人供述时的案外情况也要格外予以关注，尤其要注意是否存在可能影响犯罪嫌疑人真实供述的案外情况。

(3) 共犯口供的补强

共犯口供的补强问题，即能否以共犯的口供对被告人的自白予以补强，从而认定案件事实的问题。这一问题也是司法实践中的一个难题。这一问题的产生主要是因为：共犯的口供虽然可以被视为证人证言，但是由于共犯的口供本身也属于被告人的供述与辩解，可能存在犯罪嫌疑人为逃避罪责而嫁祸他人，进而虚假供述的危险。

对于是否能仅依共犯的口供对被告人的口供进行补强而定案，司法解释没有统一的规定。但司法实践中对于有4名以上共犯的供述，且供述的作案细节能够相互吻合，未发现有违法取证等情形的，基本上可予认定。而仅有1名或2名嫌犯的供述，没有其他证据印证的，一般不予认定。对于仅有3名共犯的供述是否认定案件事实，则存在较大争议。一般而言，如果3名共犯供述的内容均过于粗糙，印证性较差，不能有效补强的，或者供述不稳定的，一般不予认定。

【司法实例3：罗某春等抢劫案】

犯罪嫌疑人罗某春与同案犯李某因形迹可疑于2010年8月12日被公安民警抓获。2人被抓获后即供认正预谋抢劫。经讯问，2人均交代了伙同另外3人经事先预谋，在2010年6月的一天晚上在某公园河边抢劫一对青年男女五六百元现金的事实。在交代了犯罪事实后，犯罪嫌疑人罗某春还协助民警抓获了另一名同案犯李某某。李某某到案后也对上述5人共同抢劫作案的事实供认不讳。且3人对抢劫作案的细节包括预谋的经过、抢劫的过程、地点、财物、对象特征以及作案工具等均有详尽、一致的供述，可以相互印证。3人均能指认出作案地点及抢劫之后当天入住的旅馆。民警找到该旅馆后，旅馆老板也证实李某、罗某春等人当晚入住情况。几人入住旅馆的住宿登记表也被民警所提取，上面记载了李某、罗某春登记的身份信息等。但是，经种种努力，公安民警一直未能找到被害人的报案记录。

【分析】

该案的实际处理情况是：公安机关对3名犯罪嫌疑人均以抢劫罪提请批准逮捕。在审查批准逮捕期间，案件承办检察官认为，根据《刑事诉讼法》的规定，现有证据尚不足以认定犯罪嫌疑人罗某春伙同李某、李某某等5人共同抢劫的犯罪事实，需要继续调查取证。因此对犯罪嫌疑人李某、李某某以证据不足不予批准逮捕，对犯罪嫌疑人罗某春则以盗窃罪予以逮捕①。后公安机关继续侦查，但仍然无法找到被害人，只补充了犯罪嫌疑人罗某春等人供述的其当晚宾馆住宿登记表一份。案件移送审查起诉后，承办检察官认为，3名共犯对于抢劫犯罪事实均有供认，且在供述的细节上保持一致，未发现有指供、诱供、刑讯逼供等非法取证情形。3名犯罪嫌疑人的供述从侦查、审查批准逮捕到审查起诉阶段均稳定一致，而且3名犯罪嫌疑人中的罗某春系主动交代犯罪事实，有自首情节，其供述具有很强的真实性②。案件起诉到法院之后，法院认为，虽然该案中并无被害人报案，但另两名同案犯的供述对犯罪嫌疑人罗某

① 罗某春还涉嫌其他盗窃犯罪。

② 因罗某春等人涉嫌的抢劫犯罪并无被害人报案，警方很难编造犯罪事实。故应无指供诱供之可能，而且抢劫罪系重罪，犯罪嫌疑人一般情况下也没有虚假供述的必要。

春的供述进行了有效补强，最终法院对犯罪嫌疑人罗某春该笔抢劫的犯罪事实予以认定。

本案的处理结果表明：在如下情况下有3名共犯的供述可以定案。第一，3名共犯的供述自然、真实，不存在指供、诱供、串供等情形。第二，在整个刑事诉讼过程中，从侦查、审查批准逮捕、审查起诉直至审判阶段，犯罪嫌疑人的供述一直稳定一致，均能细致地描述案件的来龙去脉，对于司法人员问到的作案细节均能很自然地通过回忆予以回答，没有编造的可能性。第三，3名共犯供述的细节，包括在犯罪事实经过的描述上均能够相互印证，不存在明显的矛盾之处。

（执笔人：刘浪）

96. 如何应对审查起诉阶段犯罪嫌疑人翻供的情形?

（1）正确认识翻供，正确树立对待翻供的态度

在侦查阶段，犯罪嫌疑人、被告人的供述是获取证据的重要线索。一般来讲，在侦查讯问阶段一定要注意对犯罪细节描述的记录。一方面，这些犯罪的细节可以提供最真实的案件事实，是证据的重要链接点。另一方面，可以通过口供中提到的线索找到其他证据，可以堵死犯罪嫌疑人的辩解，从而避免翻供。然而实践中一般的情况却是，在证据确凿的情况下，犯罪嫌疑人一般不太会翻供。正是因为侦查人员等在制作讯问笔录时未将一些漏洞“堵死”，笔录没有做到位，才会给犯罪嫌疑人留下翻供的空间。而且一旦犯罪嫌疑人作出了有罪的供述，要再编造一个虚假的案件事实情况，而且要编造得天衣无缝还是比较困难的。所以，翻供的案件不可怕，可怕的是“零口供”的案件。因为既然犯罪嫌疑人已经作出有罪供述，我们可以以原供来对翻供进行有效的质疑，无理的翻供是很难自圆其说的。当然，这样说的前提是，原供是真实的，翻供是虚假的。

（2）要注意审查犯罪嫌疑人原供的合法性

但是，我们也不能排除翻供是真实的，原供是虚假的这种情况。因为客观上指供诱供、刑讯逼供的情况并非不存在，而在非法取证的情况下，翻供反而是真实的情况就很可能出现。尤其是一些敏感的案子，公安机关为了立功就有可能铤而走险。这种情况下，公诉人办案时一定要注意冤假错案的风险，即使这种情况出现的概率较小。

在指供诱供、刑讯逼供的情况下，有理翻供的概率比较大。其实很多的冤假错案是和翻供联系在一起的，翻供可以为我们发现冤假错案提供重要的线索。另外，被监视居住期间犯罪嫌疑人所作的有罪供述需要注意。因为现在派

出所里的审讯室也装了监控，不太会刑讯，但是监视居住在宾馆或者其他地方的，可能会有刑讯，而在看守所里一般不太会刑讯逼供。

此外，指供诱供和刑讯逼供的情况和“由证到供”也可以联系起来，所谓的“由证到供”就是指侦查机关已经掌握了一定的证据，在这种情况下由于种种原因侦查人员通过欺骗或“强攻”得到犯罪嫌疑人、被告人的供述，在审查的时候要特别注意。而“由供到证”的情况下，口供一般可信度还是比较高的，比如根据犯罪嫌疑人的指认起获赃物、提取作案工具乃至发现尸体等这些都能对口供进行有效补强，具有较强的证明力。

（3）提审时犯罪嫌疑人翻供的应对

公诉人提审犯罪嫌疑人时，犯罪嫌疑人翻供，提出辩解的，我们应该抱有的态度是不可全信，也不可不信。具体应当区分情况，作不同的处理。如果结合犯罪嫌疑人的原供，其翻供与全案证据明显矛盾，或者明显违背情理时，可以认定其翻供的虚假性。此时，需要根据不同的情况，对其翻供予以坚决的驳斥，打消其翻供的念头，促其认罪。

当其翻供有一定道理的时候，如果不影响定罪量刑，此时需要对其作政策教育，说明理由，也促其不再作无谓的辩解，以免影响诉讼的进程，浪费司法资源。当其翻供有一定的道理，且影响定罪量刑的，此时要仔细地记录其翻供的具体内容，就案件的细节详细讯问，对其提到的应该继续查证的方向作记录，并将这些问题和需调查的证据作为下一步调查取证的方向。如果查证的结果是与犯罪嫌疑人翻供的内容相矛盾的，可以证实其翻供的虚假性。如果查证的内容能证实犯罪嫌疑人翻供的真实性的，这对我们查清案件事实、避免冤假错案是有莫大好处的。

在犯罪嫌疑人时供时翻的情况下，如果能够让犯罪嫌疑人认罪，并把犯罪嫌疑人的笔录“做”下来，那么在制作讯问笔录的时候一定要注意对一些犯罪细节的记录和巩固，必要的时候可制作同步录音录像，这样其将来的翻供就不太容易得逞。笔录一旦做下来，就要考虑尽快起诉，趁犯罪嫌疑人认罪服法的时候，尽快地审判，那样也可以缩短其思考对付司法机关的时间，打消其侥幸的心理，减少其恶意翻供的机会。

（4）翻供可能为真时的处理

当然如果翻供和原供都有一定的道理，与全案证据都没有明显矛盾和出入的情况下，只有继续补证，当证据无法补充侦查提取，无法判断翻供和原供真伪的情况下，则证明案件的事实根据现有证据无法查清，只能作有利于犯罪嫌疑人的事实认定。

(5) 公诉人应尽量在庭前有效解决翻供问题

犯罪嫌疑人翻供的，公诉人应尽量在庭前妥善处理。翻供可以为我们预测庭审时的辩点提供思路，只有在庭前充分准备，通过调取证据、认真研究犯罪嫌疑人翻供所涉的事实和法律问题才能在庭审中取得主动。当然，我们提倡在提审讯问时就将恶意翻供制服，不要把问题在庭审时才充分地暴露。工作应该做在前面，如果公诉人在提审时就能彻底教育好犯罪嫌疑人，犯罪嫌疑人就不会再作无谓的辩解，也可以避免庭审时的被动，因为如果在庭上公诉人无法说服被告人促其认罪，甚至导致法官对检察机关指控的事实产生怀疑，那么公诉人就是指控不力。

因为公诉人具有举证证明被告人犯罪事实及罪名成立的责任。如果公诉人无法举证证明，案件事实仍存疑的，法官会要求继续补证，而一旦翻供是真实的，公诉人却没有去调查取证，在庭审时就会相当被动。事实上，对于一般被告人认罪的案件，法庭就容易下判。对于不认罪的案子，法庭很难下判，法官在写判决书的时候还要花大量的篇幅对于判决认定的事实进行论证，驳斥被告人的辩解，法院还要考虑上诉率的问题。

所以，公诉人还是要引起足够的重视，争取庭前能够有效解决翻供问题，避免司法资源的浪费。当然如果犯罪嫌疑人明显是恶意翻供，公诉人可以通过证据和对案情的分析来予以驳斥，当庭制止恶意翻供。

（执笔人：刘浪）

97. 到案经过陈述笔录的形式要件及其证据属性是什么？

(1) 到案经过陈述笔录的证据内容及形式

到案经过陈述笔录通常是为了证明犯罪嫌疑人、被告人的到案经过，并以书面载体的形式出现。该书面材料通常由抓获或者接受犯罪嫌疑人、被告人投案的侦查机关的侦查人员出具。在该书面材料中一般记载陈述人的姓名、服务的处所、文化程度、职业等陈述人的身份信息，并由陈述人手写或者书面打印的方式陈述犯罪嫌疑人、被告人是如何到案的，是自己主动投案，还是被侦查人员抓获归案，陈述完毕后由陈述人签名确认。由于通常情况下是有两名办案人员从事刑事执法活动，因此到案经过陈述笔录经常是由两名办案人员分别出具，有的还盖有办案单位的印章，它是刑事案件不可或缺的证据之一。

(2) 到案经过陈述笔录属于证人证言

从到案经过陈述笔录的内容和形式来看，其应当归属于证人证言。它是侦查人员在执行职务行为中目击的案件事实。有的案件中，公安民警及时出警在现场抓获正在实施犯罪的犯罪嫌疑人，公安民警对这一事实的陈述对于锁定犯罪嫌疑人、查明犯罪事实具有直接的证明作用，其证据的证明价值相当高。但通常情况下，由于公安民警本身就是侦查人员，其提供证言的方式就是自书的方式。修改后《刑事诉讼法》明确规定了侦查人员出庭作证的限制条件，实践中侦查人员也极少出庭作证，所以这种书面陈述的方式就成为了一种普遍的现象。

(3) 到案经过陈述笔录的形式要件

到案经过陈述笔录必须由陈述人签名确认，否则将无法证实其真实性。而且该陈述笔录只能由抓获犯罪嫌疑人或者接受犯罪嫌疑人投案的办案人员陈述并出具。实践中有些办案人员并未实际参与抓捕犯罪嫌疑人或者接受犯罪嫌疑人的投案却根据其他侦查人员的陈述而出具到案经过陈述笔录，这不符合证人作证要求。因为证人必须以其亲身体验、感知的案件事实作证，侦查人员从他人处传闻的案件事实作证的证据证明力是有疑问的。

到案经过陈述笔录出具主体应当是具体的侦查人员而非办案单位。办案单位在到案经过陈述笔录上盖印章只能证明陈述人的身份信息等是否属实，是否系办案单位的工作人员等，对于陈述笔录内容是否真实并没有证明作用。对到案经过陈述笔录内容的真实性的审查还要结合犯罪嫌疑人、被告人的供述进行综合审查判断。如果发现有疑点的，要进一步调查核实。

（执笔人：刘浪）

三、客观性证据审查

98. 作案工具照片属于何种证据种类？有哪些审查方法？

（1）司法实践中的常见错误做法

通常情况下，许多作案工具体积大、数量多且难以搬运，而关键物证的丢失甚至会造成无法定案的恶劣后果。因此司法实践中，为了避免关键物证的遗失，在刑事诉讼过程中，侦查机关一般并不会将这些物证随案移送，而将这些物证保存在侦查机关。但为了有效地利用物证来指控犯罪，充分利用物证来证明案件相关事实，侦查机关通常会对扣押的作案工具进行拍照，以照片的形式予以固定，并将这些物证照片打印，装订进案卷卷宗一并移送。因此，许多办案人员以为这些照片以书面形式展现，就想当然地认为这些物品的照片是书证，并在案件审查报告和起诉书中列举证据时，将这些照片错误地归入书证的范畴。

（2）作案工具的照片应属于物证

在我国《刑事诉讼法》上，对证据的分类主要是以证据内容所发挥的证明作用来进行区分的。例如物证就是以其外部特征、物理属性发挥证明作用的物品或痕迹。而书证则是以其所记载的内容和思想来发挥证明作用的文件或者其他物品。书证主要以其记录的文字、图形和符号等作为载体来表达与案件有关的事实。毫无疑问，作案工具是犯罪嫌疑人、被告人实施犯罪行为时所使用的器具，是物证。作案工具的照片虽然是以书面形式展现作案工具的特征，但它主要反映的是作案工具的外部特征，它并非以作案工具上所记载的内容和思想来发挥证明作用，因而不是书证，只是以照片形式反映物品特征的物证。因此，公诉人在对在案证据进行归类时，应将作案工具等物证的照片归入物证的范畴，并在物证这一项进行罗列。

（3）物证照片的审查

由于作案工具的照片等系作案工具的复制品，并非是原物，因此公诉人在审查这些物证照片时，首先，应注意审查这些物证照片是否能够充分反映相关物证的特征，是否存在不清晰和模糊之处。不能反映物证特征的照片是不能作为定案的根据的。其次，还须确保原始物证的真实性。即需对物证进行“鉴真”，鉴真的方式是通过审查勘验、检查、提取、搜查、扣押笔录等说明作案工具等物证来源的笔录证据来确定该作案工具确实是犯罪嫌疑人、被告人所使用的作案工具，确定照片上的物证是来源于犯罪现场或者犯罪嫌疑人等。最后，要通过辨认程序来确定物证与案件的关联性。通常情况下，侦查人员会将作案工具等物证交由犯罪嫌疑人、被告人、被害人、证人等进行辨认，由这些人员识别、辨认照片上的作案工具是否系由犯罪嫌疑人、被告人所使用的作案工具或凶器，避免因张冠李戴而导致案件事实认定的偏差。如果凶器上有血迹等痕迹物证的，侦查机关还应将相关的血迹等送至鉴定机构由鉴定人进行鉴定，以鉴别是被害人所留还是他人所留；确定相关凶器是否就是伤害被害人的凶器等，进而确定凶器等物证与犯罪嫌疑人、被害人及案件事实的关联性。

（执笔人：刘浪）

99. 搜查、提取、扣押笔录属于书证还是勘验、检查笔录?

（1）搜查、提取、扣押笔录常被错误地归入书证

我国《刑事诉讼法》所规定的法定的笔录证据种类中仅包含勘验、检查、辨认及侦查实验笔录。虽然我国《刑事诉讼法》对于搜查、提取、扣押笔录没有明文规定，但却规定了搜查、查封、扣押等侦查活动。而且伴随着这些侦查活动，通常会形成搜查笔录、提取笔录及扣押笔录等笔录证据。司法实践中，这三种笔录证据经常在证据材料中出现，公诉人应当正确认识这三种笔录证据的证据属性。

搜查、提取、扣押笔录是侦查人员在进行搜查、提取相关物证、书证等实物证据、扣押相关的赃款、赃物、作案工具、文书等侦查活动中，对这些侦查活动、经过情况的记录，它通常可以反映侦查人员发现和提取证据的处所和过程。而这些笔录通常也是以书面形式展现，司法人员也主要是从这些笔录文字所记载的内容来了解相关的案件信息，许多人会误以为这三种笔录属于书证。

（2）搜查、提取、扣押笔录属于勘验、检查笔录

书证虽然主要以其记录的文字、图形和符号等作为载体来表达与案件有关的事实，但它是以其所记载的内容和思想来发挥证明作用的文件或者其他物品。勘验检查笔录是指侦查人员和司法人员对可能与犯罪有关的场所、物品、人身、尸体进行勘验、检查时所作的记录。勘验、检查笔录一般记录的是勘查人员进行勘验检查等侦查活动的过程，它是对侦查过程的书面记录，其目的是日后司法人员能够像勘查人员亲临现场一样感知现场的情况，再现犯罪现场，为司法人员准确认定犯罪事实服务。

搜查、提取、扣押笔录一般是为了提取赃物、作案工具、凶器、文件等实物证据所制作，其以获取相关实物证据为主要目的，但其仍然包含对有关场所

的查看，并记录发现和提取证据的处所和过程。从这一意义上来说，这些笔录的工作过程和记录的内容与勘验、检查笔录类似，都是对于这些侦查活动情况的记录，其制作的要求也是类似的，即都要求由侦查人员制作并由被搜查人、被提取人、物品、文件的持有人及见证人在场并签名确认。

此外，书证、物证等实物证据一般随着案件事实的发生而产生，搜查、提取、扣押笔录一般产生于案发后，是为了提取实物证据，说明实物证据的来源、处所和特征而由侦查人员随着侦查活动的进行而及时制作。因此从侦查人员获取证据的时间和过程来看，这三种笔录也与书证等实物证据有所不同。

综上所述，搜查、提取、扣押笔录更符合勘验、检查笔录的证据特征，因而属于勘验、检查笔录。

（执笔人：刘浪）

100. 鉴定意见有哪些常见错误？怎样审查？

（1）鉴定意见的概念及特点

鉴定意见是指鉴定人运用科学技术或者专门知识，对诉讼中所涉及的专门性问题通过分析、判断所形成的一种鉴别意见。鉴定意见作为一种专家意见，在刑事执法日益规范，鉴定机构、鉴定人员的资格条件要求更加严格规范的情况下，其可信度是相当高的。而且除了特殊的法医精神病鉴定等不同的鉴定人由于鉴定时对证人的调查访问的范围不同其鉴定意见可能会出现不一致或矛盾外，一般情况下，不同的鉴定人根据同样的检材，遵循同样科学的程序和方法，使用合格的技术和设备，其得出的鉴定意见应当是相同的。这就是鉴定意见的客观性、可重复检验性。

（2）鉴定意见的证明价值

鉴定意见在许多案件中对于定罪量刑起着至关重要的作用。如盗窃案中，如果以盗窃数额较大作为定罪的构成要件，价格鉴定意见书中窃得的财物的价值是否达到数额较大的标准就至关重要。又如在强奸案中被害人阴道内的精斑的DNA分型的鉴定意见就对被告人是否与被害人发生了性关系起到关键性的证明作用，它既可以锁定被告人就是与被害人发生性关系的人，也能够证明其系犯罪既遂。再如在故意伤害案件中，被害人的伤势鉴定意见是轻微伤、轻伤还是重伤，伤残等级是多少，是否是严重残疾，身上有几处轻伤、几处重伤等，对被告人的定罪量刑显然也是具有决定性意义的。因此，对于鉴定意见的审查不能忽视，一旦审查时不仔细或者疏忽就可能导致指控失败甚至会造成冤假错案。

（3）鉴定意见的常见错误

鉴定意见出错通常在于检材搞错或者受到污染。因为一旦检材与实际提取的物证、书证等存在混淆、受到污染等而不真实时，即使鉴定人具备专业的技术资格和要求，遵循了科学的程序和方法，使用了合格的技术设备，其作出的鉴定意见显然也是不可采信的，甚至会混淆视听，误导侦查人员和司法人员。检材来源是否可靠，保管链条是否完善对于鉴定意见的是否可采信起着至关重要的决定性作用。如果这些环节中出现瑕疵或者纰漏，那么将严重影响对鉴定意见的采信，甚至会导致无法定案的结果。

【司法实例1：张某危险驾驶案】

在某区检察院提起公诉的一起危险驾驶案中，侦查人员被通知出庭作证，虽然这只是一起简单的危险驾驶案件，但由于被告人张某抽取的血样在保管环节中出现纰漏，当天抽取血样的人较多而出现血样的混淆。而侦查人员对此又无法合理解释，导致血样的酒精浓度这一鉴定意见无法被采信，检察机关陷入相当被动的不利地位。

【司法实例2：李某盗窃案】

在犯罪嫌疑人李某盗窃电缆线的案件中，鉴定人根据侦查人员提供的电缆线型号和长度作出了鉴定意见，犯罪嫌疑人盗窃的数额刚达定罪起点。但细心的承办人发现，犯罪嫌疑人销赃的数额明显偏低，且赃物电缆线就是在派出所内拍照，电缆线的长度似乎并没有侦查人员所声称的那么长。后经询问侦查人员，其称并未实际测量，仅是根据地板瓷砖的长度与拉直的电缆线比较计算出电缆线的长度，侦查人员又错误地认为地板瓷砖的长度为50厘米，实际上一块地板瓷砖的长度仅为25厘米。据此，电缆线的长度被人为地扩大了一倍。最终该案由侦查机关作撤销案件处理。可见，在该案中，鉴定人所依据的材料和鉴定基础出现错误，最终导致其鉴定意见错误而不能采信，险些酿成一起错案。

(4) 审查鉴定意见的常用方法

对于价格鉴定意见通常应审查是否系根据实物进行鉴定。有时价格鉴定意见是根据被害人的购物发票并结合物品的成新率折旧后确定财物的价值。但购物发票通常会包含全套的财物，例如一辆电动自行车可能就包含充电器或者电瓶等。如果鉴定价值在构罪数额上下，而犯罪嫌疑人又没有窃得充电器，那么犯罪嫌疑人的盗窃数额减去充电器的价值就可能达不到定罪标准而无罪。又如犯罪嫌疑人盗窃一套组装电脑，但到底是盗窃了全套电脑，包括电脑主机、显示器、键盘、鼠标还是仅盗窃了电脑主机或者显示器等，这些细微的差别会导致鉴定标的在价格上出现偏差。如果犯罪嫌疑人仅盗窃了部分财物，鉴定意见却根据全套的电脑购买发票作出鉴定显然是不准确的。

对于法医学人体损伤程度的鉴定，通常情况下要查看病历中记载的伤势情况，将其与鉴定意见所依据的伤势结果进行比对，防止出现张冠李戴的现象。此外公诉人还应核对鉴定意见所依据的伤势鉴定标准的具体条款，防止因对标准的引用出现错误而造成鉴定意见出错。

指纹、手印鉴定虽然具有唯一性识别的功能，但也不能迷信。一般而言，在鉴定意见中，通常会标注出提取的指纹与指纹样本的特征，经过几个、十几个指纹的纹路特征的比对从而得出唯一性的判定意见。但司法实践中也曾出现指纹鉴定出错的情况。司法人员从照片上肉眼就能发现清晰的指纹特征明显不相符合，并据此纠正了一起错案。

在所有的物证鉴定中，法医物证DNA鉴定一般被认为是最科学的，通常也不会出错。它通过科学仪器对DNA物证进行提取和检测，并由计算机自动分析生物物证的STR分型数据，通过比对STR分型数据来确定相关生物物证是否来源于被害人或者犯罪嫌疑人，确定个体之间是否具有亲权关系等。但由于DNA物证鉴定意见也是由鉴定人根据数据的比对结果作出，也有出错的可能性。许多公诉人对于DNA物证鉴定的原理不了解，因而难以进行充分的、实质性的审查，只看最后鉴定意见中物证是否比中。事实上，DNA鉴定中，鉴定人一般选取STR分型数据进行比较分析。公诉人也应当对供检验的物证STR分型的具体数据值进行比对，确保鉴定意见的分析过程与鉴定最后结论的一致和吻合。司法实践中，就曾出现鉴定最后结论是比中、同一，但是STR分型的数据值却完全不同的情况。

（5）通过询问专业技术人员进行审查

公诉人在审查鉴定意见时，如果对鉴定意见有疑问，可以通过联系鉴定人，了解鉴定意见作出时所依据的检材、鉴定的方法和程序，如何得出鉴定意见等来判断鉴定意见是否科学、合理、真实、可信，判断鉴定意见是否具有证据能力及证明力的大小。确实有疑问的，必要时可询问其他相关专业技术人员甚至作出重新鉴定或者补充鉴定。

（执笔人：刘浪）

101. 鉴定意见所鉴定的标的与扣押物品清单上记载的物品不一致时如何处理？

（1）鉴定意见审查的重要内容是对鉴定标的与案件关联性的审查

许多鉴定意见出错是因为检材搞错，因此鉴定意见所鉴定的标的是否是涉案物品、文件等就决定了鉴定意见是否与案件具有关联性，决定了鉴定意见是否具有证据能力、有无证明力。根据我国《刑事诉讼法》的有关规定，在侦查活动中发现的可用以证明犯罪嫌疑人有罪或者无罪的各种财物、文件，应当查封、扣押；与案件无关的财物、文件，不得查封、扣押。对查封、扣押的财物、文件，要妥善保管或者封存，不得使用、调换或者损毁。我国《刑事诉讼法》还规定了查封、扣押的具体程序。"对查封、扣押的财物、文件，应当会同在场见证人和被查封、扣押财物、文件持有人查点清楚，当场开列清单一式二份，由侦查人员、见证人和持有人签名或者盖章，一份交给持有人，另一份附卷备查。"我国《刑事诉讼法》的上述规定就是为了确保相关证据的真实性和关联性。

（2）无法排除矛盾的，应作有利于犯罪嫌疑人的事实认定

尽管对于查封、扣押的程序法律规定是明确的，但在司法实践中由于种种原因，扣押物品清单上记载的物品与鉴定意见的鉴定标的不一致的情况还是会出现。此时应首先查清案件事实，排除证据之间的矛盾。如果矛盾无法合理排除的，只能就低作出有利于犯罪嫌疑人的事实认定。

【司法实例 1：胡某盗窃案】

在一起盗窃案中，犯罪嫌疑人胡某盗窃了一台联想牌笔记本，这台笔记本电脑是从犯罪嫌疑人所居住的暂住房内被查获，犯罪嫌疑人也指认这台电脑就是其从被害人处窃得的电脑，被害人也报案称其失窃了一台联想牌笔记本电脑，电脑被依法扣押，公安机关侦查人员登记了电脑的品牌和型号。但在鉴定意见中，鉴定人员鉴定的标的虽然也是联想牌笔记本电脑，但是电脑型号却与扣押物品清单上所记载的不一致。经询问侦查人员，其称是将该台电脑交由鉴定人进行实物鉴定。由于证据之间存在矛盾，不能排除如下可能性：犯罪嫌疑人确实从被害人处窃得联想牌笔记本电脑一台，但是被查获的该台电脑却不是被害人被偷的那一台。又或者公安机关侦查人员在扣押时对笔记本电脑的型号记录有误，因而产生矛盾。由于证据之间的矛盾无法合理排除，后法院在判决时仅认定被告人从被害人处窃得联想牌笔记本电脑一台，对于鉴定意见的物品鉴定价值没有采信。

【办案随想】

这起案件给我们的教训就是：公诉人在审查鉴定意见时要将扣押等证明证据保管环节完整、没有疏漏的证据进行细致的审查和核对，确保鉴定标的和涉案的财物、文件等保持一致性。鉴定意见等证据之间出现矛盾的要及时调查核实，排除合理怀疑，避免由于工作的疏忽导致证据采信和事实认定出现偏差。

【司法实例 2：刘某贩卖毒品案】

在一起贩卖毒品案中，侦查机关采用诱惑侦查的手段向贩毒分子刘某求购100克毒品海洛因。在交易的过程中，刘某被当场抓获，涉案毒品被当场扣

押。但涉案毒品被送检后，理化检验鉴定报告中虽然在检材中检出了海洛因成分，但却载明送检的检材一包可疑物重达140余克。案件在庭审过程中，被告人虽然对其贩卖毒品的事实供认不讳，但却对毒品海洛因的重量提出异议，称仅贩卖了毒品海洛因100克，而非鉴定报告上所记载的140余克。侦查人员虽然坚称其送检的毒品就是其当场扣押的毒品，但由于侦查人员先入为主，认为求购的是100克毒品海洛因扣押的就是这包毒品，却没有料到实际毒品的数量大大超出了求购数量。由于侦查人员在扣押毒品时并未当场称重，无法排除合理怀疑，毒品的真实数量无法确定，最终法院依据扣押物品清单就低认定被告人贩卖的毒品海洛因的数量为100克。

【办案随想】

这起案件给我们的教训就是：侦查人员在执法过程中一定要严格按照法定的程序从事侦查活动，对于相关的涉案物品的型号、数量等要进行当面清点、称重，避免在后续刑事诉讼活动中犯罪嫌疑人、被告人对涉案物品的型号、数量等出现异议，影响案件事实的认定。

（执笔人：刘浪）

102. 鉴定意见所鉴定的标的物与现场勘查笔录所附的物证照片不一致时如何处理?

鉴定意见所列鉴定标的物现场勘查笔录所附物证照片的证据效力比一般言词证据要高，可信度更强，如果两者出现矛盾，则必然存在一假。具体处理方式如下：

（1）证据之间存在矛盾，需要合理排除

现场勘查时所拍摄的物证照片与鉴定意见的鉴定标的不一致情况的出现，表明现场勘验检查笔录与鉴定意见相互矛盾，即在这两份证据之间未形成有效的链接点，证据链出现了断裂。这一矛盾必须得到排除或者进行合理的解释，否则将导致对案件事实的认定困难。因为根据证据学上的矛盾法则，二者矛盾必有一假。如果现场勘查时所拍摄的照片上的物证是真实的，那么鉴定意见所鉴定的标的却不是现场的物证，鉴定意见因为与现场无关，而不具有关联性，显然是无法采信的。而如果现场勘查笔录所附的物证照片是不真实的，那么显然又不能作为定案的证据，需要寻找原始的、真实的在现场勘查时所提取到的物证。

（2）查找矛盾产生的原因，排除矛盾

可从两方面着手进行审查。一方面是从物证照片着手。因为现场勘验检查笔录所附的现场勘验检查时所拍摄的物证照片属于物证的复制品，首先，公诉人应审查物证照片是否能够反映原物的内容、外观、物质属性和特征。一般侦查机关应提供彩色的照片，便于公诉人核查。如果物证照片模糊不清，无法反映原物，则应当让侦查机关重新提供原物或者重新拍摄。其次，要审查是否有因附错照片而致张冠李戴的情况。具体可查看以原始电子数据形式存储在电脑硬盘或电子移动设备如U盘、移动硬盘中该照片的具体信息（包括照片拍摄的时间等）。查看照片是否是在现场勘验检查时所拍摄，有无经过剪辑和修改。最后，必要时还需要到现场进行复勘、复查，认真审查物证在现场所处的位置和环境特征。如果查实确实是侦查人员由于工作疏忽提供了错误的物证照片，那么应当向侦查机关发出纠正违法通知书，让侦查机关提供现场的真实物证照片，并出具情况说明，予以纠正。

另一方面要从鉴定意见着手进行审查。对于鉴定意见则要审查是对实物进行鉴定还是仅根据侦查机关提供的相关资料进行鉴定。如果是对实物进行鉴定，则要向侦查机关了解实物的保存、保管情况，物证的保管环节是否存在漏洞，同时要向侦查人员了解是否存在送错鉴定标的情况。必要时亲自查看实物，如果确定鉴定意见的鉴定标的确实与现场提取的物证不符的，则鉴定意见不能采信，应当重新进行鉴定。如果鉴定意见是根据侦查机关提供的资料作出的，而该资料明显与现场物证不符的，显然该鉴定意见也难以被采信，应让鉴定人对提取的物证进行实物鉴定。

（执笔人：刘浪）

103. 现场勘查时拍摄的照片、录像是否属于视听资料?

（1）实践中现场拍摄的照片、录像易与视听资料相混淆

侦查人员在从事现场勘验、检查活动时，通常会对现场进行拍照，对犯罪发生后现场的位置、现场遗留的痕迹、物证等进行固定，案情重大的甚至会对现场勘查活动进行录像，以保存相关现场场景和证据，反映现场的状况。在现场勘验检查笔录中，侦查人员会对现场发现的情况及提取的痕迹物证进行记录，并附现场方位图、现场照片或者录像。由于这些照片或者录像也是通过图片、图像信息来直观地反映案件发生后的相关情况，所以有些公诉人会错误地认为这些照片、录像是视听资料。

（2）证据种类划分的关键

现场勘验检查时所拍摄的这些照片、录像，其载体虽然有时与视听资料并无区别，但证据种类并不是单单以证据的载体来进行区分的，划分证据种类的关键是证据反映、证明案件事实的信息和内容。例如在犯罪嫌疑人对现场进行

辨认时拍摄的录像就只能被视为现场辨认笔录。侦查人员在对犯罪嫌疑人进行讯问时所录制的讯问同步录音录像，通常也以光盘进行刻录，但其显然应与讯问笔录一样归入犯罪嫌疑人的供述和辩解，而非视听资料。

中国的刑事司法具有“书面卷宗主义”的特点，为了方便、省力，有时侦查机关并不提供相关完整的录像等视听资料，仅提供视频的截屏照片并打印附卷。同时由被害人或者证人、犯罪嫌疑人对上述截屏照片上的人进行辨认。这些打印的照片也是以书面的形式展现，故有的公诉人也常将其误认为系书证，但其却属于视听资料的一部分。因为它虽然仅反映了视听资料的部分内容，但它是以照片的形式反映监控录像上的图像信息，显然应归属于视听资料的范畴。

（3）现场勘查时拍摄的照片、录像与视听资料的区别

侦查人员在进行现场勘验检查时所拍摄的现场照片或者录像本身属于勘验、检查笔录的一部分，通常反映了现场勘查人员在现场勘查时对现场进行拍照、录像，并以照片、录像的形式反映现场的具体情况，主要是反映现场的物品、痕迹和方位特征，反映案发后现场的状况。此外，从视听资料与现场勘验检查时所制作的现场照片、录像等证据材料所产生的时间来看，视听资料一般是在犯罪发生时对犯罪嫌疑人等声像的即时摄录，通常能够很直观地反映犯罪嫌疑人的特征和犯罪过程。而现场勘验检查时拍摄的现场照片、录像是在犯罪事实发生后所制作，二者在证据产生的时间上也有所区别。综上，现场勘验检查时所拍摄的现场照片、录像等不属于视听资料，而属于勘验、检查笔录。

（执笔人：刘浪）

104. 如何审查视听资料?

（1）视听资料的内涵及表现

视听资料又称为“音像资料”，是指以录音带、录像带等相关设备记载的声音、图像、活动影像。视听资料顾名思义，即“视之有图，听之有声”，其主要通过声音和图像所包含的有关信息来证明案件事实。司法实践中最常见的就是各种视频监控设施所拍摄的监控录像及通过录音笔、手机等录制的声音。目前，视听资料常见的存储载体有 VCD、DVD 等，也可存储在 U 盘、移动硬盘等移动存储设备上，其存储格式也有 mp3、mp4、wmv 等各种格式。

（2）视听资料具有极强的证明力

视听资料对于案件事实的记录和反映，具有极强的直观性和形象性，视听资料的播放和出示，通常给人以身临其境的感觉，给人以直观的感受，对于案件事实具有较强的证明力。通常情况下，录像录音等视听资料记录了犯罪嫌疑人、被告人的作案过程，甚至正面拍摄到了犯罪嫌疑人的形象，犯罪嫌疑人都

不会有异议，这样的证据是比较可靠的。通常情况下，犯罪嫌疑人或被告人在这些“铁证”面前也会自愿认罪。而且通过视听资料这一客观性证据再结合证人、被害人、犯罪嫌疑人的言词证据，如果相互印证就很容易锁定犯罪嫌疑人的犯罪事实，有力驳斥犯罪嫌疑人的无理辩解。

（3）要充分运用视听资料认定案件事实

因为言词证据的主观性较强，有时也很难描述案件事实和情境甚至在表述时会与客观事实出现相反和不一致的情况。所以要确立以客观性证据审查为中心的证据审查模式，要特别重视对视听资料等客观性证据的审查，以审查视听资料等客观性证据为中心，优先以这些客观性证据来认定案件事实。尤其是在言词证据之间存在矛盾的情况下，通过审查视听资料就可以判断哪些言词证据所说的是客观事实，哪些与客观事实不符。

（4）审查视听资料时的常见问题

视听资料是客观性很强的证据，且能直接、形象地证实相关的事实。在审查视听资料时容易出现的问题是贪图省力，舍本逐末，不认真审查。有的公诉人嫌视听资料太长而并不认真地去听、去看，反而过于关注证人证言、犯罪嫌疑人供述、被害人陈述等言词证据，忽视了以客观性很强的视听资料对相关言词证据的检验和纠偏的作用。

现实中曾出现过这样的案例，在一起诈骗案中，公安机关移送了犯罪嫌疑人作案时所拍摄的现场监控录像，但犯罪嫌疑人在审查批准逮捕及审查起诉阶段均翻供，辩称并非该诈骗案的实施者。审查批准逮捕及审查起诉的案件承办人过于信任公安机关，而且想当然地认为，既然有现场的监控录像能够锁定犯罪嫌疑人，那还能搞错？于是没有仔细地审查监控录像而将犯罪嫌疑人批准逮捕、起诉。后在审判阶段，主审法官看了监控录像，结果发现作案的犯罪嫌疑人身上有明显的纹身而在案的被告人身上却没有该纹身。最后检察机关只能撤回起诉。这一案件给我们的教训是深刻的。

还有一起职务侵占案，在案证据中有犯罪嫌疑人录制的其与单位主管、律师等谈话的录音，该录音后由辩护律师提交给检察机关，辩护律师还将谈话的内容打印成书面的文字材料提交给检察机关案件承办人。由于录音的时间较长，案件承办人仅听了录音的前面部分内容，与律师打印的文字材料的内容是一致的，遂没有继续听录音，而是图省力，仅看律师打印的录音内容。却没有料到不知是有意还是无意，在录音中与定罪关键内容中，律师打印的文字材料要么是模棱两可含糊其辞，要么是与录音所说内容不符，因而承办人根据律师整理的文字材料作出了错误的事实认定，险些酿成错案。这些都是没有仔细审查视听资料的教训。

(5) 具体审查方法

①全面审查法。有的视听资料播放的时间比较长，公诉人要有足够的耐心，在审查时必须要将所有的视听资料内容看完，避免遗漏重要的事实和情节。通过全面审查视听资料及其来源出处说明，判断视听资料的真实性，是否经过剪辑、是否完整，有无经过篡改，是否来源合法，是否具有真实性。

②重点审查法。对于视听资料中对定罪量刑有争议的部分，尤其是对于锁定犯罪嫌疑人、锁定犯罪嫌疑人的实行行为的部分内容要重点审查，充分运用视听资料来证实案件事实。

③比较审查法。对于视听资料中与在案证据中有矛盾的部分，一定要将在案证据与视听资料进行相互“观照”，并结合案件中的其他证据来排除矛盾，进而准确认定案件事实。

（执笔人：刘浪）

105. 手机短信照片的证据属性如何确定?

(1) 电子数据的内涵及表现形式

修改后的《刑事诉讼法》在刑事诉讼证据中新增了电子数据这一新的证据种类。电子数据主要包括电子邮件、电子数据交换、网上聊天记录、网络博客、手机短信、电子签名、域名等。这些电子数据实质上是以数据的形式存储在相关载体中，通常需要以计算机等设备将其转换为人们能够理解和解释的形式，包括文本、录音或者录像等。因此，我们见到的手机短信等仅是电子数据的外在表现形式。侦查机关一般在调取电子数据时会通过勘验、检查、搜查、扣押等方式将电子数据从电脑、存储磁盘、存储光盘中提取或者从互联网上下载到存储磁盘、光盘等可移动存储介质中，随案移交。为了便于阅读，有的侦查机关还会将电子数据的相关信息和内容打印出来，作为证据材料随案移送。

(2) 手机短信照片不是书证而是电子数据

在通讯日益发达的现代社会，通过网络、手机短信等进行诈骗、敲诈勒索或者利用手机通话、短信进行毒品交易联络等成为经常出现的犯罪行为方式，相应地相关手机短信通讯记录和内容也成为一种非常重要的证据。在实践中，侦查机关要通过移动公司、联通公司等通讯业务服务商来提取手机短信的记录和内容。

有时在涉案的手机被扣押或检查的情况下，侦查人员可从手机内提取相关短信内容，但并非所有的手机短信内容均与案件事实有关，因此侦查人员通常仅提取部分手机短信内容，并通过拍照的形式予以固定。但这些通过照片形式呈现的手机短信内容通常也是以书面的形式来反映与案件有关的事实，因而与书证类似。所以许多人会误以为手机短信照片属于书证，但这种认识是不正确的。

因为手机短信属于电子数据，手机短信照片仅为对手机短信这一电子数据的反映，系手机短信这一电子数据的复制品。不论是电子数据的照片还是电子数据的打印件，其均为电子数据内容的反映。照片、打印件或者直接在电脑上播放只是证据的表现、展现形式不同，并不影响其证据种类的归属。因此，手机短信照片仍应属于电子数据。

（执笔人：刘浪）

106. 没有被告人供述，但现场提取了犯罪嫌疑人指纹的，是否可以认定案件事实？

（1）犯罪嫌疑人现场遗留指纹说明其未到现场的辩解不成立

在某些盗窃案中，犯罪嫌疑人拒绝供认犯罪事实，并称自己在案发时间并未到过犯罪现场。但在犯罪现场却偏偏提取了犯罪嫌疑人的指纹，这一证据能够证明犯罪嫌疑人到过犯罪现场，但仅此而已。被害人的陈述只能证明案发当天其家中失窃的情况，通常不能直接证明系犯罪嫌疑人行窃、作案。那么此时能否依此确定系犯罪嫌疑人作案呢？

对于这类案件应从犯罪嫌疑人的供述与辩解及指纹的相关信息及所处的位置，盗窃现场的情况等进行综合分析判断。通常情况下，犯罪嫌疑人辩解从未到过现场的，因为其辩解与客观性的现场指纹存在矛盾，根据证据的矛盾法则，犯罪嫌疑人的辩解显然不能成立，其系作案嫌疑人的可能性大增。

（2）对盗窃现场及指纹所处位置及嫌疑人辩解进行综合分析

对于提取的指纹的具体情况应客观分析，应着重审查指纹所处的具体位置。指纹是在犯罪中心现场的室内出现还是在现场的外围室外出现？犯罪嫌疑人不进入室内能否在现场留下指纹？如果指纹在犯罪中心现场室内出现，说明犯罪嫌疑人实施盗窃犯罪的可能性也大大增强。而如果指纹仅系在房屋外围墙或者窗户上被提取，那么他人不经意间留下指纹的可能性依然存在，难以排除合理怀疑，犯罪嫌疑人的盗窃犯罪事实将难以成立。对于盗窃的现场也应进行审查分析。盗窃案的现场是处于闹市，人来人往非常多的地方，还是在偏僻的人们通常不会去的地方？如果盗窃案的现场是处于偏僻的地方，通常人们也很难偶然地到达现场并留下指纹，那么犯罪嫌疑人犯罪事实成立的可能性也大大增强。

此外，要排除合理怀疑，认定案件事实，还需要有效否定犯罪嫌疑人的辩解。如果不能排除犯罪嫌疑人辩解的合理性，仍然无法认定系犯罪嫌疑人作案。

【司法实例1：赵某盗窃案】

在此案中，被害人报案称其案发当日上午离家上班，下班回家后发现家里大门敞开，家中部分财物失窃。公安机关赶至现场勘查，现场位于一村落中心。现场勘查民警在屋内桌子上放着的一矿泉水瓶上提取到了犯罪嫌疑人赵某的指纹。公安机关因此锁定犯罪嫌疑人，并将其抓获归案。犯罪嫌疑人到案后辩称其曾拿着一瓶矿泉水路过被害人家，发现大门敞开，其因为好奇，就进去看，之后将矿泉水瓶留在被害人家中后离开。

【分析】

本案中，虽然犯罪嫌疑人的指纹留在了中心现场，但由于现场在被害人回家时系处于敞开状态，且犯罪的地点属于村落的中心，犯罪嫌疑人也承认自己当天到达现场，其辩解有一定的合理性。因此，本案证据尚未形成完整、封闭的证据锁链，无法排除犯罪嫌疑人系到达现场无意中留下指纹的可能性，也不能排除其他人作案的可能性。后该案被退回公安机关补充侦查，公安机关未能获取其他证据，遂作撤销案件处理。

【司法实例2：刘某某盗窃案】

在该案中，犯罪嫌疑人刘某某始终辩称在案发时从来就没有到过现场，甚至没来过案发的某区。但被害人发现家中失窃，在案发后第一时间报案，公安机关侦查人员及时赶至作案现场，并在作案现场的一个鞋盒子上提取到了犯罪嫌疑人刘某某的指纹。犯罪嫌疑人刘某某有多次盗窃作案的前科，但均不承认自己的犯罪事实。公诉人在审查起诉时依然问其在案发时间段是否到过案发现场的某镇、某区，犯罪嫌疑人刘某某依然称其从未到过某区。

【分析】

本案中，刘某某始终辩称其从未到过案发现场，但中心现场却提取到了他的指纹，刘某某具有多次入户盗窃的犯罪前科，且均系现场留有指纹，但均不认罪，本案的作案手法与之前的作案手法类似。现场鞋盒子上留有刘某某的指纹，恰恰说明其在室内翻找财物的作案特征，且公安机关在第一时间对现场进行了勘查，足以排除他人作案的可能性。据此，可以认定刘某某实施盗窃作案的事实。后案件起诉至法院，刘某某依然拒不承认，法院判决其有罪。

（执笔人：刘浪）

四、非法证据处理

107. 辩护人申请排除非法证据时应如何处置?

(1) 证据合法性辩护的挑战及应对思路

关于排除非法证据，犯罪嫌疑人一般仅会提出刑讯逼供的抗辩，但对于辩护人，通常由于其在审查起诉阶段已经查阅了全部的案卷卷宗，并可以会见犯罪嫌疑人，其对于可能存在的非法获取的证据都会提出排除非法证据的申请。而其提出申请排除非法证据往往不限于刑讯逼供、暴力取证等获取的言词证据，还可能包括存在瑕疵的物证、书证，辨认笔录、勘验、检查笔录等其他实物或者笔录证据。虽然这些存在瑕疵的实物证据、笔录证据有些是可以通过补正、解释而予以采信的，但辩护人对于这些证据合法性的质疑显然将成为今后刑事辩护中的重要辩点，并会给公诉人带来极大的挑战。

公诉人在遇到辩护人提出排除非法证据的申请时，应确立如下的理念：首先应克服对辩护人排除非法证据要求的“敌视”态度。非法证据早排除比晚排除好，自己排除比让法院排除好。如果有必要，可以由公诉人召集公安机关侦查人员、辩护人，召开诉前听证会议，通过具体的听证程序来决定是否排除“疑似”非法证据。

(2) 审查起诉阶段提出时的应对

辩护人申请排除非法证据的要区分不同的阶段，如在审查起诉阶段提出，且有具体线索或证据，能达到产生合理怀疑程度的，要予以重视并开展调查。

对于辩护人提出排除通过刑讯逼供等非法方法获取的犯罪嫌疑人口供的申请或者排除通过暴力、威胁等非法方法获取的证人证言、被害人陈述的申请时，公诉人要予以高度重视，必须通过调查核实来确保这些争议证据的合法性，不能排除非法取证嫌疑的，应当依法予以排除，不得作为审查起诉的依据。

对于辩护人提出的排除存在瑕疵的物证、书证及笔录证据的，此时也应当对这些证据进行调查核实。包括审查物证、书证等实物证据的来源是否明确、相关搜查笔录、扣押笔录、提取笔录及勘验、检查笔录在形式上是否完备合法等，要尽力对瑕疵进行补正和解释。如经过补正、解释仍无法确保证据的合法性和真实性的，也应依法予以排除，不得作为审查起诉的依据。

(3) 庭审阶段提出时的应对

辩护人如在庭审时首次提出非法证据排除请求的，如果不能提出非法取证的时间、地点、人员、方式、内容等具体线索或证据的，或有充分证据证明取证合法的，公诉人应予反驳，并建议法庭不启动非法证据排除程序。

辩护人提出非法证据排除请求，且有具体线索或证据，能达到合理怀疑程度的，公诉人应建议延期审理，申请侦查人员、相关证人出庭作证，也可以要求侦查机关（部门）提供相关证明，必要时可以自行调查核实。

辩护人在审查起诉阶段提出非法证据的排除请求不被检察机关采纳，在庭前会议或庭审中再次提出的，公诉人应根据审查起诉阶段的调查核实情况，提供证据证明取证的合法性。

（执笔人：刘浪）

108. 怎样补正和解释违反法定程序收集的物证和书证?

(1) “瑕疵证据”补正、解释的意义

修改后《刑事诉讼法》第 54 条第 1 款规定，“收集物证、书证不符合法定程序，可能严重影响司法公正的，应当予以补正或者作出合理解释；不能补正或者作出合理解释的，对该证据应当予以排除”。这里的不符合法定程序收集的证据通常被称为“瑕疵证据”。根据法律的规定，瑕疵证据必须经过补正或者解释，否则应予排除，不能作为定案的根据。

收集物证、书证不符合法定程序的主要问题在于，可能使相关人员对物证、书证等实物证据是否是原物，是否在保管、保存的环节出现漏洞，使相关人员对该物证、书证的真实性、关联性产生怀疑。排除无法补正、合理解释的瑕疵证据可以防止将并非原物，也不能反映原物特征的复制件等采纳为定案的证据，从而防止对案件事实的误判。因此，当收集这些实物证据时因违法而产生怀疑时，应当进行合理的补正和解释，以消除司法人员的疑惑，确保事实的准确认定。

(2) 证据存在瑕疵的情形

违反法定程序收集物证、书证，通常有以下几种情形：①提取的物证、书证没有经过辨认。②物证的照片、录像、复制品或者书证的副本、复制件由一人制作或者没有制作人关于制作过程以及原物、原件存放于何处的文字说明和签名。③经勘验、检查、搜查提取、扣押的物证、书证未附有相关笔录、清单；笔录、清单未经侦查人员、物品持有人、见证人签名；没有物品持有人签名的未注明原因；对于物品的名称、特征、数量、质量等未注明清楚。④物证的照片、录像、复制品不能反映原物的外形和特征。⑤书证有更改或者更改迹象；书证的副本、复制件不能反映原件及其内容。

（3）补正、解释瑕疵证据的途径

对瑕疵实物证据的补正和解释主要就是为了确保这些实物证据的真实性。对于证据存在瑕疵的，公诉人应当听取侦查人员的意见并提出补救、完善办法，及时通知公安机关补充证据或者作出说明解释。

具体的补正和解释途径如下：①由犯罪嫌疑人或者被害人、证人对提取的物证、书证进行辨认，确定这些实物证据系原物、原件，与案件具有关联性。②由二人以上对物证进行重新拍照、录像、复制；对书证重新进行复制，由制作人说明制作的过程以及原物、原件存放于何处，并签名确认。或者由参与制作但并未签名的人补签名字，并出具情况说明对未签名等情形进行解释。③提取相关物证、书证未附笔录、清单的，应重新提供相应的笔录和清单，未由相关人员签名的补签姓名，物品持有人未签名的补充注明原因，补充注明清单上未详细注明的物品名称、特征、数量、质量等情况，同时出具情况说明对出现上述情形的原因进行解释。④对于不能反映原物的外形和特征的物证照片、录像、复制品应当对原物进行重新拍照、录像和复制，保证物证不“失真”。⑤书证有更改或者有更改迹象的，应当找到原件，查实其是案发后经过人为更改还是案发前就经过更改的，更改的内容与案件事实是否具有关联等。如果无法确定书证的更改是案发前还是案发后经过人为更改的，且更改的内容影响定罪量刑的，则不能作为定案的根据。书证的副本、复制件不清晰乃至不能反映原件及其内容的，应当重新复制或者调取原件。

（执笔人：刘浪）

109. 疑似非法证据如何调查核实？

（1）犯罪嫌疑人及辩护人的初步证明责任

疑似非法证据的线索通常由犯罪嫌疑人及其辩护人提出，但犯罪嫌疑人及其辩护人不论是在审查起诉阶段还是在法庭的非法证据调查程序中要启动非法证据排除程序，都必须承担初步的证明责任，即犯罪嫌疑人、被告人及其辩护人有义务向司法机关提出相关的证据或者线索，以证明涉嫌非法取证的人员、时间、地点、方式、内容等相关事实和信息，并且这些证据和线索要使司法人员对相关证据的合法性产生怀疑，否则非法证据的调查和排除程序是无法启动的。对于当事人及其辩护人、诉讼代理人提出的具体非法证据线索或材料，公诉人应仔细核实，综合案件其他证据进行真实性审查。

（2）确定调查取证方向及调查核实途径

通常情况下，如果出现了刑讯逼供等非法取证情形，犯罪嫌疑人在审查起诉阶段就会向讯问人员反映。公诉人在讯问时应将相关的事实和信息进行详细记录，确定调查取证的方向。

具体可采取下列措施予以核实：①核查侦查过程、侦查措施以及获取证据的程序是否合法。②向侦查机关（部门）了解取证的人员、时间、地点、方式、内容等基本情况并制作笔录或者要求侦查机关（部门）出具书面说明。③调取取证时固定的同步录音或者录像资料，严格查证是否存在刑讯逼供或暴力取证等情况。如犯罪嫌疑人称，当天的讯问同步录音录像中断的，且就在中断的期间进行刑讯逼供的，要详细调查录像中断的原因，是人为原因还是其他原因。对于讯问的全程同步录音录像，公诉人要仔细查看，不放过任何的蛛丝马迹。如脸上、身体某部位的乌青，讯问人员之间的对话等，并对讯问过程中的合法性进行全面审查，排除明显的指供、诱供等其他违法取证情形。因为司法人员已经对证据的合法性产生怀疑，公诉人对证据收集合法性的证明就要排除合理怀疑，达到事实清楚，证据确实、充分的最高证明标准。公诉人要站在法官、合议庭的立场上审查证据的合法性，要以审判人员挑剔的眼光来审查证据，做好当庭播放讯问录像，并接受辩方质证的准备。④提取犯罪嫌疑人、证人、被害人有无因刑讯逼供或暴力取证致伤的体检证明和犯罪嫌疑人羁押期间同监室在押人员证言等证据。如犯罪嫌疑人身体上有伤痕的，要查明其身体伤痕是在送至看守所之前还是在看守所内形成，通过调取犯罪嫌疑人出入监所的“时间证明”和“体表检查表”来进行判断。如果犯罪嫌疑人在入所检查时看守所的医生对犯罪嫌疑人的身体伤情拍摄了照片的要及时调取。必要时可进行伤情、病情检查或者鉴定。⑤对于侦查机关（部门）使用狱侦办理的案件，应仔细审查狱侦贴靠人员所作的关于犯罪嫌疑人讲述作案事实或抗审心理情况的笔录，必要时应询问同监室其他在押人员予以核实。⑥对于涉嫌违法取得实物证据的，应要求侦查人员详细说明取证程序，取证过程中有证人的，应向证人核实具体情况。⑦注意是否存在超期羁押。修改后《刑事诉讼法》第 83 条第 2 款明确规定，拘留后，应当立即将被拘留人送看守所羁押，至迟不得超过 24 小时。因此，将犯罪嫌疑人拘留后，24 小时内未送看守所羁押，就属于非法超期羁押。那么在这段非法羁押期间内，获取的犯罪嫌疑人的口供就属于非法证据。通常情况下，公安机关不会将讯问笔录的时间写在非法羁押期间内，可能不会明确写明讯问的起止时间。而只写在某日讯问中，这样就无法排除口供是在非法羁押期间所获取的可能。

（执笔人：刘浪）

110. 审查起诉时不能排除非法取证可能性的，有何处理方式?

我国《刑事诉讼法》第58条规定，对于经过法庭审理，确认或者不能排除存在本法第54条规定的以非法方法收集证据的情形的，对有关证据应当予以排除。可见，如果在法庭审理阶段，不能排除相关证据系非法取得的可能性的，相关证据将被依法排除。因此，公诉人在审查起诉时就应排除证据系非法取得的可能性，在一时无法排除非法取证可能性的情况下，可考虑采取如下措施:

(1) 先搁置疑似非法证据

为了防止采纳相关证据作为定案的根据在进入审判阶段后被依法排除进而可能产生的诉讼风险，公诉人应当对相关证据采取暂时“搁置”的方案。

(2) 穷尽调查手段核查证据

公诉人应当先穷尽各种手段自行调查核实相关证据是否确系非法取得。

(3) 审查排除疑似非法证据之后，在案证据是否可以认定案件事实

如果在审查起诉阶段仍无法查清的，应当区分情况作不同的处理。如果排除疑似非法证据之后，在案证据仍能证明案件事实的，那么可以以其他在案证据作为起诉的根据，将案件提起公诉。

如果排除疑似非法证据之后，其他在案证据无法证明案件事实，则应将案件退回侦查机关补充侦查。由侦查机关补充能够证明取证合法性的证据，或者补充其他能够证明案件事实的证据。

(4) 补充侦查之后，仍然事实不清、证据不足的，应依照“存疑时有利于被告人的原则”作存疑不起诉处理

如果侦查机关无法补充相应证据证明取证的合法性，或者补充了相应的证据但取证的合法性仍无法得到证明，无法达到“犯罪事实清楚，证据确实、充分”的证明标准的，则案件处于事实不清、证据不足的状态，那么，案件未达到提起公诉的证据标准，是不具备起诉条件的，应当对案件作出存疑不起诉处理。由此导致的不利后果应由侦查机关承担，同时检察机关可以视情况向侦查机关发出纠正违法通知书。

(执笔人：刘浪)

111. 非法证据排除后案件应怎样处理?

(1) 从整体上综合审查全案证据

非法证据被依法排除后，首先应从整体上评价在案证据是否能够证明案件事实，对于案件事实的认定是否达到事实清楚、证据确实充分的程度。如果达

到起诉所需要的证明标准，则依然可以将排除非法证据之后的案件提起公诉。

（2）避免冤假错案

在排除非法证据之后，案件事实不清，证据不足的，应当查清案件是否存在系冤假错案的可能性，认真听取犯罪嫌疑人的辩解，对于犯罪嫌疑人辩解的内容要进行查证，避免造成任何冤假错案的可能性。

（3）犯罪嫌疑人有重大作案嫌疑的，重新取证或继续补证

如果非法证据被排除后，案件无法达到事实清楚，证据确实、充分的证明标准，但仅仅是案件事实存疑的，犯罪嫌疑人仍具有作案重大嫌疑的，应尽可能地采取补救措施。一方面，衡量案件是否具有重新取证的可能性，对于相关的证据是否能够通过重新取证来补正口供。譬如，对于侦查机关非法获取犯罪嫌疑人口供的，公诉人可以向犯罪嫌疑人表明身份，依照法定程序向犯罪嫌疑人告知权利义务，并向犯罪嫌疑人表明，其之前在侦查阶段所作供述已被依法排除，然后对其进行讯问。如果此时犯罪嫌疑人愿意交代案件事实的，公诉人的讯问笔录被犯罪嫌疑人认可的，可以作为证据使用。另一方面，通过退回侦查机关补充侦查或者自行补充其他证据来夯实案件的证据基础。如果通过各种补救措施，案件仍然不具备起诉条件的，应当将案件作存疑不起诉处理。

（4）做好善后事宜

对于排除非法证据之后案件作出存疑不起诉处理的，公诉人对于相关的案件利害关系人应当做好释法说理工作，妥善处理好善后事宜，避免因此造成涉检上访等不利后果。

（执笔人：刘浪）

112. 犯罪嫌疑人辩称受到刑讯逼供时应如何处理?

（1）充分重视受到刑讯逼供的辩解

2013 年修改后《刑事诉讼法》实施以来，在审查起诉阶段，犯罪嫌疑人提出被刑讯逼供的抗辩明显减少，这说明修改后《刑事诉讼法》非法证据排除规则的规定和实施对于侦查机关和侦查人员已经开始发挥作用。尤其是一系列冤假错案的纠正，使得侦查机关和侦查人员意识到，刑讯逼供已为一条不能踩踏的“红线”。

（2）刑讯逼供的隐蔽性及“变相”刑讯逼供

尽管侦查人员“赤裸裸”的刑讯逼供行为发生的概率越来越小，但这并不代表对犯罪嫌疑人的肉体和精神的折磨等各种“变相”的刑讯逼供会因此而绝迹。相反，刑讯逼供以外的变相的肉体和精神折磨随着刑讯逼供被法律明文禁止而逐渐地被侦查人员所青睐。而且，为了避嫌，侦查人员将不会亲自

“动手”，那些得到授意的协警将具体实施这些违法行为。各种折磨的手段将更趋隐蔽，更难以发现，且不会对犯罪嫌疑人造成明显的肉体伤痕。

公诉人在遇到这些“变相”刑讯逼供的抗辩时依然要引起高度的重视。因为修改后《刑事诉讼法》第54条中，被强制依法排除的犯罪嫌疑人的供述虽然仅明确列举了刑讯逼供，但是却规定了对于采用刑讯逼供等非法方法收集的犯罪嫌疑人的供述也是排除的对象。也就是说，“变相”刑讯逼供，即可能造成犯罪嫌疑人肉体疼痛及精神剧烈痛苦的取证行为也是排除的对象。因为非法证据排除规则是一项非常严厉的程序性制裁措施，而一旦犯罪嫌疑人的供述被依法排除，检察机关指控的证据体系将被严重削弱甚至因此而坍塌，检察机关将面临败诉的风险。因此，犯罪嫌疑人提出这些抗辩时，公诉人应当“宁可信其有，不可信其无”。

(3) 调查核实是否存在刑讯逼供

首先，公诉人应让犯罪嫌疑人提出相关的证据或者线索，以证明涉嫌非法取证的人员、时间、地点、方式、内容等相关事实和信息，避免犯罪嫌疑人动辄以刑讯逼供作为抗辩，滥用诉讼权利，浪费司法资源。

其次，在犯罪嫌疑人提出侦查人员对其非法取证、逼取口供时，公诉人要进行进一步的深入讯问，了解相关非法取证的具体情况，如果犯罪嫌疑人对侦查人员或其协警等非法取证的暴力或者造成其身体剧烈痛苦的事实描述得非常详尽，具有相当大的可信性的，此时要对其提出的相关描述进行详细地细节记录，同时对其提出的可进一步调查取证的方向和线索进行记录，以便为审查起诉阶段启动非法证据排除程序提供线索和依据。

对于犯罪嫌疑人提出的侦查人员非法取证行为的经过如果不可信，或者不可能的，要进行详细地诘问、盘问，让其对此进行解释。如果无法合理解释的，则应当当场予以驳斥，打消其以此为借口滥用诉讼权利的企图。

最后，公诉人要对犯罪嫌疑人提出的侦查人员等的取证行为是否属于刑讯逼供等非法取证的范围进行判断。最高人民法院2013年11月21日发布的《关于建立健全防范刑事冤假错案工作机制的意见》中规定，采用刑讯逼供或者冻、饿、晒、烤、疲劳审讯等非法方法收集的被告人供述，应当排除。公诉人应当认真审查，判断犯罪嫌疑人提出的受到刑讯逼供等非法方法收集的辩解是否成立，相关供述是否属于依法应当排除的情形。如果属于非法取证的，应当依法予以排除，不得作为定案的根据。

（执笔人：刘浪）

113. 发现侦查人员隐匿、伪造、篡改证据的方法有哪些？

侦查违法行为很容易造成冤假错案。当侦查人员隐匿、伪造、篡改证据时，公诉人发现侦查违法的难度大大加大，有时甚至很难发现其中的问题。公诉人必须引起足够的重视，提高警惕，提高侦查监督意识，及时予以纠正。具体可从以下几方面入手进行调查核实：

一是发现在案证据中一些本应该有的证据缺失时要引起高度警惕，审查是否存在被侦查人员故意隐匿的可能性。必要时应当调阅侦查机关的侦查内卷进行审查，以审查是否存在应移送而未移送的证据材料。具体而言，具有下列情形之一的，应当调阅侦查机关的内卷：（1）发现侦查机关已收集的证据材料未随案移送的；（2）对侦查机关出具的破案经过等材料存在疑问的；（3）对侦查机关确定犯罪嫌疑人的根据存在疑问的；（4）侦查机关采用技术侦查措施所获取的定案证据未移送审查，或需要了解技术侦查过程的。

二是注意在案证据中的细节，认真仔细审查在案证据材料，善于发现证据中的矛盾或反常情况。如孙某刚故意杀人案中的笔录签名与其真实签名经比对就可以发现签名造假的情况。又如通过查看张辉、张高平强奸案中的审讯录像就可以发现刑讯逼供的线索。再如张辉、张高平强奸案中提讯证中显示犯罪嫌疑人 3 次被带出看守所辨认现场，从这一记录中可以发现辨认笔录可能存在指认情形。佘祥林案中从提取笔录与供述的矛盾中可以发现提取笔录并不属实，侦查人员故意制造了一个“先供后证”的假象。出现上述种种情况时要引起足够的重视，尽早发现相关的线索，避免错案的发生。此外还要充分重视嫌疑人提出的刑讯逼供等的辩解，这些都是我们发现侦查违法、纠正错案的重要线索。

三是通过向证人、被害人进行补充询问、复勘现场等进行核实。因为侦查机关和侦查人员由于先入为主或者其他原因，对于相关的证人、被害人的询问等可能会敷衍了事，这就需要司法人员必要时进行补充询问，充分核实证人证言、被害人陈述、犯罪嫌疑人辩解的真实性。要针对证据之间的矛盾、疑点及反常之处进行有针对性地详细询问，对于证人证言、被害人陈述中的不合理之处要进行追问，让其进行解释，要善于观察证人、被害人在作证时的具体神态和表情，深入分析证人证言和被害人陈述是否真实可信。尽可能地从现有证据材料中发现派生证据线索，进行补充调查取证。必要时司法人员应亲自到现场进行复勘、亲身体验、感知现场情况，推演犯罪的过程，重建犯罪现场，核实犯罪嫌疑人的供述与辩解的真实性。

【司法实例：龙某明、吴某云盗窃案】

在该案中，龙某明、吴某云二人供称结伙至被害人家中实施盗窃，二人均称仅窃得手机二部和1400元人民币。但被害人称当晚其儿子刚结婚，失窃三部手机。此外，在被害人儿子和儿媳妇新房里的5万元结婚当天收取的礼金红包亦同时被盗。公安机关在案发后不久就抓获了龙某明、吴某云，并从二人身上查获被害人失窃的手机二部，现金人民币7800余元。公安机关提供的现场勘验检查工作记录中仅记录了现场的方位，并附现场照片若干，现场勘验检查工作记录中记载未提取到任何痕迹物证。

【分析】

该案中，龙某明、吴某云二人是否盗窃了5万元的红包根据现有证据是有疑问的，但二人被抓获时携带大量的现金，又有重大的作案嫌疑。

因为被害人在报案时的陈述简单粗糙（仅简单陈述了被害人发觉有人行窃的经过及损失财物的情况），后公诉人重新询问被害人，核实案件情况。

被害人向公诉人陈述了诸多以前询问笔录中未提及的案件细节。比如现场遗有犯罪嫌疑人翻墙逃离现场时在内墙台阶上留下的多枚不同脚印，明显不是只有二人作案。二犯罪嫌疑人称系从大门进入实施盗窃，并未进入新房，但在新房外面的二楼客厅窗户下留有砖头、毛巾等攀爬窗户时所用物品。

被害人称当时红包是装在红色的挎包内，该挎包被丢弃在二楼客厅窗户下，后被被害人捡到屋内，放置在床上等，并称公安机关对脚印等均已拍照，但现场勘验检查工作记录中却未随案移送相关照片。

公诉人获知相关案件细节后，督促公安机关加大侦查力度。后公安机关通过走访摸排，发现另外有一人蒋某明与龙某明、吴某云二人系老乡，并住在一起，案发后即离开回家。

【处理结果】

经审讯，龙某明、吴某云二人均交代当日凌晨系伙同蒋某明3人共同作案。最终查实系该老乡蒋某明进入新房窃得一部手机及红包现金共计人民币5万元。蒋某明将红包藏匿在屋外附近水沟，后爬上新房二楼客厅，再从屋内楼梯下到一楼与龙某明、吴某云一起离开现场。

后公安机关补充提供了勘验检查笔录中未提及的在防盗窗上及二楼客厅桌面上提取到的蒋某明所戴手套上的编织物痕迹。

因在龙某明、吴某云二人被判刑之后，同案犯蒋某明才归案。后检察机关以出现新证据等为由提出抗诉，法院依法予以改判，认定3人共同盗窃被害人新房内的手机和红包现金人民币5万元的事实。

（执笔人：刘浪）

五、其他

114. 在公诉环节如何借鉴与运用犯罪现场重构理论？

犯罪现场重构理论是20世纪80年代开始提出，目前在西方资本主义国家广泛运用于刑事案件侦查领域的一门侦查学说。对普通刑事犯罪而言，犯罪现场重构不仅是还原事实真相的重要途径，也是我们公诉人检验证据是否确实充分的重要标准。

（1）犯罪事实重构的理解

运用证据重构犯罪事实就是根据证据来重新构筑、再现犯罪事实。就是裁判者将全案证据纳入自己的脑海，通过细致地审查和分析，看这些证据是否能够使裁判者在脑海里呈现出一个清晰的犯罪现场图景和犯罪事实的经过。

司法人员在运用证据重构犯罪事实时，就像在玩拼图游戏一样，要通过对在案证据的综合分析和判断，利用证据所提供的信息、显现的事实片段来拼凑出一个完整的犯罪事实的图景。如果整个犯罪事实的经过，各个犯罪情节能用证据予以支撑、树立，整个事实的脉络清晰了，司法人员对事实处于一种确信无疑的状态时，犯罪现场才重构成功，犯罪事实也就查清了。

【司法实例1：叶某某盗窃案】

2013年5月1日凌晨4时左右，犯罪嫌疑人叶某某至某区某街道直街益成2号，趁被害人周某某外出没有关门之际，溜门入室，窃得现金人民币约2000元。

在该案中，叶某某的供述及其现场辨认笔录证实，2013年5月1日凌晨，叶某某来到直街一个院子外面，看到一户人家灯亮了，一位女士拿着马桶去河边刷。其见院门未锁，遂进去，发现地上有两个桶，内有塑料袋，一张五元人民币露在外面，其就将两个桶偷走，桶里现金大约2000元。

被害人周某某的陈述证实，2013年5月1日凌晨4点左右，其起床去倒马桶，等其倒完马桶回来，发现放在地上的两个钞票桶不见了，桶内2000元左右的钱也不见了。后来，因为其要去菜场做生意没空，就一直没有报警。6月20日，派出所民警来到其家里，询问被偷的情况，其就报案了。被偷的两个桶里10元加50元面值的有1200元，5元面值的两个桶里有250元左右，还有两个桶里的1元面值的250元，还有一些零散的。其出去时门没有锁。

现场勘验检查笔录、现场平面图及现场照片若干张证实，案发现场情况及该处系居民住宅，符合“户”的特征，叶某某系入户盗窃。

抓获经过陈述笔录证实，叶某某此前因犯盗窃罪被判刑，在刑满释放后没有工作和生活来源，有盗窃嫌疑，后于2013年6月20日被公安民警带至派出所，经询问，叶某某交代了犯罪事实，并指认盗窃作案的地点，进而找到被害人周某某。

户籍证明证实叶某某的身份情况。

【分析】

在该起盗窃案中，叶某某实施盗窃犯罪事实的相关犯罪构成要件及其实施犯罪行为的时间、地点、经过以及盗窃的数额等都由相关的证据相互印证予以证实。证据之间互相支撑，没有矛盾，共同证明了案件事实。犯罪事实得以由相关证据重构，事实清楚，证据确实、充分。

【处理结果】

案件被依法提起公诉，起诉指控的事实被法院判决确认。

(2) 如何运用客观性证据重构犯罪事实

如果在案证据中只有犯罪嫌疑人的供述是直接证据，其他证据都是间接证据时，充分挖掘在案的客观性证据对于重构案件事实显得非常重要。要注意通过对客观性证据进行深入的分析和合理的解释来检验口供的真伪，重构案件事实。

例如在死刑案件中，可通过审查现场勘验、检查笔录，运用收集到的各种痕迹、实物证据，推演行为人进出现场的路线、渐次展开的活动、使用的工具，接触或破坏的物品、形成的痕迹、遗留的物品、犯罪嫌疑人自身是否受伤或粘附有死者血迹及其他物质，根据相关证据确定与死者的接触情况，以何种方式、手段杀死被害人，如何对尸体和现场进行处理或伪装，如何离开现场等事实。通过重建和推演，再现犯罪过程来印证现场状况及痕迹、物证存在的合理性，进一步去伪存真，得出更接近客观真实的案件事实。

(3) 根据现有证据无法重构犯罪事实时如何处理

事实上，每一个证据都能反映一定的信息，都能向我们展现案件事实的全部或部分的图景。在证据之间相互矛盾的情况下，根据不同的证据会“构建”出不同的事实。例如，犯罪嫌疑人供述反复，不同的原供和翻供就可能呈现出不同的犯罪事实。此时需要综合在案的其他证据来审视犯罪嫌疑人的供述，明显与全案证据相互矛盾的，或者明显不符合常理且无法合理解释的供述不能被采信，即不能根据不合理的供述来重建案件事实。

如果全案的证据之间互相矛盾，又无法合理解释时，不同的证据指向不同的事实，那么案件事实即处于一种混沌的事实不清的状态，这种情况下是无法定案的，应当继续补充侦查，查清事实，穷尽各种调查手段仍无法查清事实的，应当作存疑不起诉处理，或者退回公安机关撤销案件。

【司法实例2：唐某武故意杀人案】

在该案审理中，一审法院认定，2006年4月24日晚上7时许，被告人唐某武至某一楼出租房内，与卖淫女翁某因嫖资而发生纠纷，唐某武即持随身携带的尖刀捅刺翁某，致其当场死亡，后逃离现场。

【分析】

在该案中，犯罪嫌疑人唐某武也有口供。他的有罪供述是对犯罪事实、现场的一个重构，但以他的口供所构筑的这个犯罪现场和事实是错误的。在他构筑的这个犯罪事实中，有多处与客观性证据相矛盾之处。一个就是他称作案后从门口直接出去，但门是闭锁的，必须借助钥匙才能打开，但唐某武始终没有提到钥匙和锁。而且现场实际上是有两个出入口（公安在勘验笔录中未记载）。犯罪嫌疑人唐某武供述是在被害人阴道内射精，但在被害人的阴道内没有检出精斑，只是在被害人阴道外部检测到精斑。案卷中还有一些证人的证言，能够证明一些其他可疑人出入这个被害人屋子的时间。

概括起来，就是在案的证据各自建立了一个案件事实的片段，而这些事实片段又存在矛盾，根据现有证据无法重建一个完整的犯罪现场的图景，案件的事实处于一种混沌的、模糊不清的状态。因此，根据现有证据无法重建犯罪现场，因而无法定案。

【处理结果】

一审法院以故意杀人罪判处唐某武死刑，唐某武不服提起上诉。某省检察院经审查后认为，本案认定被告人唐某武构成故意杀人的证据不足，建议发回重审。二审法院发回重审后，侦查机关对该案作撤销案件处理。

（执笔人：刘浪）

115. 公诉人如何在重大敏感案件中保持相对独立的主体意识？

刑事错案的原因多种多样，有个人原因也有一些制度性因素，有时一个错案综合了各种因素。刑事错案的制度性因素主要是“审者不判、判者不审”的“审、判”分离定案模式。现代刑事诉讼中一系列重要的原则如直接言词原则、证据裁判原则等的设置，都是为了使裁判者能够亲自参与案件的审理过程，在排除了不具有证据能力的证据之后，由司法人员根据对证据的亲身感知和判断，综合全案证据来认定事实是否成立。但是“中国特色”的审判委员会讨论制度、公检法协调会议定案制度等具有“审者不判、判者不审”的“审、判”分离定案的特征。这些制度设计仅仅根据案件承办人的汇报，由审判委员会讨论或者公检法协调会议讨论作出决定的制度安排有效地消解了现代刑事诉讼一系列科学的制度设计，使得刑事诉讼程序以程序公正保障实体公正的功能无法实现。因为会议讨论定案机制往往使讨论的决定受到个别领导个人意志的影响，且会议讨论的结论往往基于所谓的一些“政治因素”的考虑，体现的是案件办理的“政治效果”，基于这些“案外因素”的考虑作出的判决往往会酿成冤假错案。

【司法实例：张某波强奸案】

在黑龙江张某波一案中，被害人诬告陷害，虚假报案，称张某波将其强奸。1998年10月26日，南岗区人民法院作出判决，宣告张某波犯强奸罪，判处其有期徒刑10年，剥夺政治权利2年。张某波当庭提出上诉。哈尔滨市中级人民法院的承办法官回想起当年的案子，记忆十分清晰。第一次看卷，头脑里就产生了很多疑点。这个漏洞百出的案子很快让合议庭得出结论，3名法官意见一致——张某波无罪。然而合议庭没有预料到，审判委员会否认了合议庭的意见。这个案子是“上面带着指标下来的，说了必须要定住”。1999年4月22日哈尔滨市中级人民法院驳回上诉，维持原判。[①]

公检法协调会议定案制度导致《刑事诉讼法》所规定的公检法三机关互相制约、互相监督机制形同虚设。这种协调会议制度架空了司法审判机关的审判权，案件尚未审理，判决的结论已下。那么，法庭审理的过程只是一个形式和走过场。证据上的瑕疵和非法取证行为都会被忽视，任何辩解都会被无视，冤假错案的产生也就在所难免。

公诉人要切实防范冤假错案，就必须坚持刑事诉讼的基本原则，树立科学司法理念，必须坚持尊重和保障人权原则。尊重被告人的诉讼主体地位，维护被告人的辩护权等诉讼权利，保障无罪的人不受刑事追究。必须坚持依法独立行使检察权原则，必须以事实为根据，以法律为准绳。不能因为舆论炒作、当事方上访闹访和地方“维稳”等压力，作出违反法律的决定。必须坚持程序公正原则。自觉遵守《刑事诉讼法》有关规定，严格按照法定程序审查案件并作出决定，保证准确有效地执行法律。推行检务公开，依法保障当事人的诉讼权利和社会公众的知情权。必须坚持证据裁判原则，认定案件事实，必须以证据为根据。应当依照法定程序审查、认定证据。认定被告人有罪，应当适用证据确实、充分的证明标准。

在实践中，作为案件承办人的公诉人要注意造成刑事错案的制度性因素，并时刻牢记：案件承办人应当对案件中的证据负责、对事实负责、对法律负

① 参见《三联生活周刊》2007年8月3日。

责。在案件出现重大错案风险时，案件承办人应当在审查报告中写明自己的意见，并且在汇报案件时明确地提出相关意见，以便记录在案。如果案件经过讨论后，未能采纳公诉人的正确意见而造成错案的，公诉人也可以免除被追究错案的责任。

（执笔人：刘浪）

116. 公诉人应怎样防止被民意绑架?

所谓的民意经常体现为“不杀不足以平民愤”。但民意往往只看到刑事案件严重的危害后果，却并未顾及“搞错”犯罪嫌疑人的恶劣后果，而冤假错案的最终责任应由司法机关承担，不能推到民意头上。在“民意”看来，公安机关好不容易找到一个犯罪嫌疑人，如果仅仅因为“个别”证据不足，或者警察在取证上有些瑕疵就不能定罪而放纵犯罪，这样的压力司法机关往往难以承受，因此，司法机关就难免会被舆论、民意所绑架。而有时上访、维稳的要求又往往会被认为是“民意”的体现而不当地对司法机关施加压力，进而影响司法公正，甚至酿成冤假错案。

【司法实例：佘祥林案】

在湖北佘祥林案中，1994 年 5 月，京山县人民检察院将佘祥林故意杀人一案移送至湖北省人民检察院荆州分院起诉。这个案子率先在检察院内部引起了争议。当时检察官们分成两派，一方认为该案事实不清，证据不足，全凭口供认定，不足以采信。而另一方则认为，案情重大，性质恶劣，不严惩不足以平民愤。检方希望警方补充一些证据：（1）杀人现场和杀人工具的有关资料。（2）应查清被告人佘祥林所捡蛇皮袋的来源。（3）被告人佘祥林作案时所穿衣服里能否检出死者的血迹。（4）被告人藏衣服的瓜棚和烧毁衣服的材料。1994 年 8 月 2 日，京山县公安局出具了补充材料：（1）作案时间距发案时有 3 个月之久，杀人凶器无法寻找。（2）佘祥林拾的蛇皮袋无法查清。（3）我们对佘祥林作案时所穿衣服检验未见血迹。（4）我们对佘祥林烧毁衣服的灰土进行了查找，灰土已清除过，无法取证。1994 年 9 月 22 日，案件又被移送到荆州市检察院。虽然公安在补侦中并没有回答检方的疑问，也没有提出新的证据，但这一回，检察官之间的争议却明显少了，他们站在了公安及民意的一边。①

作为一名公诉人必须要保持内心的足够强大，要避免被民意所绑架，避免由于意志上不独立导致案件处理上的不公正，甚至导致冤假错案发生。公诉人

① 参见张军主编：《刑事证据规则理解与适用》，法律出版社 2010 年版，第 360 页。

应保持司法人员的独立性，坚持自己的正确意见，本着对事实负责、对法律负责、对历史负责的态度，来发表自己的意见，避免被民意所左右。

（执笔人：刘浪）

117. 哪些常见的违法侦查行为容易造成刑事错案？

绝大多数的刑事错案往往是由人为因素造成的，其中侦查违法是造成刑事错案的重要原因。公诉人应当对侦查人员违法取证的行为保持高度警惕，及时纠正侦查违法行为，严守防范冤假错案的底线。从近年来一些媒体曝光的典型案例来看，造成刑事错案的侦查违法行为主要有：

（1）刑讯逼供

长期以来，刑讯逼供问题一直困扰着我国的刑事诉讼制度，成为一个屡禁不止的制度难题，几乎每一起冤假错案的发生，都不同程度地有着刑讯逼供的潜在影响。[①] 这与我国的刑事破案机制有着密切的联系。通常情况下，一个案件是否被破获，关键就是犯罪嫌疑人是否被抓获，口供是否被突破。一旦犯罪嫌疑人交代了，就认为案件成功告破。如果犯罪嫌疑人没有交代，案件一般就很难被认为已经告破。

此外，刑事侦查中过于偏重口供与中国刑事诉讼的证明模式也有莫大的关系。中国刑事诉讼的证明模式是刑事印证证明模式。所谓的印证就是至少有两份证据之间可以相互印证，而如果欠缺犯罪嫌疑人的口供，其他证据就很难获得印证，很难达到刑事证明中相互印证的证明标准。在通常情况下，光靠间接证据是很难形成完整、闭合的证据锁链的，也无法排除合理的怀疑。因此，司法实践中普遍偏重犯罪嫌疑人的口供，甚至形成了“以口供为中心”的印证证明模式。在刑事印证证明模式的要求下，“突破”口供就成为了刑事侦查的中心环节。又由于中国侦查机关刑事侦查水平的低下致使许多证据无法提取到位，拿取犯罪嫌疑人的口供就成为刑事侦查的重中之重。通过拿取犯罪嫌疑人的口供再提取到相关的物证，案件就办成了“铁案”。“撬开”犯罪嫌疑人的嘴也就成为最为便捷的破案方式，而这些往往就导致侦查机关在侦查活动中不惜代价、不择手段地“突破”犯罪嫌疑人的口供，甚至进行刑讯逼供。在侦查机关看来，只要“命案”能破，这些都是必要的代价，侦查人员的违法行为也因而往往被侦查机关所默许，这些也许是刑讯逼供屡禁不绝的重要原因。

（2）人为隐匿、伪造、篡改证据

一旦发生命案，侦查机关就面临着巨大的破案压力，曾经有口号叫“命

① 参见张军主编：《刑事证据规则理解与适用》，法律出版社2010年版，第355页。

案必破”。这就导致侦查机关的个别侦查人员为了成功破获案件，而会“造”证据、“做”证据，就是把案卷中的证据材料“做成”是相互印证的。最恶劣的表现就是先现场勘查，勘查到了一些现场的场景，获得一些信息，然后进行刑讯逼供或者指供诱供，根据现场的信息对嫌疑人进行提示，制造先供后证的假象。让犯罪嫌疑人根据提示进行回答，直到口供与现场的信息、证据相印证，不能印证的，甚至隐匿辩方证据，人为地篡改证据甚至伪造证据，“净化”案卷的证据体系，人为地“做”印证证据。让案卷看上去很干净，不让司法人员发现证据之间的矛盾。

第一，伪造讯问笔录。例如孙万刚故意杀人案中一份重要的有罪供述的笔录中孙的可疑签名后经鉴定不是孙所签，而是案件承办人代签。

第二，违法制作辨认笔录。在张辉、张高平叔侄强奸案中，提押证上显示，在正式辨认之前已经让被告人出去辨认过两次，第三次才正式辨认，而且辨认的时候见证人与被告人不在一辆车上。一到路口的时候，被告人问往左？往右？如果不是，侦查人员就会反问，如果是了就不回答。最后被告人终于能准确辨认案发现场。又如，在河南张海生案中，“民警找来3名男子和张海生坐在一起，让受害幼女王某及其3名同学辨认。开始时，王某和同学并没有指认张海生。办案民警反复提示‘再看一遍’，直到王某等人指认张海生后方才罢休”①。

第三，违法制作提取笔录。佘祥林故意杀人案中，公安机关发现尸体腹部有索痕且无青苔，推断水中可能有沉尸物，遂一边审讯，一边组织人员打捞。并不是像提取笔录所记载的，根据被告人佘祥林的交代提取蛇皮袋及袋内的4块石头。因为佘祥林在打捞之前根本就没有交代用蛇皮袋装石头沉尸的细节。

第四，隐匿生物物证。如唐某武故意杀人案中，侦查人员提取到现场的血指纹、血鞋印、避孕套、带血纸巾等痕迹、物证，但侦查人员予以隐瞒，没有在现场勘查笔录中记载。

第五，篡改鉴定意见。在辽宁李化伟案中，“根据知情者透露，当年的一份尸检报告上面写到死亡时间在饭后2小时内，在这句话的后面，有涂抹的痕迹，被涂抹掉的那句话是：大约15点。如果按此报告，邢某15点左右死亡，李化伟此时还和同事在一起，而没有了这句话，就变成了邢某从吃完饭的那一刻起2小时之内都是被害时间，而恰恰李化伟中午在家，也就具备了作案时间”②。“据辽宁有关媒体报道，李化伟衣领处的血迹，原法医检验的结论是

① 参见张军主编：《刑事证据规则理解与适用》，法律出版社2010年版，第390页。

② 《时代商报》2005年4月16日。

‘擦拭’，后来在起诉时居然被人用刀片刮掉，改为‘喷溅’式血迹，从而成为李化伟‘杀妻’的‘重要证据’。”①

（执笔人：刘浪）

118. 容易造成刑事错案的常见侦查工作失误包括哪些方面？

除了侦查违法取证容易造成刑事错案外，侦查机关和侦查人员的一些工作疏忽和失误、思维定式也容易造成刑事错案。公诉人应知晓侦查机关和侦查人员的哪些工作失误容易造成错案，提高警惕、增强意识，及时纠正侦查人员的工作失误，避免错案的发生。从司法实践来看，侦查机关和侦查人员因工作失误而造成错案的情况大致有以下两种：

（1）侦查机关先入为主

侦查机关锁定犯罪嫌疑人是否合理、准确，不但决定着侦查机关的侦查方向，而且在很大程度上决定着是否能够将案件犯罪嫌疑人“搞准”。如果侦查机关先入为主，或者受到以往办案经验的误导，那么不但可能会使案件的侦查陷入“死胡同”，而且有可能会因为一开始就将犯罪嫌疑人“搞错”，而继续一错再错、将错就错，进行刑讯逼供或者伪造证据等，最后就可能会酿成冤假错案。

【司法实例1：佘祥林案】

在湖北佘祥林案中，1994年1月20日，佘祥林的妻子张在玉离家出走后下落不明，张的亲属怀疑其被佘祥林杀害。同年4月11日中午11时，京山县雁门口乡吕冲村九组窑凹堰水面上发现一具女尸。公安机关的正式调查尚未展开，张在玉的哥哥张年生就找到了办案人员，要求辨认尸体，并当即一口咬定无名女尸就是张在玉。张年生同时向专案组反映，张在玉与丈夫关系紧张，时有斗嘴、吵架之事发生，其夫佘祥林有外遇。② 侦查机关即受此误导，确定佘祥林具有重大犯罪嫌疑，以此作为重点侦查方向，最终酿成错案。

【司法实例2：唐某武故意杀人案】

在该案中，被害人的外阴部检出唐某武的精斑。公安机关先入为主地认为系唐某武作案。公安机关没有考虑到被害人系从事卖淫活动的特殊情况，因此作出了错误的判断，最终酿成错案。

【司法实例3：吴某全故意杀人案】

在该案中，吴某全与同案犯史某幺在案发后一起逃离，一并被抓获，侦查

---

① 《时代商报》2005年4月16日。

② 参见张军主编：《刑事证据规则理解与适用》，法律出版社2010年版，第358页。

机关先入为主地认为系吴某全伙同同案犯史某幺共同作案。侦查机关对吴某全和史某幺二人提出的系“陈某与史某幺”二人作案的辩解虽进行了查证，但已经有了先入为主的判断，因此在对相关的证人取证时并未认真调查核实，最终作出了错误的判断，因而酿成错案。

【司法实例4：张某友故意杀人、强奸案】

在此案中，原审法院认定张某友（系被害人张某的叔叔）于1999年12月2日晚，进入张某屋内，将张某强奸后，为防止罪行暴露，用双手将张某扼颈致死，后将张某尸体背至小李庄村南的一机井旁，用从家中带来的面粉袋和绳子装上半袋砖头绑于尸体脖颈处，将张某沉尸于机井内。侦查机关经分析认为，被害人家是四合院，屋墙较高，一般很难翻入；被害人家院内有一条大狼狗，案发当晚没有叫；被害人当晚从院内锁好了院门；案发当晚，被害人家只有被害人、张某友、张某友80岁的母亲在家，张某友系未婚中年男子，只有住在院内的张某友具有作案的可能性。

【分析】

侦查人员忽视了被害人系乡村医生并在其家中开设诊所的特殊情况，不能排除同村熟人叩门求医伺机潜入作案的情况。公安机关在初期排查阶段，被害人的父母曾向侦查人员提供了多个怀疑对象，其中就包括真凶胡某刚，但受到思维惯性的误导，侦查人员没有对胡某刚进行排查。一审法院以故意杀人罪、强奸罪判处张某友死刑。张某友不服提出上诉，二审法院改判张某友死刑，缓期2年执行。张某友在服刑5年后，经他人举报，公安机关抓获真凶胡某刚。二审法院再审宣告张某友无罪。

（2）对犯罪嫌疑人不在作案现场、没有作案时间的事实不查证或查证不细致

侦查机关在经过一般排查或者先入为主地确定犯罪嫌疑人后，一般会顺着既定的侦查思路去寻找证据来证明自己的前期判断是正确的。因为冤假错案的犯罪嫌疑人并非其本人作案，因此，必然会提出不在场、没有作案时间的无罪辩解。有时客观性的证据能够准确地判定被害人的死亡时间，而犯罪嫌疑人通常都有不在犯罪现场的证据。但侦查机关或侦查人员往往由于思维惯性，认为犯罪嫌疑人一般都会避重就轻，不会轻易交代犯罪事实。因此，往往会有意或“无意”地忽视犯罪嫌疑人不在场、没有作案时间的无罪辩解。对于犯罪嫌疑人不在场、没有作案时间的证据也不愿意进行查证或者即使查证也敷衍了事，这往往就会错失纠正错案的机会。

【司法实例5：吴某全故意杀人案】

在该案中，吴某全与同案犯史某幺均提出辩解，称案发当晚“陈某与史

某幺”二人一起与老乡吃饭喝酒后一起去抢劫。但因为侦查人员已经有了先入为主的判断，因此在对相关的证人进行询问时并未认真调查核实，只简单询问了个别老乡，没有对所有的证人进行核查。由于侦查人员的敷衍，其中一名证人也因为多一事不如少一事，故意隐瞒了该情节，最终侦查机关认为吴某全、史某幺的辩解不成立，因而作出了错误的判断，酿成错案。

【司法实例6：张某生强奸案】

在河南张某生强奸案中，张某生被确定为是强奸案的重大犯罪嫌疑人而被抓获。后其在仓房镇派出所辩称自己当天在舅兄及其邻居家串门、喝茶、聊天，未离开村子，且有多人作证，但民警根本不听，找来3名男子和张某生坐在一起，让受害幼女王某及其3名同学辨认。[①] 侦查人员“有意”忽视张某生不在场的无罪辩解，不进行查证，最终造成冤案。

【司法实例7：李某伟故意杀人案】

在辽宁李某伟故意杀人案中，案发现场的法医勘验结果表明，邢某被杀于下午3时左右，李某伟此时正在厂内上班，并有大量证人可以证实。[②] 但侦查机关对此不在场的证据均未予调查核实，因此酿成冤案。

（执笔人：刘浪）

119. 审查犯罪嫌疑人不认罪案件时应注意什么事项?

犯罪嫌疑人不认罪的案件在证据要求上将会比犯罪嫌疑人认罪的案件要高。因为根据刑事印证的证明规则，犯罪嫌疑人不认罪，要么根据形成闭合、完整证据锁链的间接证据定案。要么由其他间接证据对除口供以外的直接证据全面印证，即各个有关定罪、量刑的证明对象都有相互印证的证据予以证明，否则相关的案件事实由于欠缺口供而无法认定。而且犯罪嫌疑人不认罪的案件属于重大疑难风险案件（因为不认罪的犯罪嫌疑人很可能真的并非作案嫌疑人），所以在审查这类案件时要更加细致，避免造成冤案。

犯罪嫌疑人不认罪的，通常有几种情况。有的确实不是犯罪嫌疑人作案，其能提出相关的合情合理的辩解，甚至有相关的证据能证明并非其作案，其不在现场、没有作案时间等，其面部也会流露出真诚冤屈的表情。在这种情况下，应当全面、细致地查证犯罪嫌疑人提出的辩解，对相关证据进行详尽地收集和查证，不能因为工作的疏忽或者不细致而造成冤假错案。

有的案件能确定是犯罪嫌疑人作案，但犯罪嫌疑人因抱侥幸心理而负隅顽

---

① 参见张军主编：《刑事证据规则理解与适用》，法律出版社2010年版，第390页。

② 参见《时代商报》2005年4月16日。

抗。在审查这类案件时就需要尽可能地全面收集相关证据，避免因证据不足，导致指控的相关事实无法认定而放纵犯罪。

【司法实例1：刘某辉盗窃案】

被害人家中失窃后第一时间报警，公安民警及时对现场进行勘查，在房内现场鞋盒上发现一枚可疑指纹，后经鉴定为犯罪嫌疑人刘某辉右手拇指所留。刘某辉有多次盗窃作案的前科，且此前也均不供认犯罪事实，但现场均留有刘某辉的指纹。犯罪嫌疑人刘某辉到案后仍不供述犯罪事实，且辩称其在案发时间前后均未到过被害人家所在的城镇，甚至没到过当地。

【分析】

在该案中，由于犯罪嫌疑人刘某辉的指纹系在犯罪中心现场案发后第一时间提取，且刘某辉与被害人一家此前并不相识，被害人家中失窃时处于封闭状态，因而排除了刘某辉偶然经过留下指纹的可能。刘某辉的辩解明显与客观性证据相矛盾，且相关间接证据足以排除合理怀疑，可以证明刘某辉盗窃作案的犯罪事实。因此，检察机关将刘某辉的该笔犯罪事实起诉至法院，法院也判决予以认定。

【司法实例2：李某波、于某故意伤害案】

案发当日李某贵向李某波讨要20万元左右的欠款，李某波遂约李某贵到于某（与李某波关系密切）所租的某宾馆内一办公室进行商谈。后李某贵带着6人至该房间，李某波和李某贵在谈论还债事宜时发生激烈争吵。于某称李某波向其及其手下使了个眼色，于某及其手下操出砍刀、棒球棒等将李某贵等人逼至门口墙角。李某波将手机重重摔在茶几上，门外四川“大胖”、“小胖”等人冲进屋内，混乱中房间内灯熄灭。其中“小胖”持刀将李某贵刺伤。经鉴定，李某贵损伤程度为重伤。

在该案中，李某波作无罪辩解，其辩称当天其确实在办公室与李某贵谈事情，双方也发生争吵，其并未伤害李某贵，也没有指使他人伤害李某贵。其并不认识四川“大胖”、“小胖”，也不知道是谁刺伤了李某贵。案发后，其离开了现场。

于某则供认，当天李某波称要借其办公室谈事情，其手下跟李某波都认识，李某波都很照顾其手下，办公室的砍刀和棒球棒等都是李某波事先准备好放在办公室内的。在李某贵来之前，李某波打电话、发短信给湖北“大华”、四川“大胖”、“小胖”等。后湖北“大华”的手下及四川“大胖”、“小胖”等六七个头目都事先来到办公室。李某波称，“等下一个都不要放走”，“大胖”、“小胖”则称“兄弟们都准备好了”。谈完后，“大胖”、“小胖”等人离开，李某波则不停地打电话联系李某贵。

【分析】

本案李某波能否定罪的关键就在于李某波是否纠集、指使了“大胖”、“小胖”等人伤害李某贵。因为“大胖”、“小胖”等人均未到案。于某的指认就很关键。要确定于某的供述属实，需要有其他证据对于某的供述进行印证或者佐证。

公安机关在侦查阶段调取了案发现场办公室门外的监控录像，能证明“大胖”、“小胖”等人在案发前先进入办公室，然后又出来，等李某贵等人进入办公室之后，又再次进入办公室，在案发后从宾馆的后门离开。这一客观性证据与于某的供述相符。

公安机关调取的李某波的手机通讯记录显示，其在案发前与湖北“大华”有短信通讯记录，在李某贵到达宾馆前与李某贵有多次通话记录。又可与于某的供述相印证。此外，在李某贵带去的人中多人证实他们到达宾馆后在楼道、楼梯口发现有许多人都在看着他们。

从全案来看，如果仅有于某的指认，没有其他在案证据，显然尚无法排除系他人而非李某波纠集他人伤害李某贵的可能性。但由于公安机关及时调取了监控录像、通讯记录等客观性证据，与于某的供述可以相互印证。

此外，从案件发生的前因、后果，以及案发地点系于某租的办公室，是李某波指定的谈判地点，并非开放性的营业场所，是比较隐蔽的处所，且于某案发前与李某贵并不相识等细节来看，已可排除他人纠集“大胖”、“小胖”等人伤害李某贵的可能。

综上，本案中李某波虽作无罪辩解，但在案证据已可证明李某波指使他人共同故意伤害李某贵的事实。公诉人遂将该案提起公诉，法院判决认定检察机关指控的事实，判决李某波故意伤害罪罪名成立。

【司法实例3：许某达、陈某强迫交易案】

2009年2月的某一天，许某达带着陈某、应某光至被害人王某祥所经营的采石场，要求王某祥低价向其供应某型号的石子。王某祥不同意，许某达遂伙同陈某、应某光等人采用烟蒂烫、烟灰缸砸、雨伞柄砸等方式迫使王某祥同意低价向其供应石子。后从2009年2月至2011年8月，王某祥的采石场共供应石子价值共计人民币530余万元。其中2011年5月至8月3个月共供应石子价值共计人民币20万余元。

【分析】

在该案中，许某达、陈某对于殴打王某祥要求其供应石子的事实供认不讳。但许某达辩称其所有购买石子的具体事宜由其哥哥许某华操办，2011年4月之前，其石子确实是供应至某高速公路项目部。但2011年5月至8月，其并未购买石子。王某祥提供的装货清单上记载了每次装的石子型号及数量，且这部分石子均由许某达拉走。但这些装货清单上并无许某达的签名，仅有一些装货的司机在装货单上签上自己的姓氏。

在庭审过程中，辩护人提交了钱某的证言，钱某称2011年其公司需要石子，后得知许某达在王某祥经营的采石场有股份，遂联系了许某达。许某达称系王某祥在具体经营，让其与王某祥联系。后其与王某祥联系，并于2011年5月至8月从采石场拉了石子，但最后结账是与许某华结账，所有的石子价款均已结清。王某祥则称并不认识钱某。

该案中，由于许某达对于2011年5月至8月这3个月期间强迫交易的事实作无罪辩解，许某华躲藏起来拒绝向公安机关作证。装货清单上也并非许某达的签名。钱某的证言也证明其系石子的最终购买者。王某祥虽认为是许某达将石子装走，其530万余元的货款一直未结。但在案证据并不能排除在2011年5月至8月期间采石场供应的石子系由钱某向采石场购买的可能性。因此法院对于检察机关的该部分犯罪事实的指控未予支持。

（执笔人：刘浪）

120. “零口供”案件有何办理技巧？

“零口供”通常是指犯罪嫌疑人在侦查阶段始终保持沉默或者辩称自己没有实施过犯罪行为。修改后《刑事诉讼法》强化了对犯罪嫌疑人权益的保护，律师可以第一时间介入刑事审讯，犯罪嫌疑人的反侦查能力不断增强，对抗审讯的能力也不断增强。通过审讯获得犯罪嫌疑人的口供也变得越来越困难，“零口供”案件也不断增多。

通常情况下，侦查机关对“零口供”的犯罪嫌疑人依然移送审查起诉，说明侦查机关认为即使犯罪嫌疑人不承认自己的犯罪行为，仅凭其他证据依然能够对其定罪处罚。一般情况下，这些“零口供”的犯罪嫌疑人要么有其他同案犯或者证人的指认，又辅之以其他客观性证据予以印证。要么是有客观性极强的具有同一性识别功能的实物证据等结合其他在案证据能够排他性地锁定系“零口供”的犯罪嫌疑人作案。但公诉人在拿到“零口供”案件时，依然要注意相关的讯问和补证技巧，避免因处理不当导致案件事实存疑，无法定案而放纵犯罪。

（1）讯问技巧

虽然在遇到“零口供”的犯罪嫌疑人时公诉人可以让其继续保持之前的“零口供”，在保证其他在案证据确实、充分，并能证明案件事实的情况下对“零口供”的犯罪嫌疑人提起公诉。但也可以尝试着讯问犯罪嫌疑人，并获取其供述，毕竟这也是一种具有成就感和带有一定挑战性的工作。但在讯问时要讲究策略，避免弄巧成拙。

【司法实例1：刘某某盗窃案】

在此案中，犯罪嫌疑人刘某某始终辩称在案发时间从来就没有到过现场，甚至没来过案发的某区。但被害人发现家中失窃，在案发后第一时间报案，公安机关侦查人员及时赶至作案现场，并在作案现场的一个鞋盒子上提取到了犯罪嫌疑人刘某某的指纹。犯罪嫌疑人刘某某有多次盗窃作案的前科，但均不承认自己的犯罪事实。公诉人在审查起诉时依然问其在案发时间段是否到过案发现场的某区、某镇，犯罪嫌疑人刘某某依然称其从未到过某区。后案件起诉至法院，刘某某依然拒不承认，后法院判决其有罪。

【司法实例2：王某某盗窃案】

在此案中，王某某的指纹在现场案发后第一时间被提取，但其指纹是在被撬防盗窗的不锈钢防护栏杆上提取到的。王某某在审查起诉前依然称自己在案发时间前后从未去过某区某镇的犯罪现场。讯问快结束时，陪同提审的讯问人员却意外地向犯罪嫌疑人王某某出示了现场房屋的照片。因为公安机关提取的王某某的指纹位置并非在中心现场，而是在失窃房屋的外窗，万一犯罪嫌疑人辩解称其是经过现场，不经意间可能触碰了窗户防盗栏而留下指纹，案件将会存疑而无法定案。证据出示后，王某某愣了一下。公诉人内心确信，王某某肯定是参与了盗窃作案，因为从王某某看到这些现场照片的反应来看，应当是第一次向其出示。后公诉人不敢再继续讯问，怕犯罪嫌疑人据此会有辩解。后来经过准备，公诉人再次提讯犯罪嫌疑人，经政策教育，王某某自愿供述了犯罪事实，并且交代了一同作案的同案犯，案件才得以顺利起诉、判决。

王某某盗窃案中，讯问人员的失误在于在审讯阶段，轻易地“抛出”关键性证据，虽然该案有惊无险，王某某最后自愿认罪，但是倘若王某某根据关键性证据思考应对策略，并提出合理的辩解，案件的处理将会非常棘手。

公诉人在突破犯罪嫌疑人的口供有困难的情况下，可以对犯罪嫌疑人进行多次的讯问（要间隔一定的时间）。因为人的记忆因时间的间隔会产生偏差，如果是特意编造的事实、情节，不同时间的多次讯问，其对问题的回答会不一致。而犯罪嫌疑人故意编造的多次迥然不同的辩解恰恰表明其辩解的不可信，犯罪嫌疑人的辩解就很难成立。

（2）补证技巧

在“零口供”案件中，犯罪嫌疑人辩解的证明方向是其没有实施犯罪行为，但其他证人或同案犯的供述则会指认犯罪嫌疑人作案。单单凭借这些言词证据显然尚难以排除合理怀疑。因此，需要以其他客观性的间接证据来补强其他证人或者同案犯的供述，以此才可得出唯一排他性的结论，并认定犯罪嫌疑人的犯罪事实。

具体补证的思路就是：根据言词证据的内容寻找客观性证据，或者根据已经收集的客观性证据深挖寻找到其他客观性证据或者证人等，最终形成直接证据和间接证据相互印证的完整证据锁链，锁定犯罪嫌疑人的犯罪事实。

【司法实例3：王某根贩卖毒品案】

2012年8月8日，被告人王某根为贩卖毒品牟利，将4克冰毒用纸巾包裹，放置在某地金涛商务宾馆房间的垃圾桶内，再让购毒人许某、林某琳自行取走，非法获利人民币2000元。2012年8月上旬，被告人王某根为贩卖毒品牟利，向被告人欧阳某某求购冰毒1000克、“麻古”2000粒。同月10日上午，被告人欧阳某某伙同被告人李某欣携带毒品乘坐从广东省深圳市开往某市的长途汽车，于次日7时许到达某市客运中心汽车站，王某根如约前来接应。当日7时30分许，公安人员在该客运中心汽车站将3名被告人抓获，并当场从欧阳某某、李某欣随身携带的包裹中查获净重1002.3克、甲基苯丙胺含量66.3%的冰毒1包和净重182.4克、甲基苯丙胺含量22.5%的“麻古”1957粒。

公安人员在抓获被告人王某根当日，在王某根位于某市某区滨江大道78号滨江公寓1003室的出租房内，查获其尚未贩卖的净重分别为1.2427克、38.653克、1007.1克的冰毒3包，其甲基苯丙胺含量分别为68.1%、70.4%、68.3%。

【分析】

在该案中，王某根“零口供”，但欧阳某某始终稳定供述王某根向其购买毒品，并通过银行转账、现金支付毒资。公安机关提取了王某根的手机短信、银行往来凭证等证据证实，2012年8月10日，王某根收到欧阳某某向其发送的银行账号、账户名并在当日由王某根的账户向该账户转账10万元。后检察机关在审查王某根尾号5411手机时（系王某根身上当场查获），从其存储短信找到购毒人许某、林某琳线索，依靠许某、林某琳证言与手机内存储短信、银行往来凭证等客观性证据，锁定了王某根2012年8月8日将4克冰毒贩卖给许某、林某琳的事实。

【处理结果】

一审法院以贩卖毒品罪判处被告人王某根死刑，剥夺政治权利终身，并处没收个人全部财产；以贩卖、运输毒品罪判处欧阳某某死刑，缓期2年执行，剥夺政治权利终身，并处没收个人全部财产；以运输毒品罪，判处李某欣有期徒刑7年。二审驳回上诉，维持原判。

（3）审查技巧

①审查破案经过是否客观、自然

破案经过主要体现刑事案件发生后侦查机关寻找、确定并抓获犯罪嫌疑人的过程。在"零口供"案件中，公诉人要重点审查破案经过是否客观、自然、合理，审查侦查机关锁定犯罪嫌疑人的过程是否符合逻辑推理规则和经验法则。不合理、不客观、简单粗略的破案经过不足以使公诉人形成内心确信，因而难以准确认定案件事实。

②注意审查犯罪嫌疑人是否具有合理的作案动机

作案动机是指犯罪嫌疑人实施犯罪行为欲达到犯罪目的的内心冲动和内心起因。分析和推断作案动机，不仅对确认侦查方向和确定案件性质有重要作用，而且对于审查证据，判断犯罪嫌疑人是否具有作案的合理性有重要意义。不具有合理的作案动机的犯罪嫌疑人，其是否从事了犯罪行为就相当可疑。没有合理的作案动机的犯罪嫌疑人，很难将其与特定的犯罪行为联系起来，而且有造成错案的风险。所以，公诉人在审查"零口供"案件时，一定要注意审查犯罪嫌疑人是否具有合理的作案动机。

③注意审查犯罪嫌疑人的辩解是否合理、能否成立

对犯罪嫌疑人辩解的审查是排除合理怀疑的重要方法。如果犯罪嫌疑人的辩解具有合理性，则案件很难排除合理怀疑，形成唯一的证明结论，其证据体系是存在漏洞的。如果犯罪嫌疑人的辩解具有合理的根据，能对现有证据提出反证，现有证据无法排除合理怀疑的，就无法定案。但如果犯罪嫌疑人的辩解不符合常理，前后多次辩解反复，自相矛盾，或者明显与其他证据证明的客观事实和经查证属实的证据相矛盾，就说明其辩解难以成立，公诉人可以据此形成系犯罪嫌疑人作案的内心确信。

④注意审查犯罪嫌疑人的犯罪事实是否有直接证据和间接证据、客观性证据与言词证据相互印证证实

因为犯罪嫌疑人是"零口供"，检察机关要使指控的犯罪事实成立，必须要有相关的证据能够"证成"其犯罪事实。公诉人的内心确信也要建立在相关证据的基础之上。即犯罪嫌疑人的关键犯罪事实，尤其是证明其犯罪行为的相关犯罪事实必须有同案犯的供述或者证人证言的指认加以证明。同时，这些言词证据能够得到其他证据的印证，从而可以据此认定犯罪嫌疑人犯罪事实的成立。公诉人还要特别重视对客观性证据的审查。因为物证、书证、DNA 鉴定等客观性证据受主观因素的影响较小，具有极强的证明力。客观性证据的关联性越紧密、指向性越明确，就越有利于定案。

【司法实例 4：何某虎、孙某等 5 人抢劫案[①]】

被告人何某虎、孙某原同在浙江省乔司监狱服刑，交往甚密。孙某假释出狱后，于2012 年2 月起在被害人谢某义（殁年59 岁）承包的杭州市西湖区九溪理安寺的会所担任经理，因在经营中和谢某义产生矛盾，即欲独自承包经营会所，但遭谢某义拒绝。

2012 年 6 月，何某虎刑满释放，多次与孙某联系并向孙某借款 2 万元，孙某即于同年 7 月授意何某虎对谢某义实施报复、抢劫，并向何某虎指认谢某义的照片、车辆，还提供现金人民币 4000 元。被告人何某虎随后在湖州纠集被告人黄某松，准备胶带纸、帽子、手套等作案工具，于 2012 年 8 月 7 日至西湖区九溪理安寺会所附近欲对被害人谢某义实施抢劫，因没有机会而未果。

2012 年 8 月 16 日，经被告人孙某的催促，被告人何某虎、黄某松又纠集被告人胡某益、徐某明，携带事先准备的折叠刀、仿真枪及帽子、手套等作案工具，从湖州租车至杭州九溪理安寺会所附近事先选定的作案地点，并与孙某电话联系，约定等谢某义单独驾车离开理安寺会所时电话通知。当晚 8 时许，被告人孙某借机将本欲搭乘谢某义所驾轿车下班的服务员支开，等谢某义单独驾车离开会所后即用手机联系何某虎。何某虎接到电话后，即按事先分工，指使胡某益佯装肚痛躺在谢某义驾车必经之路上，趁谢某义停车探问之际，何某虎即上前持仿真枪抵住谢某义，同时黄某松、胡某益、徐某明一拥而上控制住谢某义并拖至车后排座用胶带纸捆绑，其间黄某松持刀将谢某义的手臂捅伤。之后由黄某松驾驶被害人的日产轿车，伙同何某虎等 3 人挟持谢某义返回湖州。途中，何某虎等人将价值人民币 3584 元的被害人谢某义的手机沿途丢弃，并打电话让孙某清理遗忘在现场的犯罪工具。

被告人何某虎、黄某松、胡某益、徐某明在挟持谢某义驾车驶往湖州路途中，因谢某义挣扎、呼救，何某虎等人采用用手掌、石块击打谢某义头颈部，还用毛巾堵嘴、衣服蒙头等手段强行将谢某义塞在车内前后排座椅之间，随后从被害人处劫得人民币 9000 余元等财物。车至湖州后，被告人何某虎等人发现被害人谢某义已没有生命体征，认为已经死亡，经商议后决定抛尸。随后，4 人用皮带及车内电线等工具将砖块绑在谢某义身上，将谢某义抛入湖州市旧馆镇北港塘桥下的河中，致被害人谢某义因溺水而死亡。

为掩盖罪行，被告人何某虎等人驾驶劫得的价值人民币 11.7 万元的日产轿车至湖州织里镇义皋村附近环湖大堤，毁弃车牌、砸碎车灯，将所劫轿车弃

① 该案例的案情及下文的分析与处理部分均来源于浙江省人民检察院公诉三处于 2014 年 1 月 17 日向全省下发的《典型案例（六）》，由张提撰写。

于太湖。同时，何某虎接到孙某来电后，将沉尸及抛车等情况均告诉孙某。之后，被告人何某虎、黄某松、胡某益、徐某明将劫得的现金人民币9000元等财物瓜分并逃离现场，其中，何某虎分得3600元，黄某松、胡某益、徐某明各分得1800元。

【分析】

本案是典型的一起“零口供”案件，孙某系“零口供”。但实行行为人何某虎后期稳定供述指认孙某指使，且黄某松、胡某益、徐某明供述能印证何某虎与孙某通话细节，与通话记录相印证，形成完整的证据体系，足以认定孙某参与抢劫。

首先，本案破案经过客观、自然。本案破案经过表明，2012年8月17日被害人的儿子报案，公安机关初查后找到谢某义手机，根据发现被劫车辆运行轨迹和车辆上手机轨迹分析，确定何某虎、黄某松、胡某益、徐某明有重大作案嫌疑，通过何某虎手机通话情况发现孙某有重大作案嫌疑。公安机关锁定犯罪嫌疑人的过程，符合逻辑推理和经验法则。

其次，客观性证据与同案犯供述相互印证，共同指向孙某参与作案。从本案通话记录可见，案发前十几分钟，孙某打了两个电话给何某虎，劫持被害人后双方有11个电话联系，与何某虎和黄某松等人的供述相互印证，共同指向孙某参与抢劫。（1）通话记录显示，2012年8月16日20:39何某虎被孙某呼叫，理安寺会所服务员李某、江某称谢某义当日是20:30～20:40离开的会所，九溪卡口记录证明谢某义的车辆开到九溪时间是20:51分，卡口记录时间与证人证明离开时间是吻合的，也印证何某虎证明孙某打电话告诉其被害人下山时间这一情节。（2）通话记录显示，从2012年8月16日18:34到8月17日4:53，何某虎除8月16日21:34接到一个号码为1586829××××的电话外，其余通话均与孙某所有的1586814××××手机联系，而在案的视频照片证明，被害人谢某义当日驾驶的轿车于8月16日21:34已被何某虎等人驾驶离开九溪犯罪现场，故1586829××××电话显与本案没有关联。而孙某从16日21:46到次日8:30，除何某虎外，没有和其他任何人的通话记录。两人之间电话联系频繁，其中3个电话是在凌晨4点和6点，而此时何某虎正在作案——杀人、抛尸、弃车，如此频繁通话很不正常。（3）两人通话内容，有被告人何某虎供述和同案其他人的证明。（4）何某虎供述孙某指使何某虎报复、抢劫谢某义。2012年8月16日，他与孙某多次通过电话联系，确认被害人下山的时间，并在抢劫车主后因部分犯罪工具落在作案现场，要孙某去寻找处理，在作案后告诉孙某人已经死亡的情况。（5）同案犯黄某松、胡某益、徐某明供述“内线”细节与何某虎供述相印证。第一，黄某松、胡某益、徐某明均证明被告人何某虎纠集他们实施抢劫之前，已经确定抢劫对象及抢劫地点，并告知有“内线”提供被害人的相关情况。第二，3名被告人均证明抢劫前何某虎接到内线电话，并当即指使胡某益躺在行车路线上拦截，其他人在附近设伏，数分钟后被害人即驾车路过。第三，3名被告人还证明何某虎电话来电铃声是“孙某来电、孙某来电”。电话内容包括：“我们到了”、“确认被害人一人下山”、“要求内应处理遗留在作案现场的工具”，以及反复告知被害人死亡和抢劫金额的情况。3名被告人供述的何某虎与对方通话的大概次数和内容，与书证通话记录、何某虎供述的通话内容基本吻合，印证何某虎供述的真实性。(6) 从常理分析，何某虎、黄某松等4人关于“内线”的供述可信度高。何某虎等人与被害人谢某文不相识，也无利益冲突。即使见财起意，如果没有熟人指引和通报信息，很难精准掌握被害人行踪。(7) 孙某亦承认自己与何某虎多次通话，排除他人盗用、借用孙某电话与何某虎通话的可能性。

再次，被告人孙某的无罪辩解不能成立。本案中，被告人孙某归案后始终作无罪辩解，案发前后与何某虎有联系，是因为之前其借给何某虎24000元钱，所以才有电话催讨之事。该理由与在案证据不符，亦不符合常理。(1) 何某虎否认电话联系是为商量还钱的事，其他3名同案犯也均没有供述听到这一情节，反而证明听到关于绑人劫车等情况。(2) 半夜连续催讨欠债不符合常理。(3) 孙某在一开始被公安机关调查询问时仅供述到其另一个手机号码，而没有交代其与何某虎常联系的手机号码，孙某辩解是没有带与何某虎通话的那个手机号码，显然刻意在回避与何某虎联系的事实。

最后，被告人孙某有作案动机。本案中，(1) 证人付某、邢某阳证实孙某想独自承包理安寺会所，让被害人退出。而被害人谢某义对孙某的经营也多有不满，想把孙某开除。因此，孙某与被害人之间存在一定的利益冲突，案发前一两天，孙某曾向两人流露出谢某义即将离开，会所由其承包经营之意。(2) 被告人何某虎证明事前孙某和其说过与被害人有工作上的矛盾，要其找人教训对方一下，并要其将被害人连人带车弄走，让被害人不要再回来了。与证人证明两人工作上有矛盾是一致的。(3) 理安寺会所的员工付某、李某、江某证实案发日，孙某以收拾餐具为由强行阻止他们搭乘被害人车辆下山。与何某虎要求的“最好一个人独自离开”是一致的。以上情况证明孙某有作案动机，并有为何某虎实施抢劫创造条件。

综上分析，被告人何某虎、黄某松等4人均证明实施抢劫时，何某虎与内线一直用多个电话联系；通话记录证明作案期间，何某虎除用1586829××××外，只与孙某用多个电话联系，而在案证据能够合理排除1586829××××与本案有联系；孙某亦承认自己的手机一直本人使用，故虽然孙某始终作无罪辩解，但本案证据之间依然能够形成完整锁链，得出孙某参与抢劫的唯一结论，达到《死刑案件规定》中要求的死刑案件证明标准。

【处理结果】

一审以抢劫罪判处何某虎死刑，剥夺政治权利终身，并处没收个人全部财产；判处孙某死刑，缓刑2年执行，剥夺政治权利终身，并处没收个人全部财产，限制减刑；判处黄某松无期徒刑，剥夺政治权利终身，并处没收个人全部财产；判处胡某益有期徒刑12年，并处罚金1万元；判处徐建明有期徒刑10年，并处罚金1万元。二审驳回被告人何某虎、孙某等人的上诉，维持原判。

（执笔人：刘浪）

121. 如何发现犯罪嫌疑人认罪的虚假性？

（1）“抓矛盾”

基于某些特殊的原因，没有实施犯罪行为的嫌疑人也会供认犯罪事实，公诉人如不仔细审查就有可能酿成错案。那么公诉人在审查案件时应当如何从案件的证据材料中发现犯罪嫌疑人虚假认罪的情形呢？通常情况下，没有实施犯罪行为的犯罪嫌疑人因为并非其本人作案，其在对犯罪行为的供述中就不可能做到“天衣无缝”，甚至可能会存在比较明显的“破绽”。公诉人要做一个有心人、细心人，要擅于发现其中的矛盾之处，发现证据中存在的疑点，从而避免错案的发生。

公诉人要能有效发现犯罪嫌疑人认罪的虚假性，首先应当认真仔细审查案件证据材料。要认真比对犯罪嫌疑人的供述与其他证据，如被害人的陈述、现场勘验、检查笔录、现场照片等，认真审查犯罪嫌疑人的供述与这些证据之间是否存在明显的矛盾。如果存在矛盾，应认真分析产生矛盾的原因是什么？并分析矛盾是合理的矛盾还是根本性、无法调和的矛盾。

（2）找证据

公诉人应当带着问题去讯问犯罪嫌疑人，要让犯罪嫌疑人对整个犯罪事实进行详细的交代，尤其要注意对犯罪细节和证据中的疑点进行讯问，让犯罪嫌疑人进行解释，分析犯罪嫌疑人供述是否有不合理之处。经过上述工作，如果相关证据之间的矛盾无法排除，犯罪嫌疑人存在虚假认罪可能性的，则对于涉案犯罪嫌疑人的相关事实不能提起公诉。公诉人还应找到犯罪嫌疑人虚假认罪的原因，并根据相关线索继续查证，寻找相关证据，最终还原事实的真相。

【司法实例：罗某强盗窃案】

嫌疑人罗某强因盗窃自行车而被抓获。被抓获的当晚其对盗窃自行车的事实供认不讳，但并未供述其他犯罪事实。后经检测，嫌疑人罗某强的尿检报告呈阳性，证实其正在吸毒，公安机关决定将其强制隔离戒毒。2010年5月6日民警向其宣布，其可能将被劳动教养1年。某市劳动教养管理委员会于2010年5月11日对其作出了劳动教养1年的决定。2010年5月12日，当民警再次讯问嫌疑人罗某强时，其供述了伙同“王老五”在4月20日左右的一天21时左右，由“王老五”踩其肩膀爬上一暂住房二楼平台，从窗户进入室内，窃得1台笔记本电脑和1300元现金的犯罪事实。5月13日，罗某强还带民警去辨认了作案现场。5月15日罗某强还供称，“王老五”是用螺丝刀一样的东西打开暂住房的窗户进入的。后民警找到了被害人2010年4月17日的报案笔录，称在当日确实有一台笔记本电脑和1500元现金被盗。但被害人却称门窗没有被撬，防盗门、窗都保持完好，阳台窗外拉锁门也锁着，没有被撬痕迹。现场的照片也证实案发现场没有被撬的痕迹。

【分析】

本案中，嫌疑人罗某强关于作案的一个细节与在案的其他证据存在重大矛盾，即其供述“王老五”是通过撬窗进入作案现场的，但事实是现场并无被撬痕迹。因此，本案存在重大疑点。此外，嫌疑人罗某强系因一般行政违法行为被抓获，且被抓获时并未交代其犯罪事实，但在民警向其宣布其可能被劳教1年后即交代了涉案事实，因而存在虚假认罪的行为动机。后经查证，嫌疑人罗某强是因为害怕被劳教1年而向在同一监室被行政拘留的真正犯罪嫌疑人“讨来”该笔犯罪事实，并作出了虚假的供述。

（执笔人：刘浪）

122. 侵财型犯罪，没有被害人陈述，但有犯罪嫌疑人供述和赃物的能否认定？

通常情况下，侵财型犯罪中，没有被害人陈述的，仅有犯罪嫌疑人供述的，不能认定犯罪事实。因为根据《刑事诉讼法》第53条的规定，“只有被告人供述，没有其他证据的，不能认定被告人有罪和处以刑罚”。但在个别情况下，基于某些原因，例如被害人离开案发地到其他地方等，被害人无法找到，但却从犯罪嫌疑人或者收赃人处查扣了相关的赃物，此时是否能认定相关的事实呢？我们认为，在此种情况下，不能认为没有被害人的陈述，仅有犯罪嫌疑人的供述而不能认定。应当区分具体的案情，作不同的处理。

一般而言，“人赃俱获”的证据是比较“铁”的，因为相关的在案赃物已经对犯罪嫌疑人的供述进行了有效的补强。当然，这些在案的赃物作为物证，必须具有特定化的特征，如果系金钱等种类物，不具备个性化、特定化特征的，有时尚难排除合理怀疑，但如果赃物具有特定化特征，又有同案犯供述或者证人证言能印证或佐证的，相关的事实应可认定。

这里应注意的关键是犯罪构成要件的事实应有相互印证的证据予以证明，才能排除合理怀疑。例如某甲供述其盗窃了某一赃物并销赃给证人某乙，赃物也被查获，但没有被害人陈述。但因为尚无法排除另一可能性，即某甲系实施抢劫犯罪劫得赃物的情况，这样也难以认定。但如果甲乙二人均供述共同实施了盗窃行为，并将赃物销售给某丙，赃物亦被查获。则关于盗窃的关键构成要件的事实甲乙二人的供述形成了有效印证，又可得到其他证言及物证的补强，因此，可以排除其他合理怀疑，进而认定案件事实。

【司法实例1：王某、张某盗窃案】

王某、张某二人对其至某暂住房实施盗窃并窃得现金1000元及蛋糕券150元的事实供认不讳，且二人均对实施盗窃的暂住房进行了明确的指认。相关的赃款已被人挥霍，但蛋糕券在二人的住处被公安机关民警查获并扣押。公安机关此前未接受此处被害人的报案记录。案件破获后，公安机关到该暂住房进行访问调查，但房东称被害人已离开暂住房回到老家，且已无法联系。公诉人经审查后认为，该笔犯罪事实既有二人的口供可以相互印证，且扣押在案的蛋糕券也可有效地对二人的供述进行补强，公安机关虽未能查找到被害人，但在案证据已形成了完整的证明体系，足以证实犯罪事实的成立，遂将该笔事实提起公诉，后法院判决予以确认。

【司法实例2：付某盗窃案】

付某供述其至某一公司员工宿舍窃得联想、惠普牌笔记本电脑两台，并将该两台电脑销赃给了某电脑维修店的张某。公安机关民警从张某的店内扣押了该两台笔记本电脑，又找到了惠普牌笔记本电脑的失主，被害人王某陈述了其笔记本电脑失窃的相关事实，同时其称与其同住的刘某的笔记本电脑亦在当天失窃。但刘某已至广东打工，暂时无法联系。张某的证言证实付某至其处销赃的事实。公诉人经审查后将付某盗窃二台笔记本电脑的事实提起公诉。但法院经审理认为，联想牌笔记本电脑的失主未有报案记录，因而难以认定，对检察机关的指控不予支持。后检察机关督促公安机关寻找被害人，公安机关与被害人联系上之后，制作了询问笔录。新证据出现后，检察机关建议法院对案件进行再审，后法院采纳检察机关的建议，自行启动再审程序，将案件改判。

【司法实例3：万某某盗窃案】

嫌疑人万某某与老乡万某于2009年10月27日晚9时许因形迹可疑被巡逻民警抓获。万某某在被抓获后即主动交代了其两笔涉嫌盗窃犯罪的事实。其中一笔事实系其于2009年10月27日晚8时许伙同“阿霞”以“仙人跳”的方式盗窃一男子现金2500元的事实，但并无被害人报案。民警在抓获嫌疑人万某某时从其身上扣押了现金2500元。其老乡万某的证言证实：2009年10月27日下午5点其与嫌疑人万某某在一起，后于当晚8时左右嫌疑人万某某去办事情，两人分开。当晚9时许，嫌疑人万某某办完事情后又与其在一起，后两人均被民警抓获。此证言的内容与嫌疑人万某某的供述一致。在该案中，虽然有嫌疑人万某某的供述及赃款2500元现金可予佐证，但由于现金系种类物，不具有个性化特征，且其同案犯“阿霞”未能到案，其证据的基础尚不够坚实、稳固。该笔事实起诉后未得到法院的支持，因而未予认定。

（执笔人：刘浪）

123. 如何查明犯罪嫌疑人的主观故意和作案动机?

（1）从客观行为推断主观内容

一般而言，犯罪的构成要件中，犯罪主体、犯罪客体、犯罪客观方面较为容易得到证据的证明。但犯罪的主观方面，如犯罪动机、目的、犯罪故意的内容等一般仅有犯罪嫌疑人、被告人的供述予以证实，其他证据只能作为佐证。有时犯罪嫌疑人、被告人会避重就轻，就其主观方面作不真实的供述。这样只能通过犯罪嫌疑人、被告人客观的外部行为来推断犯罪嫌疑人、被告人主观方面的内容。

（2）坚持主客观相统一原则

犯罪嫌疑人的主观故意、作案动机虽然是其内心想法，但也是一种客观存在，其主观故意、作案动机往往会外化、体现在其客观的行为上。因此，主观故意的内容要寻求客观外在表现证据的支撑和印证，要坚持主观故意和客观行为的主客观相统一的原则来进行判断。否则，主观故意的内容只能是孤证，主观要件的内容就不能得到证明，也无法成立。例如犯罪嫌疑人王某故意杀人案中，其辩称系因为嫖资与卖淫女产生纠纷，激愤杀人。但被害人身上发现有47处伤口，许多均是致命伤，作为之前并未相识的犯罪嫌疑人和被害人，怎会有如此大的仇恨？仅仅因为一时的嫖资产生纠纷就下如此狠手吗？所以，从客观的尸检伤情可以判断出其口供中关于杀人的主观动机是不可信的。

又如在故意伤害案与故意杀人案的区分中，主要应从犯罪嫌疑人使用的作案凶器、打击部位等来判断其主观故意。如果打击的部位均未朝向被害人的致命部位，那么其故意伤害的主观故意更具可信性，如果打击时均选准被害人身上的致命部位下手，那么其故意杀人的主观故意则暴露无遗。

(3) 从作案后的行为分析作案动机

犯罪嫌疑人的作案动机也是一个重要的量刑因素。在死刑案件中，作案的动机和目的甚至会影响案件的定性。例如在故意杀人之后拿走被害人财物的行为是抢劫杀人还是故意杀人就往往会存在争议。具体可以从其在犯罪实施前、实施时、实施后的行为表现来查明其主观故意。例如王某抢劫案中，王某辩称是因为与被害人陈某有恋爱纠纷进而将其杀害，杀害被害人之后随手拿走了财物。但据调查，王某在作案前经济拮据，且在作案后立即拿走被害人的财物。其所辩称的与被害人陈某之间的恋爱关系也没有证据可以证实，因此，王某的辩解不能成立。

一些案件中的客观性证据往往能够反映出犯罪嫌疑人的作案动机。如果犯罪嫌疑人具有取财的作案动机，在现场往往会留下其翻找财物的痕迹。而如果是仇杀或者情杀则不太会有寻财的行为。例如在一起发生在室内的凶杀案中，一男一女两名被害人赤身裸体在床上被杀害。凶手在墙上用毛笔蘸血写下"杀人者恨社人（会）"（估计想写"会"，但没血了）几个字。初一看，会认为这是一起情杀。公安机关根据此作案动机的侦破思路进行排摸线索，案件的侦破就陷入了困境。后来，从抽屉里的笔记本、饼干盒上均发现被害人的血迹，从而判断出其作案动机是为了取财。经分析，公安机关侦查人员认为这是一起因入室盗窃被发现之后杀人灭口的案件。最后，公安机关根据相同的作案手法，串并相类似的案件，抓获了犯罪嫌疑人，案件才得以告破。

（执笔人：刘浪）

124. 未成年犯罪嫌疑人年龄的审查与认定应注意哪些事项?

年龄的大小，关系到犯罪嫌疑人能否被追究刑事责任以及量刑幅度。一旦年龄认定出现错误，可能导致无罪的人被追究刑事责任，也可能导致已经达到刑事责任年龄的人逃脱法律的制裁，影响案件的正确处理。因此，查清未成年犯罪嫌疑人的年龄，是公诉人在办理未成年人刑事案件时首先必须解决的问题。在司法实践中，对于未成年犯罪嫌疑人的年龄认定主要会出现以下几种情况:

(1) 部分未成年人的身份难以核实

在审查起诉阶段可能会遇到在押犯罪嫌疑人冒充其身份熟悉的未成年人的身份的情况。如果公安机关移送的案卷材料中虽有户籍证明以及公安人口信息网的个人信息表两份书证，但该两份书证中都没有犯罪嫌疑人的照片，尽管犯罪嫌疑人在接受讯问时能说出被调取户籍证明者的个人信息，但依然存在在押犯为取得减轻处罚而冒充熟悉的其他未成年人。产生这种情况的根本原因在于我国的户籍登记制度存在漏洞。某些地区的公安机关的信息系统在公民办理身份证件之前并未录入照片，因此很多未成年犯罪嫌疑人直至案发时都没有办理身份证，在公安人口信息网中当然没有其照片，这样导致承办人难以对其身份进行核实，成年人冒充未成年人身份的情况时有发生。

（2）公历和农历混淆导致年龄认定出现偏差

例如，卢某云涉嫌强奸罪一案中，案发时间是 2010 年 4 月 26 日，卢某云的户籍登记出生日期是 1994 年 3 月 21 日，如果卢某云登记的是农历生日，则其真正的出生日期为 1994 年 5 月 1 日，案发时尚未达到刑事责任年龄。如果在侦查阶段，卢某云未提出其户籍登记日期是按照农历登记的，那么公安机关移送审查起诉时则必然会按照卢某云公历的生日判断其年龄，那么在审查起诉阶段如果公诉人未细加审查则会对卢某云的年龄作出错误的判断。产生公历和农历计算的偏差主要是由于在我国有相当一部分农村地区还是采用农历来记录事件，因此按照农历的出生日期为新生儿报户口的现象也广泛存在。如果不加细致审查就将未成年犯罪嫌疑人的农历生日认定是公历生日，就导致出生日期提前。因此在年龄涉及临界点的情况下，户籍年龄是否是公历往往成为犯罪嫌疑人及其法定代理人要求获得从轻、减轻的理由。

（3）户籍证明与言词证据不一致导致年龄难以认定

在保证准确性的前提下，户籍证明应当是证明犯罪嫌疑人年龄的最有力证据，但有时也会出现户籍证明出现错误的情况。如部分地区的户籍登记混乱，派出所的民警由于疏忽将纸质户口档案录入人口管理信息系统时出现差错；犯罪嫌疑人并非在医院出生，父母对孩子的出生日期没有记录，只是按照大概的记忆申报户口；有的父母在户口登记时为了小孩早点外出打工、早点结婚就故意报大了年龄等情况。因此，在户籍证明显示犯罪嫌疑人已达到刑事责任年龄的情况下，有些犯罪嫌疑人或家属基于户籍年龄确实错误或基于想为犯罪嫌疑人减轻罪责而作伪证，对户籍年龄提出异议，也会导致年龄难以认定。

（4）骨龄鉴定的准确性和采信问题

骨龄鉴定具有科学性、可靠性的特点，但是骨龄鉴定也存在一定的局限性。如在刘某交通肇事一案中，刘某是当地的一位接生婆接生的，没上过户口也没有医院的出生证明。案发时间是 2008 年 12 月 15 日，刘某在 2010 年 10 月 22 日被公安机关抓获，公安机关带领刘某进行骨龄鉴定的日期是 2010 年 12 月 15 日，检验时的结论是“检验时刘某的年龄应满 16 周岁未满 18 周岁”但是无法得出刘某在案发时是否年满 14 周岁的结论。因此骨龄鉴定结论限定在一定的时间段内，而不是时间点，无法给出确切的年龄结论；而且骨龄鉴定具有滞后性，只能鉴定出委托鉴定时的年龄范围，在案发时间和委托鉴定时间相隔较长的情况下，则对确定犯罪嫌疑人案发时的年龄作用上是明显受限制的。

在司法实践中，承办人可以通过以下几种方法对未成年犯罪嫌疑人的年龄进行甄别和判断，防范认定错误。

第一，杜绝成年犯罪嫌疑人冒充未成年身份的情形。公诉人首先应当审查公安机关移送的案卷中是否有犯罪嫌疑人的户籍证明，如没有户籍证明时要审查是否有居民身份证、户口簿复印件。而在有户籍证明的情况下需要审查户籍证明上是否载有犯罪嫌疑人的照片。同时在向犯罪嫌疑人进行讯问时，要与其父母联系通知其法定代理人在场；如身份证明材料上没有附照片，承办人则需要加强与公安机关沟通，要求侦查人员补充其他旁证材料，如犯罪嫌疑人所在家庭的全部家庭成员的户籍信息列表，并且从犯罪嫌疑人曾经上过的学校调取学籍表上的照片等证据；通过通知法定代理人在讯问时到场，核实法定代理人的身份证件及户口簿，审查身份证的户籍地址与犯罪嫌疑人的户籍地址是否相同。针对户籍证明无照片，且又称无法定代理人电话号码的犯罪嫌疑人，承办人应立即向其自报的户籍地址发犯罪嫌疑人权利告知书，并向户籍地居委会、村委会、派出所询问犯罪嫌疑人的情况，并记录在案，必要时组织犯罪嫌疑人对其自称身份的法定代理人照片进行辨认等。

第二，通过讯问认真听取犯罪嫌疑人的供述和辩解。对于侦查机关认定犯罪嫌疑人年龄在 14 周岁至 20 周岁的案件，要提高警惕性。在进行讯问之前审查犯罪嫌疑人在侦查阶段关于年龄的供述是否一致，相互之间是否存在矛盾。在对犯罪嫌疑人进行讯问时，要详细询问犯罪嫌疑人的出生时间，问明其供述的出生日期是否是身份证明上的日期，是农历还是阳历、犯罪嫌疑人的生肖属相以及生活、学习经历，还要问明犯罪嫌疑人父母、兄弟姐妹的年龄。如果犯罪嫌疑人辩解自己未满 16 周岁或者 18 周岁的，承办人不能疏忽大意，要给其充分辩解的机会，并让其讲清提出自己年龄异议的理由。在发现年龄疑点后，要第一时间通知公安机关进行查证，以免失去发现犯罪嫌疑人年龄存在错误的最好时机。

第三，对年龄提出异议并提供线索，应及时进行查证。犯罪嫌疑人或家属对户籍年龄提出异议，并提供相应线索，可能影响定罪量刑的，承办人应当及时通知公安机关到犯罪嫌疑人原户籍地进行补充查证，补查需要从以下几个方面着手：一是从书证入手。要求公安机关到犯罪嫌疑人原户籍地的村、镇、县三级计生部门调取犯罪嫌疑人父母的计生档案；到犯罪嫌疑人就读的小学、初中以及当地教育局调取学籍档案，根据需要可以调取全班同学出生日期简表；到村、镇、县三级防疫部门调取新生儿接种记录。如果犯罪嫌疑人父母育有多名子女的，需要查明各子女的出生间隔是否符合自然出生规律。二是从人证入手。要求公安机关调取犯罪嫌疑人的父母、医生、接生员、老师、邻居、同龄人的证言。在向上述证人进行核查时要特别注意与犯罪嫌疑人辩解中的细节问题进行对照，如犯罪嫌疑人的生肖属相，犯罪嫌疑人出生时的节气、农时、冷暖以及与同龄人出生的先后顺序以及出生前后的重大事件等。承办人在充分调查取证之后，应当对证据进行综合审查判断。如果其他证明犯罪嫌疑人真实年龄的证据形成完整的证据链条，足以推翻户籍证明时，应当采信其他证据；如果证据不能形成完整的证据链条，还是应当采信户籍证明。

第四，对于不讲真实姓名或无书面身份证明材料的犯罪嫌疑人，应当进行骨龄鉴定。如果犯罪嫌疑人不讲真实姓名，或者年龄证据仅有犯罪嫌疑人供述、证人证言的，应当委托具有鉴定资质的单位对犯罪嫌疑人进行骨龄鉴定。如果有条件，可以选择与案发时间月日相同的时间对犯罪嫌疑人进行骨龄鉴定。如在王某故意伤害致人重伤一案中，虽然骨龄鉴定的结论是“检验时王某的年龄应满16周岁未满18周岁”，但因为检验日期与案发日期月日相同，因此往前倒推两年，就能得出王某案发时系已满14周岁未满16周岁的人，因此王某对于故意伤害致人重伤的行为需承担刑事责任。如果单一的骨龄鉴定不足以确定犯罪嫌疑人的年龄，应当结合其他证据综合判断。骨龄鉴定与犯罪嫌疑人自报年龄和证人证言基本吻合的，可以作为认定刑事责任年龄的依据；骨龄鉴定并不能准确确定被鉴定人犯罪时的年龄，并且在临界年龄上下的，应当结合其他证据综合认定。

（执笔人：张蕾）

125. 犯罪嫌疑人对其已签字核对无误的讯问笔录事后否认的怎样处理?

（1）原因分析

犯罪嫌疑人对已签字核对无误的讯问笔录在事后否认，通常是由于在供述之后又了解到其犯罪后果的严重性和刑罚处罚的严厉性，考虑到其以后被判刑的痛苦而懊悔之前作了有罪供述。

有些犯罪嫌疑人是在未决羁押时被“交叉感染”，受到其他在押嫌疑人的蛊惑，认为“坦白从宽，牢底坐穿；抗拒从严，回家过年”，因而对之前的有罪供述极端懊悔。当侦查人员或者检察人员再次讯问时，就试图改变之前的供述，否认之前的有罪供述。其通常的理由是：讯问人员未让其看过，就让其签“以上笔录我看过，与我说的相符”；讯问人员刑讯逼供；其不识字等。

（2）讯问笔录制作的真实性、合法性审查

犯罪嫌疑人提出的上述问题，涉及讯问笔录制作的合法性和真实性。具体核实方法可参考如下途径：①查看讯问的地点。如果犯罪嫌疑人提出受到刑讯逼供，但争议讯问笔录却是在看守所制作，而看守所内由于讯问室内设置防护铁栏杆，因而刑讯逼供几乎不可能实现。②查看讯问笔录。讯问笔录上是否有涂改，涂改之处是否让犯罪嫌疑人捺手印。讯问笔录的内容上是否让犯罪嫌疑人按其自己的意思进行修改和补充。如果侦查人员允许犯罪嫌疑人修改、补充自己的讯问笔录则通常表明侦查人员尊重犯罪嫌疑人自由供述的意愿，也不会对其刑讯逼供。③讯问笔录的内容是否详尽细致，犯罪嫌疑人是否供述了侦查人员不可能获知的细节。因为这些"内知"情节是侦查人员事先所不知情的。那么只有犯罪嫌疑人自己供述了，侦查人员才可记录，不存在诱供的可能性，也不存在事先写好让犯罪嫌疑人签字确认的可能性。

（3）查清情况后分别处理

如果确定犯罪嫌疑人的争议讯问笔录是合法、真实的，公诉人应当对犯罪嫌疑人进行政策教育，打消其翻供的念头。公诉人应向其释明，否认自己的罪行将不能得到从宽处理的法律规定。当然也有犯罪嫌疑人的此种辩解属于真实的情况。有的犯罪嫌疑人系文盲，不识字，也不会写字。讯问笔录上却写着"以上笔录我看过，与我说的相符"。这是讯问人员在讯问时不规范，记录了犯罪嫌疑人所说的话，但未让犯罪嫌疑人核对即签字确认的情形。但这的确影响了讯问笔录的效力，且明显违反《刑事诉讼法》的有关规定，在犯罪嫌疑人明确提出此种辩解的情况下，该份讯问笔录难以采信，不能作为定案的根据。有时，讯问人员为偷懒、省力，未实际交由犯罪嫌疑人核对，仅仅根据其他同案犯供述的内容而事先写好讯问笔录即交犯罪嫌疑人签字确认，导致讯问笔录的内容与犯罪嫌疑人自己实施犯罪行为存在出入，最终造成案件事实的认定困难，这都是侦查人员侦查讯问活动不规范甚至违法讯问所造成的。如果查清犯罪嫌疑人的辩解属于这种情况，应当及时予以纠正。

（执笔人：刘浪）

126. 犯罪嫌疑人对鉴定意见有异议时如何处理?

如果犯罪嫌疑人对鉴定意见有异议，在侦查人员向其告知鉴定意见时其就会提出，甚至会拒绝签字。有些犯罪嫌疑人会在公诉人提讯时提出异议，甚至会要求进行重新鉴定。公诉人在遇到犯罪嫌疑人对鉴定意见提出异议时不应一味予以驳斥，而要根据不同情况进行处理。

（1）分析鉴定意见是否有明显错误

公诉人首先应根据全案案情以及犯罪嫌疑人的供述、被害人的陈述、证人证言等证据进行分析，审查鉴定意见是否有明显的错误。例如在故意伤害案中，要结合相关的证据进行综合分析，如果相关证据均证明犯罪嫌疑人打击、伤害的是被害人的A部位，鉴定意见却鉴定出是B部位受伤，那么鉴定意见就很可能出错了。这样，犯罪嫌疑人提出的异议就为我们纠正错案提供了线索和契机。又如，犯罪嫌疑人盗窃之后销赃的价格很低，赃物不值钱，但是鉴定价格却很高，公诉人应当认真审查出现上述明显差异的原因，是否存在鉴定标的与窃取的实际赃物不一致的情况。

（2）如鉴定意见真实可信，应做好犯罪嫌疑人的说服工作

通过审查全案证据，如果认为鉴定意见合理、真实、可信的，此时要向犯罪嫌疑人做好解释和说服工作，避免因犯罪嫌疑人提出不必要的重新鉴定申请而拖延刑事诉讼的进程，以提高刑事诉讼的效率。公诉人可向犯罪嫌疑人详细说明鉴定对象的特征，鉴定的经过、程序和方法，说明鉴定意见是真实、可信的，应当予以采信。

有时，鉴定意见是送检人员根据被害人的陈述向鉴定机构出具相关资料，由鉴定人根据相关资料作出的鉴定，而被害人陈述的内容可能会有夸大的情况，鉴定的财物价值可能会偏高，这时需要根据全案的证据就低认定。此时公诉人可根据案情说明公诉人已依法就低认定涉案财物的价值即可，通常情况下犯罪嫌疑人也可理解和接受。有时犯罪嫌疑人提出的对鉴定意见的异议实质上是对犯罪嫌疑人的侵害行为与危害后果（表现为鉴定意见）之间的因果关系提出异议。此时公诉人同样应综合分析全案证据，审查判断鉴定意见是否科学合理、犯罪嫌疑人提出的异议能否成立，并进一步提出应对措施。

【司法实例：邵某鲁故意伤害案】

邵某鲁因民事纠纷与被害人发生争执，并用推谷耙将被害人双手打伤，被害人右手手背被打破，缝了8针，但未构成轻伤。左手拇指掌骨骨折，构成轻伤。邵某鲁对鉴定意见有异议，提出当时是打了被害人双手，但当时被害人的右手打得厉害，流血了，反而右手不构成轻伤，左手构成轻伤。

案件承办人仔细审查了案件资料，案件资料中有被害人被打伤后及时送医院治疗的病历。病历显示当时被害人左右手受伤的情况，且经拍片，被害人的左手掌骨确实已经骨折。鉴定人法医根据被害人在当天的病历资料及后续治疗恢复的情况，对被害人的受伤部位进行检查、拍照，依据相关鉴定标准作出鉴定意见。因此，该鉴定意见鉴定程序规范，鉴定意见真实、合法、可信。公诉人据此向犯罪嫌疑人进行了充分的说明和合理的解释，犯罪嫌疑人也表示认罪服法。

（执笔人：刘浪）

第三部分

庭审技能

一、出庭公诉基础

127. 新入职公诉人调节心理，确保庭审效果的方法有哪些?

公诉工作最具挑战性的是庭审，这不仅因为庭审是检察工作的窗口、门面，而且由于庭审的确瞬息万变，经常会出现一些意料不到的事情。在公诉实践中，不少同志在审查起诉阶段严把事实关、证据关、法律关，认真制作起诉书、公诉词，开庭前认真准备出庭预案，但是庭审效果仍然不理想，其中很重要的一个原因就是心理素质、精神状态不对。主要表现为：怯场，如紧张、心慌，语言表达不流畅；浮躁，如为求胜诉，言词过激。

实践中容易引起新入职公诉人产生心理障碍的情形主要有：一是重大疑难复杂案件，因为争议大，社会公众关注，旁听群众多造成压力，心中没底；二是辩护律师名气很大，气势咄咄逼人，新入职公诉人员心生骇意；三是庭审中有证人出庭出现翻证，或者被告人当庭翻供，公诉人始料未及；四是在法庭调查或者法庭辩论阶段出现口误等失误，导致自乱阵脚等。

克服心理障碍的主要方法有以下几种：

（1）保持足够的自信

公诉人在法庭上代表国家出庭支持公诉，并履行法律监督职责，是正义的守护神，而相对应的被告人则是因为破坏社会秩序，违反《刑法》规定，被司法机关移交法庭，马上会受到应有刑罚惩罚。公诉人相对于被告人方有一种天然的身份和精神、心理上的优越感。这种优越感一方面是基于自己在庭审中所扮演的角色是进攻型的，更重要的是所肩负职责的神圣性。

（2）保持足够的勇气

“狭路相逢勇者胜”，但是法庭上公诉人的勇气并不是一种无知之勇。公诉人之所以可以有足够的勇气，是因为就庭上审理的案件来说，所有参与开庭的人员没有一个人比公诉人更熟悉案情以及相关证据材料，除了被告人外，审判长和辩护律师花在该案上的时间在开庭当时通常都没有公诉人多，而被告人对案件证据材料的把握和对法律政策的理解远不如公诉人，而且又处于被追诉的地位。所以，公诉人的勇气来自有理由的自信，来自前期的细致工作。

（3）集中精力，不受干扰

庭审中一些辩护律师喜欢偷换概念，抓住细枝末节渲染情绪，一些新入职公诉人遇到此种情形，可能会被辩护人牵着鼻子走。如此一来，原先准备的预案被推翻，内心开始慌乱。对此，公诉人要牢牢把握“两个基本”——基本事实清楚，基本证据到位，从事实、证据、法律适用三个层面进行把握，不要被一些不影响定罪量刑的无谓的小问题打乱阵脚。遇有意外，可以从犯罪构成要件，从事实、证据、法律、程序等几个方面进行梳理，即使真的出现问题，也可以自信地建议法庭延期审理，切莫出现神情慌乱的场面。

（4）以攻为守

整体上而言，公诉人在庭上居于主动地位，必须先把观点亮出来，然后被告人及其辩护人才会进行辩解和辩护。为了防止盲动和言多必失，公诉人一方面在起诉书制作和公诉意见发表时要斩钉截铁，增加他人的信心；另一方面要言简意赅，不要太烦琐啰唆，以免让被告人及其辩护人抓住把柄。我们要让被告人及其辩护人尽早把辩护观点和底牌亮出来，同时要把自己的武器藏好。在法庭辩论阶段，发表第一轮公诉意见具有进攻性，可以语气坚定，言简意赅，等被告人及其辩护人发言之后，第二轮、第三轮公诉意见可以边破边立，详加论述，如此，可听性很强，庭审效果也会很好。

（5）巧妙化解失误

“智者千虑，必有一失”，无论是多么厉害的公诉人，马失前蹄的事情总归还是难免的，如果庭审旁听群众不多，建议直接坦诚承认失误，免得在该问题上纠缠，有失风度，也没效率。但是如果旁听群众很多，如果当众承认可能会损害检察机关形象甚至公诉效果时，不妨巧妙化解，化解方式可以采用将公诉人本来要表达的正确观点重新阐述一下，通过重申增强正确观点影响力，通过宣扬正确观点来抵消之前的错误观点，因为其他人都是听不是记，公诉人不用反复说明之前的失误。你不提也不见得有人记得，而且在你重申后，即使先前记得你口误的人也会以为听错了，至少经过公诉人重申正确观点，审判人员不会对公诉意见理解上产生偏差。

【办案随想】

每一个人，即便是资深的公诉人到法庭上多多少少还是会有一种特别的感觉，有差别的只是感觉的程度差异。

一名优秀的公诉人首先要在法庭上要保持一种自信的淡定，只有淡定才能表明你是客观理性、胸有成竹的。即便是法庭上出现了意想不到的情形，我们也要保持这种心态和神情。如果证据的确发生重大变化，公诉人完全可以通过建议延期审理等查证后再作进一步处理，根本不用“得理不饶人，无理辩三分”。

对于一名公诉新手来说，有很长一段时间都是在培养这种淡定的自信。如何在实践中养成从容不迫的心态，首先，要对案件尤其是新接触的类型和罪名的案件要充分准备，加强庭前预测。其次，要有一种以自信方式展示不太自信内心思想的表现力，不要让法庭上的其他主体认为你已经乱了方寸，进而怀疑你所说的每一句话的可信度。

（执笔人：潘申明）

128. 如何做好庭前准备并通过庭前预测保障庭审效果?

最高人民检察院《刑诉规则》第428条规定："公诉人在人民法院决定开庭审判后，应当做好如下准备工作：

（一）进一步熟悉案情，掌握证据情况；（二）深入研究与本案有关的法律政策问题；（三）充实审判中可能涉及的专业知识；（四）拟定讯问被告人、询问证人、鉴定人、有专门知识的人和宣读、出示、播放证据的计划并制定质证方案；（五）对可能出现证据合法性争议的，拟定证明证据合法性的提纲并准备相关材料；（六）拟定公诉意见，准备辩论提纲；（七）需要对出庭证人等的保护向人民法院提出建议或者配合做好工作的，做好相关准备。"

第429条规定："人民检察院在开庭审理前收到人民法院或者被告人及其辩护人、被害人、证人等送交的反映证据系非法取得的书面材料的，应当进行审查。对于审查逮捕、审查起诉期间已经提出并经查证不存在非法取证行为的，应当通知人民法院、有关当事人和辩护人，并按照查证的情况做好庭审准备。对于新的材料或者线索，可以要求侦查机关对证据收集的合法性进行说明或者提供相关证明材料，必要时可以自行调查核实。"

从我国刑事诉讼改革的发展趋势看，呈现一种庭审中心主义日趋明显的状况。庭审中心主义凸显，公诉人在法庭中的作用也日益明显，公诉人出庭指控犯罪是否成功也直接影响了整个案件的法律效果、社会效果。充分做好庭前准备工作，是保证公诉人在法庭活动中能够始终处于主动控制地位的重要环节。

首先，要认真查阅案卷，全面深入温习、掌握案情，为出庭公诉打下良好基础。公诉人只有通过对案卷的认真审阅，才能深入了解案情、吃透案情。在庭前准备中能否认真阅卷，通过阅卷全面把握案件的基本证据和基本事实，发现问题，并解决问题，直接影响出庭的质量。

其次，要全面复核证据，准确认定案件事实情节。从2010年"两个证据规定"到2012年3月14日修正后的《刑事诉讼法》，都明确了证据裁判原则，公诉人在办理案件时一定要牢固树立证据核心、证据裁判的理念。所有对被告人定罪量刑有影响的犯罪事实情节，都必须依靠证据来证明，证据的真伪程度直接影响对犯罪事实、情节的认定。法庭审理中控辩双方居于平等地位，公诉人对指控事实承担举证责任。所以，公诉人在收到开庭通知后，必须全面复核证据，注意复核与案件当事人有利害关系的证人证言，避免因为某种利害关系出现伪证，要充分运用各种合法手段固定证据，准确把握可能影响定罪量刑的事实情节，确保法庭调查时举证、质证顺利进行。

再次，要争取准确预测辩护人、被告人的辩护方向和观点，并对可能的辩护问题做好有针对性的准备，以提高庭上应变能力。孙子兵法强调“知己知彼，百战不殆”，如果把庭审控辩比喻为一场战争，我们就是期望通过庭前预测做到“知己知彼”，“知己”就是要吃透案情，对案件的事实、情节、证据，以及涉案的有关法律、法规烂熟于心；“知彼”就是通过审查起诉以及与被告人的接触，根据被告人到案以后的一贯表现，预测被告人的心理预期，判断被告人将来在法庭上的心理状态，必要的时候，可以在开庭前一天，提讯被告人，一则了解被告人收到起诉书后的真实心态，二则了解他最近的想法，尤其是有辩护人的被告人，在收到检察机关起诉书后，被告人和辩护人之间必定会针对起诉书共同商量辩护策略，被告人的辩护意图和辩护律师实现辩护意图的辩护策略是被告人在开庭前必须确定、必须了解的。公诉人通过在开庭前提讯被告人，认真听取被告人的辩解，并针对其辩解倾向准备答辩提纲，在办理重大疑难复杂案件中是很有必要的。通过这些工作，可以大致判断出被告人是否会翻供，如果翻供，会对哪部分供述进行翻供，如何应对；辩护人是否提出新的证据，会从哪几个方面提出证据。通过这些科学、细致的庭前预测工作，有针对性地制定应变对策，做好反驳性答辩准备。为了集思广益，公诉人可以将前期收集到的信息和思考的策略，在处室或办案小组范围内征求大家意见，以免由于个人见解限制，在应对思路上有失偏颇，从而影响庭审效果。应该注意的是，被告人当庭翻供，是每一个公诉人必须事前考虑的问题，即便是根据庭前信息，反映出来被告人当庭翻供可能性不大，也必须未雨绸缪，以免开庭出现突发情况后，出现慌乱，导致无法驾驭庭审。在现实中，一些职务犯罪案件被告人一直认罪，但是开庭时却当庭翻供，公诉人取消自首，提高量刑建议，庭后听取被告人意见，了解翻供内情，竟然是因为开庭时旁听人员太多，很多以前的领导、同事、亲属、朋友都在，承认犯罪面子上过不去，所以翻供，现在又很后悔。好面子是中国人的特点，这个特点不仅对被告人有影响，对证人当庭推翻证言也有很大的影响，甚至影响更大。在受贿案件中，行贿人在检察机关侦查时态度很好，但是如果出庭作证，直接面对曾经帮过他忙，送钱也是自己想尽办法主动送过去的被告人，很难抹开面子，非常容易推翻原来的证词，或者特意模糊原来的证词，给公诉人指控犯罪带来困难。为此，对于以言词证据为主要定罪证据的案件，在开庭前对于被告人、关键证人必须一一面对面接触，即时了解他们的心态变化，否则，一招失利，满盘皆输。

最后，要认真准备公诉意见书。一是要通过现有证据材料，对犯罪构成要件进行详细论证指控犯罪成立；二是要根据量刑情节，论证对被告人量刑的影响，提出合理的量刑建议；三是要结合案发原因和被告人自身情况，深层次揭示、剖析犯罪根源，对被告人以及参加旁听的其他人员进行法制教育，通过法制教育，促使被告人发自内心认罪服法，减少与社会的对抗情绪，为今后好好改造，重新回归社会打好基础。

总而言之，庭前准备很重要，一个很好的庭前准备必须做到全面、细致、深入。

【司法实例：宋某等人盗窃案】

在办理一个多人合伙盗窃的共同犯罪案件中，犯罪嫌疑人宋某系司机，他只承认去装货，运过赃物，但是不承认到过现场，更不承认共同实施盗窃。从同案犯供述来看，张某指认他将车子开到作案现场，并共同实施盗窃，其他到案犯罪嫌疑人不认识宋某，只知道是张某联系的，的确有一辆车进入了犯罪现场。

【分析】

我们分析宋某因为单线联系，涉案金额特别巨大，负隅顽抗可能性较大，就从客观性证据入手，重新构建证据体系。从张某和宋某利用手机联系入手，固定宋某和张某的手机号，明确宋某的手机当晚一直随身携带，没有借与他人。固定宋某的接货地，明确宋某当晚未到过现场，甚至未经过现场附近。调取宋某、张某手机通信基站信息，当晚宋某、张某手机基站信息变动路径图，显示案发当时宋某与张某就在一起，在犯罪现场，而宋某所辩解的接货地点与作案地点不在一个手机基站，从而对宋某的辩解起到很好的证伪作用。

【处理结果】

庭上讯问宋某和张某时，公诉人对宋某的辩解进行了固定，之后抛出客观性证据，宋某措手不及，当庭认罪服法，取得了较好的法律效果和社会效果。

（执笔人：潘申明）

129. 公诉人出庭必须具备的三项技能是什么？

公诉人在法庭上要取得良好的庭审效果必须具备多种素质，其中控场能力、答辩能力和补救能力是三项非常重要的技能。

（1）控场能力

公诉人在法庭上必须能驾驭庭审的节奏，把握法庭辩论方向，控制庭审气氛，掌握法庭辩论的主动权。公诉人要实现庭审控场，首先，要充分运用发表首轮公诉意见的先机，先声夺人，并预设辩点，诱敌深入。其次，对于被告人及其辩护人提出的辩护意见，既不能对被告人及其辩护人的所有观点毫无选择地逐一反驳，也不能随意听之任之，混淆视听，误导合议庭成员和旁听群众，而是要根据案件具体情况有选择，有针对性地开展答辩。再次，要在答辩中明确控方基本观点，“边破边立”，努力在法庭辩论中掌握主动，控制论辩方向。对于被告人及其辩护人企图歪曲起诉书指控的犯罪事实或罪名等，公诉人要坚决运用证据和法律说理论证，严加驳斥。最后，公诉人庭审语言要规范流畅，要善于运用法言法语清晰阐明自身观点。同时，要善于将问题分解，不要让被告人或证人有很大的发挥空间，要对问题进行设计，使得被讯问者只能在有限的空间进行选择回答，有时可以让他回答是或者不是。

（2）答辩能力

公诉人在法庭辩论中如何巧妙应对辩护方观点是公诉人取得良好庭审效果的必要条件。对于庭审答辩，公诉人不仅要知道辩什么，还要知道怎样辩，选择哪个角度辩、抽取哪些材料辩，以及如何组织语言进行答辩，而且，针对可能的辩点，公诉人在法庭调查阶段就可以有针对性地通过讯问被告人或询问被害人、证人做好铺垫。然后在被告人及其辩护人发表辩护意见之后，立即采用简明、扼要、准确的法律用语，有理有利有节地开展答辩。答辩能力是公诉人控场的基本功，答辩的好坏直接影响庭审感官效果和法律效果。如果不能答辩，再好的时间、节奏控制都是枉然。

在庭审中，公诉人可以针对不同情形采用不同答辩方法。①采用深度阐述法理方法揭示犯罪行为社会危害性，主要是针对一些离普通老百姓日常生活比较远，社会危害性看上不是很直接的犯罪，通过公诉人理论联系实际，阐述深层法理，既指控了犯罪又及时进行了法制教育。②通过对客观行为细致分析揭示主观罪过的方法，因为纳入《刑法》调整的犯罪行为，一定是在犯罪行为人主观意识的控制下实施的，意识主导行为，行为反映意识，根据此逻辑，公诉人可以通过外在表现出来的行为动作来分析被告人主观故意的客观性，以及主观恶性的大小等。③逻辑推断法。对于辩护方采用偷换概念等方式时，公诉人要及时运用正确的逻辑予以驳斥。④事实证据说话。对于辩护人随意答辩，而公诉人相应证据非常充分的情况下，要断然引用经过法庭调查阶段举证质证的证据否定辩护意见的不可信性。

（3）补救能力

主要是在庭审中，公诉人发现先前的法律文书或者当庭的言词或者共同出庭的公诉人言语中存有错误或表达不精准，容易或已经被被告人及其辩护人抓住把柄时，如何适时、巧妙地进行修正、补全。

对于此类情况，公诉人首先要稳定情绪，不要慌张，因为能否认定被告人有罪最基本的是他本人的所作所为，是案卷材料中相关证据是否确实、充分，然后才是公诉人出庭支持公诉时是否得力。其次不要回避，要正视问题，比如笔者以前办理一个县局级领导干部受贿一案时，法庭上被告人一反常态推翻先前供述，抓住起诉书上所写的住址虽然是身份证上的，但是实际已经不住在此处时，昂着头质问："检察机关连我的家庭住址都没有搞清楚，怎么能查得清我的犯罪事实呢？"笔者反应过来后，查阅侦查卷宗里所附的身份证复印件、户籍资料和他的笔录，然后毫不避讳地回答："其一，起诉书上被告人家庭住址是根据被告人提供给司法机关的身份证上的家庭住址摘录的，并非随意编造，被告人户口迁往他处而未及时更换身份证件是导致起诉书认定和实际不一致的主要原因；其二，被告人的实际住址在哪里对本案没有任何影响，不必纠缠。"后该被告人虽然还是一翻到底，但是对于这个问题没有再纠缠。

对于庭审中发生的口误等，公诉人既要正视，也要选择适当时机，采用适当方式巧妙、机智地进行修正或弥补，最好是自然补救，不留痕迹，不要让人感觉公诉人不严谨，因为庭审时口语交流，接受信息的听众也未必能意识到，所以公诉人要见机行事，重申观点予以纠正即可。也可用阐明观点的方式来纠正已经发生的错误，以自信的表现来增强对法庭和旁听群众的影响力，增强对被告人及其辩护人的震慑力是非常必要的。

【办案随想】

在从事多年的公诉工作中，带过很多公诉新人。每个公诉新人性格不一，但大体都会经历一场庭审的惊变，一次笔者带着新手出庭支持一起普通的抢劫案件，被告人在公诉新人进行法庭讯问时当庭翻供，结果公诉人一惊，继续按预案进行讯问，被告人继续翻供，公诉人心跳和语速不断加快，但是毫无办法，翻供进程也不断推进，直到讯问结束公诉人也不知道怎样应对，额头上冒汗。当他说"审判长，公诉人讯问就到这里"的时候，笔者接过话筒说："审判长，鉴于被告人某某某当庭翻供，为正本清源，以正视听，本公诉人需要对被告人进行补充讯问。"审判长同意后，笔者围绕庭前多次供述的一致性、可信度，其他证据的相互印证，证明了庭前供述获取程序、形式规范合法，与其他证据相互印证，内容真实可信，而当庭供述不仅与庭前供述矛盾，而且与其他证据矛盾，与生活常理不符，不具有可信性。经过法律和政策教育，被告人在强大的心理压力下，又当庭认罪。开完庭后，当时的公诉新人显得非常兴奋，对笔者感激和敬佩之情溢于言表。笔者跟他解释，法庭是被告人垂死挣扎的最后场所，即便是在侦查阶段、审查起诉阶段都一直认罪的被告人，在同监室相关人员的教唆下，也可能推翻庭前供述，当庭翻供。对于当庭翻供，一定要当庭制止，不要让"破窗理论"在法庭上出现，如果公诉人不当庭制止，被告人认为是公诉人对他的翻供没有办法，对他本来还犹豫不定、忐忑不安的翻供心理是一种鼓励、暗示，这就是为什么当第一个问题被告人翻供、公诉人没有制止以后，继续翻供的原因。如果不能控场，无论案件的法律效果如何，庭审效果是很不好的，公诉人和检察机关的形象也是非常不好的。认真对待翻供，制服无理翻供是公诉人成长过程中的一门必修课，新进公诉人无须害怕，但必须认真、慎重对待。

（执笔人：潘申明）

130. 侦查人员出庭作证对公诉人有何挑战，应如何应对?

（1）侦查人员出庭作证的两种情形

修改后《刑事诉讼法》规定了两种侦查人员出庭作证的情形：一种是侦查人员就取证的合法性出庭说明情况；另一种是人民警察就其执行职务时目击的犯罪情况作为证人出庭作证。后一种情况下，侦查人员出庭作证与一般的证人出庭作证并无本质的区别，因为《刑事诉讼法》也将其规定在证人出庭作证的条款之下，并适用证人出庭作证的规则。但在前一种情况下，侦查人员出庭主要是为了证明取证合法性这一程序性事项，而且侦查人员事实上是作为程序上的“被告”出庭作证，接受控辩双方对其的交叉询问，而公诉人则成为了侦查人员的“辩护人”，极力地为侦查人员侦查行为的合法性进行辩护。

（2）侦查人员出庭对于公诉人的挑战及应对

对于侦查机关和侦查人员而言，侦查人员出庭说明情况事实上有一种程序性制裁的“味道”。因为侦查人员侦查行为的合法性受到了质疑，而且通过其他手段无法证明取证的合法性，侦查人员成为程序上的“被告”而受到辩方的“控诉”。侦查人员与公诉人也完全处于“防御”的地位，并且公诉人的“辩护”也要达到“事实清楚，证据确实、充分”，排除合理怀疑的最高证明标准，否则争议的证据将被排除。而一旦争议证据被排除，控方的证据体系将会被严重削弱，甚至会造成案件事实存疑而无法定案的不利后果。

在证人、侦查人员等普遍不出庭的情况下，法律规定了对侦查人员等的出庭要求会给侦查机关、侦查人员以及检察机关带来极大的挑战。在侦查人员普遍缺乏出庭训练的情况下，其“拙劣”的庭审表现并不会给法庭带来“好”的印象，甚至会加剧法庭对取证合法性的怀疑。而事实上，只有当公诉人采用其他的证明方法都无法证明证据收集的合法性时，侦查人员出庭说明情况才成为最后的、迫不得已的证明方法。所以，公诉人在遇到证据收集合法性的证明时，应当尽可能地调取其他证据来证明证据收集的合法性，而不是让侦查人员出庭接受辩方挑剔的询问。

（执笔人：刘浪）

131. 公诉人与拟出庭作证侦查人员应做何准备？

（1）庭前充分准备的意义

长期以来，我国刑事侦查人员出庭作证的情况比较少见。虽然修改后《刑事诉讼法》对侦查人员出庭作证有了明确的规定，但传统的惯性依然存在，司法实践中，侦查人员的出庭依然是凤毛麟角，非常罕见。而相关证据取证合法性的证明等问题通常在庭审前就会得到解决，矛盾一般不会摆到法庭上来解决，通常也不需要侦查人员出庭证明取证合法性。但也不排除对于侦查人员取证合法性的问题，控辩双方存在重大争议而只能由法院来裁决的情况。这在修改后《刑事诉讼法》已经实施的情况下，也会对检察机关和侦查人员带来较大的挑战，公诉人和侦查人员都应当做好应对的准备。

侦查人员作为控方证人出庭就证据收集的合法性说明情况，公诉人就成了侦查人员的辩护人，双方一起履行向法庭说明证据取证合法的义务，避免证据被作为非法证据而排除。公诉人与出庭作证的侦查人员在庭前做好充分的准备非常有必要。毕竟控方证据被作为非法证据而被排除对于侦查机关和检察机关这一大控方而言是非常不利的。

（2）庭前准备的事项与问题

公诉人和侦查人员应就哪些内容进行交流和准备呢？显然，因为启动非法证据排除程序，辩方需要提供必要的线索和证据，并明确提出遭受刑讯逼供等非法取证行为的具体时间、地点、方式、内容等情况。公诉人在侦查人员出庭作证前就已经知道是哪些证据涉嫌非法取证，存在争议。侦查人员也主要是出庭证明上述讯问的过程完全合法，或者即使存在一些不规范的情况，但也不至于影响证据的效力，尚未达到刑讯逼供的程度或者其违法取证和强迫供述的程度未达到刑讯逼供的程度，因而证据不能被排除。

公诉人应向侦查人员了解讯问时的真实情况，并设想辩方在询问时可能会问到的问题，将这些问题交给侦查人员，让侦查人员提前做好准备。

（执笔人：刘浪）

132. 如何充分认识法庭调查的重要性？

法庭调查是刑事案件提起公诉后、法庭辩论前的中间环节，起着承上启下的重要作用。公诉人对一个案件审查是否到位，法庭辩论能够胜诉的关键是法庭调查阶段有没有搞好。法庭调查是审查起诉的延伸，但阶段不同，情形可能会发生变化，有些被告人在审查起诉阶段心存侥幸，但是在收到起诉书后，又认罪了。有些被告人本来是认罪的，但是到了法庭却可能最后一搏，彻底翻供。这些情形，在法庭调查阶段都会尘埃落定。

公诉人要做好法庭调查工作，主要从以下几个方面入手：

第一，要熟悉案卷，一个刑事案件从提起公诉到开庭审理，少则10天，多则数月，在案多人少矛盾突出，公诉人工作量饱和的情况下，在开庭审理前，公诉人会对案件情况不同程度地遗忘是必然的。“知己知彼，百战不殆”，公诉人要取得良好的庭审效果，必须在开庭前对全案的有罪证据逐一重温，必要时重新核实。

第二，做好出庭预案。公诉人在决定对某犯罪嫌疑人提起公诉后，要趁热打铁，制定案件基本情况表，列明案件的主要犯罪事实以及相关量刑情节，并在相关事实和情节后，列明相关证据。对于可能会引起争议的情节和证据特别标注，对辩护方可能提出的辩点进行预测，并就应对方案进行设计。

第三，法庭调查时，要充分调动自身器官，听、看、记、想相结合。要仔细聆听审判长、被告人、辩护人、证人、被害人的话，认真观察各方庭审参与人的神色表情，及时记录庭审中的情况，根据被告人及其辩护人的话仔细考量辩方可能作出的辩护方案，并考虑好相应对策。

第四，要当庭充分核实证据。在法庭调查阶段，除了被告人认罪服法的外，要全面充分举证，为法庭辩论做好准备，切忌随意恢复庭审调查。

第五，要重视对被告人的当庭讯问。公诉人当庭讯问被告人的目的有两个，一是向法庭展示基本案情，因为被告人是犯罪行为人，对案件最为了解，如果被告人当庭如实供述案情，可以帮助法庭和旁听群众在最短时间内重建犯罪现场；二是对不认罪的被告人予以制服，迫使其认罪服法。出于逃避罪责的考虑，任何人都更倾向于说对自己有利的话，被告人更容易如此。但是事实只有一个，如果说谎可能会被戳穿，公诉人讯问被告人就是要通过当庭的政策、法律教育促使被告人幡然悔悟，或者通过连续追问，迫使说谎的被告人矛盾百出，失去可信度。

【办案随想1】

“以事实为根据，以法律为准绳”是我们办案的基本准则，事实就是法庭调查的主要任务，事实确定了，案件基本已经定了，因为三段论中前两段都已经确定了。如果说法庭辩论是对抗性最强、最精彩的、最好看的，那么，法庭调查是整个庭审程序中最根本的，是决定整个案件法律效果的关键。因为经过法庭调查，与起诉书指控的犯罪事实有关的举证质证已经完毕，案件的法律事实已经基本成型，案件的走向其实也基本定型。

法庭讯问的主要内容。公诉人讯问被告人是法庭调查中的一项重要内容，是法庭辩论的基础，直接影响合议庭和其他参加庭审人员对案件事实的认定，并可能影响案件的最终判决。在法庭讯问阶段，公诉人通过对被告人的讯问，向法庭展示案件的基本情况，被告人认罪态度以及其他与定罪量刑有关的事实情节。

根据《刑诉规则》第436条规定，公诉人法庭讯问被告人应当围绕下列事实进行：

（1）被告人的身份；（2）指控的犯罪事实是否存在，是否为被告人所实施；（3）实施犯罪行为的时间、地点、方法、手段、结果，被告人犯罪后的表现等；（4）犯罪集团或者其他共同犯罪案件中参与犯罪人员的各自地位和应负的责任；（5）被告人有无刑事责任能力，有无故意或者过失，行为的动机、目的；（6）有无依法不应当追究刑事责任的情况，有无法定的从重或者从轻、减轻以及免除处罚的情节；（7）犯罪对象、作案工具的主要特征，与犯罪有关的财物的来源、数量以及去向；（8）被告人全部或者部分否认起诉书指控的犯罪事实的，否认的根据和理由能否成立；（9）与定罪、量刑有关的其他事实。

以上9项内容可以概括为：（1）被告人身份事项；（2）犯罪行为、后果、情节；（3）与被告人定罪量刑相关的其他情节，包括犯罪前和犯罪后的不追究刑事责任、法定从重或者从轻、减轻以及免除处罚的情节。

在法庭上，公诉人宣读完起诉书后，审判长会讯问被告人对公诉人宣读的起诉书听清楚了没有？有没有异议？有何异议？之后，询问公诉人，是否需要讯问被告人，如果公诉人需要，即开始讯问阶段。

公诉人："被告人某某某，下面公诉人将就起诉书指控的犯罪事实对你进行讯问，你可以作有罪供述或者无罪、罪轻辩解，但是，根据法律规定，对于公诉人讯问的每一个问题你都必须实事求是回答，你听清楚了吗?"

然后可以结合被告人认罪态度和案件基本情节对被告人开展有针对性地讯问，认罪态度好的，可以让被告人先就起诉书指控的犯罪事实先向法庭如实供述？如果是多笔犯罪事实的，可以逐笔进行讯问，如果多笔犯罪事实，犯罪嫌疑人部分认罪部分不认罪的，可以对其认罪部分概括讯问，对于不认罪的笔数逐笔详细讯问。

总体而言主要是从犯罪四个构成要件，尤其是侧重犯罪的主观方面和客观方面，围绕定罪和量刑展开讯问。讯问完毕，公诉人可以说："审判长，公诉人对被告人某某某的讯问暂时到此。"

【办案随想2】

法庭讯问作为法庭调查的一个环节，并非每一起公诉案件，每一个被告人都要就犯罪相关的所有问题非常详尽地问个遍，也并不是越是重大的案件需要问得越仔细。是否需要进行法庭讯问以及讯问的内容都是为公诉人实现起诉书指控的犯罪事实而服务的，如果被告人对起诉书指控的犯罪事实供认不讳，证据到位，完全可以适用简易程序，不对被告人进行讯问或者进行简单的讯问。相反，如果被告人坚决不认罪，或者当庭翻供的，法庭讯问不仅是获取证据的需要，也是取得良好法庭效果的需要。

（执笔人：潘申明）

133. 被告人庭前认罪，庭审时当庭翻供时应怎样处理?

被告人某某某，你在侦查阶段和检察环节，办案人员有没有就这个问题对你进行讯问？当被告人回答后，继续追问：这些讯问笔录上的签名捺手印是否是你的？当被告人回答是我的，但是我没有看，或者没有让我看时，公诉人追问：在审查起诉阶段，本公诉人也就此问题对你进行讯问，并充分告知了权利义务，该笔录也经你阅读确认，你有异议的地方也按照你的意思进行了修改，作为一名成年人，你完全明白“以上笔录与我说的一样”的意思，也应该充分了解签字捺手印的法律后果。今天你又毫无理由地当庭翻供，如何解释？如果被告人表示沉默，公诉人则宣读庭前供述。审判长，鉴于被告人某某某当庭翻供，公诉人请求先宣读相关庭前供述，以正视听。等到法庭许可后，公诉人宣读相关内容。然后再讯问被告人，如果被告人还是不认罪，则公诉人对庭前供述进行评述，审判长，公诉人刚刚宣读的××机关在×年×月×日对被告人某某某制作的讯问笔录，形式规范，主体合法，内容合情合理，而且庭前被告人一直稳定，具有可信度。现被告人某某某当庭翻供显属无理。

（执笔人：潘申明）

134. 诱使被告人当庭翻供的原因是什么?

被告人在先作认罪供述，当庭再选择翻供其目的无非是最后一搏，希望能获得无罪或罪轻的判决。而促使被告人选择翻供的原因，不外乎以下几种情形：

其一，某些案件特点决定了被告人比较容易翻供。如一对一案件比较容易翻供，强奸案件、毒品案件比较容易翻供。一对一案件本来就是主要靠言词证据相互印证，被告人认为只要翻掉一方就无法定案，促使他当庭翻供。强奸案件要求违背妇女意志，而被强奸妇女一般不愿当庭作证，甚至对于强奸过程讳莫如深，关于有无违背妇女意志证据很难证明不说，有时因为心理厌恶，案发后洗澡等处理之后再行报案，客观性证据被人为毁灭。毒品案件除了现行犯，当场查获的毒品外，对于以前的交易很难认定，即使是现场查获的，在性质上是认定非法持有还是贩卖毒品罪经常理不清楚，两者量刑又有很大差异，而毒品犯罪多数为有案底，反侦查能力强，这些案件被告人思前想后，在收到公诉人起诉书后容易翻供。

其二，案件证据本身不够扎实，而且被告人对此有充分认识。比如在侦查活动中，由于证据收集的方法不恰当、不合法，证据可信度不高，证明力薄弱。或者有的案件本身直接证据很少，是靠间接证据定案的，但间接证据与被告人庭前供述之间并没有完全对应、印证。所以，我们主张公诉人庭前要认真复核可变性大的证据，如被告人供述、被害人陈述、证人证言，同时，对于鉴定意见，公诉人也要认真核查，因为鉴定意见也会因鉴定人的变化而变化。对于证据不太充分的部分犯罪事实情节，公诉人要及时在庭前予以补强。

其三，由于律师的介入，虽然多数律师担任辩护人期间不会做出违反职业道德、职业纪律的事情，但是，客观地说出于经济利益等各种原因考虑，个别律师的确为帮助被告人逃避惩罚，铤而走险，直接诱导或者暗示被告人推翻先前供述。

其四，同监室犯人的唆使，在看守所羁押期间，虽然对其人身自由是限制了，但是由于周围都是相同处遇的人，容易相互传授对付司法机关的方法和经验。

其五，同案犯之间或被告人相关证人等之间的串供，促使他们共同推翻原先供述或证词。尤其是采取非羁押性强制措施的情况下，更容易发生串供、串证的情况。比如，在办理李某职务侵占一案时，公安机关在羁押30天后对其取保候审，在审查起诉阶段，承办人提出案卷中有该笔款物已经入账的书面情况说明，提出指控犯罪不能成立。笔者在审查后断定该份材料应为伪造，原因有二：一是在李某被拘留、逮捕期间从未提过有此入账说明；二是该份说明出现在他被取保候审以后一个星期。于是，笔者让承办人将他找来，开始李某在承办人处坚决不承认，笔者跟他谈“你出去以后干了什么事情，对你有利而与事实不符”，他在沉默不久后，终于承认这张入账说明是假的，笔者马上让他联系会计，带上阴阳账簿来院里作笔录，将证据巩固，至此，一起让承办人觉得非常棘手，可能会涉及国家赔偿8人的案件，轻松搞定，法院最后认定职务侵占罪成立，对各被告人作出相应判决。

其六，因为被告人感觉当庭认罪羞耻而翻供。当被告人跨入法庭，看到旁听席上有以前的领导、同事、亲戚、朋友，羞耻之心上来，觉得如果当庭认罪不仅会受到法律严厉制裁，而且会受到亲友、同事和社会公众的谴责，迫于压力，当庭翻供。

（执笔人：潘申明）

135. 被告人当庭翻供的应对方法有哪些？

被告人当庭翻供是指被告人在法庭上推翻自己原来在侦查、审查起诉阶段所作的供述而作出新的供述，主要是将原来的有罪或罪重的供述改作无罪或罪轻的供述。法庭调查中，常因被告人的翻供，而使案件变得错综复杂，给出庭公诉带来难度。被告人当庭翻供的理由一般是：侦查人员刑讯逼供、引诱、欺骗、威胁行为，笔录是侦查人员自己写的，没有让我看过也没读给我听就叫我在上面签字和捺手印等。被告人当庭翻供，往往是“冰冻三尺非一日之寒”。一般而言，被告人在审查起诉阶段，公诉人依法提审讯问被告人时，被告人往往就会提出所谓的“理由”，此时，公诉人就应该对翻供有所预防并采取相应对策。

（1）加强对被告人法律政策的宣传教育

要明确告诉被告人坦白从宽、抗拒从严的基本刑事政策，尤其是在庭审阶段，证据已经到位，根据《刑事诉讼法》的规定，如果只有被告人供述，没有其他证据证明，不能认定被告人有罪，反过来，虽然没有被告人供述，但是其他证据确实充分的，仍然可以认定被告人有罪，阐明我国刑事诉讼重证据不轻信口供的刑事政策。说服被告人尤其是那些翻供决心不大，内心七上八下的被告人，“浪子回头”重新回到认罪服法的轨道上来，如实供述犯罪事实。公诉人在进行法庭教育时要把握好一个“度”，当公诉人阐明政策之后，没有达到预期效果的，应当及时改变策略，切不可再跟他浪费口舌。同时在宣传法律政策时，不要让人觉得你就是在威胁、逼迫。

（2）要根据被告人的不同心理状态，分而治之

对于受教育程度不高、初犯或偶犯，其翻供往往是侥幸心理和畏罪心态，希望通过翻供抓住庭审救命稻草最后一搏，推卸罪责，避重就轻。表现出来的是，这样的被告人在庭审前往往就有时供时翻，反反复复的情况，既想翻，又不太敢翻，所以，对这种当庭翻供的被告人，要语气坚定地进行法律政策教育，开门见山、直接驳斥，气势上压倒他，摧毁他仅有的一点自信心。对于反侦查能力、反社会情绪强的惯犯、累犯，其翻供往往决心强，甚至是有预谋的，公诉人对此不能直接碰钉子，那样不仅起不到揭露犯罪的目的，反而给了他展示翻供理由的平台。对这样的被告人，公诉人应采用迂回包抄的方法，层层发问，环环相扣，逐步推进。

对于庭前认罪，当庭翻供的被告人，可以判断此类被告人翻供的决心是不大的，否则早就翻供，至少时翻时供。对于这类被告人可以着重讯问庭前供述的背景、当时制作讯问笔录的基本情况，以及现在推翻原供述的原因。通过讯问被告人，证实记录庭前供述的讯问笔录主体合法，依照法定程序制作，符合法定形式，而且，从侦查机关到审查起诉，长时间供述稳定，被告人当庭翻供理由不能成立。如此，被告人可能会自己觉得理亏，收回当庭翻供的辩解。

如果被告人从案发到庭审都一直拒不认罪，公诉人要加强讯问，通过设问，将被告人的回答固定下来，再择机指出其供述与案件其他证据之间的矛盾或者违背生活常理之处。公诉人的步步紧逼，可以打乱被告人阵脚，使他当庭出现慌乱，甚至可能当庭觉得翻供毫无益处，除了表明认罪态度差异外，根本不可能获得法庭的信任，则自然会认罪服法。

（3）要充分运用间接证据

通过间接证据的锁链关系环环紧扣，由表及里，通过对间接证据的充分说明、阐释，借助法律逻辑的力量，揭示各证据之间，证据与事实之间的必然联系。这种方法一般在普通刑事犯罪案件中比较常见，在检察机关直接立案侦查的国家工作人员职务犯罪案件中不太适用，因为自侦案件的主要证据还是言词证据。

（4）要学会利用被告人在共同犯罪中的不同地位，分化瓦解，各个击破

对于共同犯罪中个别被告人不认罪的，公诉人要加强对其他共犯的当庭讯问，通过其他共犯了解不认罪被告人在犯罪中的所作所为，来锁定被告人不认罪供述的虚假性。同时，通过同案犯的指认，可以增加不认罪被告人认罪的可能性。如一起入户抢劫案件，马某提议抢他老乡手机，张某某和钟某某附和，后两人抢劫得手，庭审时马某翻供，说不是他提出来的，是张某某提出要去抢手机卖钱的，公诉人鉴于张某某与钟某某供述一致，且非常稳定，就这个问题采用了三方对质的方法，在两名同案犯的直接指控下，马某不得不低下了头，承认的确是他先提议抢手机的。这不仅打击了马某的嚣张气焰，而且，也使张某某罚当其罪。

（5）釜底抽薪，分析被告人翻供的原因

如果是律师、家属等串供的，要断然采取措施，形成本案的再生证据。如我们在办理一起盗窃案件时，在审查起诉阶段出现翻供，犯罪嫌疑人王某提出了案发当晚在与其他3个老乡打牌，律师提审后，将犯罪嫌疑人王某的意思转告给他父亲，他父亲根据王某给的线索分别将3个王某的老乡找到律师办公室，律师根据王某的意思，写好证明，让3位老乡签字，我们再了解情况后，对王某父亲和王某3位老乡进行传唤，终于查明事实真相，不仅王某被依法严

惩，王某的父亲和他的3个老乡也因自作聪明被绳之以法。

（6）充分利用同步录音录像

对于强奸、毒品、一对一贿赂案件等要充分运用同步录音录像，在开庭审理时出现被告人翻供，而庭前认罪的情形时，要及时向法庭出示相关同步录音录像，制止被告人信口雌黄，攻击侦查人员和检察人员。

（7）及时建议法庭延期审理

根据《刑事诉讼法》第40条规定："辩护人收集的有关犯罪嫌疑人不在犯罪现场、未达到刑事责任年龄、属于依法不负刑事责任的精神病人的证据，应当及时告知公安机关、人民检察院。"但实践中，还是有个别律师没有遵循该规定，采用法庭突然袭击的方法，而且，更多的是这几种情形之外的辩护人收集的新证据不向控方提供，并根据新证据提出翻供。当此种情形发生时，公诉人可能仅凭口头的质证、辩论很难将辩方提供的证据以及据此提出的辩护观点驳斥倒，此时，公诉人要善于运用《刑事诉讼法》第198条的规定，建议法庭延期审理。在延期审理期间，围绕庭审中出现的新情况、新问题有针对性地复核关键证据，组织、调取证据，千万不要一味地在法庭上进行口舌之争，影响案件的指控和检察机关的形象。

被告人翻供的案件由于高对抗性，如果开庭审理时翻供不被制服，法庭可能会采信当庭辩解。对于这类案件，公诉人必须有很强的证据策略，不能过早暴露证据，尤其是那些不直接证明案件事实，而是用来驳斥被告人和辩护人无理辩解的证据材料不能主动出示，而应在辩护人出示后再出示。

【司法实例1：卢某强奸案】

2008年8月的一天，卢某与张某到歌厅唱歌，找了两个有偿陪侍的李女和胡女，唱完歌后一起吃夜宵，后卢某和李女，张某和胡女分别到两男的暂住房上网，后卢某想与李女发生关系，李女不肯，从暂住房出来，后卢某将李女带至一旅社，在开房时李女未报警，到房间后，卢某对李女进行殴打致鼻出血，后发生关系。李女出来后一直哭泣，碰到表哥，遂说明情况报警。警方在现场找到烟蒂，DNA鉴定后与卢某比对一致。卢某开始不承认与李女唱歌吃饭，更不承认发生关系。当出示DNA鉴定报告后，承认发生关系，也承认打人，但说是先发生关系，后为嫖资而殴打李女。

【分析】

这起案件的证据应当说不是很充分，但是，笔者仔细查看了卢某的材料，显示卢某在男女关系上非常不检点，有多次短暂婚姻史。而且，属于不见棺材不掉泪，绝对不会说对自己不利的话的一类人。李女虽然属于有偿陪侍，但是在第一时间报警，而且，李女报案笔录显示其未满14周岁，系处女。

【处理结果】

这是笔者替他人开的一个庭，庭上笔者以一种非常自信的态度小心谨慎地进行了一场并不能产生足够自信的指控。虽然，我能证实他的很多辩解是不能成立的，但是我也不能就此得出他就是强奸犯的结论。在法庭调查快结束的时候，我讯问被告人："被告人卢某，法庭调查马上结束，法庭辩论阶段马上开始，公诉人将要发表公诉意见，并根据本案的犯罪事实和你的认罪态度进行量刑建议，本着对事实、对法律负责，对你和被害人负责的态度，再问你一遍，你是否认罪?"卢某回答："我认罪!"

【司法实例2：张某受贿案】

某区水利局局长张某，利用职务之便，收受水利工程包工头孙某9万余元人民币，在工程发包和工程款支付上给予特别关照。孙某与张某系同乡，9万余元中除了一次单笔5万元现金外，有4万余元是过年、过节的现金或购物卡，历时5年。张某在侦查阶段和审查起诉阶段认罪态度一直不错，但是到了庭审，一副"英勇就义"的样子，断然否认了这些款项系贿赂款，而是辩解进了"小金库"，或者说是朋友之间的人情往来和劳务费等，全盘推翻了原先供述。

【分析】

作为公诉人，笔者在审查起诉阶段认真分析了张某的家庭背景，发现张某在水利方面是个行家里手，前期为官非常清廉，由于临近退居二线，产生有权不用过期作废的错误思想。加之工资卡全部在老婆手里，回老家时手头不是很宽裕。所以，在行贿人孙某温水煮青蛙的糖衣炮弹下，缴械投降，越走越远。由此，公诉人分析张某本质上并非无可挽救，只是出于趋利避害的考虑，拼死一搏。顽抗到底的意志未必坚定。

【处理结果】

基于上述分析，公诉人认为被告人张某在侦查和审查起诉阶段10多次笔录中始终供述稳定，直到法庭翻供，可想而知，他翻供的意志和决心并不是很大，可能是同监室狱友教唆或者律师介入引起的，只要打破其幻想，迫使其认清形势，重回认罪的轨道上应该还是希望很大。此外，根据我们的前期了解，他的"小金库"并非是单位的"小金库"，而是他个人的私房钱，是相对于家庭共同财产的"小金库"。同时，老乡孙某在张某担任水利局局长前与其并无金钱上的往来。于是，公诉人根据张某翻供，首先对其进行法律政策教育：

公诉人："被告人张某，'以事实为根据，以法律为准绳'是我们司法机关办理刑事案件的基本原则，根据法律规定，只有被告人供述没有其他证据证实的，不能对被告人定罪处理，没有被告人供述，但有其他证据证实其构成犯罪的，仍然可以认定被告人有罪。下面公诉人将就起诉书指控的犯罪事实对你进行讯问，根据法律规定，你可以作有罪的供述或者无罪的辩解，但是对于公诉人讯问的每一个问题，你都必须实事求是地回答，你听清楚没有？”

被告人：听清楚了。

公诉人：你在侦查阶段的供述是否是事实？

被告人：不是事实。

公诉人：侦查人员有无对你刑讯逼供？

被告人：没有。

公诉人：（出示某月某日讯问笔录）这份讯问笔录上的签字捺手印是否是你的？

被告人：是的。

公诉人：笔录有没有给你看过？

被告人：看过了。

公诉人：你看清楚没有？

被告人：我神志不清。

公诉人：审判长，鉴于被告人张某辩解制作该份笔录时神志不清，公诉人请求向法庭出示该时段同步录音录像。

审判长：可以。

（经多媒体播放，显示该时段侦查人员和被告人张某气氛平和，张某神志清晰）

公诉人：被告人张某，这是不是你当时的情形？

被告人：是的。

公诉人：你还有何话说？

被告人：（沉默不语）

公诉人：被告人张某，这里是庄严的法庭，现在公诉人再问你一遍，你今天的当庭供述和庭前供述不一致，请问你究竟哪次在说谎？

被告人：（沉默片刻）我按照以前的说法，我承认构成受贿罪。

公诉人：被告人张某，你为何要当庭翻供？

被告人：看到很多老部下、老朋友，我情感上有点受不了。我错了，我认罪。

至此，一起当庭翻供被及时制止。

（执笔人：潘申明）

136. 公诉人针对被告人要求公诉人回避时应如何规范回应用语?

审判长，被告人某某某申请公诉人某某某回避的要求，将由本公诉人向本院检察长（或检委会）汇报，待检察长（或检委会）作出决定后，再给予答复（被告人申请复议的，可参照此。注意回避申请或者复议结果的宣布，由审判长宣布）。

（执笔人：江海昌）

137. 被告人当庭提出刑讯逼供时，公诉人应怎样规范应对用语?

被告人某某某，你在本院审查逮捕和审查起诉阶段，从来没有提出过刑讯逼供的问题，公诉人在审查你的看守所入所身体检查情况材料时也未见有何异常，现在你当庭提出侦查机关刑讯逼供，必须提出必要的线索，在哪个时间，哪个地方，是谁对你进行了怎样的刑讯逼供，你必须先向法庭讲清楚。

如果他讲的与同步录音录像不符合，公诉人可以说，审判长，被告人所说的时间、地点、相关人员刑讯逼供的情形，与侦查机关移交的同步录音录像不相符，同步录音录像清晰地显示当时根本不存在刑讯逼供，被告人某某某随意指认刑讯逼供与事实不符。

（执笔人：潘申明）

二、举证质证技巧与规范

138. 法庭调查时，怎样证明取证的合法性?

(1) 法律、司法解释规定

在法庭审理过程中，如果启动非法证据排除程序，公诉人将承担证明侦查机关取证合法的举证责任。公诉人如果无法证明相关证据取证合法性的，相关证据将被依法排除，不得作为定案的根据。那么，公诉人在法庭调查阶段应当如何证明相关证据取证的合法性？最高人民法院于2012年12月20日发布的《关于适用〈中华人民共和国刑事诉讼法〉的解释》第101条规定，法庭决定对证据收集的合法性进行调查的，可以由公诉人通过出示、宣读讯问笔录或者其他证据，有针对性地播放讯问过程的录音录像，提请法庭通知有关侦查人员或者其他人员出庭说明情况等方式，证明证据收集的合法性。公诉人提交的取证过程合法的说明材料，应当经有关侦查人员签名，并加盖公章。未经有关侦查人员签名的，不得作为证据使用。上述说明材料不能单独作为证明取证过程合法性的根据。

可见，如果经审查，法庭对被告人审判前供述取得的合法性有疑问的，公诉人可以宣读讯问笔录、出示羁押记录、出入看守所的健康检查记录、看守管教人员的谈话以及侦查机关对讯问过程合法性的说明等，对庭前讯问被告人的合法性进行证明，可以要求法庭有针对性地播放讯问录音、录像，必要时可以申请法庭通知侦查人员或者其他人员出庭说明情况。

(2) 提交证据之前仔细审查

需要注意的是，公诉人在提交上述证明取证合法性的证据材料之前，应当全面细致地审查所需提交的证据材料，确保这些证据材料形式的合法性。如对于取证过程合法的情况说明应由侦查人员签名并加盖公章。公诉人庭前应仔细认真地观看有疑问的讯问同步录音录像，如确有非法取证嫌疑的，应当及时向部门领导、分管检察长等汇报，商讨对策，并权衡相关证据的证据价值，是否决定撤回起诉等。

(3) 自行调查及申请讯问人员出庭作证

在法庭审理期间，检察机关可以要求侦查机关对证据收集的合法性进行说明或者提供相关证明材料，必要时可以自行调查核实。尤其是对于讯问时没有讯问同步录音录像，或者讯问时出现中断，可能由非讯问人员或由其他人员

（如协警）等刑讯逼供的，公诉人仍要向这些人员进行核实，必要时可申请法庭通知这些人员出庭说明情况。如果公诉人向这些人员核实情况时，认为有违法取证的嫌疑的，应早做准备，避免庭审举证证明时的被动。

（4）当庭无法证明时建议休庭或延期审理

如果经法庭审理，公诉人出示了相关证据材料仍不能当庭证明证据收集的合法性，需要继续调查核实的，公诉人可以建议法庭休庭或者延期审理。

（执笔人：刘浪）

139. 法庭举证时应如何规范用语?

审判长，公诉人将分×组向法庭出示证据，证明被告人某某某涉嫌起诉书指控的犯罪事实。下面向法庭出示第一组证据，共×份证人证言，首先出示证人某某某的证言，在侦查卷宗证据卷第×卷第×页到第×页。

宣读证人证言……请法庭质证。

宣读完几份证据后，进行简单述评。

审判长，第一组证据宣读完毕，以上证据经法庭质证，证明了该证据的合法性、客观性、关联性，且证据与证据之间相互印证，请法庭予以采纳。

（执笔人：潘申明）

140. 法庭质证时应如何规范用语?

审判长，被告人某某某（或其辩护人）向法庭提供的××证据，与其他经过当庭质证的证据相矛盾，且没有其他相关证据支持，建议法庭不予采纳。

审判长，被告人某某某（或其辩护律师）刚刚宣读（或出示）的××证据，公诉人要求进行审阅后，再作质证发言。

审判长，被告人某某某（或其辩护律师）当庭指责侦查人员刑讯逼供，但是没有任何证据，也说不出具体的细节、线索，显然与事实不服，请法庭予以制止。

审判长，被告人某某某的辩护人未经检察院、法院许可，擅自向被害人（被害人的近亲属、被害人提供的证人）某某某收集证据，违反了《刑事诉讼法》第41条第2款的规定，该份证据取证程序违法，不具备法律效力，建议法庭不予采纳。

审判长，公诉人认为证人某某某与被告人某某某之间有利害关系，足以影响其证言的客观真实性，且其证言与其他证据相互矛盾，且无其他证据支持，建议法庭对该证言不予采纳。

（执笔人：潘申明）

141. 公诉人庭审举证、示证的基本要求是什么?

证据裁判已经成为我国刑事诉讼的基本原则,“以事实为根据,以法律为准绳”的基本原则实际上已经是“以证据为根据,以法律为准绳”了。尤其是近年来,客观性证据审查模式,证据核心理念不断确立,每一个公诉人在办理每一个案件时都必须重视对证据的收集、审查、判断,也要非常重视在庭审阶段的举证、示证。公诉人庭审举证的总体要求有以下几点:

(1) 客观

公诉人在法庭上进行举证务必坚持公诉人客观义务,不仅要举有罪、罪重证据,也要出示无罪、罪轻证据,全面出示,不能刻意隐瞒。而且,公诉人要做到向法庭出示的证据材料本身的真实、可靠。

(2) 全面

公诉人必须将对被告人定罪量刑有影响的全部证据向法庭出示,不能人为遗漏。包括被告人犯罪动机、目的、手段、情节、后果、犯罪数额、犯罪以后有无自首、立功情节或其他悔罪表现,以及前科情况等。当然,我们说全面出示并非指简单地将证据卷从头念到尾就可以了,应该根据每起案件不同,有所侧重。但是,绝不能为了实现指控目的主观臆断,更不能断章取义。

(3) 突出重点,简明扼要,详略得当

公诉人向法庭出示证据,不能事无巨细,面面俱到,要针对影响定罪、量刑的关键事实或情节,突出重点出示,必须对所要出示的证据进行审查筛选,去伪存真,去粗取精,选择所有证据中最有说明力的证据来向法庭展示,比如说被告人从侦查阶段开始先后作了8份笔录,公诉人是否有必要一次宣读,显然没有必要。公诉人可以选择其中一份有代表性的,如侦查终结前的那份综合笔录宣读即可,因为综合笔录相对信息比较全面,能比较真实地反映被告人在侦查终结时的心态;如果被告人一直认罪,也可以宣读到案后第一份笔录,因为第一份笔录是被告人第一次被讯问,思考的时间相对较少,而且,离犯罪时间短,根据人的记忆规律,可能比以后更能记住案件的真相。

公诉人在出示证据时要求简明扼要、详略得当不仅仅是就不同证据之间而言的,对于同一份证据的出示同样适用,公诉人不仅可以把那些对定罪量刑影响不大的证据剔除不举,而且对于向法庭出示的证据,也可以根据其与被证明对象之间的关联度、证明力,选择其中相关内容重点展示。一定要防止公诉人对所有证据不加选择地在庭上举证,给人造成拖泥带水的感觉。

(4) 围绕犯罪构成要件出示证据

围绕犯罪构成要件举证,就是按照起诉书所指控犯罪的4个构成要件组织、出示证据的方法。按照犯罪主体要件、主观方面、客观方面、犯罪客体4个方面，对案件相关证据进行组织以后分组出示，其他的人身危险性、犯罪后自首、立功等悔罪表现证据，以及前科、累犯等量刑证据再分组出示。这种举证方法适用于犯罪笔数少、罪名不多的公诉案件。在采用按犯罪构成要件分组出示证据的时候，公诉人还可根据具体案情以及控辩双方焦点等，采用先易后难，突出重点的方法进行举证。

公诉人在法庭上出示证据必须按照指控犯罪的构成要件合理、有序展示，只有这样才能让合议庭觉得有层次感、紧凑感，便于合议庭对公诉人指控犯罪事实的证据情况形成全面、清晰的总体形象，实现有效指控。

（5）庭前要认真考虑庭审举证的顺序，采用合适的举证方法

公诉人出庭，首先要排除那种只要在庭上把证据出示完了，不遗漏就行了的错误观念。法庭审理案件虽然是以整个案件的证据材料为基础，如果有证据证实，公诉人出示证据以后，法庭通常是会按证据能够证明的情况来认定案件事实，并最终作出裁判。公诉人出庭支持公诉除了指控犯罪外，同时也是在展示检察机关的法律监督能力与形象。公诉人出庭追求庭审效果不仅仅是让法庭最终认可起诉书指控的犯罪事实，还必须追求通过良好庭审效果来实现社会效果和政治效果。

可以肯定证据出示的先后顺序不同，对于合议庭、被告人、辩护律师、旁听群众来说，说服力是不同的。公诉人要提高庭审质量必须走出“这个案件铁证如山，随你怎么辩都没有用”的错误观念，更不能有只要证据在，随法院你怎么判的念头。

为了提高庭审举证、示证效果，公诉人要防止出现以下情况：

①毫无准备，匆忙上阵

公诉人虽然经过审查起诉，对案件事实和证据的掌握是比较全面、深入的，但是，从审查起诉结束到法庭开庭审理，都要隔一段时间。在繁忙的业务工作中，公诉人难免对原先掌握的情况会生疏甚至遗忘，一旦开庭，不认真准备，带上案卷材料就去开庭，很难保证庭审效果。一名训练有素的公诉人在开庭前应该再次翻阅案卷，吃透案情，对相关证据心中有数，并制定相关举证预案，以免到庭后，拿起案卷从头念到尾，不仅对自身没有提高，甚至可能导致指控失败。

②对证人毫无针对性地随意发问

庭审中心主义日益明显，我们说公诉人开庭的压力越来越大，其中最重要的原因就是因为很多言词证据会在法庭上出现意想不到的变化。公诉人在出庭时，对于证人的询问应该认真准备，不仅要精心设计问题，而且要准确、周延

预测证人可能的回答，准备好各种可能的回答之后的应对措施，有的放矢地开展询问。

③在宣读证据材料时，不能断章取义，要综合全部情况准确解读证据的真实要义

尤其是言词证据，要结合上下文来理解，不能抓住其中一句曲解其意。

④不能只出示，不解读

在公诉实践中，很多公诉人在向法庭出示证据时，只是将证据相关内容向法庭展示，然后提交法庭质证。事实上，举证是质证的第一个环节，而且是非常重要的一个环节。公诉人在向法庭举证之后，最佳的做法是公诉人出示完一份或一组证据后，应就其来源、制作方法、证明对象以及与其他证据之间的相关关系予以归纳说明。公诉人通过此种方法对该份或该组证据的三性，及其所能证明的内容向法庭作一解读后，不仅可以帮助合议庭理清思路，而且有助于控辩双方质证更有针对性，增强公诉人举证效果。尤其是对于控方出示的多份证据之间出现的某些非实质性的差异，更要主动分析原因，作出解释，不能等辩方抓住矛盾后再被动应付。

⑤不能只出示，面对被告人及其辩护人的质证不答辩

刑事案件的庭审虽然区分为法庭调查、法庭辩论等环节，法庭调查中又分为宣读起诉书、讯问被告人、举证、质证等环节，但是，这些阶段的区分都是相对的。正如前面说的讯问被告人时，为了以正视听，可以请求审判长允许将某份证据即时出示。在举证、质证阶段，一些公诉人只顾自己出示证据，对于辩护方的质疑一概不理，其理由是等到法庭辩论阶段，发表公诉意见时再予理会，其实这种做法是不对的。比较好的做法是，对于辩护方的质疑，公诉人在出示下一组证据前，先就前面的质疑予以正面回应。这样，一方面可以增强控辩双方的对抗性，另一方面也可以有助于合议庭、旁听群众厘清思路，作出正确的判断。

【办案随想】

从事过公诉工作的人都能切身体会到来自法庭辩论的压力，因为总会遇到个别律师尤其是非本地律师特别强烈地追求轰动性的庭审效果。虽然，这种庭审效果不见得会被合议庭认可，很多时候甚至律师自己也很清楚。但是，作为被告人的辩护人，职责就是维护被告人利益，要帮被告人说话。所以，只要被告人及其家属听起来舒服的，他们都热衷于提出来，甚至会以比较夸张的形式表现出来。为了实现控辩平衡，不至于庭上显得被动，也为了打压辩护律师的气势，个别公诉人也喜欢以攻为守，指控更进一步，体现在证据的举证、示证上，就是喜欢藏点证据，尤其是对被告人有利而对检察机关指控不利的证据。

对此，笔者认为是不妥当的。律师是为了维护被告人的利益，而公诉人则不仅仅是指控犯罪，公诉人兼具惩治犯罪和保障人权双重职责。无论何时何地，每个公诉人都要坚守客观义务，站得高，才能看得远，立意高，格局才会大，形象才会好。

（执笔人：潘申明）

142. 公诉人庭审举证、示证有哪些技巧?

公诉人庭审举证、示证具体方法主要有：

（1）时间顺序法

时间顺序法，是指公诉人按照犯罪事实发生的自然顺序先后组织证据进行展示。这种方法主要适用于事实比较简单，性质单一的案件，是公诉人必须掌握，也最容易掌握的举证方法。公诉人通过这种方法举证，可以让举证过程显得脉络清晰，合议庭和参加庭审的其他人员听了以后，也很容易明白。利用这种方法举证要注意的是千万不要事无巨细，不加选择地和盘托出所有证据，公诉人在能实现指控目的的前提下，也必须对证据进行筛选，防止有证即举，不仅对指控没有帮助，反而还削弱了整体指控效果。

值得一提的是，时间顺序法多数是采用顺着时间先后次序来举证，先出示犯罪动机、犯罪目的、犯罪经过、危害后果等证据，再出示影响量刑的从重、加重或从轻、减轻处罚的证据；但有时也会采用从后往前推的逆时举证法，公诉人可以先出示犯罪事实或犯罪危害后果的相关证据，然后再出示被告人系犯罪行为人的相关证据，最后出示犯罪行为的犯罪动机、主观目的的相关证据，接下来出示有关量刑证据。采用逆时举证方法，主要是希望通过犯罪行为和犯罪后果先触动被告人的内心，引起合议庭以及旁听群众的共鸣，促进指控成功。个别情形下，公诉人还可以在总体采用顺时举证的方法基础上，再就某个情节的证据可以打破时间顺序提前展示，以达到更好的庭审效果。

（2）一事一证法

一事一证法，是指公诉人就被告人所犯的每一笔犯罪事实，采用一笔事实一组证据的方法出示。这种方法适用于被告人有多笔犯罪事实，如果放在一起容易搞混，分开更有利于合议庭和旁听群众等区分事实原貌。具体到法庭上，公诉人可以按照起诉书指控的犯罪事实逐笔展示相关证据，从而让合议庭对被告人所犯的罪行，以及每笔事实所具有的证据情况有个完整的、清晰的认识，从而形成准确的判断和裁决。

（3）情节分类法

情节分类法，主要是指公诉人在法庭举证时，根据案件发生的不同阶段，区分为几个情节，以每一个情节作为一个举证单元，采用分组举证的方法。这种举证方法主要适用于案件比较复杂，犯罪事实可以比较清晰地区分为几个各有关联但又各不相同阶段的情形。这种方法既可以按照案件发展的自然顺序分阶段举证，也可以根据案件需要打乱时间顺序重新组织举证顺序，甚至可以将案件的主要情节、案件争议焦点提到前面先行举证。运用这种方法举证要注意的是分割情节要科学合理，要让听的人能接受。

(4) 先破后立法

先破后立举证法，是指公诉人在法庭上先举出有力的证据，驳倒被告人的无罪或罪轻辩解，打消他的嚣张气焰，然后，再根据起诉书指控的犯罪事实，出示相关证据。这种举证方法适用于被告人认罪态度差，而检察机关认定该部分犯罪事实或情节的证据确实充分，没有被告人口供，仍然足以认定的情况下采用的，如果此部分证据有欠缺，无法达到出示证据以后让合议庭、旁听群众产生被告人在说谎的想法，就不宜采用此种方法。因为，采用这种方法举证的目的一是说服合议庭，二是给被告人敲警钟，及时阻止被告人继续不认罪的庭审状态，提升庭审效果。所以，是否适合采用此种举证方法，公诉人要仔细考虑，认真评估。

(5) 按罪名举证法

按罪名举证法，是指公诉人在庭审时按照被告人涉嫌的不同罪名为单位，分别出示证据。采用这种方法举证的案件多为一个被告人涉嫌多个罪名的案件，如果多名被告人涉嫌多个罪名，相互之间交叉不是很大的，也可以采用此种方法举证。采用此法举证，首先确定被告人所涉嫌的罪名，对每个罪名所有的证据材料进行梳理、组织，形成一个比较完整的印象，然后，再有条不紊地向法庭展示证据。千万避免相互交叉，失去条理性，出现凌乱。

(6) 综合举证法

综合举证法，是指公诉人就某些证据放在一起向法庭展示，并就这些证据统一作出说明。综合举证主要适用于某些证据不仅对某一笔犯罪事实或者某个指控犯罪有用，而且，还有其他的证明作用，如果在法庭上反复出示会让人觉得厌烦，也不符合庭审效率。所以，就这些综合性证据采用统一出示，统一说明。比如说侵财型犯罪，有多笔犯罪事实，只有一份鉴定意见的，该份鉴定意见可以最后出示，就没有必要在每一笔犯罪事实举证、示证时出示了。

(7) 穿插举证法

穿插举证法，是指公诉人在法庭讯问时，穿插出示部分证据，以提高庭审效果的做法。这种举证方法主要适用于被告人当庭翻供或者胡搅蛮缠，如果公诉人不当即制止，任其胡言乱语可能会造成不好的庭审效果，所以，当即采用“不轻信口供，用证据说话”的办法，运用现有证据打消被告人的侥幸心理，以正视听。这种方法运用得好，对庭审效果的提升是最为直接的，体现的是公诉人对庭审场面的控制权，当然，由于法庭讯问是一个单独的庭审环节，所以，在法庭讯问与出示证据之间的转换，公诉人必须征得审判长的同意，实践中，审判长在听明公诉人请求出示证据的理由后，通常都会同意的。

（8）集中举证法

集中举证法，是指公诉人就起诉书指控的部分罪名或犯罪事实集中精力，详细举证，而对于其他的犯罪事实则简略举证。这种举证方法主要适用于多笔犯罪事实或多个罪名的案件中，控辩双方就其中部分罪名或者犯罪事实、情节有争议的情形。公诉人在采用这种方法举证时首先要求对控辩双方的争议焦点有明确的判断，只有判断准确才能收到预期效果，相反，预测不准，将没有争议的犯罪事实部分详细举证还只是一个庭审效率问题，将有争议的犯罪事实部分简略举证则可能使庭审效果大受影响。当然，公诉人认为确有必要，可以对该部分事实请求法庭重新再质证，但从庭审效率、效果上来说都不是很好。采用集中举证的方法，公诉人可以先简后难，将无争议的证据先出示完毕，然后就控辩双方有争议的案件，采用先主要证据后次要证据，先直接证据后间接证据的方法向法庭出示。

（9）连环举证法

连环举证法，是指公诉人在法庭举证时，根据证据体系，采用一环扣一环的方式，循序渐进地出示证据。这种方法主要适用于被告人不认罪，定罪主要依靠间接证据的案件。采用此法举证、示证，公诉人必须将所有证据材料组成一个完整的证据链，名个证据之间环环相扣，所得出的结论唯一，具有排除其他合理怀疑的效果。公诉人必须在庭前对证据材料掌握得非常全面、深入，庭审举证时保持头脑清醒、逻辑严密，证据连贯，不能随便打乱证据出示的先后顺序，不能随意少掉其中一个环节。为防止出错，建议公诉人在庭前准备时，将拟出示的相关证据材料编上序列号。

（10）善于运用多媒体举证

公诉人善于运用多媒体举证，就是通过投影、PPT 等方式，向法庭展示案件相关证据材料，增加对案件的感性认识，增强公诉指控胜诉的可能性。随着现代科技的发达，电子数据、视听资料、同步录音录像等证据材料在案件中出现的越来越多。

以上举证方法各有利弊，每一种方法适用的情形也各不相同，司法实践中非常复杂。公诉人应根据具体情况选择合适的举证方式，或者综合利用多种举证方式，并在应用之后及时总结提高，不断提高自身举证、示证水平，确保公诉目的的实现和检察机关良好形象的树立。

【办案随想】

每个公诉人的成长都有一个过程，刚开始也许习惯于按照侦查机关所提供卷宗装订的先后顺序出示证据。随着办案经验的积累和大要案的承办，就会发现简单地按照侦查卷宗顺序出示证据有时真不必要，比如十几份被告人供述与辩解根本没有必要一一出示；有时又真的不可能，碰到一个涉黑的团伙犯罪或涉税案件，几十个被告人，几十本厚厚的卷宗，怎么去出示，办案的实践需要会倒逼你深入思考，寻找最佳的举证、示证方法。

这里所列举的十大举证、示证方法并不是每一起案件都适用。有的时候只要选择其中一种，有的时候需要几种方法结合起来使用。不管你使用一种还是多种，评价这种方法是否适合该案的标准肯定是统一的，那就是有利于指控犯罪、有利于提高庭审效率、有利于提高庭审效果。

（执笔人：潘申明）

143. 如何制作举证提纲?

在庭审预案中，最具有稳定性的当属举证提纲。因为庭审中讯问被告人、发表公诉意见、答辩等都需要根据庭审实际情况作出应变，而举证提纲一般不会有太大的调整。一份举证提纲的完成包括举证方案的设计、举证证据的罗列、举证语言的选择三个步骤。首先，关于举证方案设计。举证不是一个把检察机关掌握的有罪证据简单地在法庭上抛出来的过程，而是向法庭证明被告人有罪的核心环节。庭审中的讯问、询问是为举证作铺垫的，后面的法庭辩论是以举证为基础的。所以公诉庭审的胜败关键取决于举证程序的成功与否。举证环节的成功与否在相当程度上取决于侦查机关取证的情况，但公诉人如何举证也很重要。公诉庭审举证不是罗列证据，而是有层次、有条理、有顺序地向法庭展示一个完整的证据体系，出示的证据不是一个个孤立的，而是要求相互呼应、相互印证，形成证据锁链。

（1）常见的举证方式

第一，一事一证方式举证。这种举证方案适合事实相对清楚的多次犯罪的案件，如多次盗窃、多次抢劫、多次诈骗等。每一次犯罪事实作为一组证据，该组证据有多份证据的，可按各份证据证明力的强弱为序进行举证。对于证明各次犯罪事实共同的证据，如受贿案中证明赃款的银行存入单据、多次抢劫中每次使用的凶器等，可单独列出一组证据举证，并说明是证明被告人各次犯罪的共同证据。

第二，按证据种类举证。这种举证方案适用犯罪事实比较复杂，证据量比较多，但罪名单一、犯罪次数单一的案件，如故意杀人案、合同诈骗案等。在按证据种类举证时，一般顺序是按证据证明力的强弱为序依次举证。证据证明力的强弱，应具体分析。一般直接证据的证明力强于间接证据的证明力，原始证据的证明力强于传来证据的证明力，书证、物证等客观性证据的证明力要强于言词证据的证明力。在庭审中一般先举示被告人的供述，然后按照被害人陈述、证人证言、物证、书证、鉴定意见、视听资料等顺序进行举证。针对被告人不认罪的案件，一般把被告人的最后供述放在最后进行举证。

第三，按照犯罪的阶段进行举证。这种举证方案比较少见，适合犯罪过程比较复杂，犯罪手段比较多样，犯罪参与人员比较多，犯罪结果比较严重的案件。如蓄谋已久的共同故意伤害案，连环的走私案，制作、运输、贩卖一体化的毒品犯罪案件等。如一起雇用他人实施伤害犯罪的案件，该案的举证采取了按犯罪阶段举证的方案，将犯罪分成产生犯罪动机和犯罪预谋阶段、犯罪预备阶段、犯罪实施阶段三个阶段，分成三组证据进行举证，每组证据又分为若干证据，每份证据包括证据来源、证据位置、证明内容，在全部证据举证完毕后进行举证小结，整个举证方案就会显得清晰、层次分明。

第四，按照犯罪的行为来举证。这种举证方案适合共同犯罪罪名比较单一，但共同犯罪事实中比较复杂，共同犯罪各被告人在共同犯罪中分工较为明确，在共同犯罪中作用相差较大的案件。为了更加清楚地指控各被告人的犯罪，按每个被告人在共同犯罪中的具体行为分组举证，通过举证使复杂的犯罪事实体现得更加清楚。对各被告人犯罪行为的举证顺序，一般按照各被告人在共同犯罪中的地位、作用大小为序举证，各被告人认罪态度有较大差异的，也可按照公诉人庭审讯问技巧中的讯问顺序作为举证顺序。

（2）制作出庭举证提纲要遵循的几种举证方法

公诉人应根据具体情况和证据状况，运用灵活多变的举证方法。

①时间顺序法。按照案件发展的自然顺序，即按时间的先后组织证据进行举证，这种举证方法主要适用于性质单一的案件。虽然这种方法较为简单，但也应对所举的证据进行筛选，不能有证即举，而应突出中心、突出重点。

②情节分类法。即根据案件情节的不同把整个案件划分为若干阶段，每一情节作为一个举证单位。当把每一情节都举证清楚后，整个案件也就自然明白了。这种方法既可以按案件发展的自然顺序分阶段举证，也可以根据需要打乱时间顺序重新排列组合，将涉及案件焦点的情节或主要情节提到前面先举证。这种举证方法能够做到主次分明、中心突出，给人以深刻的印象。这种方法适

用于一个或多个被告人虽罪名单一但情节复杂的案件。其关键在于选取哪些情节作为主要情节加以论证。如若选择不当，不但不能正常发挥效果，而且有可能弄巧成拙，损害整个计划。

③罪名划分法。此种方法多适用于一人犯多罪的案件；多人犯数罪，如果是以一名主犯为主，其他被告人不同罪名之间犯罪行为交叉不大，相对固定的，也可以采用此方法。采用这种方法举证，应当以被告人所犯数罪的名称、犯罪性质为举证单位，一个罪名为一个举证组。罪名举证法对被告人所犯的每个罪都能形成一个完整的印象，不会因其犯有数罪而使举证变得凌乱，从而破坏案件的完整性。具体操作时，应以重罪、主罪为先，轻罪、次罪在后的顺序开展举证。

④突出主犯法。即以主犯为纲进行举证。随着团伙犯罪、黑社会性质组织犯罪等共同犯罪案件数量的增加，许多案件中涉及的被告人多、作案次数多、罪名多、案情复杂，且被告人之间交叉作案，很难理出头绪来。对这类案件，公诉人应当首先围绕主犯进行举证，在对主犯进行举证的同时，将涉及的从犯一并举证。这种举证方法脉络清楚，重点突出，同时也可以减少涉及从犯证据上的纠缠，达到复杂案件的简化处理，以加快庭审速度。

⑤对象固定法。在共同犯罪中，有些团伙案件中被告人之间作案往往是有分有合，大团伙之中又有小团伙，小团伙之间又相互交叉，特别是松散型共同犯罪中，“临时纠合”现象更为突出，使得犯罪事实表现复杂，难以理清关系。对此，公诉人可以犯罪参与人为线，将共同犯罪中相对稳定的小团伙为单位划分为若干组，然后按组进行举证。这种举证方法既能体现出每个被告人在犯罪中的地位、作用，又能看清被告人犯罪的连续性，反映出犯罪的严重程度及被告人的主观恶性，使犯罪事实条理清晰，易于把握。

⑥事实分组法。这种举证方法主要适用于大的惯犯案件。此种惯犯多以惯窃为主，有的盗窃案件多达几十起甚至几百起。对这类案件如果一件一件举证、质证，势必影响效率，因此可根据案件的具体情况将犯罪事实分成若干组予以举证，并根据个案具体情况和被告人主观恶性程度决定每组所包括的案件数量。

⑦环环相扣法。此种举证方法适用于以间接证据证明犯罪的案件。以间接证据为主要证据的案件，其特点是间接证据必须形成证据链条，根据间接证据所得出的结果必须是唯一的，结论应当是排除一切合理怀疑的。因此，证据的每一环节都不能缺少，否则就会使整个证据链条失去作用。间接证据的特点决定了这类案件必须提高举证标准要求。它要求公诉人举证时必须做到逻辑严密，保持证据的连贯性，不能随便打乱证据前后相连的顺序性，更

不允许漏掉任何一个环节。为了防止举证时出现差错，可以将要举的证据予以排列编号。

⑧先易后难法。即先将控辩双方没有争议的事实、情节，分组举证予以证明，然后再重点举证有争议的事实及情节。此种方法有两个好处：一是可以重点证明有争议的事实和情节；二是可以利用已证明的事实和情节，结合其他证据进行举证和论证。在某些情况下，还可以按照犯罪构成的4个要件，组织、出示证据，具体出示证明哪个要件的证据，要视案情和证据状况及控辩双方争议的焦点而定。如特殊主体犯罪案件，对主体无异议的，可先出示证明主体的证据；否则，就最后出示。这种举证方法，对于那些控辩双方对情节无异议而对适用法律有争议的案件效果尤为显著。

【办案随想】

在实际办案过程中，承办人要将讯问提纲、举证提纲及答辩提纲组成全套的出庭预案，从不同的角度达到证明犯罪事实、指控犯罪的目的。其中，举证提纲在出庭预案中非常重要，因为举证提纲一般在举证阶段出示，而举证阶段是连接讯问阶段及辩论阶段的桥梁。法庭讯问要围绕有证据证明的案件事实进行，而法庭答辩更要以扎实的证据体系为依托。因此，出庭示证方案的制作要立足庭审全局，使庭审的总体思路贯穿于出庭预案的始终，最终达到讯问提纲、举证提纲、答辩提纲密切联系、浑然一体。另外，控辩庭审方式给控辩双方的自由发挥提供了空间，使举证、质证与讯（询）问更加密不可分。控辩式庭审方式要求实行直接言词原则，即除法律有特别规定外，所有诉讼参与人都应到庭，由审判人员当面听取供述、陈述、证言、鉴定。这就要求公诉人不仅要把有利于公诉的证据证明力充分阐明，还要把举证、质证与发问根据庭审进程有机结合起来，可穿插、可重复，举证、质证灵活、得当，不拘泥于固定、呆板的方式。

（执笔人：张蕾）

144. 公诉人庭审举证说明与评述证据有何技巧?

根据修改后的《刑事诉讼法》的规定，证据裁判原则在刑事诉讼中已经确立，刑事公诉案件的控辩双方对抗性越来越强，公诉人如何运用证据揭露和证实犯罪，是摆在所有公诉人面前的一个重要课题，而举证说明与证据评述是运用证据证明犯罪事实的两个重要环节。

举证说明是指公诉人在庭审过程中，向法庭出示证据前，先就证据来源、合法性及所要证明的问题所做的说明性陈述。证据述评是指公诉人以巩固控方证据，反驳辩方证据为目的，在质证、辩论中对证据的客观性、相关性、合法性所发表的意见。通过举证说明和证据评述可以达到以下效果：一是有利于审判人员在法庭上及时、准确认证，从而认同起诉书的主张；二是可以为法庭辩论奠定良好的事实基础，使公诉人在法庭辩论阶段处于更为主动的地位；三是能促使公诉人增强对证据的审查判断能力，使证据组成一个相互印证的证据体系，从而有力地支持公诉。

举证说明的技巧：举证说明是公诉人在开始举证前作的，其目的是使法庭更清楚地了解公诉人所要出示证据的全部情况和证据与犯罪事实的关系，所以，举证说明的主要内容包括整个案件的证据情况、法庭举证的计划、举证目的以及每份证据的具体情况。

（1）案件整体的证据情况

在开始举证前，公诉人首先应对将要出示的所有证据向法庭作简要的概述。主要说明本案的证据种类、证据数量，以及各种证据的概况，目的是让法庭对公诉人的举证有一个总体的印象，是主要以言词证据定案，还是以客观性证据为主要的定案根据。但是必须明确的是：这里的说明应当全面、简洁、高度概括，不能太具体。例如："审判长，就被告人张某涉嫌抢劫一案，公诉人将向法庭出示的证据共有：被告人的供述及辩解、同案犯供述、被害人的陈述、证人证言、现场勘查笔录、物证、鉴定意见、户籍证明等。下面公诉人首先向法庭出示……"

（2）事先说明公诉人的庭审举证计划

举证计划包括举证顺序的说明和对证据组合的说明。一是举证顺序的说明。公诉人在举证开始前，向法庭说明将要向法庭出示的所有证据的先后顺序，以便于法庭充分了解公诉人举证逻辑层次。二是对证据组合的说明。例如："审判长，现公诉人就被告人张某实施抢劫行为的客观方面出示一组证据，该组证据有三份证据，第一份是证人马某的证言……"

（3）在出示证据前应当先向法庭说明出示该份证据的主要目的

一是在分组出示证据时，向法庭说明该组证据主要证明的内容是什么；二是在逐个出示证据前向法庭说明该份证据所要证明的主要内容。例如："审判长，公诉人将向法庭出示的这一组证据主要是证明被告人张某具有抢劫的故意，第一份证据证明被告人张某有抢劫的故意……第二份证据证明在抢劫故意的行程中，被告人张某是犯意的首创者……"

（4）就单个证据向法庭作举证说明

单个证据的举证说明可以在出示前，也可以在出示证据后，主要是围绕证据的三性和将要证明的内容展开：①说明证据具有合法性，主要是说明取证主体的合法性，取证程序的规范性以及符合法定证据形式；②说明证据的关联性，主要是说明这份证据原件的关联度，所能证明的内容对指控犯罪，认定被告人罪责刑轻重的关联性，可以说明是直接证据还是间接证据；③说明证据的客观性，主要是指这份证据所揭示的内容与其他证据之间能否相互印证，是否具有可信度；④所要证明的内容，就是如前文所说的，根据对证据三性的分析，得出该份证据可以证明的内容。例如："审判长，该份鉴定意见是有两名具有法定鉴定资格的鉴定人员依法作出的，在鉴定书上有两名鉴定人员的亲笔签名，并有鉴定机关的盖章。公诉人认为鉴定人主体适格、鉴定程序合法、鉴定意见形式规范，建议法庭采纳。"

另外，公诉人在进行庭审举证说明时，从庭审效率和效果考量，还必须注意以下三点：

第一，要突出重点。比如言词证据的说明主要是围绕侦查人员、检察人员讯（询）问的合法性，在评述的时候主要从破案经过讯（询）问的时间，以及讯（询）问地点及被告人、证人阅读或当面宣读并签名或捺手印等各方面来具体评述其合法性。实物证据举证说明的重点是该实物的来源和特征。直接证据的举证说明和述评重点是证人证言系目睹而非耳闻。对被告人供述则侧重说明所宣读供述与其他多次供述之间在内容上是否一致，是否作过多次有罪供述，该有罪供述与其他证据之间是否相互印证等，并可以分析被告人连续多次有罪供述的原因，供述稳定性对证据能力、证明力的作用等。间接证据应侧重于说明每个间接证据的来源合法性和内容可靠性。

第二，要有的放矢。不能做无病呻吟，空话连篇，要根据指控的目的，按照举证计划步步为营，有的放矢，加强举证、示证的针对性。

第三，紧紧围绕犯罪构成要件。罪刑法定是《刑法》基本原则，要贯彻这一原则就要严格按照所指控犯罪的 4 个构成要件出示证据，围绕犯罪构成要件展开证据说明。

庭审中如何对证据进行综合述评呢？

证据的综合评述就是公诉人就案件的全部证据发表的总结性意见，对证据之间或证据与案件事实之间进行综合分析。围绕案件事实以调查确认的证据进行归纳总结，评述相关证据之间的关联性，全面评判控方和辩方的证据。这样，法庭对案件的事实及证据就有了更清楚的认识，为下一阶段的法庭辩论打下了基础。

证据综合评述的要求是论证：公诉人所出示的证据均符合《刑事诉讼法》对证据要求的合法性、关联性、客观性要求，且经法庭质证查实，各证据之间相互印证，能够形成完整的证据链，而且，已经达到《刑事诉讼法》第 53 条之规定"（一）定罪量刑的事实都有证据证明；（二）据以定案的证据均经法定程序查证属实；（三）综合全案证据，对所认定事实已排除合理怀疑”的要求，检察机关指控被告人某某某涉嫌某罪，证据确实、充分，足以认定。

对证据的综合述评可以放在公诉人出示完最后一份证据，在法庭调查行将结束的时候展开，也可以在法庭辩论阶段抛出。不管在哪个阶段，总之在证据出示完毕，公诉意见抛出定罪量刑观点之前，公诉人在法庭上必须针对法庭调查阶段所出示的所有证据，进行综合性的评述。

在目前的公诉工作中存在对证据的评述不重视的情况：一是举证结束后根本没有对控辩双方所举的证据进行评述，而是直接进入法庭的辩论阶段；二是简单、公式化的陈述，没有实际的评述内容，如“起诉书所指控的犯罪事实为被告人的供述及辩解、被害人的陈述、证人证言、物证、鉴定意见等一系列的证据所证实，证据之间相互吻合，可以采信，所以检察机关所指控的犯罪事实清楚，证据确实、充分，足以认定”，这样的评述没有说服力。笔者认为，公诉人要全面、深入地评述所列举的证据。对证据的评述主要围绕“犯罪事实清楚，证据确实、充分，足以认定”这个主题进行。一是评述定案的证据已经查证属实，这要求公诉人对全案将用作定案的所有证据的客观真实性作总结性的阐述。对此，公诉人可以就质证阶段已查证的证据作纵向的、横向的对比、分析阐述证据的真实性。二是评述证据与证据之间的相互关系。主要是向法庭分析将用做定案的证据与证据之间相互印证、环环相扣，已组成严密的证据体系，证据之间没有矛盾。三是评述认定的每个案件事实都有证据证明。主要是将证据与案件的事实联系起来，指出所指控的事实均有证据证明。四是评述根据现有的证据所得出的结论是唯一的，具有排他性。公诉人对全案的证据、事实进行逻辑性的分析和有理有据的推定进而得出唯一的结论。五是公诉人应当总结案件事实，为法庭辩论打下基础。

【办案随想】

就一个优秀的公诉人而言，法庭辩论被认为是最能体现其才华的，但长期从事公诉工作的人都明白，辩论并非是法庭的全部。孙子兵法说“以正治国，以奇用兵”，如果说法庭辩论是“以奇用兵”，重在出奇制胜的话，那么，庭审举证、示证是“以正治国”，是整个案件的根本。在举证、示证过程中，最能体现一个公诉人水平高低的就是对证据材料的举证说明和综合述评。一次好的举证说明和证据综合述评可以把参加庭审的所有人的思绪带入公诉人的维度，从而被说服，实现对起诉书所指犯罪的指控。

（执笔人：潘申明）

145. 法庭质证技巧有哪些?

刑事公诉案件的庭审质证，是指在法庭调查阶段，控辩双方对在法庭上出示的各种证据材料、证人证言，通过核对、辨认、询问等方式，就其是否客观、真实、合法及与本案的关联性等情况进行质询的活动。法庭质证分为对公诉证据的质证和对辩护证据的质证。控辩双方通过质证，巩固本方证据链，驳斥对方证据体系，以期说服合议庭采纳本方意见的过程。

公诉人无论是对控方证据的举证还是对辩方证据的驳斥，都有其共同性：

(1) 对于被告人供述与辩解、被害人陈述、证人证言等言词类证据的质证，因为这类证据有时是可以据以定案的直接证据，重要性强；但因每个人并非不食人间烟火，尤其是在中国这个人情社会，被害人、证人很容易受到外界干扰而发生变化，被告人则因为阐述的是关涉自身定罪量刑的切身利益，避重就轻的趋利避害倾向毋庸置疑。所以，对此类证据最关键的是内容客观性，主要采用证据与证据之间能否相互印证、是否符合常理、是否稳定、有无反复等，突出言词证据客观性的论述或质疑。

在司法实践中，辩护人常就以下几个方面对此类证据提出质疑：①就被告人供述与辩解与同案犯供述、证人证言、被害人陈述之间存在矛盾提出质疑。②就同一主体所作言词证据自身前后之间矛盾提出质疑，如被告人、证人对同一事实、情节的多次不同的陈述。③就言词证据与物证等客观性证据之间存有矛盾等提出质疑。④就言词证据表达上的不确切、模糊性着手质疑证据的确定性、客观性。

(2) 对勘验笔录、鉴定意见的质证，公诉人主要从阐述勘验检查、鉴定的主体资格合法性、过程规范性、依据科学性等角度展开举证、质证，必要时可以通过聘请现场勘验人员和鉴定专家当庭作证，突出勘验检查、鉴定程序、过程的规范性，从而得出结论的客观性、科学性。

对这类证据，公诉人要注意的是辩护人一般会从以下几方面提出质疑：①勘验、鉴定的主体、程序违法；②检材和样本不具备鉴定条件，不能作出鉴定意见；③鉴定意见和其他证据之间存在矛盾，意见不科学，不能采信；④勘验、检查结果和鉴定意见和案件事实缺乏因果关系等。对此公诉人应抓住其固有的特点来阐述其具有证据力，如勘验笔录的客观性，鉴定意见的科学性等。对涉及这类证据的质证，特别是预测到对勘验、鉴定过程中某些问题，尤其是专业性、技术性较强的问题的质证，公诉人较难答辩时可以请勘验人、鉴定人出庭。鉴定人具有丰富的专业知识，在回答专业性问题时，比公诉人更具有专业色彩，在质证答辩时也更有说服力。

（3）对于物证、书证等客观性证据，由于此类证据主要凭借其外部特征和自身内容显示其证明力，现在我们所使用的视听资料，绝大多数是将视听资料作为固定证据的手段来体现被告人供述、证人证言、现场勘查等证据情况的。对于这类证据质证主要是考察其制作与收集的合法性。辩护人一般以收集程序不合法，逼供、逼证及电子数据被删剪等提出质证。公诉人应结合阐明此证据与其他证据相印证，具备客观性。同时指出辩护人提出的违法性问题无其他证据证实，必要时，出示证明证据来源合法的证据，驳斥辩护人观点。

（4）对辩护人提供的证据，要紧紧围绕证据三性和该份证据与整个证据体系中其他证据的矛盾性来进行质证。

公诉案件庭审中，辩护人提供的辩方证据，具有针对性、复杂性和突然性的特点。从目的上看，辩方证据一定是针对检察机关指控的被告人有罪、罪重提出的用以证明被告人无罪、罪轻的。从时间上看，因为现在庭前证据展示制度没有很好进行，信息不对称，辩护人在刑事案件移送审查起诉之日起即可查阅、复制、摘抄所有案卷材料，而公诉人却没有制度保障体现获取辩护人收集的证据。从方向性上看，辩方证据一定是从控方证据体系中相对比较薄弱的环节着手，或者从稳定性相对较差的言词证据着手，或者从程序上存有瑕疵的客观性证据着手。而且，第三方证明被告人不在犯罪现场、没有犯罪时间的辩解是实践中经常会遇到的，如何应对，要慎重思量。总体而言，万变不离其宗，案件的质量一定取决于证据本身，质证一定是从公诉案件本身的证据开始的，所以，公诉人除了要做好质证准备外，强化自身证据体系的确立与巩固是最为关键的。“以正治国，以奇用兵”，笔者认为用在这里就是指控犯罪好比“以正治国”，质疑辩方证据好比“以奇用兵”，两者都很重要，但相对而言，“以正治国”是最为关键的。

【司法实例：黄某盗窃案】

黄某于某年5月25日凌晨1时伙同他人撬锁进入某厂区盗窃钢材一案，开庭时辩护律师提交了3份证明，证明5月26日晚上黄某与他们在一起打牌直至次日早上五点多。

【分析】

律师出示完该份证据，公诉人问辩护人这份证据出示的目的是什么？律师回答“证明被告人黄某没有作案时间，不在犯罪现场”。笔者知道律师的用意，但是还必须问，因为本来该证据所涉时间与作案时间是两个不一样的时间，3份证人证言与本案不具有关联性，现问明了，就可以决定下一步怎么做。

【处理结果】

公诉人在询问完辩护律师后，即向法庭提出辩护人所出示的证据与本案不具有关联性，建议法庭不予采纳。合议庭后来也没有采纳辩护律师意见。应当说明的是，这起案件，因为涉及作伪证的人很多。主诉检察官向笔者汇报后，笔者向领导汇报，决定杀一儆百。后查明作证3人系被告人父亲根据律师的传话去找来的被告人黄某的3个朋友。侦查机关立案后，我们鉴于本案后果已被制止，综合全案对其父亲以帮助伪造证据罪向法院提起公诉，其余3人均作相对不起诉处理。

（执笔人：潘申明）

三、庭审讯问和询问用语与技巧

146. 法庭讯问导语有哪些?

（1）一般情况下的法庭讯问导语

被告人某某某，下面公诉人将就起诉书指控的犯罪事实对你进行讯问，根据法律规定，你可以作有罪的供述或者无罪的辩解，但是，对于公诉人提出的每一个问题，你都必须如实回答，你听清楚了没有？

（2）被告人避重就轻，推卸责任时的法庭用语

被告人某某某，根据《刑事诉讼法》第 53 条之规定，对一切案件的判处都要重证据，重调查研究，不轻信口供。只有被告人供述，没有其他证据的，不能认定被告人有罪和处以刑罚；没有被告人供述，证据确实、充分的，可以认定被告人有罪和处以刑罚。为此，公诉人提醒被告人，不要抱有任何侥幸心理，要想从轻处理，必须如实回答，否则，一切后果咎由自取，被告人某某某你听清楚了没有？下面公诉人继续对你进行讯问，希望你如实回答。

（执笔人：潘申明）

147. 法庭讯问被告人沉默不语时，应如何规范用语予以处置?

被告人某某某，根据《刑事诉讼法》第 53 条之规定，对一切案件的判处都要重证据，重调查研究，不轻信口供。只有被告人供述，没有其他证据的，不能认定被告人有罪和处以刑罚；没有被告人供述，证据确实、充分的，可以认定被告人有罪和处以刑罚。为此，公诉人再次提醒你，在法庭上沉默不语，实际上是放弃了自我辩护的诉讼权利，如果你坚持拒不回答公诉人的提问，公诉人将提请法庭将这一情节记录在案，并在量刑时予以充分考虑。你听清楚了没有？下面公诉人将继续对你进行讯问，希望你如实回答。

（执笔人：潘申明）

148. 当庭询问证人时应如何规范用语?

审判长，公诉人要求传证人某某某到庭作证。

证人某某某，下面公诉人将就你了解的本案有关情况进行询问，希望你实事求是地回答，弄虚作假是要负法律责任的，你听清楚了没有？

审判长，被告人（或其辩护人）某某某向证人（被害人）某某某发问的

内容与本案无关（或有损于证人的人格，或具有威胁性、诱导性，足以影响其陈述的客观真实性），请法庭予以制止（或对该项陈述不予采纳）。

（执笔人：潘申明）

149. 法庭讯问有何策略与技巧?

我们虽然主张重证据不轻信口供，但是，不可否认口供本身仍然是重要的证据，尤其是在法庭上，公诉人在宣读起诉书后，第一项工作就是讯问被告人，公诉人在法庭上讯问被告人的艺术水平是整个公诉活动成败的关键。

由于法庭上控、辩、审三方格局，决定了公诉人在法庭上讯问被告人和在侦查、批捕、审查起诉阶段讯问被告人有所不同。法庭上讯问被告人应当根据被告人性别、年龄、心理素质、职业、受教育程度、个性、智商、违法犯罪经历以及到案以来的认罪态度等，结合辩护律师、被告人亲属以及其他诉讼参与人的情况，采取合适的讯问策略。总体而言，要注重讯问内容的客观性、讯问目的的明确性、讯问方式的策略性、讯问语言的简洁性、讯问语气的严肃性、讯问对象的特定性、讯问环境的特殊性。

具体而言，可以采用以下方法展开法庭讯问：

（1）单刀直入法

在庭审讯问中，公诉人对于案件事实清楚，证据确实充分，被告人认罪态度较好，或狡辩态度已经发生动摇的情况下，正面接触，一开始就抓住问题的实质，突然发问击中要害，达到一问即破的效果，这是实践中最为普遍的讯问方法。公诉人采用这种方法讯问，开门见山，直奔实质性问题，直截了当，简洁明了，而且，由于事出突然，被告人缺乏充分思想准备。这种方法适用的对象是在整个案件事实比较清楚，证据确实、充分，被告人认罪态度较好的情况下采用。采用这种方法，公诉人必须把整个案件事实了然于胸，根据犯罪构成要件以及定罪量刑相关的重要情节，针对一些有必要让被告人在法庭上如实供述，以引起合议庭或旁听群众重视或者被告人在庭前供述中交代不太清楚、有意回避的问题。采用单刀直入法讯问被告人，对被告人的震慑作用大，迫使被告人感觉在铁的证据面前，抵赖毫无意义，从而放弃侥幸心理，合议庭听完以后对整个案情的了解程度也较深刻。当然，如果被告人认罪，采用简易程序审理，又不想增加太多庭审效果的话，有时法庭讯问可以简略。但是，就笔者个人公诉经历而言，认为法庭讯问可以简化，但不太主张完全省去讯问被告人环节。公诉人采用这种方法讯问被告人要正气凛然、斩钉截铁。

（2）时间顺序法

所谓时间顺序法，就是按照整个案件事实发生的先后顺序，例如，如何产生犯罪动机，主观故意，如何准备犯罪工具，如何具体实施犯罪，产生何种犯罪后果，对犯罪后果的认识，以及如何案发，如何归案，是否有检举揭发情节等，以时间先后为脉络，通过公诉人讯问被告人向法庭展示整个案件相关事实。这种方法适用于被告人对案件基本事实已经交代清楚，认罪态度尚可的情形。采用时间顺序法讯问被告人，公诉人可以在交代完法律政策后，先让被告人自行供述主要犯罪事实，然后，根据他交代的情况进行查漏补缺或者进一步深入。

(3) 由表及里法

由表及里讯问法，是指公诉人在庭审讯问中，不表露讯问的真实意图，先不直接讯问实质性问题，而是先从一些被告人不太在意、对被告人定罪量刑没有非常直接关联的边缘性问题开始问起，使被告人放松警惕和戒备心理，不易出现狡辩现象，为讯问创造有利条件。然后，采用相应策略逐步接近核心内容，通过采用含蓄语、模糊语、双关语，声东击西，使被告人摸不清我们的意图，先让被告人摸不着公诉人真实讯问意图，从而分散其注意力和防备心理，最终迫使其在不经意中交代自己的犯罪事实，或者在不经意中掉入公诉人设计的“陷阱”，以至于最后不得不低头认罪。这种讯问方法适用于被告人是具有相当反侦查经验的惯犯、累犯，或者智商较高的经济犯罪案件。这种讯问方法在实践中的具体应用，就是要求公诉人对整个法庭讯问最终期望达到的目的非常明确，而且对这一目的采用解构的方法，将每个问题进行分解，分解得越细越好，然后将这些很细小的问题藏在大量的看似没有关联、被告人也毫无防备的问题里面，在被告人毫不知觉的情况下获取有价值的供述。具体来说，由表及里可以是由外围向内核渐进，也可能是先枝节再主干，总体思路是公诉人目的明确，问题形散神不散。

(4) 要求确认法

要求确认讯问法，是指公诉人在讯问被告人时，只问被告人对某种情形认可或不认可，是或不是。这种讯问方法的特点是公诉人对问题阐述得多，而且，每个问题都采用是或不是，二选一的方式，让被告人做选择题，不用被告人再费口舌。要求确认讯问法适用的对象是那些性格内向，不善言语，认罪态度不是很好的被告人。如果被告人愿意作长篇阐述，通常情况下，还是让被告人自己阐述案件相关事实更好，毕竟让被告人回答是与不是，对被告人压力是非常大的，在旁听群众看来，公诉人有以势压人，指供诱供的嫌疑。所以，我们建议尽量少用要求确认法讯问，如果采用这种讯问方法，也必须设计好问题，注意表达的语气。

(5) 归谬法

归谬法就是先按照被告人狡辩的逻辑推出一个谬误的结论，再运用逻辑推理否定被告人的观点，从而迫使其认罪服法。归谬法适用对象是被告人一直在狡辩，但逻辑思路又不是很清楚的情形。如果被告人一直保持沉默，很难运用归谬法。运用归谬法讯问被告人的关键是逻辑推理的运用，所以，要求公诉人必须对逻辑规则掌握得非常娴熟，被告人狡辩的方向也在掌握之中，每一个问题有几种可能的回答，每一种回答如何具体应对，都必须在讯问前进行精心准备，不能胡乱出招，搬起石头砸自己的脚。

（6）快速讯问法

快速讯问法，是指公诉人在法庭上快速、连续、不间断地向被告人提出问题，并要求被告人在短时间内快速回答问题，不给被告人充分思考的机会。这种讯问方法的特点是速度快、高频率，当然各问题之间逻辑关系清晰，环环相扣。快速讯问法是针对被告人对犯罪事实似供非供，避重就轻，为自己开脱罪责的情况，而采取由远至近，由表及里，由此及彼的方法递进式讯问。步步设卡，层层发问，环环相扣，一个问题接一个问题讯问，打乱被告人的设防，不给其喘息的机会，使之处于进退不能的境地，非答不可，达到法庭讯问的目的。这种方法主要适用于文化层次低，智商也不高但认罪态度差，回答问题喜欢避重就轻的被告人。采用这种讯问方法对公诉人要求比较高，公诉人自己思维必须非常清晰，或者庭前准备非常充分，这样在庭上很短时间的狂轰乱炸才能让被告人“举手投降”，如实供述案情或者回答问题破绽百出。

（7）对质法

对质法，是指庭审中有的被告人推卸责任、避重就轻，不肯交代自己的罪行，尤其是在有多名被告人的案件中更为常见，此时，公诉人可以采用将被告人与被告人推卸责任的对象进行当庭对质的方法，戳穿他的谎言，实现公诉目的。这种方法主要是用于有多名被告人的案件中，有的被告人认罪服法，能客观供述案件事实，有的被告人狡猾多变，不愿承担本应由其承担的刑事责任的情形，当狡猾多变的被告人将责任推卸给同案犯时，如果同案犯认罪态度好，供述合情合理、可信度高的话，可以请求合议庭安排两个人同时到庭，接受当面对质，打消狡辩之徒的侥幸心理。如果同案犯在这之前已经处理完毕的，也可以当庭宣读同案犯以前的供述，此时宣读同案犯供述虽然不属于讯问被告人，而是在举证、示证，但是有的时候，在法庭讯问时为正本清源、以正视听，采用证据驳斥被告人狡辩的做法效果更明显，尤其是有旁听群众的时候，不要让被告人的谎言在法庭上发挥影响力。采用这种方法的前提是对被申请对质的同案犯，公诉人必须有十分的把握，包括同案犯对推卸责任的被告人是否会存在心理上的障碍，如果存在障碍，如何帮助克服等，否则，不仅不能达到对质的目的，反而加固了被告人辩解，庭审效果会很不理想。

（8）引导供述法

引导供述法，是指公诉人在法庭上采用循循善诱的方法，引导被告人按照公诉人预设的思路向法庭如实供述案件相关事实。这种方法主要运用于被告人内心是认同检察机关起诉书指控的犯罪事实，愿意认罪服法，但是，由于公开开庭，旁听群众中有亲友、原先的领导、同事等，放不下面子，心理压力大，情绪波动不定，很难清晰阐述犯罪事实的情形。此时，公诉人要先进行法律政策教育，让被告人认清形势，告诉被告人在法庭上最高原则是如实供述案件事实，只有这样才是对自己、对亲友、对社会最好的负责，为被告人平稳心态做好铺垫。然后，可以采用长问短答的方式，让被告人慢慢进入角色。

（9）利用矛盾法

利用矛盾法，是指公诉人抓住被告人话语中的矛盾，逼迫被告人再次选择，回归真相，或当庭揭露被告人谎言，引起合议庭重视，从而达到指控目的的方法。这种讯问方法适用于被告人在法庭上的话语前后矛盾，或者当庭供述与庭前供述不一致，被告人当庭翻供的情形。当被告人翻供或前后出现矛盾时，公诉人最好的做法不是简单训斥被告人认罪态度不好，或者直接在这个问题上跟他纠缠，而是理性、冷静地听取被告人辩解理由后，充分利用案卷材料或当庭供述中已有的元素，抓住被告人话语中的矛盾和漏洞，然后采用反问被告人的方法，迫使被告人收回无理辩解。

以上讯问方法各有所长，在不同情形下使用的效果也不同，有时需要结合使用。但是，不管使用哪种方法，都必须注意以下几点：

第一，法庭讯问被告人犯罪事实，务必连贯，防止脱节。尤其是在多人或多笔、多罪的情况下，否则问的人心里很清楚，也以为所有人都清楚，实际上听的人，包括合议庭人员在内都是稀里糊涂，听得云里雾里，因为表达、传递信息与接受信息是两个不同的概念。

第二，法庭讯问被告人一定要有系统性，要层次分明，构建一个完整的体系。无论是按照时间顺序，还是按罪行轻重，都要让听众尤其是合议庭觉得层次分明，罪责明确，犯罪事实清楚。

第三，法庭讯问的语言一定要用词准确，不能模棱两可，含混不清。一定要用法言法语，如果有用方言的，也要用规范的普通话将其意思解释清楚。

第四，整个法庭讯问一定要注意逻辑性。如果公诉人的问题前后自相矛盾，或者前言不搭后语，那么，不仅合议庭不能通过法庭讯问了解案情，甚至开始怀疑公诉人对案件情况的掌握程度，或者说办案的能力和水平。如果法官开始怀疑公诉人的水平，那么，可能对公诉人之后的举证、质证、法庭辩论等所有环节的所作所为都会产生怀疑。

在对一人有多起犯罪事实的被告人进行法庭讯问时，既可以按照时间先后顺序，问清楚每次犯罪事实情况。如果被告人对时间记得不是很清楚，也可以以每笔犯罪事实之间的先后次序或者根据犯罪对象不同来讯问。如果每笔事实之间轻重差异很大，可以突出重点，先讯问重罪，再讯问轻罪。

如果一个案件多个罪名的，要按每个犯罪罪名分别讯问，不能将不同罪名之间的事实搅和在一起，以免影响法庭对起诉书指控的犯罪事实的认定。

有多个被告人的案件，公诉人在法庭讯问时要区分每个被告人不同的情况，采用不同的讯问策略，要把讯问的重心放在不认罪或者罪行重的被告人身上。

【司法实例：余某故意伤害案】

被告人余某因设摊卖水果与隔壁摊主张某发生口角，打电话将儿子李某叫来后，赶至被害人张某摊位上，将张某打至轻伤，后案发。该案中，被告人李某与余某供述不尽一致，主要是余某否认打过张某，甚至只是李某过去后，其跟过去看了，去拉架的。李某则供述是其母余某将其带过去的，但没有动手，被害人张某指认余某将儿子带到摊位前，并唆使李某对张某实施殴打。另有几个买水果的顾客证实的确是有一男一女过来，女的走在前，嘴里嚷嚷着，后来就发生殴打了。

【分析】

这种类似的情形在司法实践中很常见，由于案发现场比较乱，水果摊前人员流动大，很难找到能够确认当时整体情况的目击证人。本案中余某不想牵扯其中，避重就轻，其子李某自然也有一个人担下来的意思。所以，法庭讯问一定还是如此。需要通过分别讯问将两者矛盾显现出来，然后结合被害人陈述和相关证人证言认定案件事实。

【处理结果】

当时公诉人在开始讯问两被告人时按照庭前供述的思路进行讯问，由余某和李某分别供述，但是公诉人特意将问题问得很具体，使得余某、李某之间的矛盾非常明显。其外，为了制服余某，特意先讯问李某，固定李某的当庭供述，然后再讯问余某，当余某拒不认罪时。公诉人请求法庭允许出示相关证据，主要是被害人陈述和两份证人证言，同时，就其儿子李某的当庭供述情况进行归纳阐述。然后，再对余某进行法律、政策教育后继续讯问，后余某在证据面前终于低下了头，表示认罪。

（执笔人：潘申明）

150. 有多名被告人时，庭审讯问有何特别技巧?

有多个被告人的案件相对于有单个被告人的案件要复杂得多，如何做好有多名被告人案件的庭审讯问，可以从以下几方面入手：

(1) 认真做好庭前准备

对于有多名被告人案件的法庭讯问要比单个被告人的案件可变性、复杂性大得多，公诉人出庭指控多被告人犯罪案件，首先必须在庭前准备上下功夫，熟悉、掌握案情，分析证据材料。对于整个案件中哪一部分的证据是确实、充分，哪一部分事实的认定在证据上具有一定的变数，每个被告人在侦查阶段、审查起诉阶段的供述状况是否稳定。要尽可能分析、了解被告人的心理状态，并针对每一被告人的各种不同的，如疑虑、对抗、侥幸、畏罪等，并结合每一被告人的文化程度、社会阅历、性格特点、工作性质、犯罪前科以及家庭状况等采取不同的方法进行讯问，教育被告人认罪服法。

“凡事预则立，不预则废”，对于有多名被告人尤其是有部分被告人不认罪的案件，庭前拟好讯问提纲是必需的。否则，容易引起庭上讯问无中心、无目的的局面，从而给被告人和辩护人有空可钻，使被告人的讯问限入僵局。讯问提纲可以以犯罪构成要件为基点，包括各被告人的基本情况和主观动机，也包括每个被告人共同作案中的具体行为和作用以及总体讯问策略和庭审突发情况应对方案等。而且，由于一名公诉人对多名被告人以及他们的辩护人，容易力不从心，在确有必要的情况下，可以考虑适当增加出庭指控的公诉人员，合理分配每个公诉人要讯问的被告人及讯问的内容，也可以明确由第一公诉人讯问主要犯罪事实，其他公诉人讯问一般的定罪量刑事实等。

(2) 认真听取各被告人陈述

根据《刑事诉讼法》第 186 条第 1 款规定：“公诉人在法庭上宣读起诉书后，被告人、被害人可以就起诉书指控的犯罪进行陈述，公诉人可以讯问被告人。”在庭审中，为了提高讯问针对性，提高庭审效果，必须认真听取各被告人的陈述，既要听取其承认有罪的陈述，也要听取其无罪或者罪轻的辩解理由和根据，依法保障被告人的正当权益。因为，法庭上的被告人陈述应当反映出他与他的辩护人在本次庭审上的主要辩护观点和辩护方向。公诉人在听取被告人陈述时，要将案件相关证据串联起来，从中发现问题，抓住矛盾，调整讯问提纲。

(3) 坚持分开单独讯问被告人

有多名被告人的案件往往庭审时间长，审判长、公诉人可能对庭审效率追求就高，希望加快庭审速度，一些案件在实践中会让多名被告人同时到场接受讯问。对此，我们认为不太妥当，从被告人心理分析，在多名被告人中，无论是否在法律上区分主、从犯，但在实际上，各被告人之间通常存在一定制约或者相互影响的关系。如果让多名被告人同时到庭接受讯问，有的被告人可能会因为其他被告人在场而不敢如实供述罪行，顽固对抗的被告人则会对其他认罪服法的同案犯产生干扰。是故，我们坚持除非出于当庭对质的需要，对多名被告人的讯问应当分开单独进行。

（4）选择合适的对象首先讯问

为了促进各被告人认罪，提高庭审效果，公诉人分析各被告人的特点，确定讯问的先后顺序是非常必要的。在实践中，不妨尝试以下方法确定讯问顺序：①首先讯问罪行较轻的被告人，因为罪行较轻的被告人主观恶性一般较小，认罪态度较好，在法庭上往往能够如实供述犯罪事实。②对有自首、立功情节的被告人先讯问，因为这些被告人犯罪后悔罪表现明显，渴望得到司法机关从轻处罚的愿望迫切，在法庭上容易配合公诉人，如实供述全部案件事实。③选择底子老实、个性温顺的被告人先讯问，因为个性温顺、相对老实的被告人通常反社会情绪较弱，容易如实供述案件事实，所以，公诉人应当先讯问老实的被告人再讯问顽固抵抗的被告人。④适当选择主、从犯讯问次序，如果主、从犯在庭前都认罪，而且，供述很稳定的，公诉人可以选择先讯问主犯，一则因为主犯已经认罪，供述稳定，庭上也不太可能翻供，翻供了也不会有太大效果；二则主犯先供述，可以让法庭先了解案件主要情况。但是，对于主犯认罪态度一般，庭前供述有反复甚至不认罪的，公诉人要选择认罪的从犯先讯问。因为从犯虽然在整个犯罪事实中起次要和辅助作用，但是，对全案了解非常清楚，主观恶性也相对较小，庭上配合公诉人指控，如实供述案件事实的可能性要大得多，公诉人通过对从犯的讯问向法庭再现了犯罪事实，让法庭有第一印象，同时又可以促成那些认罪摇摆不定的主犯下定决心，如实供述案件事实。

（5）善于运用各被告人之间的矛盾

出于趋利避害的本性，案发后，各被告人之间容易就主从关系、责任界限、犯意提出以及行为实施等问题相互推诿责任，避重就轻。在庭审中，公诉人应利用被告人供述相互之间的矛盾进行讯问。要认真分析各被告人之间矛盾产生的原因，每一被告人供述的真实性、合理性，采用归缪法或让多名被告人相互对质的方法，各个击破。

（执笔人：潘申明）

151. 庭审中公诉人应如何对证人进行交叉询问?

交叉询问英文为 cross examination，又称反向诘问，在英美法系，交叉询问就是指控辩双方通过当庭询问的方式，对对方提供的证人证言的真实性进行证据审查。申请证人出庭的一方对本方证人的询问叫主询问，另一方对该证人的询问即为交叉询问，控辩双方可以依次顺序再度对证人进行询问。通常情况下，申请该证人出庭的一方，事先了解到该证人可能在法庭上会作何种证言，询问者与接受询问的证人之间利益指向具有一致性，而交叉询问的询问者通常是希望证人改变主询问的证词，双方利益指向不一致。由此，根据美国联邦证据规则规定，主询问时不得有引导性问题，而交叉询问时可以适用引导性问题。从美国司法实践看，“交叉询问通常会从以下五个方面达到质疑证人或其证言的目的：(1) 向审判人员表明证人具有某种偏见、敌意、动机或者收受利益以至于证人可能伪造或掩饰其证言以帮助或者损害一方当事人；(2) 向审判人员表明证人在感知、心智（知觉、记忆力）方面存在缺陷以至于可能影响其证言；(3) 向审判人员表明证人有不诚实的性格特征；(4) 向审判人员表明证人当庭证言与以往证言存在不一致；(5) 通过证明证人在证言中出现错误直接反驳其证言”①。

公诉人在控方证人出庭作证时，要抓住公诉人先发问的有利时机，争取主动，围绕公诉意图，采用简洁明了的问题直奔主题，强化和加固有利于公诉方指控的事实情节。同时，针对辩方之后可能会发问的内容，或者证人证言中的薄弱环节和容易出差错的地方，有策略地提前堵漏，给证人在思想上打好预防针。被告人及其辩护人发问，公诉人务必认真倾听，从中发现辩护意图，如果发现辩方采用不适当的发问语言和态度，或者所问问题与案件没有关联的，或者对证人进行威胁、引诱、欺骗的，要及时采用反对权，提请审判长予以制止。

对于辩方证人出庭作证，公诉人首先在庭前就应预测该证人出庭作证的相关内容，以及对被告人定罪量刑可能产生的影响。在庭审中，要仔细听好被告人及其辩护人询问的每一个问题，以及辩方证人回答的每一句话，及时寻找辩方证言的虚假之处，准确判断被告人及其辩护人是否采用断章取义、偷梁换柱等诡辩的方法，在轮到公诉人提问时，要针对核心问题，一针见血，直刺要

① Christopher B Mueller, Laird C. Kirkpatrick, Evidence Under The Rules: Text, Cases, and Problems, 6th Edition, Wolters Kluwer, 2008, p. 511. 转引自彭东主编：《国家公诉人出庭指南》，法律出版社 2013 年版，第 80 页。

害，并可采用连环发问的方式，迫使辩方证人回归事实原貌。公诉人对辩方证人的询问，要从没有争议的问题开始，可以消除对方的抵触情绪。

证人翻证是刑事公诉案件中常见的麻烦事情，面对证人翻证，首先要查明证人翻证的原因，证人当庭翻证客观地说，既可能是前面说的是真的，当庭说的是假的，也可能是前面说的是假的，当庭说的是真的。当然，在实践中，前一种情形要多一些。证人在庭前证言中作虚假证词，原因不外乎以下两方面：

第一，证人（被害人）与犯罪嫌疑人有怨恨而故意夸大对犯罪嫌疑人不利的事实，而经过一段时间思考或他人点拨后，在法庭上回归事实原来面貌。

第二，证人庭前证词带有一种主观判断，而这种判断恰好与实际不符，庭审时证人返璞归真，不再对不是亲眼所见、亲耳所闻的事情作出判断，仅是阐述其亲身经历的感受，内容限缩。

而证人原先所作证言为真实，当庭反证内容虚假的原因可能有以下三方面：

第一，证人与被告人存有某种特殊关系，被告人被提起公诉后，被告人或其家属、亲友等做该证人的思想工作，证人碍于情面，不得已答应当庭推翻原先证言。

第二，被告人家属、亲友等以对证人进行威胁、恐吓、利诱等方式迫使证人慑于淫威，不得已改变原先证词，当庭翻证。

第三，律师或其他辩护人介入，诱导证人翻证。

证人当庭翻证的应对方法主要有以下五个方面：

一是功夫在事外，公诉人在开庭前必须全面熟悉案情，核实证据，做好庭前预测，对于证人可能发生的翻证情况，提前预测，未雨绸缪。公诉人在审查起诉阶段就应加强对证人与案件的利害关系，证人提供证言的原因，证人证言的来源、取得过程，证人证言内容与其他证据之间的联系等进行全面、认真地分析和研究。要学会预测证人是否会当庭翻证，首先，可以通过查看证人书面证言，发现对于某些情节语言不详、闪烁其词的可能会产生第二种可能性；其次，可以通过查看证人与被告人关系，如果证人与被告人有某种特殊关系，如老乡、亲戚、邻居等，则可能由于被告人及其亲友做工作后改变原来的证词；最后，通过审查证人证言的合法性要件，加强对证人证言形成过程的审查，询问笔录的形式要件是否健全、合法，如果不合法，容易在辩护人介入后，寻找到突破点，引发翻证。

二是公诉人要争取庭前会见将要出庭作证的证人，宣传法制，把握其心理动向。如此，公诉人不仅通过与出庭证人的直接接触，庭前了解了其可能的当庭证词，也可以帮助证人调整好根据事实，客观公正地作证的良好心态。

三是公诉人要善于分析、运用证据，通过其他证据尤其是客观性证据对该证人庭前证言进行补强，形成彼此相互印证的证据链。对于特别重要的证人证言，公诉人可以在庭前对其进行再次询问，并全程同步录音录像将其固定，必要时当庭播放。

四是善于抓住证人前后证词的矛盾，直接驳斥。所谓翻证就是出庭证人前后证词不一致，如果没有合理解释、客观原因，只能推断前后证词必有一个内容为假，公诉人在法庭上可以驳斥该证人："根据法律规定你有如实作证的义务，证人某某某你今天所作证言与你在侦查阶段（或公诉阶段）所说的不一样，究竟哪次在说谎？"无论他如何回答，都表明他曾经撒过谎或正在撒谎，可信度立刻下降，你不能问："究竟哪次是真的？"因为他肯定说今天说的才是真的，同样的内容，问法不一样，效果不一样，给证人的压力也不一样。

五是透视证人翻证现实原因，发现证人故意作虚假证明或者有人威逼、引诱证人作伪证的，要建议公安机关及时查处。公诉人在庭上发现证人翻证，要善于应对，这是庭审内容。但是，从办案角度看，如果庭前知道证人可能会翻证，庭前就应该查明翻证原因，如果有人为的不正当手段干预或者证人出于不正当目的，应该断然采取措施，釜底抽薪，建议有关部门查明情况，依法严惩，维护法律尊严，保护公民依法履行作证义务。

【办案随想】

随着反腐力度的加大和人民民主意识、权利意识的觉醒和经济生活的改善，司法实践中有关国家工作人员职务犯罪案件中控辩双方的对抗程度加大。有些被告人或其家属、律师都喜欢让行贿人出庭作证。刑事司法改革的过程就是人权司法保障不断强化的过程，作为被告人辩护人的律师的诉讼权利也不断强化。公诉人在办理职务犯罪案件时，尤其是原先具有较高职位的国家工作人员职务犯罪案件，特别是以言词证据为主要证据的贿赂案件，一定要对此予以充分重视，并做好预案，以免当庭应对不及。

（执笔人：潘申明）

152. 公诉人在法庭上应怎样询问侦查人员？

（1）询问提纲的制作

当侦查人员将出庭说明证据收集的过程，证明取证的合法性时，公诉人应在庭前做好充分的准备，事先拟好询问提纲，明确询问的重点问题和内容。在具体询问时应做到尽可能地具体和详尽，要尽量将能想到的问题都问到，利用公诉人首先发问的机会，建立一个清晰完整的事实情况，树立侦查人员的正面形象，消除侦查人员的紧张情绪，进而取得良好的庭审效果。

（2）询问方法与应注意的问题

首先，可让侦查人员完整地回忆、讲述某次讯问的参与人员、时间、地点、方式、过程，当时被告人的具体情况，当时具体讯问被告人哪些问题，被告人是如何回答的。

其次，针对辩方庭前提出的具体问题、疑点内容进行发问，通过发问来消除证据的疑点。即询问侦查人员，辩方提出的相关情况是否属实，尤其是一些细节的问题是否属实，如果不属实，其真实情况如何。

最后，公诉人一轮询问完毕后，由辩护人询问时，应认真记录辩护人询问的问题。辩护人以诱导、威胁、损害人格尊严等方式向侦查人员发问的，应及时建议审判长予以制止。辩护人与侦查人员出现争执时，公诉人也应建议审判人员予以制止。对于辩护人的询问有歧义或者具有诱导性的，而侦查人员回答并不完整，或者容易产生歧义的，公诉人在补充询问时应作正面的引导，让侦查人员正面回答，消除歧义，保证法庭能够准确地查明相关的事实。

（执笔人：刘浪）

四、公诉词和公诉意见书的内容与制作

153. 如何体现公诉词的重要地位和主要内容?

公诉词是国家公诉人在法庭辩论阶段开始时发表的演说词，它以起诉书指控的犯罪事实和适用法律为基础，以法庭调查的结果为依据，全面阐述公诉意见。公诉词对于揭露、证实犯罪，宣传法制，促进被告人认罪服法，教育群众提高法制观念，积极同违法犯罪行为作斗争具有十分重要的作用。

(1) 公诉词是起诉书的补充

公诉人在法庭上的职责就是支持公诉，向法庭说明检察机关指控被告人构成犯罪的事实根据和法律依据，在法庭调查阶段公诉人主要是通过举证、示证、质证让法庭了解案件的证据情况。在法庭辩论阶段，就是通过发表公诉意见来全面阐述检察机关的指控意见和依据。公诉词以起诉书为基础，在事实和法律上对起诉书中的观点作进一步的论证、补充和说明。

(2) 公诉词是法庭辩论的开场白

根据《刑事诉讼法》的规定，法庭辩论由公诉人先发言，发表公诉词，然后在法庭的组织下，与被告人及其辩护人展开辩论。如果公诉人发表公诉词成功，能够起到先声夺人之效，就会为法庭胜诉奠定基础。

(3) 公诉词是公诉人在法庭上的演讲词

发表公诉词时，法庭调查已经结束，法庭辩论刚刚开始，法庭已经全面了解了案件的证据情况，但是，全面的针锋相对的法庭辩论刚刚开始。公诉人代表国家发表公诉词，根据法庭调查阶段质证的证据，对案件事实进行指控认定，并依据法律规定，提出定罪量刑的意见。

总之，公诉词就是公诉人在法庭辩论阶段发表的揭露犯罪、阐明检察机关指控被告人构成犯罪，并一定依法追究刑事责任的演讲词。

(执笔人：潘申明)

154. 公诉词包括哪些基本内容?

一份完整的公诉词必须具备以下基本内容：

(1) 阐明公诉人出庭支持公诉的法律依据和职责

根据《人民检察院组织法》第15条规定："人民检察院提起公诉的案件，由检察长或检察员以国家公诉人的身份出席法庭，支持公诉。并监督审判活动是否合法。”这就是公诉人出席法庭的主要法律依据和法律职责。公诉人出席法庭支持公诉，对审判活动是否合法进行监督，是为了指控、证实犯罪，维护诉讼参与人的合法权利以及宣传法制。

（2）对法庭调查阶段的情况进行简单概括

公诉人在发表公诉意见时应当对法庭调查程序的方法、结果作出评价，包括法庭调查的基本活动，通过法庭调查得出的检察机关指控犯罪的意见能否成立，庭审程序是否合法，各诉讼参与人的诉讼权利有无得到保障等。

（3）对全案的证据进行综合述评，通过组织证据链的方式，证实检察机关指控罪名成立

在开场白之后，公诉意见发表的第一大块内容就是依据具体案情和有关法律论证起诉书所指控的犯罪事实成立，完成证实犯罪的目的。同时，公诉人要善于根据案件具体情况，充分揭露犯罪，要抓住每个案件的不同特点，有针对性地深入展开。分析论证具体可以从犯罪动机的恶劣性，手段的残忍性，犯罪时间、地点的特殊性，后果的严重性等层面来进行，通过对比分析，演绎推理的方式可以提升庭审渲染效果。

（4）列举被告人量刑情节，分析各量刑情节对被告人量刑的影响，然后提出适当的量刑建议

规范量刑裁量权，将量刑纳入庭审程序是21世纪中央司法改革中的重大内容，对保障被告人的量刑辩护权具有非常重要的意义。这项制度要落到实处，需要公诉人对所指控的被告人根据其犯罪事实和量刑情节，提出相应的量刑建议，为被告人及其辩护人提供辩驳的靶子。所以，在法庭辩论阶段，公诉人要详尽列举被告人的各种量刑情节，既要列举从重、加重情节，也要列举从轻、减轻、免除处罚情节；既要列举法定量刑情节，也要列举酌定量刑情节。并分析各量刑情节对于被告人最终量刑产生的影响，然后依法提出适当的量刑建议。

（5）开展法制教育，分析被告人犯罪原因、思想根源和社会根源，以及被告人和旁听群众应当从案件中吸取的教训

在实行公开开庭的今天，庭审既是惩治犯罪，展示风采的战场，也是宣传普法的重要阵地。公诉人发表公诉意见，最后都应有一段法制教育的内容，分析本案发生原因，被告人为什么会走上犯罪道路，这起案件引发的思考等。法庭教育的目的是教育被告人及旁听群众，与指控被告人犯罪有区别，要注意多用通俗易懂的语言。任何一项犯罪都有其犯罪原因，分析犯罪原因对于促进被告人悔罪，教育旁听群众具有特殊意义。被告人之所以犯罪，其原因通常可以分为主观原因和客观原因两大类，客观原因就是一般意义上的共同原因，主观

原因往往是与被告人自身因素联系较紧密的特殊原因。公诉人分析被告人走上犯罪道路的原因，必须掌握充分的信息，这些信息可能是在案卷材料中所没有的。必须进行适当的社会调查，比较省事的就是在审查起诉阶段以及法庭讯问阶段，就某些需要被告人确认的信息，通过讯问被告人的方式直接获取，然后用来说服教育被告人。这里需要注意的是分析被告人犯罪原因一定要围绕被告人思想上的蜕变过程来进行，力求准确、深刻、全面。

因为公诉意见是公诉人在法庭上，尤其是在法庭辩论阶段发表的观点和意见，它并不局限于公诉词，当然，主要重心仍是公诉词。所以，公诉人发表完首轮公诉意见后规范用语应是："审判长，公诉人公诉意见暂时发表到此。"

【办案随想】

前面已经论述公诉意见在法庭中的意义是非常重要的，其基本内容就如上所述。我们要注意的是在法庭上发表的公诉意见和放在案卷中存档的公诉意见书之间的差异。存档的公诉意见书是为公诉人在法庭上发表公诉意见服务的。如果公诉人在法庭上能够很好地发表公诉意见，公诉意见书制作简单些也未尝不可，但是无论如何，这些基本的条块内容是不可或缺的，无非是详尽论述还是简单列举。

（执笔人：潘申明）

155. 制作公诉书应掌握何种技巧？

前面讲了公诉意见书的基本内容，但是一份好的公诉意见书并不是只要具备这些基本内容就行了，它必须达到以下几个方面：

（1）要观点鲜明，针对性强

公诉人代表国家出庭支持公诉，通过自身庭审活动要求法院依法惩处被告人。发表公诉意见时，公诉人要牢记职责，摆明立场和观点，此其一。其二，要有针对性，主要是对于原则问题必须针锋相对、毫不退让，阐述具体问题，要抓住重点，一针见血。

（2）客观全面，突出重点

客观全面是指公诉词作为公诉人在法庭辩论阶段首场立论，必须要将法庭调查情况、全案证据情况、被告人定罪量刑意见等内容囊括其中。但是因为每一起案件都很复杂，如果只强调全面，可能影响庭审效率，而且，对指控犯罪也不见得会有很好的作用。所以，我们在强调客观全面的同时，强调突出重点。突出重点就是围绕揭露犯罪、证实犯罪的主要任务，根据案件特点，针对可能引起争议的比较薄弱的证据环节，针对可能引发争议的法律适用问题重点论述。如果认为不能适用缓刑或建议适用缓刑的，就要围绕被告人能否适用缓刑以及如果适用缓刑可能产生的效果进行分析论证。

(3) 讲究逻辑，说理透彻

在整个庭审活动中，公诉人完整连贯地阐述意见的机会就是发表首轮公诉意见。所以，公诉词作为公诉人法庭辩论的正面主战场，阐述问题要结构严谨、理由充分、论证有力、以理服人、以情感人，既要有深度又要有广度，既要讲法理又要讲情理。要尽量把公诉意见书制作得兼具理论性、逻辑性、生动性和感染性。切忌论理不充分、篇幅过于繁杂冗长、层次不清缺乏逻辑泛泛而谈，缺乏感染力。要注意捕捉最能打动人的案件细节，要学会分析被告人的心理状态，尤其是在法庭教育部分，要努力做到公诉意见发表完了以后，被告人能够充分认识到自身的问题所在，悔恨交加，消除其反社会的抵触情绪，为日后好好改造早日回归社会打下基础。

(4) 言简意明，用词准确

公诉意见书是可以事先准备的，公诉人要保持用语规范，法言法语。用词准确，语言文明精练，生动形象。防止语言重复、词不达意和用语不规范、不文明或者过分夸张的渲染效果，要贯彻理性、平和、文明、规范的执法理念，落实检察机关的客观公正义务和形象。

【办案随想】

本部分所列的公诉意见书制作技巧是从一个比较中规中矩的视角谈的，从表述上看也都是很常见的。但是，常见的不见得每个公诉人都能牢记在心，看到的不代表想到的，想到的不代表你就能做到。一直认为公诉人办理案件在每个环节都应该思考两个问题，一是处理这类问题有无一个普适性的共性方案；二是本起案件与其他类似案件相比有何特殊性，差异点在哪里？反复思考前一个问题，你一定会"苟日新，日日新，又日新"，办案水平不断提升；思考后一个问题，则一定可以帮助你很好地处理手中的案件，案件质量很有保障。制作公诉意见书也是如此，作为一份最具发挥空间的个性化法律文书，公诉意见书只要表达的几层意思实现，能完成指控目标，至于如何去展示公诉人的思想完全由公诉人自由决定，不必拘泥过多。

（执笔人：潘申明）

156. 公诉意见书能否以提纲式提出？

公诉意见书从严格意义上讲，应该是一篇结构完整、观点鲜明、论据翔实的文章。但是，在公诉实践中，公诉人的工作强度大，把要在法庭上讲的全部先写下来，也很费时间，而且，不利于根据法庭情况重新调整，所以，很多资深公诉人是通过列明公诉意见提纲要点的方法来操作的。而新从事公诉工作的人员往往准备很充分，将需要在法庭上表达的话全部以文字形式在公诉意见书中表明。我们认为，对于公诉经验不是很丰富，庭上发挥还有所顾虑的还是将公诉意见书写完整比较好。

因为公诉意见书不同于起诉书，公诉意见书需要的素材比较多。在庭前准备完整的公诉意见书，可以迫使公诉人认真阅卷，甚至作必要的社会调查，或者向更熟悉案情的侦查人员等电话了解具体情况，掌握被告人犯罪的原因等方面的情况。

另外，对于重大、疑难、复杂案件的公诉意见书，公诉人应该提前制作好，必要时可以集中处室同志集体讨论，共同修改。这样，公诉人在出庭支持公诉时只要注意根据庭审情况及时作修改、补充就可以了。

公诉意见书是归档案卷材料中必不可少的，部分老公诉人不重视制作公诉意见书，事后再去补，工作量没减，对公诉工作已经没有任何促进了，大家千万不要偷懒，务必在庭前或庭上完成公诉意见书的制作。

【办案随想】

在多年办理公诉案件过程中，也有很多案件事实非常清楚，法律适用也很简单。对于这些案件，笔者有一个习惯就是当庭制作公诉意见书，主要是理思路、列提纲，把公诉人在法庭上发表的公诉意见整合成几个层次，简明扼要地写在公诉意见的格式纸上，放入公诉内卷归档用。

（执笔人：潘申明）

157. 如何摆正公诉意见书与答辩提纲的关系?

公诉意见以立论为主，答辩提纲以驳论为主，两者之间有区别但是也有非常密切的关系。对于在审查起诉阶段和法庭调查阶段，被告人不认罪或避重就轻，辩护人辩护意图已经明显暴露的情形下，公诉人可以采用通过发表公诉意见先发制人，正面、全面论证公诉意见，并对辩方已经暴露的辩护意见进行逐点驳斥。

在辩护方向或具体辩护点不是很明确的情况下，不宜在第一轮发表公诉意见时就抛出观点，不如等被告人、辩护人针对公诉意见发表辩护意见后，再有的放矢地展开批驳。此时相关内容就应该在答辩提纲中予以体现。所以公诉意见书和答辩提纲目的一致，但因为运用时间不同，而有所不同，公诉意见发表在前，是为“立”，根据答辩提纲驳斥在后，是为“破”。

【办案随想】

公诉意见是立论，答辩破题，发表公诉意见是进攻，进行庭审答辩是防御，公诉意见以抛观点、把质量为佳，法庭辩论是以有针对性地有效质疑回应为最佳。两者的目的都在于实现起诉书指控的犯罪事实，但他们的表现形式是有差异的，公诉意见可以庭前准备，庭上直接宣读；答辩提纲虽然也可以庭前准备，但是更需要随着庭审情况的变化而积极应变。

（执笔人：潘申明）

158. 怎样让公诉意见书更精彩?

前面已经讲到公诉意见书在法庭辩论阶段非常重要，是公诉人法庭辩论阶段的开篇陈词，也是检察机关主要意见的集中体现和公诉人水平的很好展示。一篇好的公诉意见书的发表能很好处理“论”与“辩”的关系，既能做到先声夺人，又能蓄势待发，“藏一手”。

一篇好的公诉意见书首先在结构上是完整的，包括阐明出庭支持公诉的法律依据和基本职责、对法庭调查阶段的简要概括、通过证据综合运用论证起诉书指控犯罪的成立和被告人应当承担的刑事责任、被告人犯罪的根源以及应当吸取的教训。

另外在写作特点上保持针对性、准确性、逻辑性、辩论性和战斗性的特点，其中针对性又是公诉意见最为关键的。那么如何保持公诉意见书内容的针对性呢？应根据案情不同，采用不同的方式揭露犯罪、指控犯罪。

我们说公诉意见书应当包括的基本内容以后可知，公诉人出庭的法律依据和出庭支持公诉的基本职责是相同的，对法庭调查的概括基本上也是抽象的类型化，具体展开是从证据的运用开始。要保持公诉意见书内容的针对性主要就是从这一部分开始。

（1）对于认罪的被告人，可以对于指控犯罪成立不展开论证，重点放在量刑情节的分析上，论证量刑建议的合理性。

（2）对于被告人不认罪的，应当充分运用经过调查认定的各种证据，对被告人的犯罪事实进行系统、周密的论证分析，指控犯罪、说服法庭，并迫使被告人在法庭辩论阶段认罪服法。

（3）案件事实、情节争议不大，但对于如何定性争议很大的，主要侧重对此罪、彼罪的分析，通过说理分析，先发制人。

（4）对于新类型案件，要比较详尽地剖析案件，进行法制教育。

以上主要是从内容的选择上来分析针对性的。具体到每一块内容如何保持针对性，这又是我们要思考的另一个问题。比如说同样是揭露犯罪，既然要具有针对性，肯定不是所有跟揭露犯罪有关的一股脑搬上来。

（1）可以从分析犯罪的时间、地点入手揭露犯罪。尤其是当犯罪的时间地点对于犯罪行为的危害性、对人民群众的冲击力比较大的时候。

（2）可以从分析被告人的作案动机入手揭露犯罪。《刑法》之所以要惩罚一种行为主要是基于行为的危害性，《刑法》之所以要追究被告人的刑事责任，主要是他具有犯罪的主观故意，犯罪动机可以从某一方面反映出被告人的主观恶性和社会危害性的大小。

（3）可以从分析犯罪手段入手揭露犯罪。犯罪行为危害性的大小除了犯罪结果对社会危害性的影响外，还有犯罪手段给社会公众带来的冲击力。所以，在《刑法》条文中有一些地方就直接规定犯罪手段极其残忍的，应该如何加重或者从重处罚。有些案件罪名很常见，但是犯罪手段非常恶劣的，公诉人在制作公诉意见书时就应该抓住手段残忍这一特点，分析揭露犯罪，刺激合议庭、旁听群众和被告人及其辩护人，从情感舆论上先胜一筹。

（4）可以从分析犯罪后果入手进行揭露犯罪。对于一些后果很严重的刑事犯罪，比如强奸导致被害人因羞愤自杀身亡的，非法拘禁案导致被害人为逃离现场，黑夜从窗户跳下导致终身残疾的等，分析犯罪后果要注意不能忘了犯罪构成要件的论述，只是说可以侧重从这一方面入手，加大篇幅论证，不是说只分析犯罪后果，否则就是客观归罪了。

【司法实例：李某敲诈勒索案】

李某，女，广西某地人，因丈夫在浙江嘉兴打工，其前往浙江，后至宁波某酒店打扫卫生。2008 年 7 月某日，住客黄某见李某有点姿色，就互留电话，后频繁联系，一月后，黄某再次住店，李某投怀送抱，发生不正当性关系。黄某提出可以合伙赚钱，两人先到照相馆拍婚纱照，制作假结婚证。然后由李某出面引诱男性色友上床发生关系，黄某伺机出现敲诈钱财。李某鬼迷心窍，表示同意。后李某引诱郑某至暂住房，故意把房门虚掩，然后宽衣解带，等郑某也赤身裸体，两人准备行苟且之事时，拨出事先预留的黄某电话，黄某推门进入，表示异常愤怒。拿出结婚证、婚纱照，表示要告诉郑某妻女，郑某跪地求饶，表示愿意出钱赔偿，后经讨价还价商量由郑某支付 3.3 万元赔偿金。并由黄某押着郑某到银行取钱，黄某取到钱后，放郑某回家，并将其中 1.3 万元放入自己包中，另外 2 万元存入存折交给李某保管。后郑某觉得事出蹊跷，遂报案，案发。

【分析】

这是一起典型的敲诈勒索案件，定罪量刑没有问题。但这起案件的特殊点是身份的特殊性，李某本有丈夫，而且是因为丈夫在浙江打工，而前来浙江的。同时还有一个 10 岁女儿在老家上学，从传统观念来说，也属于良家妇女。但是，仅仅因为黄某的稍加引诱，不仅投怀送抱，进而答应利用姿色，引诱其他男性，通过与其他男性发生不正当性关系，然后捉奸在床的方式敲诈钱财，其道德底线完全溃败。如果说李某红杏出墙违背了夫妻之间忠贞义务的话，那么后来与姘头相约伪造结婚证，色诱男性上床，通过捉奸在床的方式敲诈他人钱财，则完全突破了作为一个人，尤其是一个女人最起码的羞耻之心，不能简单地理解为爱不爱财的问题。所以，这次庭审的公诉意见，公诉人主要从法庭教育角度进行深度展开。

【处理结果】

公诉人通过分析被告人李某的家庭情况，从自由恋爱的丈夫到10岁的女儿，得出李某本是一个幸福的家庭主妇，而且，其能从增加家庭收入角度出发离开家乡到浙江打工，体现了强烈的家庭责任感，这些都是好的。但是，丈夫在嘉兴打工，李某却到宁波打工，其中原因何在，表明李某来浙江并非为了与丈夫夫妻团聚，或者说这方面的想法不是很强烈很迫切。这为黄某稍加引诱就出轨是有因果关系的，同时指出，公诉人无意纠缠李某夫妻感情，很多时候外人很难判断对错。如果李某与黄某是出于一种淳朴的情感不能自制，走在一起，外人是很难直接下结论的。但是，李某在与黄某发生性关系后，黄某随后提出由李某利用色相引诱其他男性，并在发生关系过程中，捉奸在床，敲诈钱财，李某也表示同意的时候。无论黄某、李某都已经不仅在犯罪而且在道德上完全沦落了。如果前面的出轨只是对夫妻忠诚义务的违背，那么之后的色诱，而且为了完成色诱，允许任何没有些许情感的男人与之发生关系，已经完全丧失了一个女人应有的尊严。虽然这起案件不公开开庭审理，但是李某这种行径是要被裁判文书记载的，李某坐几年牢总会出来，李某与丈夫离婚也是自作自受，但是，为人母的李某如何面对正在老家求学的亲生女儿，如何面对老家的父老乡亲。法庭上公诉人把这些讲完，被告人李某痛哭流涕，悔恨不已，达到了很好的教育效果。

（执笔人：潘申明）

159. 保持公诉意见书可听性的方法是什么？

公诉意见书是公诉人发表主要论点的重要平台，衡量公诉意见发表的好坏，不单是公诉人说得好不好，关键是合议庭成员、被告人及其辩护人、旁听群众能否听明白，能否被说服、受感染。要做到这一点，单讲公诉意见书内容的逻辑性是不够的，制作公诉意见书时要充分注意这份文书将要以口头表达的形式展示出来，注重公诉意见书的口语化是我们每一个公诉人应该注意的问题。那么，如何做到公诉意见书的口语化呢？

（1）尽量用短句，不用长句。短句好断句，说起来朗朗上口，听众也容易接受。长句拗口，在庭审这样紧张的气氛下，很容易读破句，影响意思表达和公诉形象。

（2）尽量不用同音字、近声字。如“刑罚处罚”和“刑法处罚”、“肺部正常”和“肺不正常”、“走近仓库”和“走进仓库”等。

（3）不要随意缩写、简称，比如将国家安全局简称为国安局，如果庭上不注意听就会成为“公安局”。

（4）多用口语化的词，少用书面语，多用陈述句，少用倒装句。

（5）多用双音节的词，少用单音节的词。书面语强调简洁，少一字是一个字，但是口语不一样，要做到说的人朗朗上口，听的人一清二楚，双音节的词不太容易混淆，而单音节的词，听众没反应过来就已经过去了。

公诉人在本着以上要求制作出一份高质量的公诉意见书之后，剩下的就是庭上表现了。在法庭上公诉人要严格按照着装规范、整齐着装、精神饱满、严肃庄重，举手投足之间要表现出检察人员的一身正气和文明风度。在发表公诉意见时，语言要精练，吐字要清楚，声音要宏亮，抑扬顿挫、铿锵有力。同时，要认真对待法庭调查过程中出现的新问题和新情况，及时反应，不拘泥于事先准备好的稿子。即便是没有修改，我们也反对拿着公诉意见书一字不落地念稿子。公诉人说话必须面朝被告人或者旁听群众，当然，由于不可能背下来，可以顺着语气的停顿，瞄一眼稿件，要尽量做到有稿似无稿。

附：

【范例1】

被告人陈某贵涉嫌危险驾驶罪公诉意见书

【基本案情】

2013年9月13日凌晨2点多，被告人陈某贵在明州路路边小摊吃夜宵，期间喝了4罐青岛啤酒，后到厂里上班，到7点左右开着无牌照的两轮摩托车回家，在大碶街道前宋村敬老院附近和一辆小车发生交通事故，有人报警后，民警赶至现场，将其查获，并对其进行呼吸酒精含量检测，经检测，其呼吸酒精含量为128mg/100ml。后民警将其送至医院进行抽血、扣押其驾驶证、扣留了其所驾驶的摩托车。

【出庭预案】

陈某贵危险驾驶案出庭预案

一、讯问提纲

要点：法律政策告知；醉驾的具体情形，喝酒的情况，酒后驾车的认识、有无驾照、所驾车辆及驾车线路、案发时间、地点、后果、认识。

二、举证提纲

分四组出示证据，分别为：

第一组证据包括：被告人陈某贵的供述、到案经过、呼吸酒精含量检测记录表、检测单、接警单、强制措施凭证及扣押物品清单。主要证明了起诉书指控犯罪事实表述属实。

第二组证据包括：提取醉酒驾车嫌疑人血样登记表、血液提取经过说明、抽血过程的照片及录像、鉴定委托书、理化检验鉴定意见。该组证据共同证实：被告人醉酒事实。

第三组证据包括：车辆照片、无牌车辆核查情况说明表、车辆检验合格证、驾驶人查询信息、被告人的常住人口基本信息、身份证复印件。该组证据主要证实：被告人陈某贵身份情况、有驾照、车辆无牌照的情况。

第四组证据包括：公安行政处罚决定书、告知笔录、公安交通管理转递通知书、返还物品凭证。该组证据证实：本案行政处罚情况，涉案车辆已返还等情况。

【庭审情况】

被告人对犯罪事实供认不讳，认罪态度较好，对所犯罪行后悔不迭，请求法庭从轻处理。

【公诉词】

审判员：

××市××区人民法院今天在这里公开开庭审理被告人陈某贵涉嫌危险驾驶罪一案，我们受本院检察长指派，以国家公诉人身份出庭支持公诉，并依法履行法律监督职责。

在刚刚的法庭调查过程中，公诉人依法讯问了被告人，并向法庭出示了本案相关的证据材料。下面公诉人就本案发表如下公诉意见，供法庭参考：

第一，起诉书指控被告人陈某贵涉嫌危险驾驶罪，证据确实、充分，足以认定。

在法庭调查阶段，公诉人依法讯问了被告人陈某贵，并出示了被告人的庭前供述、到案经过、理化检验鉴定意见等一系列证据，这些证据均具有真实性、合法性和关联性，证据与证据之间能够相互印证，足以证实被告人陈某贵醉酒后，在血液酒精含量达到128mg/100ml时，仍然在道路上驾驶机动车的犯罪事实。起诉书所指控属实，被告人陈某贵的行为已经触犯我国《刑法》第133条之一的规定，构成危险驾驶罪。

第二，关于被告人陈某贵的量刑建议。

危险驾驶罪定罪起点根据我国《刑法》的规定，其法定刑为1至6个月拘役，并处罚金。本案中被告人陈某贵的量刑应该考虑三个因素：其一是其血样酒精浓度为128mg/100ml；其二是被告人醉酒驾驶引发交通事故，造成自己和他人不同程度受伤；其三是被告人陈某贵到案后能如实供述自己的罪行，根据我国《刑法》第 67 条第 3 款的规定，可以从轻处罚。

综合考虑被告人的犯罪事实及相关情节，我们建议判处被告人陈某贵拘役两个月，并处罚金。

第三，关于本案的教训和启示。

被告人陈某贵身为机动车驾驶员，经过专门的培训、考试，具有驾驶执照，也知道酒后不能开车，但他仍然认为自己酒量好，喝点小酒驾驶摩托车肯定没有问题。但不怕一万只怕万一，就是这点糊涂的自信恰恰出了问题，被告人陈某贵不但开着摩托车发生了交通事故，自己本人也因此受伤，而且还被查获系醉酒驾驶，触犯刑律，构成危险驾驶罪。一时的麻痹大意和过于自信，导致被告人陈某贵今天站在被告席上，接受法庭的审判。我们为被告人陈某贵感到惋惜，也感到庆幸，惋惜的是陈某贵必须面对一段时间的拘役，庆幸的是这次事故没有带来重大的人身伤亡。如果没有今天的审判，被告人陈某贵也许一直会侥幸下去，直到一天酿成大错。

在这里，公诉人要提醒被告人和各位旁听的群众，机动车驾驶是高度危险的，所以，国家才规定要经过专门的培训、考试合格之后才能申领驾照，而且还规定定期年检年审。只要是机动车，不管是卡车、轿车、摩托车，醉酒驾驶都构成危险驾驶罪。这不仅是为了社会公众的安全，也是为了机动车驾驶员个人的安全。

希望通过今天的庭审，能给被告人，同时也给更多的人提个醒，为了他人也为了自己和家人的幸福，千万不能抱有任何侥幸心理，要牢记酒后莫开车，开车莫饮酒。

审判员，公诉人公诉意见暂时发表到此。

【点评】

危险驾驶是《刑法修正案（八）》新增的罪名，与普通社会公众关系密切。危险驾驶的主要定罪依据是现场抽血，酒精浓度检测报告，所以，对于这类犯罪定罪通常是没有争议的。关于量刑，陈某贵因为不仅醉驾，而且还因为醉驾引发了事故，属于有实际危害后果造成，应当在量刑上予以体现。为此，公诉人必须在发表公诉意见时将这一情节单独列出，并阐述该情节与最终量刑建议的影响度。

另外，在现实中很多社会公众包括机动车驾驶员并没有意识到醉驾入刑的意义和目的，照样我行我素。以不被查到为荣，认为被查到的醉驾都是运气不好。这种认识对我国的法制建设和公共交通安全都是很不利的，所以，这类案件虽然很常见，但是还是需要浓墨重彩地进行法制教育。

【范例2】

孙某涉嫌受贿案公诉意见书

【基本案情】

被告人孙某某，男，1954年4月1日出生，身份证号码××××××××××××××××，汉族，住××省××市××区××街道××小区××幢××室，原系××市××区高速公路管理局××中心主任。因本案于2013年2月12日被我院刑事拘留，同月25日被依法逮捕，2013年3月4日移送审查起诉。

经依法审查查明的事实如下：

1998年1月至2005年12月、2008年8月至2012年11月，被告人孙某某分别担任××区高速公路××中心主任等职务，负责××区划内公路养护、高速公路设施维修管理、工程施工、监管等工作。其间，被告人孙某某利用职务便利，收受他人财物共计人民币8万元，并为他人谋取利益。到案后，被告人孙某某对受贿犯罪事实供认不讳。

【庭审情况】当庭由于孙某某看到旁听群众很多，而且不少是原单位同事和亲戚、朋友，觉得脸上挂不住，当庭翻供。

【公诉词】

审判长、审判员、人民陪审员：

今天，××市××区人民法院在这里公开开庭审理被告人孙某某受贿一案，我们受本院检察长指派，以国家公诉人身份出庭支持公诉，并依法履行法律监督职责。

在刚刚的法庭调查中，公诉人依法讯问了被告人，并向法庭出示了相关证据材料，控辩双方对本案的相关证据进行的质证，庭审程序正当合法。下面公诉人综合全案从定罪、量刑和应当吸取的教训几个方面发表如下公诉意见：

1. 关于定罪，公诉人认为起诉书指控本案被告人孙某某涉嫌受贿犯罪事实清楚，证据确凿充分，法律适用正确，足以认定。

在法庭调查阶段，公诉人出示了被告人孙某某的供述、证人戴某、杨某、张某的证言，相关的工程协议以及有关工程结算、付款等书证、刑事判决书、任职通知书等证据，这些证据均具有真实性、合法性和关联性，能够相互印证，足以证实起诉书所指控的，被告人孙某某在2008年5月被公路管理段聘用，后担任××中心主任职务期间，在工程施工、监管、工程款结算付款等工作中，利用职务之便，多次收受他人财物共计人民币8万元的犯罪事实。被告人孙某某的行为完全符合我国《刑法》第385条第1款的规定，已构成受贿罪。

对此，控辩双方均无异议，公诉人在此不再展开。

2. 关于量刑，公诉人认为法庭应该考虑以下四个方面因素：

第一，被告人孙某某受贿的数额为 8 万元人民币，根据我国《刑法》第 386 条、第 383 条第 1 款第 2 项的规定，应当判处 5 年以上 10 年以下有期徒刑，可以并处没收财产。

第二，被告人孙某某能够主动投案并如实供述自己的罪行，系自首，根据我国《刑法》第 67 条第 1 款的规定，可以从轻或者减轻处罚。但被告人孙某某在侦查机关侦查阶段时供时翻，悔罪态度不深刻，在量刑时应予考虑。

第三，被告人孙某某前次因犯受贿罪被判刑之后，又犯受贿罪，可酌情从重处罚。

第四，被告人孙某某具有退赃情节，可酌情从轻处罚。

综合考虑被告人孙某某受贿所得的数额及以上量刑情节，检察机关建议判处被告人孙某某有期徒刑 5 年 6 个月。

3. 关于本案的教训和启示。

孙某某今年已经 59 岁了，如果不是因为犯受贿罪，也许在明年，就可以安静地退休，安享自己的晚年生活，但今天，却站在了被告席上，接受法庭的审判。其背后的原因值得深思。作为曾经因为犯受贿罪而被判刑的孙某某为什么不能汲取教训？也许你可以说，孙某某之前的受贿罪就不应该被判处缓刑，也许你会认为，高速公路管理局工作是个高危行业，浸身其中就难以自保，也许你会说，在 2008 年孙某某就不应该再在高速公路管理局工作，但我要说，不论你是如何成为一名国家公职人员的，你首先应当牢牢记住，作为一名国家公职人员就不应当收受任何财物，这是你作为国家公职人员的基本底线。贿赂不难拒绝，关键是你想不想拒绝，拒绝不了，你可以上交“581”廉政账户，你可以上交纪检监察机关啊，但是你没有。正是你自己内心对于金钱的贪欲导致你自己今天站在了被告席上。

被告人孙某某的受贿行为损害了国家机关在人民心中的形象、损害了社会公众对于公务行为的信赖。习总书记说过“物必先腐，而后虫生”，“贪腐不除，国无宁日”。对于被告人孙某某来说是不幸的，但是，对于更多的公职人员，我们希望，能够以此为鉴，不再重蹈覆辙。

审判长，公诉人公诉意见暂时发表到此。

【点评】

公诉意见的发表要注意每个案件的差异性，本案中孙某某受贿数额不大，但是他有几个特别的地方：其一，曾因受贿被判缓刑，缓刑之后仍然担任公路段领导职务；其二，年龄已经 59 岁，马上面临退休；其三，虽然在其他案件东窗事发后，孙某某有自首情节，但是，在侦查阶段又有反复，时翻时供；其四，在法庭上被告人孙某某及其辩护律师对检察机关指控的犯罪事实和罪名都没有异议。这些差异性就为公诉人发表公诉意见时提供了很好的素材，所以，公诉人发表公诉意见除了正常履行程序，阐明出庭依据、基本任务，法庭调查情况外，对定罪部分简单论述，着重论述量刑，并抓住国家工作人员犯罪旁听群众多，社会关注度高的特点及时开展法庭教育。

（执笔人：潘申明）

五、程序违法应对

160. 宣布开庭期间，公诉人发现不应在场旁听的拟出庭证人（鉴定人）在旁听席时应怎样应对？

审判长，本案的证人（鉴定人）某某某将要出庭作证，如果该证人参与旁听，将使其对案情先入为主，作证时就可能丧失客观立场，从而影响其证言的真实性，现该证人正在法庭旁听席内，请审判长立刻责令其退出法庭。

（执笔人：江海昌）

161. 拟出庭作证的证人、鉴定人作证前已参与旁听的，公诉人应如何制止？

审判长，本案的证人（鉴定人）某某某明知将要出庭作证，却先行违规旁听庭审，导致其对案情先入为主，可能在作证时丧失客观立场，其证言的真实性难以保证，请审判长责令其立刻退出法庭，并取消其出庭作证的资格。

（执笔人：江海昌）

162. 公诉人在证人作证后才发现其之前已参与旁听时，应怎样应对？

审判长，本案的证人（鉴定人）某某某在作证前违规旁听庭审，导致其可能因案情先入为主，影响作证时的客观立场，其刚才所作证言的真实性值得怀疑，请审判长对其当庭作证内容不予采纳。

（执笔人：江海昌）

163. 公诉人发现旁听人员有违反法庭纪律或干扰庭审活动而审判长未加制止时，应如何提出意见？

审判长，被告人的亲属（亲友或旁听群众、其他当事人）的行为已经违反了法庭纪律，干扰了法庭秩序（正常的庭审诉讼活动），根据《刑事诉讼法》第 194 条的规定，请审判长予以警告制止。

审判长，某某某的行为已经严重违反法庭纪律，破坏了正常的法庭秩序，强烈干扰了庭审诉讼活动的正常进行，并无视审判长的警告制止，根据《刑事诉讼法》第 161 条之规定，请审判长责令法警将相关人员强行带出法庭，并依法对肇事者处以 1000 元以下的罚款或者 15 日以下的拘留。

（执笔人：江海昌）

六、法庭辩论焦点与方法

164. 法庭辩论常用的规范用语是什么?

审判长、审判员、人民陪审员:

今天××市××区人民法院在这里公开开庭审理被告人某某某涉嫌××罪一案,本人受××检察院检察长指派,以国家公诉人身份出席法庭,依法支持公诉,并履行法律监督职责。

在刚刚的法庭调查过程中,公诉人依法讯问了被告人(询问了证人),并向法庭出示了某某某等相关证据,控辩双方对相关证据进行了当庭质证。庭审程序正当、合法。下面公诉人综合全案发表几点公诉意见:

第一,关于本案的证据分析和事实认定……

第二,关于本案的法律适用……

第三,关于被告人的量刑情节和量刑建议……

第四,被告人应当从本案中吸取的教训……

审判长,公诉人公诉意见暂时发表到此。

审判长,公诉人认真听取了被告人及其辩护人的辩护意见,归纳起来主要有以下几点……下面公诉人逐一进行答辩。

公诉人刚刚认真听取了被告人某某某辩护人的发言,发现辩护人对公诉人第一轮发表的公诉意见存在认识上的误差,下面公诉人再次就主要观点简单阐述。

审判长,鉴于被告人及其辩护人没有提出新的辩护意见,原有辩护意见,公诉人已经做了充分答辩,经过刚刚的法庭调查和法庭辩论,已经充分证明了起诉书指控被告人某某某涉嫌××犯罪事实清楚,证据确实充分,公诉人没有新的公诉意见。

(执笔人:潘申明)

165. 如何从不同辩护主体类型寻找辩护规律?

被告人是刑事责任的直接承担者,出于趋利避害的人的本性,可能会避重就轻,甚至全盘否认犯罪事实,推翻庭前供述。辩护人的责任是根据事实和法律,提出证明被告人无罪、罪轻或者减轻免除其刑事责任的材料和意见,维护被告人的合法权益。辩护人为了履行其辩护职责,会从不同角度对检察机关指控被告人涉嫌的犯罪事实，对证明被告人有罪、罪重的证据提出问题和质疑。而不同类型的辩护人在提出辩护意见的角度和风格上也会存有差异。

第一，如果辩护人是律师，尤其是侧重刑事辩护的律师，通常会从犯罪事实是否清楚，认定的证据是否充分，定性是否准确，适用法律是否适当，程序是否合法等方面进行辩护。对于案件中有利于被告人的法定或酌定从轻、减轻、免除被告人刑事责任情节，通常会成为辩护律师的重点辩护依据和理由。在法庭上，辩护律师一般也会比较专业地设置辩护计划，把辩护素材分轮使用，对于公诉人庭审中的失误，可能会成为新的辩护焦点。

第二，人民团体或被告人所在单位推荐，或经人民法院许可的公民辩护人，一般法律不是很精通，但是，之所以会参与到诉讼中来，往往是因为其社会阅历丰富，善于言辞，在当地具有一定影响力，所以，其辩护的着眼点是能够引起法庭和旁听群众同情为主。在庭审中，他们不太会精准、熟练运用法律，但是善于运用分析、类比。由于缺乏必要的辩护技巧，此类辩护人通常在法庭辩论发表的第一轮辩护意见时，把全部的素材和辩点表达完毕，而且，由于他们作为公民代理，对于公诉人的包容度可能会更小，公诉人在庭上发生的一些口误、文书笔误等不影响定罪量刑的细枝末节问题完全可能成为他们渲染庭审情绪的重要素材。

第三，被告人亲友作为辩护人的，由于专业背景的缺乏和感情因素先入为主，在庭审中可能会一方面导致辩护抓不住重点，纠缠于一些细枝末节的问题不放；另一方面可能对于公诉人的指控产生一种个人情绪上的对立甚至失控，容易冲动、感情用事，如何维护平和的法庭秩序是一个问题。

第四，被告人自行辩护的，会走两个极端，不认罪的往往在事实上就坚决否认，有的甚至制造伪证，证明自己没有作案时间，或者颠倒是非，将所有罪责推给同案犯，有的则对犯罪事实供认不讳，但就量刑方面，恳求法庭从轻处理，有时故意渲染走上犯罪的客观原因、被害人过错等，要求法庭从轻或者免除处罚，给他们重新做人的机会。

【办案随想 1】

根据辩护主体的不同来预测辩护方向是有一定科学依据的，即便同样是律师，也可以根据职业和个性的不同而存有差异，比如教授担任辩护人，可能会更倾向于与公诉人探讨法理，而且，比较容易较真，得理不饶人；从司法实务部门转行到律师职业的，通常更务实，多数倾向于庭前与公诉人的充分沟通交流，尽量“润物细无声”；而从学校毕业就在律师行业的，也许在情绪上会更容易激动，对抗性较强。另外，每个辩护人的个性不同，其采取的辩护策略也会不同，有的人会走比较保守的中庸路线，有的则会剑走偏锋，喜欢赌一把，或者“把牢底坐穿”，或者“回家过年”，后一种类型的人经常会选择无罪辩护。公诉人可以从该辩护人以往的辩护经历中预测其在本起案件中可能会采取何种辩护策略。

当然，没有信息的预测只是一种猜测，为了提高庭前准备的针对性和实效性，公诉人最好的办法是与律师积极沟通，获取相关信息。一旦发现案件的确存在问题可以事先准备或主动纠错，以免庭上措手不及。

【办案随想 2】

人们总容易把公诉人和律师摆在对立面。从多年公诉经验出发，笔者认为公诉人不能人为地把律师推到对立面，作为法律职业共同体成员，双方都是为了客观公正适用法律，千万不要把是否采纳辩护律师意见作为衡量公诉工作质量的唯一标准，关键是要看你在何时以何种形式采纳辩护律师的意见，是主动采纳还是被动采纳。

（执笔人：潘申明）

166. 犯罪构成要件有何常见辩点?

（1）围绕犯罪构成要件作无罪或轻罪辩护

辩护的目的是减轻或者免除被告人的刑事责任，认定某人构成犯罪，依据的是犯罪构成要件，所以围绕犯罪构成要件展开辩护是最为常用的辩护手法：

第一，在犯罪主体方面，可能的辩点有：①被告人刑事责任年龄，主要是是否已满 14 周岁、16 周岁、18 周岁；②刑事责任能力，是否属于精神病人，间歇性精神病人在实施致害行为时精神是否正常，精神病人限制刑事责任能力的鉴定意见是否科学可信等；③犯罪主体是特殊主体的，被告人是否利用了特定身份，是普通人犯罪还是利用了职务之便，以及被告人是否具有特定的身份；④涉及单位的，则被告人的行为是个人行为还是代表单位，是个人犯罪还是单位犯罪。

第二，犯罪客体方面，可能的辩点有：①被告人行为的社会危害性有无达到应受刑罚处罚的程度，是否属于犯罪情节显著轻微，社会危害性不大；②在此罪彼罪容易混淆的时候，究竟应当按哪一罪名处理，在牵连犯、结合犯、继续犯、连续犯以及数罪并罚的运用等。

第三，犯罪主观方面，可能的辩点有：①对于犯罪行为尚未实施完毕或者犯罪目的没有实现的情形下，否认犯罪动机、目的；②对于需要特殊目的作为犯罪构成要件情况下，坚决否认特定犯罪目的的存在；③以过于自信的过失替代主观上的间接故意。

第四，犯罪客观方面，主要是：①针对行为的实施者是否是被告人，如故意伤害案件是否直接致害行为的实施者；②犯罪行为的危害后果有无、大小如何认定；③被告人行为与危害后果之间的刑法上因果关系能否成立，是否排除合理怀疑。

（2）围绕量刑情节作从轻、减轻、免除刑罚处罚的辩护

可能的辩点有：①是否具有自首、立功、犯罪预备、犯罪未遂、中止犯罪等情节；②共同犯罪中的地位作用，是主犯还是从犯，是首要分子还是积极参加者，是否胁从犯；③认罪态度好不好，有无积极退赃，犯罪动机是否明显，主观恶性大不大，属不属于累犯等。

（3）围绕证据的合法性提出非法证据排除

在《刑事诉讼法》修改以后，非法证据排除规则已经确立，辩护人抓住证据的合法性进行辩论，是每一个案件都可能碰到的，也是每一个公诉人都要认真思考应对的问题。

【办案随想】

在量刑程序规范化改革以前，我们的刑事辩护主要是无罪辩护或罪轻辩护，量刑规范化改革以后，量刑辩护成为重要内容，因为对于绝大多数案件来说，有罪与无罪、此罪与彼罪是不太容易搞错的，而量刑辩护是每一个案件都可以有所作为的。

2010年7月1日，“两高三部”“两个证据规定”出台以后，非法证据排除成为刑事诉讼的一大热点，2012年3月14日《刑事诉讼法》修改以后，非法证据排除成为刑事辩护律师的一大辩点，在庭审时启动非法证据排除程序可能会使整个刑事案件全盘推翻。而且通过启动非法证据排除程序，将侦查人员置于程序上的被告人，公诉人成为侦查人员的“辩护人”。这些因为刑事司法改革而导致的刑事辩护规律性的变化是我们每个公诉人应该了解和注意的。

（执笔人：潘申明）

167. 如何从不同环节预测辩护方向的规律？

前面讲了根据辩护主体来预测可能的辩护方向和辩护风格、特点，就具体的案件中，预测辩护方向的途径还有：

第一，通过起诉书指控的犯罪事实、引用法律依据来预测。起诉书作为检察机关指控被告人构成犯罪，应当负刑事责任的法定规范性法律文书，是被告人、辩护人拿到的检察机关最为正式的法律文书。毫无疑问，被告人及其辩护人所有的辩护都会围绕起诉书来展开，被告人及其辩护人的工作是寻找起诉书的破绽，寻找相关证据，印证起诉书指控的犯罪事实或犯罪情节不存在，所以无罪或罪轻，寻找起诉书援引的法律条文不妥当，甚至错误，来表明指控罪名

错误，是轻罪而非重罪，有从轻、减轻或者免除处罚情节等。所以，公诉人要预测被告人及其辩护人的辩护方向，最根本的做法是从案件事实认定、法律适用本身来着手，只要犯罪事实清楚、证据确实充分、适用法律正确、程序正当合法，那么，剩下的只是庭审效果而已。是故，公诉人在提起公诉以后，出庭以前，认真研究起诉书，通过起诉书来分析指控成功的可能性，来预测被告人及其辩护人可能的辩护方向是很有必要的。

第二，根据公诉人准备的公诉意见书的内容来预测辩护方向。公诉意见书是法庭辩论阶段，公诉人发表的首轮公诉意见，它既是起诉书的延伸补充，又是法庭辩论的开端，承上启下，主导着法庭辩论的方向。可以肯定，如果公诉人在发表第一轮公诉意见时特别强调的内容，通常是在证据分析上需要特别论证的，或者法律适用上需要特别说明的，或者是犯罪情节或者犯罪动机、原因上需要特别渲染的，公诉意见书中的重点一定是与被告人应当承担的刑事责任关系最密切的，是最可能成为被告人及其辩护人论辩焦点的。所以，某种意义上说，公诉人第一轮公诉意见讲什么，被告人及其辩护人就辩什么。由此，通过第一轮公诉意见，来预测第二轮公诉意见可能的答辩重点是每个出庭公诉人必须认真准备的。

第三，通过庭前提讯被告人来预测辩护方向。一个人的思想具有相当的延续性，被告人就其所犯罪行，是否承认，通常有一个一以贯之的态度，或者认罪，或者不认罪，总体而言，反反复复、时翻时供的相对较少。一般来说，一直认罪的被告人其辩护焦点主要在犯罪行为之外的影响量刑的情节，或者只就量刑提出辩护。而不认罪的被告人，公诉人要通过庭前提讯和当庭讯问，可以判断其不认罪的原因。而且，被告人不认罪的地方，在公诉人发表公诉意见之后，必定会成为控辩双方辩论的焦点，除非经过法庭调查、举证、质证和经过公诉人第一轮精彩充分的公诉意见发表，使被告人彻底觉得翻供无望，从而认罪服法。

第四，通过被告人亲友的活动、提交的相关材料来预测辩护方向。在司法实践中，审前被羁押的犯罪嫌疑人，其辩护律师一般都是其家属出面聘请的。在人身自由受限制的情况下，犯罪嫌疑人的很多意思都是通过关心他的亲友来完成的，所以，公诉人对于被告人亲友的活动，所流露出来的意思不可忽视。因为这可能是被告人的意思，而且一定会影响到辩护律师的辩护方案。

第五，通过法庭调查阶段被告人及其辩护人的反应来预测。法庭调查阶段，公诉人在宣读起诉书以后，法庭要讯问被告人："被告人某某，公诉人宣读的起诉书，你听清楚了吗？有无异议？对哪些地方有异议？"依据《刑事诉讼法》规定，公诉人可以当庭讯问被告人，通过被告人对于审判长和公诉人的问题回答，我们基本可以清晰判断出被告人庭审是否认罪的基本态度，以及可能的辩护方向。同时，在法庭调查阶段，公诉人要当庭出示相关证据材料进行举证、示证，被告人及其辩护人既可以对公诉人举出的证据进行质证，也可以举出新的证据。公诉人通过被告人及其辩护人的质证和提交新证据情况，可以判断出被告方可能的辩护方向。

第六，通过实地走访案发地和被告人住所地了解情况来预测辩护方向。通常案发地群众的观点会影响被告人及其辩护人的观点，因为他们也可以获取，也会思考，对被告人有利的一定会采纳，对被告人不利的一定会想办法回避。而走访被告人住所地则是案发后被告人一方对于事态性质和发展有一个说法或者预判，这些信息会通过其本人或亲友传递给住所地周围的群众。所以，走访被告人住所地群众也是了解被告人一方辩护方向的路径。

第七，通过查阅相关案例来预测辩护方向。我国是成文法国家，不认可已生效案件具有判例的法律效力，但是，类比人类的基本思维逻辑，也是体现量刑均衡和法的公平正义的重要尺度。对于被告人有利的相类似案例，被告人及其辩护人很可能收集后当庭提交、宣读。对此，公诉人一方面要全面收集相关案例，有利的、不利的都要了然于胸，而且，对于两种类型的判决理由，要能非常深入地剖析，寻找有利判决的差异性、不可比性，论证不利判决的科学性。

第八，通过了解被告人、辩护人的阅历、职业特点来预测辩护方向。一个人知识结构决定了他的思想，一个人的阅历决定了他的知识结构，通过了解被告人及其辩护人阅历、知识结构、行事方式，可以初步判断出被告人及其辩护人可能采取的辩护策略，再进行思考他们贯彻这种辩护策略可能的路径。

第九，通过征询审判人员的意见来预测辩护方向。除了控辩双方外，审判人员是最熟悉案情的，而且，审判人员的专业性和中立性，可能会使他更容易发现、阐发一些比较客观的意见。对于重大复杂疑难案件，如果适当抽象后，就某类型化的问题听取审判人员的意见，一定会有所启发。

【办案随想】

这些都是公诉人借以了解辩护方向的途径，在具体案件中究竟通过哪种途径来预测辩护方向，是要具体情况具体分析的。有的时候，需要通过多种途径来实现预测的目的。

预判力是一项非常重要的能力，也绝对能体现一个公诉人能力和水平的高低。但是预判一定是基于前期积累和个案信息上的预判，而不是完全的瞎想。就具体办案而言，公诉人限于时间精力所限，不可能，也不必要穷尽所有手段去预判辩护方向、辩论焦点。正如前面所述，“以正治国，以奇用兵”，把案件办成铁案才是真正的硬道理，只有在案件被办成铁案的基础上再来谈预测辩护方向、辩论焦点才显得特别有意义。否则，再好的预测也都是杯水车薪，无法解决根本问题。

（执笔人：潘申明）

168. 常见罪名有哪些常见辩论焦点?

（1）强奸案的常见辩论焦点

①有无发生性关系，因为有的女性被害人缺乏证据意识，事情发生后觉得心理难以承受，先洗澡，结果把证据消除了，对此，公诉人要综合全案情况，如强奸当时的动作，持续时间，被告人是否阳痿，女性被害人反应，女性被害人案发后与周围亲友叙说情况，综合分析才能论证强奸罪是否成立。

②承认发生关系，但是通奸，这在熟人之间强奸比较多；对此类辩解，公诉人要结合两者之间的关系，分析被害人是否有自愿与男性发生不正当性关系的可能，犯罪行为发生的时间、地点选择，整个过程女性意志起到多少影响作用等，发生关系时双方的对话和表现出来的行为等。

③承认发生过关系，但被害人是从事某特定行业的失足妇女，双方是卖淫嫖娼行为；或承认发生过关系，也使用过暴力，但使用暴力是因为嫖资谈不拢，而不是因为不愿发生关系，不构成强奸，对此类辩解，公诉人要分析被害人是从事有偿陪侍还是直接卖身，被告人是只支付了有偿陪侍的费用，还是支付了远高于有偿陪侍“小费”的嫖资，而且即便是失足妇女也不代表不可以成为强奸行为的受害者，性权利神圣不可侵犯不是良家妇女的专利等。

④承认发生过关系，辩解开始是男性想发生关系，但是发生关系时女性先是半推半就，后又采用女上位发生的性关系，女性表现了积极主动，非常享受，所以，不构成强奸。对此类辩解，公诉人要针对发生关系的特定时间、空间场所，如果女性不配合会招致怎样的后果，强奸只要求采用暴力、胁迫手段，违背妇女意志，强行与之发生性关系。被害人在特定时空下，为了避免更大的伤害，不得已采取了配合被告人的行为，并不代表其内心的愿意，在综合被告人的所作所为，分析如果被害人不配合可能招致的后果来论证指控的成立。

⑤承认发生过关系，但是女性是自愿的，因为女性提出被告人要发生关系的话就戴安全套，男性是听取意见戴上安全套发生关系的，所以，双方是自愿的，被告人的行为不构成强奸。对此类辩解，公诉人要跳出安全套这个情节，来分析被告人是否对被害人实施了暴力、胁迫行为，被害人的意志有无被违反，案发后被害人是在怎样的情况下，距离强奸结束多长时间报的案。同时指出，女性戴安全套是为了避免损害进一步扩大，如防止艾滋病，防止怀孕，是

一种止损行为，被害人提出戴安全套，不仅不能证明女性是自愿的，反而说明女性可能是不自愿的，不愿意有直接肉体的接触，被害人是客观理性的，其报案行为也是其独立意志的结果，是其真实意愿的表露。

⑥共同强奸案中，部分被告人承认发生性关系，也构成强奸，但没有轮奸行为，各被告人是单独各自与被害人发生关系的，对此类辩解，公诉人要从各被告人事前的预谋，到发生关系时的商量和具体行为来分析论证各被告人之间主观上的意思联络，客观上的依次轮流违背妇女意志强行发生性关系的行为本质；有时未能实际发生性关系的被告人不承认构成强奸罪共犯，更没有轮奸情节，最多是强制猥亵，对此类辩解，公诉人要客观分析其不能实际发生性关系的原因是自愿终止还是客观不能，如饮酒过度无力，导致未能插入，同时依照共同犯罪的理论，论证基于共同犯罪的故意，其应当对同案犯的行为承担法律责任，构成强奸既遂。

（2）盗窃案的常见辩护焦点

①辩解是职务侵占不是盗窃，主要是有单位职工参加的情形，主要关键点在于是利用职务上经手、管理被盗财物的便利还是利用工作上熟悉场所等的便利；②辩解是盗窃未遂，对于作为现行犯被抓的被告人可能就会提出盗窃未遂的辩解，公诉人对此要指出盗窃是否既遂并不是从被告人是否最终盗窃成功而不被发现来判断的，主要是失主是否因为被告人的盗窃行为丧失了对财物的控制；③盗窃数额或财物的价值，尤其集中在多名被告人实施盗窃，而未全部到案的情况下，对于盗窃数额可能不同被告人之间，被告人与被害人之间都会有不同的说法。盗窃财物被卖掉或扔掉，而被害人提供不出发票的情况下，估价报告经常成为辩方质疑的对象。

（3）抢劫案的常见辩护焦点

①暴力手段不明显，是抢夺而不是抢劫；尤其是利用机动车等，对被害人穿戴的项链进行拉扯，而不顾被害人可能受到的身体伤害的情形；②对于未直接实施暴力而采用暴力胁迫手段实施的，辩解是敲诈勒索，不是抢劫；③抢劫数额不大或未抢到财物，作为侵财型犯罪，属于情节显著轻微，不认为是犯罪；④转化型抢劫中，是否在犯罪现场，是否为抗拒抓捕或逃离现场，是抢劫未遂还是既遂等。

（4）故意伤害案的常见辩护焦点

①是正当防卫；②被害人有过错；③伤势鉴定意见；④没有伤害故意，是过失或者意外事件。

【司法实例：郭某故意伤害案】

郭某，男，1959 年出生，某工厂车间主任，2009 年 8 月 12 日因管理中与下属曹某发生口角，继而相互殴打。郭某随手拿起桌上剪刀刺向曹某，随即被人拉开。后曹某离开车间，在门口摔了一跤，到厕所后晕倒。经送医院诊治抢救脱离危险，曹某系锐器戳伤，气血胸。该案因为起因于管理中的口角，所以，派出所民警来了以后只当一般民事纠纷处理，血衣等全部没有保留，也没有立案，只是普通地询问了事。后来事态扩展，双方无法在民事赔偿上达成一致，经鉴定，被害人曹某构成重伤并到处告状。公安机关立案后，对郭某取保候审。但郭某对是否是其拿剪刀将曹某戳伤一直语焉不详。

【分析】

这是一起多发性的同事间伤害案件，所以，公安机关一开始把它作为治安案件处理，导致血衣、剪刀都没有当时封存。之后等伤势好了，鉴定为重伤再开始取证，就带来一系列问题。

考虑到犯罪行为人与被害人本系同事，郭某为中层干部，公司也希望大事化小，和谐处理。我们多次找郭某，让郭某把民事赔偿赔好，然后再考虑刑事上从轻处理。但是，由于事发后郭某一直在公司上班，也没有赔一分钱。所以，对于检察机关的建议郭某置之不理。当时，公司表示愿意承担7万元，让郭某承担1万元，郭某不愿意，导致被害人情绪非常激动。为此，我们分析全案材料后，认为虽然殴打地和晕倒地不在同一处，但都在公司，处于比较近的时间段。而且，郭某对拿剪刀打架的事情供认不讳，法医鉴定是锐器刺伤，厕所显然没有锐器。分析认为郭某之所以有恃无恐，是因为审查逮捕阶段，公安机关报捕，检察机关认为证据不足不予逮捕。所以，我们断然决定对郭某实施逮捕。等我们宣布完逮捕决定后，犯罪嫌疑人郭某当场跪在地上号啕大哭，悔恨不已，不停地讨饶。笔者让承办人除了逮捕后履行程序的提讯外，先不要刻意去接触他。果然，不到一个星期，他表示愿意认罪。当时，我们就跟他说了，案件必须向同级法院提起公诉。后郭某被以故意伤害罪判处有期徒刑3年，缓刑5年，郭某向被害人支付民事赔偿金12万元，郭某表示服判。

（执笔人：潘申明）

169. 受贿罪有何常见辩护焦点与应对策略?

受贿案件常见辩护焦点主要有以下几个方面：

（1）主体之辩——身份性质、单位犯罪

主要有不是国家工作人员，属于非国家工作人员受贿，尤其是当利用职务上的便利为他人谋取利益和收受贿赂存在较长时间差，其间，被告人身份转型，由国有公司、企业、事业单位的工作人员转为非国家工作人员了，或者现在虽然还在国有公司、企业、事业单位工作，但系聘用制。也有辩解受贿主体不是自然人而是单位，这类辩护主要是当法人代表个人受贿或者含有法人代表或者单位负责人在内的少数几个人共同受贿的情形。在村干部职务犯罪中，关于其行为性质的辩解也是经常的，因为如果是采用非法占有为目的的侵财行为，可以根据款项性质来认定是贪污还是职务侵占。但是，受贿就很难区分，争议较大，侦查人员和公诉人要特别注意。

【办案随想1】

受贿罪的主体要件是否符合是我们查处职务犯罪时必须首先解决的问题。作为公诉人面对一些可能有争议的身份角色在审查主体要件时要尤其注意，不能顺着自侦部门的思路往好的想，而是要站在犯罪嫌疑人的角度考虑问题，他们可能从哪些角度进行质疑，作为公诉人你有什么东西证实受贿人是以国家工作人员身份收受的贿赂，而不是其他身份，这种特殊身份要求和收受贿赂之间如何建立坚实的联系。而且，对于其身份除了犯罪嫌疑人供述以外，有关任命文件、所在单位岗位职责说明等书证材料非常重要。而且，可以在犯罪嫌疑人供述、行贿人笔录中将行受贿行为与其特殊身份性质进行加固，具体可以：首先，肯定是因为受贿人的特殊身份，所以才行贿；其次，肯定如果受贿人没有这种特殊身份，将不会送财物，或至少不会送这么多的财物。受贿人供述中也要强调其对行贿人行贿原因和目的有明显的主观认知。

（2）客观行为之辩——没有利用职务上便利，是正常地履行职责；没有为行贿人谋取利益或者没有为行贿人谋取非法利益

主要是辩解被告人是正常履行职责，没有违反法律、法规，没有给国家造成损害。

主要是一些行为人行贿后尚未提出明确的请托事项，或者虽已提出明确请托事项但是受贿人尚未着手办理的情况。或者提出没有为行贿人谋取不正当利益，一切都是在依法办事。

针对此种情况的应对说明如下：

“审判长，刚才公诉人认真听取了被告人某某某的辩护人意见，辩护人提出被告人某某某虽然有收受行贿人某某某财物的行为，但是，并没有因此违反国家法律、法规，是正常履职行为。所以，被告人不构成受贿罪。公诉人认为这种观点是完全错误的。受贿罪的犯罪客体是职务行为的廉洁性，《刑法》打击国家工作人员受贿罪，就是因为国家工作人员违背了公务人员廉洁性要求收受当事人财物。在有的国家，有受贿枉法罪和受贿不枉法罪的区别，在我国只要利用职务上便利，为他人谋取利益，收受他人财物达到法定数额就构成受贿罪，至于是否枉法是另一个问题，如果枉法符合一定条件其行为同时构成渎职

罪，适用数罪并罚。所以，是否枉法不影响受贿罪的构成。”

“审判长，受贿罪中的为他人谋取利益，根据相关司法解释规定，这个利益可以是已经谋取的利益，也可以是将来打算谋取的利益，为他人谋取利益是一个主观要件，并不需要客观上已经为他人谋取利益。所以，辩护人以被告人没有为行贿人谋取现实的利益而否认受贿罪的成立，其理由是不能成立的。”

“审判长，辩护人一直强调受贿人没有违背法律法规为行贿人谋取不正当利益，行贿人所获利益也是理所应当的，进而否认受贿罪的成立。公诉人要提醒被告人及其辩护人注意的是，今天我们开庭审理的是被告人某某某涉嫌受贿一案，而不是行贿人某某某涉嫌行贿罪的案件，受贿案件的核心是有无利用职务之便为他人谋取利益，同时，收受他人财物，至于为他人谋取的利益是否正当不是定罪的要件，当然，应该在量刑上有所体现。”

（3）关于贿赂款性质之辩——辩解未收受财物，是纯粹人情往来

检察机关查明的赃款只是行受贿双方之间的民间借贷，甚至还保留“借据”、“欠条”、“收据”，或者是双方当事人经济上的合作等。

辩解贿赂属于人情往来，尤其是当行受贿双方已经认识多年，在权钱交易过程中也已经形成了比较稳定的利益共同体的情况下。对此类辩点，公诉人要明确指出贿赂和馈赠的界分：贿赂的本质是权钱交易、馈赠的基础是亲情友谊；贿赂是双方互有所求的双方有偿行为，馈赠是不图回报的单方无偿行为；贿赂的数额大小以行贿人所希望谋取的利益大小决定，馈赠多少是由赠予方经济承受能力决定的。

针对此种情况的应对说明如下：

“审判长，辩护人提出起诉书指控的第几笔犯罪事实是借款，有借条为证。公诉人提醒法庭注意的是，被告人身为……其家属工作单位是……总体经济状况良好，而且，我们侦查人员在侦查过程中发现，在本笔所谓的借款发生期间，被告人家的银行存款一直保持着大于该笔借款的额度。很难想象，存在一种为了借款而借款的情况，要解释这个问题只能有一种说法，就是起诉书指控的被告人借款是假，受贿是真。”

“审判长，人情往来和贿赂款的确在性质上有天壤之别，人情往来体现的是我们中华民族的礼尚往来传统美德，贿赂款反映的是权钱交易的肮脏行径。公诉人无意纠结于被告人与行贿人之间是否存在纯粹的友谊，是否是哥们儿，是否是朋友，但是公诉人可以肯定的是他们之间一定是存在一种权钱交易。我们要清楚的是并不是只要受贿人和行贿人之间存在私交就可以将贿赂归为人情馈赠，而是只要他们之间存在交易，哪怕他们之间存在一定的私人友谊，也仍然构成受贿。也就是说，如果受贿人不在其位，不为他谋取利益，行为人仍然

会将这些款物送给受贿人，才可能说明这是真正的友谊，但是，我们从行受贿双方的笔录中都可以清楚地看到。一方面是感谢他的帮助，另一方面还希望他继续给予关照。所以，公诉人认为辩护人认为起诉书指控的第几笔犯罪事实不成立的理由是站不住脚的。”

“审判长，辩护人提出起诉书指控的第几笔犯罪是人情往来，公诉人提醒合议庭注意的是，虽然这笔犯罪事实发生的时间是过年过节，但是，人情往来应该是来来往往，礼尚往来，现在行受贿双方之间，只有来，没有往，是来而不往非礼也，怎么能说是人情往来。而且，人情往来有一个度，超过了这个度，性质就变了，根据我们了解行贿人与其家人亲友之间每年过年过节人情往来价值在……左右，而本案行贿人给受贿人的款项远远超过这个数，公诉人认为无论从社会一般标准还是行贿人个人标准，其给受贿人的过年过节打点费都是过高的，而且只有单向的，所以，这笔款项应该认定为贿赂款，而不是人情往来。”

(4) 辩解已经上交廉政账户（有的叫“581”谐音“我不要”、“510”谐音“我要廉”、“981”谐音“就不要”）

收到贿赂款后及时上交廉政账户，因此可以推定上交人对款物没有占有故意，考虑到现实当中退还赃物的困难，在司法实践中明确此部分款项不予认定为贿赂款。有争议的是，受贿人在收到款物时没有及时上交，等到风声很紧了，相关人员已经被纪检监察或者检察机关找了才临时抱佛脚，上交款物。此种情形，不应在受贿款物中扣除，因为受贿故意明显，事后上交不影响定性。

【办案随想 2】

各地廉政账户是针对那些在实践中的确存在拒贿难而推出的，国家工作人员对于那些无法退回或者不便退回的款项，采用上交廉政账户的方式表明自己职务行为的廉洁性，没有贪财的意念应该是可以的。在实践中对于上交廉政账户的款项也是予以扣除的，但是有一点必须明确。上交廉政账户与退赃一样，不能单纯以结果论，上交了就予以扣除，而是应当结合上交的时间来判定行为人的故意。如果收受款项和上交廉政账户之间时间差距很大，而又不能作合理说明的，我们认为仍然应当予以认定。在实践中碰到一个案件，某国家工作人员为了一笔 6 万元的贿赂款，收后过了一年，发现身边有人进去了，很担心，把钱款退回行贿人。风声过后，行贿人完璧归赵，他又收了，过了几个月，又有人进去了，他又提出退回，行贿人又拿回去，风声过了以后，行贿人再次把存折给他，他又收了，直到案发前几天，他又把存折还给行贿人。立案后，他提出已经退还行贿人，要求将该笔款项扣除，我们研究认为这种反反复复，不仅不能表明他有退赃的故意，反而表明他受贿故意非常明显，每次所谓的退赃都是“虚情假意”，收受贿赂才是“真情实意”。

（执笔人：潘申明）

170. 法庭辩论应掌握的策略与技巧有哪些？

法庭辩论是依据法律规定，在审判长的主持下，控辩双方立足各自职能，根据法庭调查情况，围绕犯罪事实能否成立，被告人是否实施了犯罪，犯罪的性质，罪责的轻重，量刑情节，各量刑情节对被告人量刑的影响，以及被告人最终应当被判处的刑罚等展开论证和辩驳的活动。法庭辩论是整个庭审活动的高潮，也是充分展示公诉人素质、法庭辩论水平高低的环节，是检验检察机关案件质量和公诉队伍能力水平的关键环节。所谓的庭审是否精彩，多数讲的就是法庭辩论是否精彩，因为在这个阶段，公诉人自由发挥的空间大，面临的挑战也最大。所以，如何更好地开展法庭辩论是我们每一个公诉人以及分管公诉的领导必须认真思考的问题。

（1）要利用公诉人首先发表公诉意见先声夺人

公诉人要充分利用法庭辩论时制度设计由公诉人先发表意见的机会，以起诉书为基础，根据法庭调查的情况，从证据和法律角度对公诉观点作进一步的论证。

（2）充分准备，适时抛出，注意运用第二轮、第三轮法庭辩论完整展示公诉意见

法庭辩论先由公诉人发表公诉意见，虽然前面已经说发表公诉意见可以先声夺人。但是，我们要清醒地认识到先声夺人适用的情形是在所有辩方观点通过审查起诉、法庭调查阶段已经完全摸清了，双方观点鲜明。通常情况下，对于一些疑难复杂的案件，特别是有辩护律师的案件，其辩护观点必须在第一轮辩护意见发表之后才清晰表露出来。所以，公诉人在发表第一轮公诉意见时，对于可能出现而尚未出现的辩护意见，无须通过“自说自话”的方式展示该辩点的不成立，如果公诉人通过自己假设一个辩护观点，然后论证其不成立，论证充分，辩方可能不再提该辩点，让法庭和旁听群众觉得浪费时间。

（3）如果被告人、辩护人辩点明显不成立的，果断回应，直接反驳

通常起诉书指控的犯罪事实都是经过几道程序严格把关的，总体上应该不差。所以，在实践中个别被告人出于趋利避害的本能，在法庭上作垂死挣扎，辩护律师本着“拿人钱财，替人消灾，消不了灾，帮解解气”的原则，片面追求一种法庭上的情绪渲染，就一些细枝末节的问题，抛出一些似是而非的观点混淆视听。对于此种情形，如果公诉人根据掌握的证据和现行法律可以确定

辩方观点明显不能成立的，要及时断然回应，予以反驳，不能让这种氛围渲染下去。

（4）迂回包抄，增强公诉意见的说服力

针对被告人否认起诉书指控的犯罪事实，但客观性证据比较充分，如果按照被告人辩解，无法解释客观性证据的情形。公诉人可以先就已掌握的真实情况深藏不露，沿着对方虚构的理由设问，对方为自圆其说而继续制造虚假的论据，在让其多说的过程中，不断暴露弱点，产生矛盾。然后抓住其自相矛盾的地方，就被告人认可的客观性证据展开分析，通过证据分析揭示被告人辩解与客观性证据之间的矛盾，自然而然推出被告人一方辩解不能成立的观点，反证了公诉意见的正确性。有时被告人对证人证言内容提出质疑，公诉人可以问："证人某某某与你有无冤仇？关系怎样？是否会存心弄虚作假诬告陷害你？"当被告人回答："无冤无仇，渊源很深，关系不错，应该不会弄虚作假诬告陷害我的。"之后，证人证言的可信度瞬间提高了不少。然后，公诉人再以被告人认可的证人证言开始论证起诉书所指控犯罪事实的成立。

【办案随想】

法庭辩论之所以让公诉人感到有压力，是因为这一阶段对抗性强、变数大。被告人及其辩护人可以有充分的时间展示他们的观点，如果公诉人对于被告人及其辩护人提出的与公诉意见相左的观点不能加以很好地驳斥的话，不仅庭审效果差，而且可能会影响公诉意见最后能否被合议庭采纳。

但是，也正因为如此，法庭辩论才成为锻炼年轻公诉人的最好机会。笔者一直认为保持适度的紧张，对一个人注意力提升和水平发挥都是有好处的。每一起案件，每一个被告人，每一个辩护人都有其不同的地方，如何注意这些差异性，在牢牢把握案件质量关的同时，有针对性地准备和应对庭审过程中可能发生的变化，是每一个公诉人必须时刻注意的。

（执笔人：潘申明）

171. 公诉人如何进行庭审即席答辩？

法庭辩论是审判活动的重要阶段，也是检验检察机关起诉案件质量和出庭支持公诉成败的关键时。"凡事预则立，不预则废"，我们主张公诉人尤其是经验不丰富的公诉人开庭前一定要制作预案，但是，"计划不如变化多"，无论公诉人怎样准备，总会出现意外情况，让公诉人措手不及。为此为了提高庭审效果，提高我们的即席答辩水平是非常必要。

公诉人法庭即席答辩对公诉人自身素质和庭前准备要求比较高。从自身素质角度来说，公诉人必须具备良好的心理状态，比较宽的知识面、较强的综合分析能力和语言表达能力。从庭前准备来说，主要是要吃透案情，熟悉证据，收集和掌握有关法律政策规定，根据审结报告、阅卷笔录，认真制作出庭预案和答辩提纲。在此基础上，努力做到以下几点：

（1）要学会从被告人和辩护人发言中捕捉答辩信息，掌握即席答辩的主动权

首先，要学会认真听取被告人及其辩护人发言，从类型上看，被告人及其辩护人的辩解可以被区分为无罪辩解和罪轻辩解。无罪辩解通常是运用提交新证据或者直接否定控方证据来否定起诉书指控的犯罪事实，当然，也有承认基本事实，但是否认构成犯罪，对于后一种情况，还是比较好处理的，实际上是一个法律适用问题。罪轻辩解一般是被告人或其辩护人承认构成犯罪，但是，否认起诉书指控的重罪名，认为应该认定轻罪名，或者认可起诉书指控的罪名，但是主张还有法定或酌定从轻、减轻、免除处罚的情节。一般来说，被告人及其辩护人对辩护意图往往会直接表露，不过有时也需要公诉人仔细听取，再最后抛出。

其次，要善于抓住辩护方辩护意见中存在的问题。主要是：被告人及其辩护人自身观点或者同案犯间、各辩护人之间观点内容上是否存在自相矛盾或者违反同一性的；被告人及其辩护人提交法庭的证据是否属于未经查证属实不能作为定案证据的材料；是否属于被告人或其辩护人想当然的主观臆断，没有其他证据证实的；被告人及其辩护人的观点是否科学，是否与生活常理、一般规律相违背；看被告人及其辩护人的论点和论据之间逻辑关系是否成立，是否存在“两张皮”的现象；审视被告人及其辩护人援引的法律依据是否有效，能否适用本案。

最后，要善于及时记录有用信息，不能光凭记忆。在法庭上一定要把有辩论价值的内容及时记录下来，并迅速进行归纳整理，构思答辩提纲。

（2）要善于综合归纳，突出重点，及时打腹稿

在法庭上，公诉人根据被告人及其辩护人的信息内容，可以归为不答辩、简单答辩和详细答辩三大类。所谓不答辩的问题，是指公诉人对被告人或其辩护人观点成立予以认可，或者虽然不认可，但是纯粹属于细枝末节，对全案事实认定和被告人定罪量刑都没有多大影响的，从庭审效率角度考虑，不予答辩，交由合议庭依法裁量。简单答辩，是指公诉人在前面发表公诉意见等庭审过程已经阐述过的问题，或者公诉人表示赞同的观点，也可以简单说明下；详细答辩类问题，是指被告人或其辩护人提出的与案件事实认定，被告人定罪量刑有实质性、关键性联系的辩护意见，不讲不足以正视听，甚至可能会误导法庭作出对被告人有利而与事实、法律不符的刑事裁判的问题。公诉人法庭答辩

讲究的是及时应对、准确应对，为了达到这两个目的，公诉人必须在记录信息的同时见缝插针，区分出类型，并打好腹稿，做好标记。

（3）要选准目标，分清主次，善于答辩

法庭辩论中，每个公诉人的语言风格都不一样，但其基本套路都是先用简洁的语言引起辩方、法庭和旁听群众的注意，然后再逐步引入正文，阐述答辩意见，具体方法有以下四种：

①开门见山，直接抛出。例如："审判长，对于被告人某某某（或第几被告的辩护律师）的……观点，公诉人有不同意见"或者"审判长，对于辩护人提出的观点，公诉人答辩如下"等。开门见山，平铺直叙，这种情况适合于控方理由很充分，公诉人觉得有足够的把握通过答辩有力驳斥被告人及其辩护人的观点。

②归纳整理后，逐条答辩。当公诉人面对多被告人、多辩护人，辩护观点比较杂乱时，很难依次一一答辩。此时，公诉人不能让辩护方牵着鼻子走，而应依辩方顺序分别进行主要观点整理、分类后，逐一答辩，共性问题也可以提炼后统一答辩，千万不能脚踩香蕉皮——滑到哪算哪。

③论理在先。对于辩护方提出的有关性质认定和法律适用方面的质疑，公诉人不能回避，答辩时要善于大胆运用法律、法理，阐明依据所在，然后再分析本案被告人相关行为或情节是否符合法律所限定情形，得出检察机关指控意见的正确性。

④把握分寸。辩护方的目的是从轻、减轻、免除被告人的刑事责任，基于这种目的，其辩论观点未免偏激。但是，如果当其辩护意见存有一定合理性时，公诉人不能一棍子打死，比如被告人是取保候审期间脱逃后再自首的，公诉人不能直接说被告人的自首不构成或者不能从轻、减轻处罚。而应依据法条明文规定，具有自首情节的，可以从轻、减轻或者免除处罚，是可以，而不是应当，本案中被告人是在取保候审期间逃跑，然后再归案，从某种意义上说，是一种被采取强制措施期间的到案义务履行，与自首制度设置的初衷相去甚远，所以，虽然他在逃跑后再次投案自首，也不能据此从轻、减轻处罚。

（4）要观点鲜明，层次清楚，善于论证

法庭辩论，抛观点容易，论证观点成立难，公诉人法庭论证公诉意见成立，力求做到：

①公诉意见观点突出，层次分明。比如公诉人在论证起诉书指控被告人构成某种罪时，不要只简单说"检察机关指控成立"，而应指出被告人行为触犯《刑法》第几条第几款规定，法定刑如何规定的，被告人是否具有法定或酌定量刑情节，依据《刑法》规定这些量刑情节会对被告人最终量刑产生怎样的

影响等，论证“犯罪事实清楚、证据确实充分”也是如此，必须依据《刑事诉讼法》、《刑诉规则》的规定，对案件的证据体系进行梳理、展开。当然，如果被告人认罪，辩护人辩护意见与被告人一致的例外情况下，有的辩护人采取了被告人认罪，辩护人作无罪辩解的策略，公诉人也可以针对辩护人意见加以反驳，并说明被告人供认不讳。

②阐述理由充足，引用论据充分。法庭辩论不同于一般的论辩，是公诉人代表国家维护正义，刑事诉讼的基本原则是无罪推定，公诉方负有对指控犯罪的举证责任，所以，所有公诉人在庭上不利于被告人的观点，都必须有充足的理由，充分的依据，否则，宁可三缄其口，或直接认可辩方意见。

③不同观点相互呼应，逻辑严谨。法庭辩论唇枪舌剑，变化万千，为了考虑听众接受信息的有效性，我们通常主张观点鲜明，而且，要善于将公诉意见进行逻辑架构的设计。努力做到每次发言互不矛盾，阐述的观点前后呼应，论点与论据结合紧密，合乎逻辑。

④庭审表现客观公正，实事求是，庭审表现理性平和，不卑不亢。公诉人是法律的守夜人，并非高举屠刀的刽子手，但在被告人亲友眼里，也许会解读出另一种含义。为此公诉人除了在实际处理案件时要客观公正外，还要以客观公正的形式让被告人和社会公众等相信这一点，明白公诉人的立场。在庭审中，公诉人切记不可感情用事，不可偏激地表达观点。既要有效惩治被告人犯罪行为，又要看到有利于被告人的证据、情节和法律规定，对于被告人罪轻情节不要回避，直接抛出，阐明观点。

（5）要区分情形，善于结尾

公诉人注意法庭答辩的结尾可以让合议庭、被告人及其辩护人、旁听群众更加清楚公诉人意见。具体可以采用以下三种方式：

①简单重申。对先前的答辩内容进行简要概括后，再次重申，增强效果。

②表示赞同。“辩护人提到的被告人有……情节，公诉人认为不无道理，合议庭可以考虑。”

③终止式。对于辩方提出的不影响定罪量刑的细枝末节问题或者双方各执一词，无法相互说服的情形，公诉人不要过分恋战。可以说“审判长，辩护人提出的××问题对被告人定罪量刑影响不大，公诉人本着追求案件基本事实清楚，基本证据到位的原则，不在细枝末节上予以纠缠，不再进行答辩”。或“审判长，鉴于被告人及其辩护人对案件基本事实并无异议，对于案件定性与检察机关分歧较大，公诉人在刚刚的法庭调查和法庭辩论中已经反复论证检察机关指控意见的准确性，所以，从提高庭审效率角度考量，我方观点不再累述，请法庭综合全案予以裁量”。“审判长，辩护人的××观点在法庭调查阶

段已经查得很清楚了，刚才发言中我又作了进一步阐述，如果辩护人对此没有新的观点和证据，公诉人不再进行答辩。”

【司法实例：秦某某受贿案】

在该案中，辩护律师当庭提出，其中起诉书指控的主要行贿人黄某与秦某某是发小，在秦某某当局长后每年过年过节送1万元是过节费，是人情往来，不属于受贿，另外20万元属于朋友之间的馈赠。

【分析】

贿赂犯罪是对合犯罪，官员之所以敢行天下之大不讳收受贿赂，除了贪心以外，还要基于行受贿双方之间特定的利益和感情基础，在没有一点感情和信任基础的情况下，官员一般是不会收受贿赂款的。所以，如何区分朋友关系还是行受贿双方权钱交易关系，是人情往来还是贿赂款的确是不能回避的问题，要正面应对。

【处理结果】

笔者听到辩护律师基于秦某某与黄某之间特定关系——从小就认识，而提出的辩护意见，答辩如下：关于20万元是贿赂款还是朋友之间的馈赠问题，公诉人认为，判断一笔款项的性质要看这笔款项背后的根本原因，本案中秦某某与黄某之间从小认识不假，但是，为什么20万元钱是在秦某某当局长期间才送，而不是之前的几十年才送，据我们了解黄某在这之前早已经济实力雄厚。如果秦某某没有当局长，黄某是否还会送这20万元，笔者想肯定不会。秦某某与黄某从小认识并不是黄某送钱的原因，而是秦某某觉得相对可靠，所以敢收钱。黄某给秦某某送钱，然后在工程上得到秦某某关照，获取更大的非法利益，权钱交易的特征非常明显。公诉人提醒合议庭、被告人及其辩护人以及所有旁听群众注意的是，行受贿双方之所以会形成一个利益共同体，进行权钱交易，就是因为他们相互之间已经达成某种程度的信任，已经成为“朋友”，没有这层信任度，如果觉得这个人不可靠，官员一般都不会去蹚浑水。所以，行受贿双方之间权钱交易是实质，其中夹杂着一定的社会上的“朋友私交”是常态的，公诉人认为只要这笔款项是含有权钱交易成分就应定为贿赂款，即使有朋友私交也不能阻却。

同理对于过年过节的人情往来，要结合当地经济和风俗，以及相互之间是否有礼尚往来。在秦某某当局长以前是否一直有人情往来，如果不是，或者明显额度大于公众预期，那么就是贿赂款。本案黄某以前一直没有人情往来，等秦某某当局长才开始走动，且额度较大，应当认定为贿赂款。最后，法庭全部采纳检察机关意见。

（执笔人：潘申明）

172. 公诉人对被告人当庭拒绝辩护人为其辩护的，应对措施是什么?

在司法实践中，作为出庭的公诉人会面对被告人当庭拒绝辩护人辩护，或者要求另行委托辩护人或者指派律师的，此时公诉人应当如何处理呢？一般而言，如果被告人拒绝辩护人辩护后，被告人处于没有辩护人的情况下，此时公诉人应当建议休庭，建议合议庭择日重新开庭。如果被告人在庭审前委托了两名辩护人，只是拒绝其中一名辩护人为其辩护的，仍然可以保障其辩护权，庭审可以继续进行，公诉人可以继续履职。而对于有多名被告人的案件，部分被告人拒绝辩护人辩护的，则应确立如下处理原则：部分被告人拒绝辩护人辩护后，没有辩护人的，根据案件情况，可以对该被告人另案处理，其他被告人的庭审继续进行。重新开庭后，被告人再次当庭拒绝辩护人辩护是可以的，但被告人不得再次另行委托辩护人或者要求另行指派律师，可以由其自行辩护。被告人属于应当提供法律援助情形的，重新开庭后再次当庭拒绝辩护人辩护的，一般法庭是不予准许的，庭审继续进行。

（执笔人：张蕾）

第四部分

综合能力

一、公诉能力基础

173. 如何组织案件讨论?

在司法实践中由于对案件证据的认识、事实的认定、法律适用、案件处理的不同意见客观存在，如何发挥集体智慧，获取最佳处理方案是公诉实践中经常要思考的问题。这里的组织案件讨论限于部门一级，包括科（处）室会议、主诉联席会议、办案小组会议均可适用。组织好一场案件讨论，笔者认为主要要做好以下几项工作：

（1）做好案件汇报前的准备工作

无论是哪一层面的案件讨论，首先都是由承办人汇报案情。承办人能否客观、全面汇报好案件基本情况，是与会者在之后讨论中能否基于全面证据材料作出合法、准确处理方式的前提条件。从保证讨论质量考虑，讨论的组织者应该实现听取案件承办人基本情况汇报，对将要提交讨论的案件基本情况、证据以及案外因素等各方面信息充分掌控。对于案情复杂疑难的，可以让承办人先将起诉意见书、事先整理出来的讨论要点先行印发给各位同志，要求参会同志事先阅读思考，做好参会准备。一次讨论多个案件的，可以将不同类型的案件集中在一起，根据先易后难的原则进行。

（2）做好对承办人介绍案情的设疑辨析

案件讨论是为了获取集体智慧，不是为了给与会人员出考题，所以，组织者和承办人首先必须将事先掌握的案件相关信息毫无保留地提供给各位，以便于决策参考。

为了提高案件讨论效率，组织者在承办人介绍完案情后必须作好补充，补充的内容主要是把承办人阐述的要点和困惑问题拎出来，如果组织者认为除此以外还有需要补充阐述或补充讨论的问题也可讲出来，如果之前或其他地方有相类似的案件应该把相关案情、处理情况和理由一并说明。帮助参与讨论的其他同志尽快准确熟悉案情和所需要解决的问题，提高案件讨论的针对性和高效率。

（3）做好讨论过程中的组织引导工作

一场高质量、高效率的案件讨论一定是组织引导工作做得比较好的。讨论案件因为人员众多，观点纷呈，一些同志想到哪里说到哪里，听到他人说了某个观点，未等人家讲完，本人马上表示同意或不同意等。如果一场人数超过

10人的案件讨论会，缺乏组织引导，同时几个人在说话，场面比较乱那么用一种形象的比喻，就好比“菜市场一样嘈杂无序”。作为组织者，一定要通过组织引导，形成一种井然有序的会场秩序。可以规定承办人先介绍案情和提交讨论的问题，承办人所在小组负责人是否需要补充，组织者视情况决定是否需要补充，然后开始依序发言，发言顺序可以按照资历深浅来，由资历浅的先发言，资深的、有职位的后发言，也可以按照所坐位子，环形地依次来。当然，组织者也可以根据需要点名进行。对于每个人的发言，要安排人员认真做好记录。会议记录的好处是可以帮承办人理清楚与会人员的观点，同时，会议记录必须由与会人员签字确认，然后归档，以促使各与会人员更加认真对待自己的发言，以争取本人发言经得起法律和历史的检验。如此，其准备会更加充分，发言也会更加谨慎。

（4）要善于最后的述评总结

每一次开会都有一个目的，案件讨论会的目的就更为明确，就是讨论案件该如何处理？所以，对于案件讨论会必须形成处理意见，可以是一种，也可以是几个处理方案，每一种处理方案必须阐明可能的效果，以及持该种意见的具体人数或比例。案件讨论会上，会议组织者在每个人都已发表完毕，并征询各位没有新的意见需要发表之后，可以准备结束案件讨论，但结束之前必须根据讨论情况，当场形成一个初步的讨论意见。一则可以统一大家的思想；二则可以通过总结归纳，梳理观点，在梳理过程中，组织者以及其他与会人员可能会受到启发，再次补充观点。

（5）要找机会反馈案件的最后处理结果和效果

在司法实践中，很多事情的处理缺少一个反馈机制，就比如开会，今天开会讨论某个案件的处理，下次案件是否真的根据此种处理方法处理，处理以后效果怎样，除了承办人和领导外不得而知。事实上讨论案件不仅是集中群智处理案件的重要方法，也是同志们相互学习的重要途径。从学习角度来说，如果案件最终处理结果和效果不及时反应，等于考试以后不改考卷，或者改了以后不通报分数，不分析试卷，效果顿减。

【办案随想】

组织案件讨论是一项技术性很强的活，组织者水平高低、会议组织的好坏直接影响会议的效果。一场会议可以解决一个案件，甚至类推解决一类问题，提升整个公诉团队的能力，也可能因为与会者像菜市场买菜一样，天南海北扯了半天也解决不了问题。要提高会议解决问题的效率，不仅会议的组织者要下功夫，而且，汇报者、参与问题的讨论者也必须认真准备，带着问题、带着思路参加会议，然后通过会上获取的新信息，以及与会者之间的相互启发。会议是一个头脑风暴的地方，真心希望每一次公诉会议都能解决问题，提升认识。

另外，因为公诉部门案多人少矛盾非常突出，组织一次讨论会也并非易事，组织者要善于将多个案件、多件事情，分门别类，类型化处理，提高效率。

（执笔人：潘申明）

174. 承办人怎样才能更好地汇报案件?

向领导或者检察委员会等机构汇报案件是每一个承办人都会面临的问题，总体而言，汇报案件必须做到以下几点：

（1）内容客观、全面、重点突出

所谓客观，就是承办人只能客观阐述案件的证据材料情况，不能根据自己的价值判断，认为某部分事实证据已经确实充分，直接下结论，因为万一此判断有误，则可能造成基于此作出的案件处理意见错误。因此，即便是承办人有明确价值判断的案件也必须把该价值判断之所以成立的原始素材毫无保留地向领导及其他与会人员和盘托出。所谓全面，是指承办人对事实、证据负责，在汇报案件时，切忌根据个人喜好，对某些认为不重要的东西不提及，导致听取汇报的领导或同事信息不对称。所谓重点突出，是指承办人不能说因为要求全面，就把案件所有信息材料眉毛胡子一把抓，毫无侧重地等量汇报，一则浪费时间，不合效率；二则因为信息过量导致信息垃圾产生，给与会人员增加辨识难度，影响决定作出的效率和准确性。

（2）观点明确

承办人汇报案件阐述观点必须非常明确，一些承办人在汇报案件甚至在案件审查终结报告的处理意见一栏都暧昧不清，模棱两可，此乃大忌，不符合执法规范化的基本要求。承办人对处理案件必须有明确的意见，这个明确至少是倾向性的，在有几种可能的处理方式中，承办人的倾向性意见是什么，主要理由有哪些。切忌只提交问题，无解决方案。

承办人汇报案件可以首先亮明观点，然后阐述论据。以便听汇报的领导在先了解观点后，形成思考，并根据观点设问引导。

（3）思路清晰

承办人汇报案件是比较全面反映一个人综合素质的机会，很多年轻的公诉人汇报案件喜欢从自己了解的说起，因为案件细节很多，汇报的时候不着边际。领导听了15分钟都还没有转入正题，影响汇报效果。一次好的汇报，承办人必须做到思路清晰，从听汇报人的角度出发，整理要点，观点鲜明，层层递进，形成严密的逻辑。为了强化汇报案件的脉络，承办人可以根据所汇报案件的特点，区分情形采用要件汇报法、证据汇报法或者纲要汇报法。

（4）论理深入、透彻

对于承办人提出的观点，要进行深入论理，从证据、事实认定、法律适用、社会效果等多个角度思考和阐述。要把所有需要领导了解的背景阐述完毕，将每一种可能的处理方案论述透彻。务必把事实、证据、法律依据、案件背景说透彻，这样领导就可以基于汇报的信息快速决策。

（5）让领导做选择题而不是填空题

在检察队伍中，公诉队伍一定是相对最年轻的，年轻意味着激情，同时也意味着社会经验和阅历的缺乏。一些年轻公诉人一碰到问题，自己未作仔细思考就马上求教领导。对于这种做法，笔者认为并不妥当，除非是事态紧急，容不得多思考，必须马上汇报领导，进行紧急处置。一般来说，承办人必须对该问题进行深入思索，对面临的问题产生的原因、可能的处理方式、每种处理方式的事实根据、法律依据和可能产生的效果逐一分析论证，能够让领导听完汇报后直接决策拍板，而不是再布置人员查找资料，为第二次碰头做准备。

【办案随想】

作为一名公诉人一直以在法庭唇枪舌剑引以为豪，但是，在司法实践中，拥有一副驰骋法庭的伶牙俐齿显然还是不够的。对于一名优秀公诉人而言，开好每一个庭是一种能力，开好每一个会更是一种能力。从公诉人成长角度讲，开庭是一种业务能力的积累，而开会时向领导汇报好案情既是一种业务能力的积累，也是一种综合素质的展示。从某种意义上讲，开会与开庭一样，都需要公诉人用心去琢磨，去提高。

就开庭而言，公诉人对于犯罪嫌疑人与辩护人具有一种天然的心理优势。而且，经过长时间的阅卷、讯问被告人等，公诉人是所有参加庭审的人员中最了解案情和证据材料的。通常来说，公诉人出庭保障法律效果应该都是没有问题的，我们所说的提高公诉人水平主要是旨在提高庭审效果。而公诉案件承办人开会时向领导汇报案件可不一样，面对的都是领导、同事，心里有一种无形的压力，这种压力可能会导致思绪上的混乱。也有的公诉人认为反正是内部汇报，就不给予足够的重视，胡乱汇报，导致各位领导、同事在短暂的时间内接收的信息过大，无法消化，或者说思路不清晰，一些信息未全面汇报，导致领导决策出现偏差。即便是所有这些问题都没有出现，如何以比较完美的形式展示自己对案件的把握能力和正确适用法律、政策的能力也是一个挑战。笔者总觉得，作为一名公诉人要不断抓住机会促使自己成长，要像认真对待开庭一样认真对待开会。因为开会也同样可以展示一个人的才华水平和工作态度。

另外，记住无论开会汇报还是个别汇报，不要让领导做问答题，要学会让领导做选择题，情形工作要把几个可能的方案全部展示给领导，并充分表达自己的意见和理由。

（执笔人：潘申明）

175. 如何追诉漏罪漏犯？

追诉漏罪漏犯是公诉人审查起诉工作的重要内容，是检察机关法律监督工作的重要组成部分。追诉漏罪漏犯的成绩体现了公诉人的工作业绩，也是公诉人的法律监督能力和水平的体现。

要做好这项工作，公诉人需要具备以下素质：一是具有良好的法律功底和法学素养。公诉人的法律功底和法学素养在总体上应高于侦查人员，在法学理论方面相较于侦查人员也具备一定的优势。公诉人对于最新的司法解释等要做到烂熟于心，这样才能从侦查人员疏漏的事实和情节中发现追诉漏罪的线索。尤其是实时掌握最新的法律、司法解释的规定，对于最新定罪标准的掌握、数罪并罚的规定等都要烂熟于心，具备对相关法律和司法解释的敏锐性。二是要养成认真细致审查案件的职业习惯，具备强烈的工作责任心和追诉犯罪的职业敏锐性。只有全面、认真、细致地审查案件中的所有证据，不放过任何的蛛丝马迹和追诉的线索，具备强烈的追诉意识，不怕繁难，才能在追诉漏罪、漏犯中做出工作成绩。

（1）如何发现追诉线索

追诉线索的一个重要来源就是证据中的矛盾。公诉人要通过证据判明是单人作案还是共同作案，有没有其他人参与作案的可能性以及有哪些证据显示存在这一可能性。

【司法实例1：金某灵抢劫杀人案】

在此案中，现场勘查并提取的多枚形态完整的鞋印未查明来源；从被告人金某灵家提取到作案工具——染血的手套四只、头套两只。证人方某证实其亲眼所见两被害人同时在家，但被告人金某灵供述两被害人先后回家，也就是说，当两人同时在家时一人作案，同时制伏两被害人存在较大难度，但先后回家，则一人单独作案成为可能。所以，在被告人的供述与其他证据之间存在矛盾时就要重点考虑是否存在被告人一人顶罪，包庇同案犯的情况。

对于这些证据中的矛盾，当时的案件承办人轻信侦查人员的解释而排出了其他同案犯共同作案的可能。最后是在最高人民法院死刑复核期间金某灵检举其亲戚参与抢劫杀人。后发回重审，公安机关抓获了同案犯。

【司法实例2：吴某全故意杀人案】

在此案中，该案从案卷本身证据材料来看，几乎无法发现问题，似乎是一个铁案。但这个案子依然存在问题，至少口供存在矛盾。吴某全和同案犯史某幺在归案后首次供述均称是史某幺与老乡“陈全”作案。且被告人辩称当晚史某幺和“陈全”与老乡吃饭喝酒后一起去抢劫。对于这些细节上的矛盾，公安机关仅简单询问了个别老乡。而且其中一名在接受调查时做虚假陈述，该证人明知当时“陈全”的确是与史某幺在一起吃饭喝酒，因公安在调查，就多一事不如少一事而故意隐瞒。公安机关因为先入为主，所以在询问时草草了事，对于证据中的矛盾没有引起充分的重视。最后是吴某全入狱后遇见同在监狱服刑的真凶“陈全”（真名班春全），案件才得以纠正。所以，只要裁判者根据在案证据构筑的案件事实是不真实的，在案证据之间肯定会有矛盾，有线索，是可以发现的。

(2) 追诉漏罪的技巧

公诉人应当掌握法律、司法解释中最新的定罪量刑标准，因为随着司法解释的变化，原先可能不构成犯罪的行为将会达到定罪标准。而侦查人员可能会因不熟悉最新的司法解释，而遗漏犯罪嫌疑人的相关罪行。公诉人还应掌握司法解释中数罪并罚的规定，这样在应当数罪并罚时，侦查机关仅以单罪名移送起诉的，即可予以追诉。

【司法实例3：庞某某贩卖毒品案】

在此案中，庞某某及其同案犯向某的供述均证实庞某某曾指使向某贩卖毒品，并两次容留向某在其暂住房内吸食毒品海洛因。但由于浙江省公安厅、浙江省人民检察院、浙江省高级人民法院在2009年出台的文件中规定，只有3次容留他人吸毒的才可定罪处罚，故公安机关仅以庞某某容留他人吸毒给予其行政拘留15日的处罚。但最高人民检察院、公安部于2012年5月28日联合印发了最高人民检察院、公安部《关于公安机关管辖的刑事案件立案追诉标准的规定（三）》，根据该司法解释，两次容留他人吸毒应予立案追诉。后公诉人依据司法解释的最新规定，以容留他人吸毒罪予以追诉。

【司法实例4：胡某某单位行贿案】

在此案中，胡某某为了骗取国家出口退税而向海关工作人员行贿。根据“两高”于2012年12月31日发布的《关于办理行贿刑事案件具体应用法律若干问题的解释》第6条“行贿人谋取不正当利益的行为构成犯罪的，应当与行贿犯罪实行数罪并罚”的规定。在案证据显示，胡某某骗取出口退税的行为也已达到立案追诉的标准，后公诉人将相关的线索向公安机关移送，要求公安机关立案侦查。公安机关向国税部门调取了相关的证据，将胡某某涉嫌骗取出口退税的相关事实移送审查起诉，公诉人以单位行贿罪、骗取出口退税罪两个罪名向法院起诉，法院均判决罪名成立。

【司法实例5：王某、陈某二人抢劫案】

在此案中，公安机关仅以抢劫罪移送起诉。二人在抢劫一名出租车司机后将其杀害，公安机关起诉意见书认为系抢劫致人死亡。公诉人在审查案卷时发现，王某供述了其杀害该名出租车司机的原因，称二人从被害出租车司机处劫取钱财后，其认为被害人已经将其认出，为将被害人灭口而将其杀害。陈某也供述了同样的事实，可以相互印证。因此，可以认定二人系在劫财成功后，为了杀人灭口而将被害人杀害，而非在抢劫的过程中为了制伏被害人的反抗而将被害人杀害，二人应构成抢劫罪、故意杀人罪两个罪名，遂将案件退回公安机关补充侦查，后在查清犯罪事实的情况下将二人故意杀人罪的罪名均予追诉。后二人一人被判处死刑，一人被判处无期徒刑，公诉人也因此荣立三等功。

(3) 追诉漏犯的技巧

漏犯通常在共同犯罪的案件中出现。其中一种情况是，漏犯以证人的身份出现，通常这种情况下，侦查机关认为该证人不构成共同犯罪，或者没有意识到证人也构成共犯。公诉人要通过审查全案事实，分析判断证人是否具有共同的犯罪故意和行为。如果经审查认定相关证人构成共犯的，应予立案追诉。由于这种情况下证人的身份比较明确，追诉的难度较小。

【司法实例6：徐某刚故意伤害追诉案】

徐某刚和徐某阳二人系兄弟，二人之父徐某因琐事与老乡王某发生争执，后被王某打伤。徐某阳得知后气愤不过，遂告知徐某刚，让其叫人一起去教训王某。后徐某刚叫来二人与徐某阳一起来到王某家门口，将王某叫出之后，徐某阳即上前殴打王某，徐某刚也踢了王某一脚，其间，徐某阳拿出匕首将王某头后颈部划伤，经鉴定，王某后颈部伤势已构成轻伤。公安机关以徐某阳涉嫌故意伤害罪移送审查起诉。徐某刚以证人的身份出现。公诉人经审查认为徐某刚明知徐某阳系去教训王某，不但纠集另二人随同前往，而且还踢了被害人一脚，既有事先共同伤害的故意，又有共同伤害的行为，虽然其并非直接致伤被害人的行为人，但亦构成共犯，遂予以追诉。后法院也以故意伤害罪判处徐某刚有期徒刑6个月，缓刑1年。

另一种情况是漏犯并未在作为证人时出现，公诉人要注意分析是否存在多人作案的可能性，存在遗漏同案犯可能性时要善于发现侦查机关遗漏或者隐匿证据，从中发现线索，然后通过讯问犯罪嫌疑人获取漏犯的信息。如上文中的金某灵抢劫杀人案和吴某全故意杀人案。这两起案件中均有证据显示有同案犯参与作案。可见，公诉人通过补充讯问犯罪嫌疑人、询问证人等，是可以发现相关的追诉线索的。公诉人要具备敏锐的追诉意识，坚持追查到底，才能既避免冤假错案，又追诉漏犯，一举两得，充分发挥检察机关的法律监督职能。

实践中公诉人还应注意运用手机通讯信息来核查是否存在遗漏的同案犯。

【司法实例7：肖某故意杀人案】

肖某纠集了其妻弟、堂兄3人共同作案。但由于其参与整个作案的过程，供述的细节与现场勘查的客观证据都相吻合。所以承办人一时疏忽，认为肯定不会搞错，不会是错案，因而只草草将肖某起诉了事。但是承办人却忽视了对漏犯的追诉。其实，通过对其手机通讯信息进行核查可以发现其与两名同案犯联系频繁。当天肖某及其同案犯手机通讯基站信息显示3人共同到达案发现场作案。其两名同案犯在肖某归案当天行为反常，都没有结算工资即离开了打工的场所，所以两名同案犯具有重大作案嫌疑。

【司法实例8：刘某贩卖毒品案】

在此案中，刘某拒不供认，被公安机关释放。但其同案犯指认系受刘某指使贩卖毒品，后通过检测刘某手机的内存及SIM卡、SD卡，提取了大量证实刘某贩卖毒品的信息。公诉人又通过调查刘某使用该手机与其他联系人的通讯情况，锁定刘某就是手机的持有人，进而对其进行追诉。

（执笔人：刘浪）

176. 公诉人开好观摩庭应注意哪些事项?

观摩庭的观摩评议活动是检察机关公诉部门岗位练兵的重要形式，也是提升公诉人出庭公诉和能力的重要方式。公诉人接到开公开观摩庭的任务时，应当予以高度重视，做好全方位的充分准备，将之作为展现公诉人的综合能力和水平的重要舞台。公诉人应如何开好观摩庭呢？笔者认为，公诉人要开好观摩庭应注意如下几个方面的内容。

（1）精心选择观摩案件

观摩庭，顾名思义，应当具有一定的观摩性，就是有一定的“看点”。观摩庭的案件一般应当选择一些在本区域内具有一定影响的案件，或者是具有一定争议的案件。当然，并不是所有的疑难复杂案件都适合开观摩庭，有的案件案情复杂，证据繁多，控辩双方之间的分歧众多，案件的审理时间非常冗长。虽然这样的案件也可能具有一定的观摩性，但因为一般的观摩庭安排时间有限，绝大部分要求在半天的时间内结束，庭审时间太长必然影响庭审效果。还有的案件公诉难度非常大，公诉人如果在庭审时无法驾驭，甚至会使旁听的人产生无罪的印象，到时也是相当难堪的。所以，公诉人在选择观摩案件时应当尽可能地选择那些既有一定的争议，但相关的争议又能够在庭审过程中，通过讯问、举证、辩论等环节予以解决的案件。

（2）做好庭前准备

庭前准备工作的好坏能直接影响观摩庭的庭审效果。严格规范的庭前准备是开好观摩庭的重要前提。

公诉人选择好观摩庭后，应当认真细致地审阅案卷，带着问题看案卷，认真梳理、分析在庭审中可能会产生争议的证据及问题以及在举证、质证时辩方可能会提出的意见。

有的案件从起诉到开庭将间隔相当长的一段时间，公诉人可能会对案情有所遗忘，因此，公诉人应当在开庭前的两三天从法院将案卷的卷宗借回重新审阅，熟悉案情，仔细分析梳理与案件有关的法律、司法解释，看看是否有自己没有想到的争议问题，辩方的质疑能否解决。

公诉人在庭前还应认真听取辩方的辩护意见，并从中了解庭审的辩点。如果被告人在庭前供述不稳定的，公诉人在开庭前应当再次会见被告人，了解其认罪态度和其内心最新的思想动态，为庭审做好准备。

（3）精心制作出庭预案

①讯问提纲的制作

讯问提纲的制作要根据不同案件的个案特点进行，要根据被告人的认罪态度的不同，是否可能会翻供，是否作无罪辩解等情况的不同，有针对性地制定。

②举证提纲的制作

举证提纲的优劣体现了公诉人在庭审中指控犯罪的能力。公诉人应当从旁听者的角度来考虑如何安排举证的顺序。举证的目的是让一个事先未接触案件的旁听者在听了公诉人的证据之后能够清晰完整地了解整个案件的案情。举证提纲并没有一定的定式，但要注意分组举证证据的内在逻辑顺序。例如故意杀人案件可以尝试依照杀人动机、行为、现场处理等时间先后顺序进行举证；简易程序案件可以依照定罪证据、量刑证据分组举证；职务犯罪案件可以按照主体、主观、客体、客观等分组进行举证等。

③质证提纲的制作

公诉人要对辩方的质证意见进行事先的预测，具体可从证据的真实性、合法性、关联性及证明力等方面积极准备质证意见。同时，对于庭前辩方提交的证据也要从上述几方面准备质证意见。质证提纲中不但应包含对每一份证据的质证意见，而且还应包含对全案综合证据的整体质证意见和分析。

④公诉意见书的制作

公诉意见书虽有一定的程式，但由于个案争议点的不同，公诉意见书内容也应当具有不同的侧重点。公诉人应当针对案件的争议焦点和重点制作周密的公诉意见书。公诉人还应当形成自己的“公诉风格”，即根据自己的性格特点，制作出既符合案件特点和个案特殊情况，又符合公诉人自己个性特征的公诉意见。

⑤辩论提纲的制作

辩论提纲的制作一定要有的放矢，而要做到这一点，就离不开对庭审焦点的准确预测。公诉人要准确预测辩点，在庭前需要耐心地听取被告人和辩护人的辩护意见，对于相关的疑点，公诉人能够在庭前核实调查的，一定要在庭前就做好，不要让证据、事实存疑的争点出现在法庭上。

公诉人还应仔细审查在案的证据材料，发现证据之间的矛盾和可疑之处，从而准确预测庭审的争议焦点。

如果是舆论关注的案件，公诉人还可以将舆论关注的焦点和争议点作为重点准备的问题，思考如何能够通过庭审的辩论环节有效解决相关的争议或困惑。

（4）塑造公诉人的良好形象

①保持良好的心态

有些公诉人在平时案件的庭审中表现得较好，但在观摩庭中，面对庭下旁听的领导或众多的媒体记者或者同行就会显得有些紧张，这样在庭审时就可能无法充分发挥自己的水平。公诉人在开观摩庭时应当尽可能地调整好心态，将旁听的人员视为普通的旁听人员，尽量地放松。当然也不能太放松，甚至出现许多“小动作”，这也是不妥当的。

②注意仪态仪表

公诉人在出庭时应当严格规范着装，站立宣读起诉书。宣读起诉书时应当语速适中、口齿清楚、精神饱满、抑扬顿挫、庄重有力，给旁听人员留下良好的印象。

③体现气质和素养

公诉人在法庭上应注意体现公诉人端庄大方的气质，语言表述应有理有节，不可得理不饶人。应站在客观公正的立场上发表意见，无须将辩护人的所有辩护意见驳得“体无完肤”，只要给人留下不容置疑、不可辩驳、指控有力的印象即可。

在具体语言的运用上，应当沉着稳重，尽量采用客观的表述，使用法言法语，不能说“外行话”。

(5) 提升庭审驾驭能力

①讯问被告人

讯问被告人是公诉人在庭审中揭露犯罪的重要手段，有时带有“明知故问”的性质。因此，公诉人讯问被告人时，一般应让对方完整地陈述事实经过，但也要注意把握庭审的节奏，不要事无巨细，要抓住重点和关键点进行讯问。在讯问时也要注意问题之间的逻辑顺序，可按照时间的先后顺序进行渐进式发问，对于不同种罪行的，可以按照从轻到重或者从重到轻的顺序进行。

对于被告人翻供或者不认罪的，可选择从被告人承认的、无争议的问题开始进行讯问，然后逐渐过渡到被告人不承认的事实和问题。在具体讯问时也要注意进行政策教育，告知不如实供述的法律后果，通过对细节的追问来揭示被告人的辩解与事实、证据的矛盾之处。公诉人在讯问时也不要抱着一定要被告人当庭认罪的目的。有时，被告人当庭无法对其辩解进行合理解释，就已经反映了其辩解的无理和无力，充分说明其辩解的虚假性，也从反面证明了检察机关公诉部门指控的正确性。

②质证答辩

质证答辩的得体得当首先取决于对庭审焦点的准确预测。对于庭前未能预测到的辩方提出的证据瑕疵应及时灵活地补正，如果庭审中一时无法应对的，可要求进行庭后核实。在庭审中也要时刻注意辩方的观点和意见，应予积极地应答，不可无视辩方的意见和旁听观众的反应而仅依照自己的庭前预案内容进行质证或者答辩，甚至根本不答辩。如果不积极地答辩将会使旁听的人认为辩护人的辩护意见都是正确的，公诉人只能默认而无法应对。公诉人要及时地根据庭审情况灵活机动地调整自己的应对方式方法和策略，快速进行“攻防转换”。

③法庭辩论

经过法庭调查阶段，如果控辩双方的焦点非常突出、激烈，在这种情况下，公诉人应当适时地总结庭审争议的情况。在首轮法庭辩论中就应先对控辩双方的焦点进行总结和概括，并对控辩焦点进行积极应答，阐明控方观点，掌握法庭辩论的主动权。

附：

公诉人出庭公诉情况评议表

<table>
<tr><th colspan="2">项　目</th><th>评分内容</th><th>参考分值</th><th>得分</th><th>备注</th></tr>
<tr><td rowspan="3">一、公诉形象（15 分）</td><td>宣读起诉书</td><td>语速适中、语言清晰、庄重有力</td><td>5</td><td rowspan="3"></td><td rowspan="17">1. 评分时以每一大项为准，无须给出小分。
2. 如遇到简易程序审理案件，无出庭预案，法庭调查部分简化，相应应给分；无证人、被害人出庭，相应应给分。</td></tr>
<tr><td>仪表形象</td><td>着装规范、仪表端庄大方、遵守法庭纪律</td><td>5</td></tr>
<tr><td>语言</td><td>用语文明规范，使用法言法语</td><td>5</td></tr>
<tr><td rowspan="3">二、庭前准备（15 分）</td><td>文书</td><td>文书制作规范、精练</td><td>5</td><td rowspan="3"></td></tr>
<tr><td>预案</td><td>预案严谨、周全</td><td>5</td></tr>
<tr><td>出庭</td><td>准时出庭、材料齐备</td><td>5</td></tr>
<tr><td rowspan="6">三、法庭调查（30 分）</td><td>讯问被告人</td><td>联系指控、语意明确、重点突出、到位</td><td>5</td><td rowspan="6"></td></tr>
<tr><td>询问证人、被害人</td><td>联系指控、语意明确、重点突出</td><td>5</td></tr>
<tr><td rowspan="2">举证</td><td>说明证据来源合法性及证明的基本内容与目的</td><td>5</td></tr>
<tr><td>证据分类（组）清晰、举证具有逻辑性、条理性</td><td>5</td></tr>
<tr><td rowspan="2">质证</td><td>质证有针对性</td><td>5</td></tr>
<tr><td>针对庭审中出现的证据变化情况及辩方质证意见能积极应对，阐明观点</td><td>5</td></tr>
<tr><td rowspan="3">四、法庭辩论（20 分）</td><td rowspan="2">发表公诉意见</td><td>全面、缜密、针对性强</td><td>5</td><td rowspan="3"></td></tr>
<tr><td>根据庭审情况概括控辩焦点</td><td>5</td></tr>
<tr><td>辩论</td><td>针对辩论焦点积极应答，观点鲜明、重点突出</td><td>10</td></tr>
<tr><td rowspan="2">五、庭审效果（20 分）</td><td>庭审驾驭</td><td>庭审力度、节奏把握得当、应变能力强</td><td>10</td><td rowspan="2"></td></tr>
<tr><td>庭审效果</td><td>体现法律效果、政治效果、社会效果的统一</td><td>10</td></tr>
<tr><td>合计</td><td></td><td></td><td>100</td><td></td><td></td></tr>
</table>

评议参考等次：90 分以上为优秀；80 ~ 90 分为良好；60 ~ 80 分为一般；60 分以下为不及格。

（执笔人：刘浪）

177. 公诉环节如何防范涉检舆情风险?

公诉环节风险评估预警，是指公诉部门在办理案件过程中，对所办案件发生涉检信访以及其他不稳定因素的可能性进行预测分析，制定相应的工作预案，及时提出对策和建议，化解矛盾，消除不稳定因素，努力使公诉案件的处理达到法律效果和社会效果的有机统一。在公诉环节注意风险评估预警不仅是有效掌握并及时化解公诉案件中存在的社会矛盾的基础，也是减少整个检察机关涉检信访舆情风险的关键所在。

(1) 在风险预警的范围上要坚持全面与重点的结合

总的来说，公诉环节涉检舆情风险评估预警范围包括公诉部门办理的所有案件，也即公诉人应当将涉检舆情风险评估预警工作作为案件日常审查的基础性内容，在审查起诉环节全域、全程一以贯之。

同时，为提高实效性，公诉人尤其应当注意以下几类特殊案件：一是社会关注且影响重大的案件，包括涉及因突发事件（如在押人员伤亡、办案人员遇袭）、公共卫生事件、重大责任事故、可能发生当事人自杀等情形而引发社会关注的案件等；二是涉众型案件，主要是因群体性事件（如农村集体与政府、企业或者农村集体之间因纠纷升级引发犯罪行为的事件、村与村之间的群体斗殴事件等）而可能引发非正常访、越级访、群体性上访、进京访案件，其典型案件如被害人数或涉案人数众多的集资诈骗案、合同诈骗案、非法吸收公众存款案、非法经营案等；三是公诉部门作出相应决定，有可能造成涉案相关人员缠访缠诉的案件，如有被害人的不起诉案件，有被害人或者告发人建议侦查机关撤销案件、追诉漏犯、漏罪案件，被害人要求抗诉而检察机关未提起抗诉的案件等；四是有可能引起群体性事件或个人极端行为的案件，如因相关政府部门官员的渎职行为，造成人民群众人身、财产损失的案件，被害人遭受人身、财产损失而被告人没有能力赔偿的案件等；五是可能引起网络、媒体介入或炒作而影响检察机关或党和政府形象的热点敏感案件；六是其他承办人认为存在影响社会稳定隐患或者可能引发涉检信访，需要进行风险评估的案件。

(2) 在风险防范对象上主要审查八项因素

一是审查管辖权的归属，防范越权执法的风险。二是全面分析基本事实和证据，准确把握法律政策，防范罪与非罪的风险。三是审查是否具有对党、政府和检察机关形象、国家对外关系等可能产生不良政治影响的情形，如群众向公诉部门检举揭发的相关人员贪污、贿赂或侵权渎职但查无实据的案件，应予特别关注。四是审查是否具有可能引发涉检信访、群体性事件、媒体舆论炒作等不良社会影响的情形，对于在全省、全市、全县影响较大的敏感性案件和新闻媒体关注的案件，就应特别关注。五是审查是否具有可能引发犯罪嫌疑人及其亲属与被害人及其亲属之间矛盾升级、引发新的犯罪案件等情形。六是审查是否具有犯罪嫌疑人、被害人、重要证人可能突发严重疾病、意外死亡、自杀、自伤等影响办案安全的情形。七是审查侦查活动是否存在重大违法行为（如刑讯逼供、暴力取证、超期羁押、取证行为存在重大瑕疵等）；办案中发现侦查、审判人员违法、违纪、确定为错案追究相关人员责任的案件，应当特别予以注意。八是审查是否具有其他可能导致不良社会影响的情形。

当然，由于每个案件都具有自身的特殊性，风险隐患产生的原因不尽相同，因此，需要对案件进行分类评估、分类预警，依据案件的特点制定不同的化解矛盾和风险防范应对措施，逐步将风险评估预警和应对措施做到制度化、专业化。

（3）在风险防范措施上外联内查，多管齐下

公诉人要防范涉检舆情风险首先要注意审查案卷材料，通过书面材料查看，一看当事人及其家属等相关人员对案件处理的基本态度，与司法机关处理基调一致的，风险就小，相关人员心理预期与司法实际处理差距比较大的，风险可能就大；二看当事人利益与案件处理结果的关联度，关联大的风险就大，关联小的，风险就小；三看当事人个性，个性强的，有偏执倾向的，风险就大，反之就小；四看职业，有正当职业，一直循规蹈矩的，通常对司法机关信任度就高，风险就小，而无业的经常游离在社会上的，反社会情绪，对司法机关的信任度相对可能会低，风险就可能相对会大。而且，除了查看书面材料外，更要通过面对面与相关人员接触，直接获取信息。在提讯犯罪嫌疑人时应当多问一句他以及他的家属等相关人员对整个案件处理的基本态度。

公诉人在做好审查工作的同时，要注意相关信息的汇总，要增加与侦查人员、行政执法人员、本院信访部门之间的沟通。因为一个信访事件的形成不是突然瞬间形成的，他一定有一个过程，一定会有先兆和迹象。与行政执法人员和侦查人员的联系一方面是获取信息，另一方面也是及时反馈现在的情形，如有必要的可以建议和敦促他们提前做好防范工作。如果又涉及相关当事人民事权利保障的，确有必要的可以帮助联系法院，联系法律援助机构，提供必要的法律帮助，实现维护当事人正当合法民事权益的效果。就检察机关内部而言，公诉部门要加强与控申部门的信息互通，既要保持定期信息通报制，也要有特定信息随时沟通制度，充分发挥两部门各自的优势——公诉部门对案件情况的全面掌握和控申部门应对涉检信访的工作经验——共同制定防范和应对风险的预案，及时消除隐患，最大限度地把问题解决在萌芽状态，将可能发生的风险降到最低。

公诉案件承办人，除了前面所述的要加大对相关信息的收集外，还要立足办案，从以下几方面着手防范执法办案引发的涉检舆情风险：一是加大执法办案的释法说理工作力度，要主动约谈、走访当事人和近亲属，听取他们意见，做好思想工作，将法律、政策宣传贯穿于执法办案全过程，防止在执法中因工作不到位而引发群众不满；二是认真贯彻落实刑事和解、检调对接等工作机制，认真回应当事人的合理诉求；三是把握正确的舆论导向，加强涉检舆情引导，防止不实信息扩散。

（4）涉检舆情风险评估程序的启动与评估

根据内容的不同，可以把风险评估分为对案件风险的评估预警和对社情民意反应的评估预警，前者主要由案件承办人负责，由办案人员对办理的每起案件，在审阅案卷文书后，根据基本案情、涉嫌罪名的法定刑以及当事人和近亲属对拟作决定的态度等进行风险评估，对可能引发风险的案件，纳入预警范围，由承办人提出风险评估意见和化解措施，报主管领导审批后，启动个案预警程序；后者主要根据控申部门对来信来访进行月汇总、季分析，掌握信访群众的情况，对倾向性、苗头性、预警性信息和已发生的涉检上访信息进行广泛收集、整理、分析、评估。

执法办案风险的评估。一是承办人审查案卷后，根据案件事实和证据，拟定风险等级，并根据风险等级的不同，制定相应的工作预案，填制《执法办案风险评估表》，对存在风险的理由逐一说明，并制作《执法办案风险预警报告》，在规定期限内分别报部门负责人审核和分管副检察长审批，情况紧急的于当日报请审批。案件评估后，实行动态预防处置，承办人根据案情变化和社会舆情及时调整评估等级，作出相应的风险预警，拟定具体的应对措施，全程跟踪处理。二是在内容上实行重点评估。承办人根据最高人民检察院《关于加强检察机关执法办案风险评估预警工作的意见》，对其中所列的12项重点评估预警案件，对8种可能引发办案风险的案件作为评估重点，提出评估意见，由本部门研究决定案件风险评估的等级。

根据风险评估的等级，对重大风险等级的案件，及时制定预案，详细列明案件当事人的基本情况及主要诉求、简要案情和拟作出的案件处理意见、可能引发风险的情况及原因、拟化解的方案及稳控息诉措施，部门负责人在审批过程中同时对承办人自己确定的风险等级适当性进行审查，并对风险等级一并进行审批，再交分管检察长审批。根据审批决定，制定风险防范布控措施，由承办部门对案件实行“三定一包”（定人员、定责任、定时限、包息诉）。必要时，可以召集风险评估会议进行分析论证，研究确定相应的防范、控制与化解措施。检察委员会在讨论研究案件时，也可以一并讨论风险评估意见及化解方案，并确定执法办案风险等级及化解方案。评定风险等级后，对可能存在涉检信访情形的，公诉部门应与控申、政工、技术等部门做好网络舆情监测及相关人员的劝导工作，使涉检信访关口前移，将矛盾尽量化解在源头。控申部门要主动与案件承办部门联系，共同研究修订和完善信访预案，配合承办部门做好信访人或案件当事人的息访息诉工作。对重大敏感案件涉案人员、可能引发群体访或越级访的人员，建立专门档案，在重大活动等敏感时期，及时启动防范布控措施。对评估风险等级为一般风险的案件，承办人应及时向主管检察长汇报，由案件承办部门或承办人对有关证据认定、法律适用、结案理由等向当事人做好释疑解惑和法律政策教育工作。

公诉部门将执法办案风险预警工作预案及时送达本院控申部门备存，便于控申部门及时掌握情况和做好接待信访人的工作。对办案风险涉及检察机关以外的单位，应向相关单位发送《公诉案件风险预警函》。

承办部门在作出案件处理决定3日内，将办理情况反馈控申部门，由控申部门对整个执法办案风险评估预警工作进行总结。

【办案随想】

公诉之所以是检察机关的核心标志性职能，是因为公诉环节上承侦查机关、下接审判机关，不仅要与犯罪嫌疑人、被害人接触，更要与辩护律师当庭对抗，而且，公诉环节的处理结果无论是向同级法院提起公诉，报送上级人民检察院，还是作出不起诉决定等，对当事人来说都是影响深远的，所以，公诉环节的审查环节和处理决定，乃至公诉人的一言一行都是当事人也是社会公众非常关注的。作为一名优秀的公诉人我们不仅要关注案件实体处理上的公正性，也要注意案件程序适用上的正当性；不仅要注意执法办案本身的质量高低，而且还要注重展示给其他司法机关、案件当事人、律师等诉讼参与人以及社会公众的公正、清廉、务实、高效的良好形象，提升自身和检察机关执法公信力。

（执笔人：江海昌）

178. 专业公诉组建设有何意义？

职业化和专业化是检察队伍建设的方向，就专业化而言，个体的专业化很重要，但仍有局限，就公诉而言，专业公诉组是非常契合公诉实践需要的。

首先，专业公诉组可以提升公诉人办理案件的效率和水平。通过让公诉人在一定时期内集中办理某一类或某几类刑事案件，公诉人对所办案件可以进入比较深层次的研究探讨，由于频繁办理这类案件，相对碰到的问题也较多，对这类案件办理的经验积累和水平提升会有很大帮助。同时专业公诉组的公诉人由于长时间办理一类案件，分析问题和解决问题的熟练程度大幅度提高，办案效率会有很大改进。

其次，专业公诉组可以通过以点带面，实现公诉水平的整体提高。既然是公诉组，那么就一定是一个组合，在这个组合中高水平的负责人通过总结提炼和传帮带，可以将自身个体的高水平办案技巧教授给同组的其他同志，促进年轻同志的快速成长。通过总结提炼，将经验总结固化，提升公诉组整体办案水平。

最后，专业公诉组有助于专家型公诉人才的成长。一个优秀公诉人的成长需要各方面的推动，其中一项就是意识的培养。专业公诉组的推行，不仅让公诉人在实务中有所专长，而且在意识上可以促使优秀公诉人养成习惯思维，加强专长培养，假以时日，功到自然成。

开展专业公诉组在前几年就有尝试，但是在实践中良莠不齐，很多地方，差不多只是一个摆设了。这些问题的存在，就是因为没有很好地处理专业公诉组建设过程中应该正确处理的几个问题：

一是分类失当。专业公诉组一旦设立，原则上只办理限定的案件。这就要求在建立专业公诉组之初，除了要考虑专业设置的必要性外，必须考虑每年该组可能的工作量，然后，确定相应的小组成员及数量。专业公诉组要有生命力，必须在分类上确有必要，而且案件划分要科学合理。否则，造成相互间工作量不平衡，引发矛盾。

二是宁缺毋滥。专业公诉组的设立，在强调检察工作专业性的前提下再更进一步精细化分工，这种分工是一种导向，但是在实践中，形形色色的刑事案件层出不穷，不可能通过专业公诉组分掉所有的案件。所以，在司法实践中，我们只能把那些非常有必要的常态化的多发性案件或者高精尖的疑难复杂案件类型进行分工。比如未成年人犯罪公诉组、金融犯罪公诉组、毒品犯罪公诉组、侵财型犯罪公诉组、职务犯罪案件公诉组、知识产权犯罪公诉组等，要结合当地实际，慎重考虑、科学论证后设立，我们需要“成熟一个，设立一个”，“设一个，就树一个好的示范”，而不是设 5 个，其中 2 个老是遭受诟病，反过来影响其他 3 个，那还不如一开始就只设立 3 个。

三是要正确对待专才和通才的培养。专业公诉组有利于专门型公诉人才的培养，但是，如果连续三五年一个人只办理这几类案件，估计他的视野也会有局限。所以，我们要根据人才成长规律，有意识地进行逐步轮岗，比如金融专业公诉组 3 年了，在保持骨干主体稳定的情况下，可以适当将其中个别人员进行交流，分批次地换血，达到公诉人个体成长不受影响，专业公诉组整体办案水平也不受影响的最好局面。

四是要培养专家型公诉人才。在基层检察院乃至很多市院，新进公诉人员主要是自行摸索。新同志到一个单位就如蘑菇一样，自生自灭，老中青“传帮带”并没有很好地做起来。一方面，这是由于现在实行竞争上岗，很多优秀年轻人经过三五年就会走上领导岗位，一些老同志既是带教老师，又是在培养竞争对手，很难尽心尽力培养年轻人。另一方面，的确公诉工作很忙，疲于办案，思考提高少，专家型人才欠缺。在实践中，全国十佳公诉人等岗位练兵出来的高手是公诉队伍崇拜的偶像，而能否成为全国十佳、全省十佳，很多时候要看他有无这份天资。反过来，很多干不好公诉工作的人认为是先天条件不行。事实上，在笔者看来，公诉工作和优秀公诉人评比有相通性也有差异性，相通性是法律功底、口才、思维敏捷性要求、良好心理素质等。差异性在于办案除了这些之外，责任心可能是最为重要的，勤能补拙在办案中比在比赛中表现得更为明显。公诉队伍整体都是年轻干警，对于公诉队伍要提高素质，必须要有明确的指导，而且是一种无私的指导，它不仅要求能够在实务操作上给予具体的指导，而且要在精神境界上有一种比较高的提升。一个团队能走多远除了团队成员自身努力以外，关键是“领头羊”的眼界和境界。所以，要培养出一支优秀的公诉队伍，必须要有专家型公诉人才的引领。如果一个单位有一个专家型公诉人才，那么周围的人或者由于他指导有方，或者基于榜样的力量，有了明确的目标，可以较快较好地成长发展。

【办案随想】

专业公诉组前几年就开始热了，笔者在负责公诉工作的时候也在公诉部门推行专业公诉组。应当说这项制度是非常有价值，值得探索的。在实践过程中，我们要防止两个极端：其一是专业公诉组分工不合理，导致不同的组别之间工作量相差太大，造成工作量分配的不公平，引发内部矛盾；其二是为了平衡工作量，结果抹杀了专业公诉组分工，使得分组流于形式，没有实际成效。我们认为既然是专业公诉组，那么，专业化分工是必需的，我们思考的是就一个单位而言，应该如何设置专业公诉组。设置专业公诉组首先要考量的是必要性，只有在本单位能够持续保持一定量的同类型案件，才有设立专业公诉组的可能。比如在科技城附近知识产权犯罪就会比较多，金融区附近，金融犯罪案件比较多，国际港口所在地，港口物流环节的犯罪比较多，其他还比如毒品犯罪、破坏市场经济秩序犯罪、未成年犯罪等都是可以考虑的。在确定有必要设立以后，再结合案件量及其难易程度考虑应该配置的人员和人数。总体而言，我们不能期望把所有公诉案件通过设专业公诉组全部划分完毕，专业公诉组是相对于普通办案组而言的，普通的刑事办案还是常态、主流，不要寄希望把所有罪名和案件利用分组一次性解决，那样分组的公平性考量难度更大。同时专业公诉组人员要保持相对稳定性，在保持相对稳定性的同时，也能够积极培养后续人才。

（执笔人：潘申明）

179. 如何培养优秀公诉人?

随着十八届三中全会提出法院、检察院人员、财物省级统筹管理，检察队伍的职业化、专业化建设开始迈上新台阶。每一个法律科班出身的人如果进检察院，大多会希望自己成为一名优秀的公诉人。同时，培养能代表检察队伍良好素质的优秀公诉人也是每个单位领导的想法。对于如何培养优秀公诉人，笔者从切身经历出发，谈几点感想。

第一，要培养优秀公诉人，首先要培养他的正气。公诉职能是检察机关核心标志性职能，公诉环节是检察工作具有较大自由裁量权的环节，如果公诉人没有正气，很可能会滥用手中公诉权，给司法机关抹黑，损坏司法机关公信公认形象。所以，笔者认为心中有正气是第一条。

第二，要培养优秀公诉人，必须敦促他通过学习获得扎实的专业功底。虽然经过司法考试才能担任检察官，但是，与复杂的司法实践相比，司法考试远未解决公诉人的知识储备，尤其是证据审查判断能力、审讯突破能力、对外协调能力等。从工作内容看，公诉人办理一起案件会和犯罪嫌疑人及其律师或家属打交道，也可能会接触被害人及其家属、诉讼代理人，需要与侦查人员、审判人员打交道，如果自行调查还将与其他人员发生联系。公诉人要想把每一环节做到极致，必须具备非常强的能力，其中当然是专业能力最基础，但是专业能力绝不限于法律知识。

第三，要培养优秀公诉人，必须要培养良好心理素质。公诉工作是矛盾的汇集点，无论是刑事诉讼庭审还是直接面对避重就轻的狡猾的犯罪嫌疑人，良好的心理素质是公诉人顺利完成宪法法律赋予职责的前提。

第四，要培养优秀公诉人，必须训练他的底线思维。公诉人生活在现实生活中，形形色色的人情关系令公诉人眼花缭乱，尤其是一些职位比较高的领导的关注，可能会给公诉人独立办案造成很大压力。我们认为作为一名优秀的公诉人，必须能够扛得住压力，守得住底线。

第五，要培养优秀公诉人，必须培养他良好的沟通能力。公诉工作是有关人的工作，不管是与犯罪嫌疑人还是辩护人，还是与侦查人员、审判人员，或者与单位部门负责人、分管领导等，围绕犯罪嫌疑人的罪、责、刑，公诉人必须与各方人士打交道。如果没有很好的沟通能力，不仅会觉得很累，而且，可能会影响案件最终能否依法妥当处理。

第六，要培养优秀公诉人，必须培养他积极上进、勤奋好学的心态。俗话说“活到老，学到老”，要成为一名优秀的公诉人，更要抓紧学习。必须培养他拥有一份积极上进、勤奋好学的心态，从书本上学习法律专业知识、从老公诉人身上学习经验、从实践中摸索心得体会、从失败和挫折中获取教训。“事事洞明皆学问，人情练达皆文章”，一名公诉人只有一直保持勤奋好学的状态，才能与时俱进，顺应时代进步的需求和人民群众的新期盼。

【办案随想】

优秀公诉人是检察机关的形象，加强优秀公诉人培养是必须长期坚持的事情。在实践中要避免盲目地为优秀公诉人称号而培养，一名真正优秀的公诉人关键是在办案实践中见分晓。以赛促学是一种手段而不是目的，公诉部门领导发现优秀公诉人苗子要在实践中压担子。可以尝试多分一些疑难复杂、社会关注度高、新类型等案件，然后给予关注，并有针对性地指出办理案件中存在的问题。现在的优秀公诉人普遍年轻，成长环境比较顺利，从培养人才角度而言，增加他们的挫折感，打击他们的优越感是成长过程中的必修课，只是要把握好时机和火候。

（执笔人：潘申明）

180. 怎样打造一流公诉团队?

现代社会，团队的重要性是不言而喻的，公诉战线也不例外。要打造一流的公诉团队，笔者认为至少应从以下几个方面入手：

第一，要培养领军人才。“火车跑得快，全靠车头带”，一个公诉团队的成长，必须从培养领军人才开始。对普通成员来说，领军人才就是他们的榜样，是他们努力的方向，对于一个团队来说，领军人才就是他们的精神支柱，通常来说最好的团队领军人才和行政负责人是同一个人，这样团队的向心力和凝聚力是最强的。如果部门负责人自身不是领军人才，那么他一定要能容忍业务领军人才可能在某些方面的威信会高于自己的情形。在保证团队正常运转，团队力量整合最优的情形下，不必过分在意，尤其是在法律职业这种案件承办人独立性、自由度比较大的领域。如果一个公诉团队中没有一个领军人才，单位领导务必抓紧培养，并通过各种途径提高领军人才的素质，通过提高领军人才的个体素质，来牵引团队整体素质提升。

第二，要有明确的团队工作方针。笔者在负责公诉工作时，提出“质量、效率、规范、创新”八字方针，笔者认为这 8 个字对公诉队伍是适用的。首先，案件质量是公诉工作的生命线，公诉环节所有有利于案件质量的都应支持，不利于案件质量的都要反对。其次，在确保案件质量的前提下，公诉人必须提高办案效率，提高效率不仅意味着司法资源的节约，而且可能还是保障人权的需要，体现惩罚犯罪的及时性的需要。再次，公诉工作是流水线作业，规范执法是公诉工作的重要内容，每一个公诉人要遵循有关办案期限的规定，要遵循诉讼参与人诉讼权利的保障，要严格按照证据规则采信证据、认定事实、适用法律，要确保司法活动的严格规范运行。最后，我国刑事诉讼法制正处在逐渐完善的时期，在这个过程中公诉人只有具有很强的创新意识，站在理论、司法实践的前沿思考问题，并在工作机制和工作方法上进行创新，通过创新提高办案效率，确保办案质量，才能不断推动公诉工作科学发展，适应《刑事诉讼法》的修改。

第三，要有和谐的团队氛围。一个团队的氛围一定会影响整个团队的士气，“团结、紧张、严肃、活泼”是比较适合公诉团队的。尤其是东部沿海，各检察院案多人少矛盾突出，加班加点成为公诉部门的常态。公诉部门成为新进检察官的职业训练场，也是年轻干警晋级升职的“黄埔军校”，“团结、紧张、严肃、活泼”的团队氛围既适合工作的强度，又符合整体公诉队伍的年龄段。要鼓励团队成员根据自身情况探索适合自己的工作节奏。

第四，要有合适的团队文化。团队文化是指团队成员在相互合作的过程中，为实现各自的人生价值，并为完成团队共同目标而形成的一种潜意识文化。团队文化的塑造可以增强成员的归属感和职业共鸣，公诉队伍的特点是单兵作战为常态。就案件办理来说，各公诉人之间强调的是相互保密，互不打探。合适的团队文化，可以让公诉人工作时心情更为愉悦。

就公诉团队而言，要营造一种法律至上，证据至上的价值观念，正确把握认真履职与服务大局的有机结合。牢固树立理性、平和、文明、规范的执法理念，强化“立检为公，执法为民”的宗旨意识，坚持以人为本的群众工作路线，奉行吃苦耐劳，爱岗敬业的责任意识和奉献精神。

【办案随想】

公诉人是检察官序列中独立性最强的，每一个公诉人就是一面旗帜、一个门面，直接影响检察机关的形象。所以，从最高人民检察院到基层人民检察院，每一级领导都很重视优秀公诉人的培养。这是很好的一个方面，但是，千万不能走偏。作为一个办案部门，除了要鼓励优秀人才脱颖而出外，还要关注没有获得，也许一辈子也不可能获得十佳公诉人的普通公诉人。以赛促学是岗位练兵的一种方式，扎根实践，办好每一起案件才是我们真正的目的。作为公诉部门的负责人和分管领导要从深层次认识到这一点，然后从制度设计、氛围营造、团队文化上形成特色，包括在干部的提拔上，我们要对有培养潜质，可以走得更远的优秀公诉人开辟成长晋职的绿色通道，也要给大多数默默无闻，乐于奉献的“老黄牛”打开成长之门，让每一个团队成员都可以找到参照系，完成自己的梦想。促使团队成员上下同心，心往一处想，劲往一处使，众人拾柴火焰高。

（执笔人：潘申明）

二、沟通技巧与注意事项

181. 公诉人如何与辩护律师进行充分的沟通?

律师作为法律职业共同体的重要组成部分，在司法实践中起着非常重要的推动作用，我们既要充分保障律师的辩护权，又要依法规范律师执业行为。在刑事案件的法庭上，公诉人与辩护律师分处控辩双方的地位，利用彼此的专业技能，从各自立场出发，采用直接对抗的方式展开唇枪舌剑的激烈辩论。为此，司法实践中很多公诉人将律师看成天敌，采用非常抵触、排斥的态度来对待律师。律师也视公诉人为天敌，于是在律师行业中出现了“死磕派”。我们认为，这种观念和做法是错误的，是与我们整个中国特色社会主义制度相违背的，对我们司法公正的实现、司法公信力的维护非常不利。我们认为公诉人应遵循以下原则，加强与辩护律师的沟通交流。

（1）应遵循的原则

①相互尊重，平等对待

作为公诉人应该认识到“律师兴则国家兴”，“律师制度的成败关乎国家的兴亡”，所以律师执业状况是国家法治文明程度的一个标尺。律师有地位，才可能是人人地位平等的社会，律师有尊严，才说明人民群众在有尊严地生活。公诉人与辩护律师同为法律共同体的一员，在刑事诉讼中，虽然他们各自承担不同的任务，但是，公诉人指控犯罪，不仅着眼公共利益，也在保障当事人的权利，律师为委托人辩护，在争取个人权益同时，也维护了社会的法律秩序。公诉人和律师维护法制统一、追求公平正义的目的应该是一样的，他们都是中国特色社会主义事业的建设者和捍卫者，他们的终极价值追求是一致的。他们的差别只是各自分工不同，正是由于不同分工，才使得他们以对抗的方式出现在众人面前，他们之间的对抗与具体某个人没有太大关系。所以，我们公诉人应该认识到这一点，与律师之间要相互尊重，平等对待。

②相互合作，相互制约

公诉人与辩护律师虽然分别承担了指控犯罪和为被告人辩护的职责，但是无论是指控还是辩护都必须查明事实真相，在查清事实的基础上，才能准确适用法律。所以，公诉人与辩护人在很多方面也是可以合作的。作为指控犯罪的一方，公诉人要善于听取辩护人的意见，要认真审核辩护人提交的每一份无罪、罪轻证据，审核后认为有理由的应该采纳。千万不能斗气，带“有色眼镜”看待律师以及律师所做的一切。

律师参与诉讼，从某种意义上说就是为了约束司法权的滥用，保障犯罪嫌疑人、被告人等当事人的合法权益。修正后的《刑事诉讼法》赋予了律师更为广泛的诉讼权利。公诉人要充分尊重辩护人，要依法保障律师行使诉讼权利，不得人为设置障碍，阻碍律师行使查阅、复制、摘抄案卷的权利。要坦然接受由于律师行使辩护权，给自己工作带来的制约。

③相互学习，保持距离

“三人行、必有我师”，与公诉人相比，律师的职业内容更为丰富。在工作过程中，公诉人要注意学习律师在执业方面的长处，尤其是学习律师如何站在犯罪嫌疑人或被告人的角度分析问题。因为公诉人不仅负有指控犯罪的职责，而且还负有公正司法的客观义务，如何换位思考，也是公诉人职业生涯中必须修炼的一课，而律师正是最好的教材。

同时，律师毕竟是自由职业者，在司法实践中，有人把律师比作“商人”，就是因为有些律师过分追求经济利益，甚至歪曲正义也在所不惜。所以，我们公诉人在与律师交往中，要保持适当距离。只有保持适当距离，才能保证公诉人公正履职，才能有效避免公众对执法、公正性的合理怀疑，提升检察机关执法公信力。

④加强沟通，提高效率

公诉人与辩护律师之间是对立统一、制约协作的平等关系，笔者一贯主张律师与公诉人之间要加强信息沟通，不要把分歧人为地推迟到法庭上再去解决，审查起诉阶段，承办人发现犯罪嫌疑人有辩护律师的，就应该与其正面接触、交流，听取辩护律师对案件的意见。通过沟通交流帮助我们开拓视野，或者补强证据或者修正观点。

公诉人与辩护律师沟通充分的，辩护律师就不会在法庭上就细枝末节问题胡搅蛮缠，甚至可能会在认清形势后，反过来做犯罪嫌疑人或被告人的工作，让犯罪嫌疑人或被告人认罪服法，提高诉讼效率和执法公信力。

（2）应对策略

①如何对待庭上情绪激动的辩护人

法庭上辩护人由于种种原因，可能会显得异常激动，面对这种情形，公诉人应如何应对。总体而言，公诉人碰到此种情形要分别情况，冷静对待，既要维护检察机关的形象，也要给辩护人一个回旋的余地。公诉人要保持平和的心态，心平气和地进行答辩。对于辩护人的辩护意见纯属细枝末节的，不予答辩，如果被告人、辩护人表示强烈反对的。公诉人可以作如下答辩：“审判长，刚才公诉人不仅认真听取了辩护人的辩护意见，而且认真作了记录，公诉人不予答辩，是因为公诉人认为辩护人的意见不能否定检察机关的指控意见，对本案被告人定罪量刑影响不大，所以不作答辩，但是对于辩护人所发表的辩护意见表示理解，并予以尊重。"对于庭审辩论时，辩护律师滥用辩护技巧，作不实辩护的，公诉人要以实制虚，通过出示证据材料，阐明事实真相，以正视听。

②针对被告人认罪，而辩护人作无罪辩护时如何应对

辩护人是帮助被告人充分行使辩护权的，本来辩护方案的制定应该征得被告人的同意，被告人与辩护人的观点应该具有同向性。现在辩护人流行维护自身独立地位，所以，一些律师对于被告人认罪的基本情况视而不见，继续无罪辩护的策略。此时公诉人应该以被告人的态度为基本立脚点，可以在此基础上对辩护律师的辩护意见进行答辩。

在笔者负责公诉工作期间，当时《律师法》刚通过，律师在审查起诉阶段可以查阅、复制、摘抄案卷材料。网络报道某省某乡镇党委领导涉嫌强奸妇女，被害人报案后，有关被害人询问笔录在当地被广为张贴，给被害人造成很大的伤害[①]。为保障和规范律师复制案卷材料的权利，当时我们设计了一张审批表，主要内容包括：案号、犯罪嫌疑人、律师姓名、执业证号、申请复印案卷材料的具体页数，承办人对基本信息的审核，公诉部门负责人审核意见，最后是律师对落实情况的反馈意见。

试行一段时间后应当说效果不错，对控辩双方都是一个规范。但是某日，一青年律师提出复印案卷，承办人要求提交申请，办理审批手续，律师气急败坏，指责承办人违法，从包里掏出一支录音笔，要求承办人再来一遍，声音嘈杂，场面有点混乱。笔者闻讯踱步过去，问明情况，把律师叫到办公室。

问："请把你的律师手续给我看下。"

他把相关手续给我看了。

问："你有什么要求？"

答："我想复印案卷材料。"

问："承办人说不给你复印？"

答："他说要写申请，办理审批手续。"

问："你填写申请表没？"

答："他是违法，法律没有规定要经审批，这是多设了一道程序，肯定是不想让我复印。"

---

① 参见《镇党委书记强奸案过程笔录　散布街头张贴》，载海都网，http：//www.nhaidu.com/news/41/n－220541.html（最后浏览日期：2014年1月16日，8时30分）。

问："《律师法》规定律师可以不经申请，审批同意就径行复印案卷材料吗？"

答："没有。"

问："承办人有说不给你复印案卷材料吗？"

答："没有。"

问："既然都没有，那你怎么说他违反《律师法》不给你复印呢，给律师查阅、复制、摘抄案卷是《律师法》赋予律师的诉讼权利，填写审批表是为了规范流程，两者都没有错。你拿出一支录音笔要求重新再来一遍，你是现场取证？你觉得你自己是一个人权卫士？你觉得你在推进法治的进程。"

答：（无语）。

问："在法治进程中，公检法应该都是法律职业共同体，法律职业共同体最起码的是尊重和信任。作为一名律师到检察机关办理案件，在情势不明朗的情况下，当众拿出录音笔要求现场取证，我觉得你是连最起码的人格尊重都没有做到。关于律师复印案卷材料必须填写审批表，这是我的主意，初衷是雁过留声，知道律师复印的材料情况，以后万一出现某省某乡镇党委领导张贴强奸案被害人笔录的情形，可以判断笔录流出渠道的可能性，这有哪点违法。如果你觉得他违法，你可以找他的领导，你觉得部门领导不可信，你可以找纪检监察反映，但是绝不允许你这样现场取证的行为在我们公诉部门发生。"

答："我也是一时理解偏了，猜想他要审批，肯定是不想让我复印。我表示道歉。"

至此一起公诉人和律师之间非常敏感的纷争就此化解。在这件事情的处理上，关键是两点：第一是立意要高，我们是为了更好保障人权，规范案卷材料的流转；第二是于法有据，《律师法》出台以后，在《刑事诉讼法》修正以前，律师能否依据《律师法》享有案卷材料的查阅、复制、摘抄权利，检察机关主流是尊重《律师法》的，当然个别地方实行的不是很顺畅，所以律师与公诉人之间存在一定的对立性，这是本次冲突发生的背景因素。但是，笔者所在的单位并没有简单地用是和非的方法作出判断，我们尊重《律师法》，但在如何更好规范实现这项权利上下了功夫，而且，这种程序设置对于立法目的的实现甚至效益的最大化都是有利的，所以可以光明正大地讲，正因为如此，笔者可以对律师侃侃而谈，律师也是完全接受的。

（执笔人：潘申明）

182. 公诉人与被害人及其家属沟通时应特别注意哪些方面？

被害人在刑事诉讼中地位有一个逐步演变的过程，犯罪最初被认为是对被害人个人或者家族的侵害，所以，允许被害人同态复仇、起诉。自从实行国家公诉以后，被害人退出刑事诉讼舞台，让位给代表国家的公诉人。之后，被害人地位又有一些回归。在我国刑事诉讼中，被害人是刑事诉讼当事人。在一些告诉才处理的案件中，必须由被害人提起自诉，才能启动刑事诉讼程序。在公诉案件中，也拥有申请抗诉权，对检察机关不起诉决定不服的，可以申请复议或者直接向人民法院提起诉讼。

被害人在刑事公诉案件中，既是当事人，又与犯罪嫌疑人有情绪和利益上的对立，是案件的侵害对象，其了解案情并要向司法机关作被害人陈述。公诉人要充分重视和注意被害人一方的家庭关系：

第一，要充分尊重被害人意愿。被害人是犯罪行为的受害者，因为犯罪嫌疑人的犯罪行为在人身、财产、心灵上受到损害，公诉人在办理案件时，代表国家机关，所以，要充分尊重被害人，从言行举止，到合法利益维护上，要让被害人对司法机关产生必要且充分的信赖，因为这是司法机关公信公认的重要评价主体。尤其是一些特殊案件，比如强奸案件，尤其是强奸酒吧坐台小姐、KTV 有偿陪侍小姐的案件，有些同志也许会认为是职业风险，被强奸系被害人自作自受等。在处理案件中，公诉人代表国家，你的每一个言行不仅代表自己，而且代表单位、职业和国家，对办案人员来说只是众多案件中的一起，但是对被害人来说，可能是人生中唯一的一起。我们每一个公诉人要牢记检察机关既是法律监督机关，也是群众工作机关，公诉人既是法律工作者，也是群众工作者，要在日常工作生活中处理好与包括被害人在内的人民群众的关系。

第二，要切实保障被害人诉讼权利。被害人作为刑事诉讼当事人有诸多诉讼权利，公诉人在办理刑事案件中必须严格遵守法律规定，听取被害人意见，向被害人送达法律文书等。实在无法联系的，根据案卷材料、户籍信息载明的联系地址邮寄挂号信，并将投寄回单粘贴，附上说明入卷备查。被害人及其法定代理人不服一审刑事裁判，申请抗诉的，应根据法律规定在 5 日内作出是否抗诉的决定并且答复请求人。

第三，要切实维护被害人合法权益。刑事诉讼的目的是确定被告人罪、责、刑，但是，如果犯罪行为给被害人造成损害，犯罪行为人有能力赔偿损失的话，对被害人的损失也应进行赔偿。如果公诉人发现赃物可以追回未追回的，应该敦促侦查机关积极追赃后返还给被害人，如果赃物已经卖掉，则应积极把赃款追回。如果是人身伤害案件，要敦促被害人及其家属认真履行民事赔偿责任，并在法律允许范围内，兑现相应的政策。

第四，要认真审查被害人陈述。被害人陈述是重要的证据材料，很多公诉人习惯于看犯罪嫌疑人供述和被害人陈述是否能够对应。而在实践中，犯罪嫌疑人供述和被害人陈述不一致的情形经常性发生。一方面，有客观原因，如共同犯罪，多个犯罪嫌疑人实施的犯罪行为，如盗窃，抓到的只有其中一个或几个，犯罪嫌疑人供述盗窃所得财物明显少于被害人报案，这是有可能的，因为在逃的犯罪嫌疑人是否窃得财物而独吞了，其他犯罪嫌疑人的确无从知晓。另一方面，由于被害人与犯罪嫌疑人两者在利益上的对立关系，犯罪嫌疑人总是希望避重就轻，把罪行讲得轻一些，而被害人对犯罪嫌疑人恨之入骨，有扩大失窃数额的倾向也是客观存在的，希望犯罪嫌疑人因此获得重刑。

【司法实例 1：张某等人寻衅滋事案】

李某系寻衅滋事案件的被害人，因为口角，李某被张某等 6 人采用啤酒瓶砸头等方式殴打致重伤，后张某等均被判刑，同时李某提起刑事附带民事诉讼，但由于张某等均系外地人，除一名被告人赔偿了 2 万元外，其余 20 万余元民事赔偿款均未到位。李某家属在多处奔波无果后，将仍在医院就医的李某抬至检察机关，并扬长而去，要求检察机关启动对该案的抗诉程序。

【分析】

当时，已经是快过年了，李某家属将人抬到检察机关时已经快下班了。而且，抬到以后只留了一个电话就全部撤退了。经向领导汇报后，当时就分析被害人家属之所以会出此下策，主要是形势所迫。所以，通过合法途径对李某进行被害人救助是必要的。同时，对于李某家属不通过正常途径进行沟通，而直接将生活不能自理的被害人李某抬至检察机关，严重影响了检察机关办公秩序，此风不可长，要对其进行批评教育。

【处理结果】

当时正值寒冬腊月，中央空调已经关了，被害人李某生活不能自理，不能进食和大小便。如果不进行及时处理，可能不要 24 小时就会出现很严重的问题，所以，我们第一思路是拨打“120”急救电话，让最近的医院把李某收进医院。当时，笔者打电话跟医院说明情况，结果医院说这种病人不接收，笔者挂了电话就在想也许他们觉得医疗费无处着落。过了一段时间，笔者再拨电话，就直接告诉他在哪个地方有一个病危的病人需要救治，急救车过来后我们跟过去，先帮他办理住院手续，然后跟医生将李某进行了必要的检查，确保李某不出问题。

同时跟李某家属打电话，告知情况，李某家属来了以后，也不说明其与李某的关系。笔者当时就让人报警，“110”来了以后，让警察查明他的身份，经确认身份后，查实其为被害人李某的兄弟。遂跟他说明情况：（1）把人带走，我们争取一定金额的被害人救助金；（2）人不带走，我们已经送医院，你们承担所有医疗费，当时已经做了检查花了 1800 多元，他表示不相信，笔者让医生把费用单给他看，让他签字。他表示不签，笔者让医生注明家属拒绝签字。后家属觉得如果真的在医院里住，还要重新花检查费，不如他们自己去解决，表示愿意配合。我们争取了 2 万元救助金，派救护车将李某送至原先所在医院，并跟医生交代清楚。

这次问题得以解决一方面是把握一个有礼有节，要说理在先，同时不能随他们信口开河，助长非理性表达诉求的方式。另一方面要设身处地真诚为被害人利益着想，在力所能及的范围内尽可能为他们多争取利益，获取他们的理解。

【司法实例 2：胡某职务侵占案】

胡某为某上市公司仓库保管员，其利用职务之便侵占纸板箱 400 套价值 15700 元（当时浙江职务侵占定罪起点为 15000 元人民币），在案件提起公诉后，上市公司提供了情况说明，一整套纸板箱包括中间箱体和底板，这批被盗箱子不包括底板，所以价值不到 15000 元。后我们派主诉检察官与承办人以及公安侦查人员一起到该上市公司调查核实。

【分析】

从理论上讲纸板箱被盗是否包括底板的确都有可能，但是，这份材料在侦查阶段和审查起诉阶段一直没有出现，等到法庭审理期间再出现。考虑到本案是一起监守自盗的案件，犯罪嫌疑人与被害单位与出具后面这份证明的相关人员之间具有某种特殊渊源关系，所以，这份材料的真实性可能存在一定的问题。

【处理结果】

在怀疑本案存在伪造证据，帮助犯罪嫌疑人逃避刑事追究的可能性后，笔者当时在安排主诉检察官和案件承办人前去被害单位核实的时候，让侦查机关带上传唤和拘传手续备用。结果去了以后，面对面了解情况更糟，因为他们拿出了一套规格更小的盒子，说："当时被处理的是这种规格的，不是鉴定书上的规格。"主诉检察官反馈情况后，笔者问："你确认他们现在的说法不会改变？如果不改变就笔录固定。"因为当时这批箱子是现场查扣的，侦查人员在扣押现场拍了照，而且有尺寸比对，所以，在得到这个信息后我们可以确认被害单位相关人员现在的确在作伪证。如果他坚持现在是小箱子的说法，只有一种可能，就是在说谎，由此，没有底板一说就不可信。当时笔者让他们根据发票上的进货单位，了解当时纸板箱出厂价，结果了解下来当时发票上的价格就不包括底板，而为什么叫套，因为已包括了几块纸板和钉子，装订起来了就是一套。在获得这个信息后，笔者让侦查人员把被害单位出具假证明的相关人员带到派出所进一步审查。当时，因为被害单位是个上市公司，事情搞大以后，出来一个副总，劈头盖脑地把侦查人员训斥一顿："你们要问什么就在这里问，要不然我到区委书记那边告你们乱办案，影响我们企业经营。"侦查人员电话告诉笔者，觉得有点担待不起。笔者说："你法律手续带全了没有，你内心确信他在为减轻犯罪嫌疑人罪责作伪证吗？"他说："带全了，可以确信他们在作伪证，只是觉得事情会搞大，真的到区委领导那边去怎么办？"笔者说："你要相信区委书记会支持依法办案的，我不相信在共和国的土地上，上市公司的领导就可以作伪证，就可以不受法律的约束。你就把有关人员传唤到看守所，不走就实行拘传，有问题我担着。"后来事情就发生了奇妙的变化，人带过来了，电话也有人打进来了，笔者当时态度就很鲜明，这件事情是一定要搞清楚的，谁是谁非，真相本来是什么。当然，如果事情搞清楚了，至于作伪证的人是否一定要走刑事诉讼途径，可以视情节而定。再后来，该案调查结果与我们预期判断的完全一样，上市公司的有关人员态度也很配合。

从这起案件的处理过程笔者总体的体会是：一是司法人员在采取强制措施前，一定要知己知彼，准确判断事情的本来面目；二是对于很嚣张的当事人，在有理有据的情况下，要敢于碰硬，不能欺软怕硬，否则司法权威和公信力根本无法树立，一件不该发生的事情因为我们的怯懦发生了，比我们不知情的危害大得多；三是出去办案分析好几种可能，胆大心细，法律手续必须齐全，这是你能挺起腰板的前提。

【司法实例3：王某交通肇事案】

王某开车，因右转弯时安全注意不够，将同向行驶的电瓶车撞倒，庄某被后轮碾压，抢救无效死亡。在侦查阶段犯罪嫌疑人王某与被害人庄某家属达成协议，王某在保险公司支付赔偿金基础上，另外支付10万元精神抚慰金，庄某家属对王某交通肇事行为表示谅解，希望司法机关从轻、减轻处罚或者不予追究刑事责任，并形成书面谅解书签字捺指印，随案件移送至我院公诉部门。当案件承办人电话联系被害人家属后，他们提出再要5万元，才能真正谅解。

【分析】

当时，对于交通肇事，我们依据宽严相济刑事政策市公检法部门已经形成了会议纪要，除酒后驾驶、闯红灯、斑马线撞人、非机动车逆向行驶等严重违章引发的交通肇事以外，如果犯罪嫌疑人及其家属通过履行民事赔偿义务，并支付适当精神抚慰金等方式，获得被害人家属书面谅解的，可以作不起诉处理。现在被害人家属在收了民事赔偿金和精神抚慰金，并已出具书面谅解书以后再次提出要5万块钱，有点离谱，违背了诚信、"禁反言"的基本原则，不应鼓励。

【处理结果】

承办人向笔者汇报后，笔者让他把被害人家属叫到办公室当面听取意见，制作询问笔录。主要问几个问题，你有无拿到民事赔偿金？拿到多少？有无拿到精神抚慰金？有多少？书面谅解书是否你写的？把当时情况说下？是否真实意思表示，有无存在引诱、欺骗或胁迫等情形？在问明这些情况后，让他按规定格式笔录签字捺指印。然后问他为什么又要5万元，如果对方不同意，你也想撤回书面谅解书，你是否会主动退回10万元精神抚慰金，他表示不愿意，他同意司法机关对他从宽处理。

听取被害人意见是公诉人必须要做的一件事，但是碰到“合法的敲诈”如何处理，要有技巧和底线。不能随被害人家属漫天要价，如果不予制止只会导致书面谅解协议效力锐减，引发信任危机。

（执笔人：潘申明）

183. 公诉人与犯罪嫌疑人沟通时有哪些方法可供采用?

从工作角度看，公诉人与犯罪嫌疑人之间似乎立场完全不一样，犯罪嫌疑人实施危害社会的行为，触犯《刑法》，构成犯罪，应负刑事责任，而公诉人则代表国家，一身正气，揭露犯罪、指控犯罪，看起来像是水火不容。但是，仔细想来，根据无罪推定原则，犯罪嫌疑人只是有涉嫌犯罪的重大嫌疑而已，并非一定是被最终查明、证实的犯罪，近年来频频曝光的冤假错案就是明证。而公诉人因为只是二手接触案卷材料，对案件的介入程度有限、认识水平有限，其对案件所作判断亦并非均是神机妙算。何况，对于犯罪我们强调的是刑罚个别化、罪责刑相适应，公诉人承担着客观义务。基于此种认识，我们认为公诉人与犯罪嫌疑人沟通应注意以下几方面：

（1）先仔细阅读案卷材料

仔细阅读案卷材料一是要了解案件的基本情况，判断案件基本事实、基本证据是否到位；二是通过阅读案卷材料，了解犯罪嫌疑人的基本情况、家庭信息，通过了解犯罪嫌疑人的家庭和成长情况，可以大致明确预判犯罪嫌疑人的个性特点，为下一步正面接触犯罪嫌疑人进行沟通打下良好基础。

（2）制作讯问预案，认真做好笔录

所谓制作提讯犯罪嫌疑人的讯问预案，是指通过前期阅卷，公诉案件承办人应该对案件的关键节点有所把握，对这些关键节点需要从犯罪嫌疑人这里核实、确认的应该列明，对于可能的回答，以及每一种可能回答之后的应对措施也已设想完毕。比如原先认罪的在审查起诉阶段以后突然翻供的怎么处理，原先就不认罪的，审查起诉阶段你准备如何应对等。

公诉环节提讯犯罪嫌疑人，很多人习惯于根据侦查卷的讯问笔录照例问一遍，然后抄一遍，这种做法其实是有很大弊病的。根据《刑事诉讼法》的规定，讯问犯罪嫌疑人在告知其诉讼权利之后，应该首先讯问犯罪嫌疑人是否有犯罪行为，让他陈述有罪的情节或者无罪的辩解，后再根据其陈述情况提出问题。我们公诉人讯问犯罪嫌疑人要遵循《刑事诉讼法》的规定，而且，要从侧重对侦查机关认定的犯罪嫌疑人所涉嫌犯罪事实审核的角度进行有针对性讯问，比如对于一些关键性的细节要加强讯问，如一起抢夺案中，抢夺的对象是一个女性被害人，被抢财物是挂在女被害人颈上的一串有心型红宝石坠子的铂金项链，那么，公诉人讯问时不能简单地询问或记录，而必须就项链坠子的细节进行确认核实，因为在相近时间地点可能发生不同的抢劫案，但是如果精确到心型红宝石坠子的铂金项链，同时同地发生多起的概率就小得多了。这样，被害人陈述和犯罪嫌疑人供述与辩解就能很好地对应，相关证据与案件事实的关联性、真实性就大大增强。在制作笔录时，也可以有所选择，比如犯罪嫌疑人供述与侦查阶段完全一致时，公诉人就没有必要从头到尾记一遍，可以突出犯罪嫌疑人的观点：与侦查机关供述的一样，同时就每一笔中特别的地方或者其他认为需要的地方花些时间去记录，从而让审查起诉阶段笔录与侦查阶段的笔录在时间上有先后，阶段上递进，内容上互补，共同形成一个比较完整、稳固的庭前供述体系，提高犯罪嫌疑人庭前供述的可信度和证明力。

（3）以平和语气进行沟通交流

“有理不在声高”，理性、平和、文明、规范已经成为整个检察机关的执法理念。而且，从刑事诉讼程序来说，到了审查起诉阶段，犯罪嫌疑人涉嫌的犯罪事实基本情况和基本证据均已经到位，公诉人的角色与侦查阶段侦查人员为破案而与犯罪嫌疑人斗智斗勇，总体而言还是有很大差别的。从职责定位来说，审查起诉的主要目的是审核侦查阶段在侦查机关所收集的证据材料，根据有证据证明的法律事实，依据法律作出相应的审查处理意见，或者不起诉或者提起公诉或者报送上级院、移送给有管辖权的其他检察院办理等。

公诉案件承办人事实上承担着一种刑事案件分流的责任，就审前程序而言，公诉人扮演着法官的角色，应该具有相对中立性，公诉人虽然系刑事诉讼的控方，但他负有客观义务，并不是完全站在犯罪嫌疑人、被告人的对立面，正是基于此，公诉案件承办人不必也不能在感情上站在犯罪嫌疑人对立面。这种客观中立的立场，在具体的讯问活动中就是通过公诉人以理性、平和、文明、规范的语气与犯罪嫌疑人进行沟通交流来体现。

（4）人格上尊重犯罪嫌疑人，客观理性剖析犯罪原因，消除对抗情绪

在刑事庭审上，公诉人、被告人站在不同位置，但从本质上而言，人格仍

然是平等的。在审查起诉阶段更是如此，因为在审查起诉阶段，检察机关都尚未确定犯罪嫌疑人是否构成犯罪，以及构成何种犯罪。

公诉案件承办人在人格上尊重犯罪嫌疑人，体现在前面所说的语气上，更要体现在语言的内容上，对于那些偶尔失足成为犯罪行为人的，要帮助客观理性剖析其犯罪的原因，消除对抗情绪。

（5）适当时候打打亲情牌，打开其内心阀门

犯罪行为是对社会秩序的一种侵犯，但犯罪嫌疑人并不是天生下来就是犯罪人，就具有反社会情绪。每一个犯罪嫌疑人都有他成长的家庭环境，有的甚至有自己的家庭、妻子、儿女，家庭、亲情对于每一个人总是有所触动的，哪怕是罪大恶极的犯罪嫌疑人也概莫能外。所以，当公诉案件承办人面对百般抵赖或者时翻时供、反复无常的犯罪嫌疑人时，如果依据其他证据可以确信犯罪嫌疑人在狡辩，在避重就轻、逃避罪责，那么不妨在加大他的心理压力的同时，选择适当的时候，以合适的方式打打亲情牌，通过亲情倾述，打开犯罪嫌疑人内心阀门，窥视案件事实真相，还原案件本来面貌，完善和巩固证据体系。

【司法实例1：贾某某涉嫌寻衅滋事案】

在此案中，侦查人员移送的案卷材料中有同案犯吴某某（贾某某老乡）指认贾某某还参与一笔入户抢劫犯罪事实，但是贾某某从来没有承认过。当时参与入户抢劫的人虽然有好几个，但是只有吴某某到案，且已经判决送监。所以，侦查机关没有认定贾某某涉嫌入户抢劫的事实。

【分析】

公诉人分析吴某某无中生有指认老乡贾某某参与入户抢劫的可能性不大，因为经仔细阅读案卷发现，被抢的对象是贾某某很熟识的，但吴某某并不认识，所抢财物是被害人刚买了3天的手机，抢劫人员喊着被害人的小名，敲开门后，直接要求交出手机。由此，公诉人分析吴某某所言不虚，贾某某涉嫌入户抢劫的可能性很大，但是因为现在只有一个同案犯指认，被害人也已经离开案发地，无从查找，唯一的可能性就是突破口供。

【处理结果】

后公诉人决定尝试突破口供。为提高成功率，笔者先通过监所检察与看守所联系，在下周一上午给他换监室，同时在该监室安排一个贾某某认识的人作为线人，该线人必须早几天进入该监室，其余的对于贾某某来说均为陌生人。从周一上午10点开始笔者对贾某某进行了连番提讯，每天早上从10点到11点，下午从4点到5点。到周四上午，贾某某情绪开始非常暴躁，表示要枪毙就枪毙，他什么都不说。笔者知道他的极限已经差不多了，而笔者的助手也已

经开始问："你为什么就肯定他就是犯罪行为人，难道老乡不会指认错?"我们这方有的同志信念开始动摇，犯罪嫌疑人贾某某的心理底线也已经快触底了。当天下午，笔者故意没去提审，将他绷紧的弦松开。当天晚餐时，线人靠过去，问："贾某某，你到底啥事？检察官盯着你不放？今天怎么检察官不来提审?"贾某某开始得意了："其实他问的事情我告诉他也没关系，我是怕他死盯我不放，我还有其他很多事情，我干的事情大了去了。"然后他又从这件事情开始天南海北地吹，在狱友面前卖弄自己的"光辉业绩"，并对我们的线人说："你跟管教民警熟不熟，如果熟帮问下，我是否只要说了，检察官就放过我?"第二天早上一上班，看守所管教民警打电话过来。笔者马上过去提讯贾某某，贾某某开始还想缩回去，笔者进行严厉的训斥，并适时出示了同监室线人的检举材料，贾某某终于和盘托出全部案情。当天下午，笔者再次提讯他，对供述加以巩固，并对他进行人生教育，也让他与远在家乡的父亲进行了通话，他痛哭流涕，表示这次判多少年他都认，今后一定好好改造，答应听话，改造期间认真学习一门技艺，出来以后重新做人。该案在开庭时，法官还训斥他，怎么对自己最熟悉的人下手，他也不反驳。虽然，因为笔者追诉的漏罪被判处 10 年有期徒刑，但是其反社会情绪一点都没有。

【司法实例 2：李某某伙同他人职务侵占案】

犯罪嫌疑人李某某等 6 人与宁波某钢铁公司保安内外勾结，窃取废钢材价值 4 万余元一案，公诉案件承办人提出此案犯罪嫌疑人无罪，因为李某某已经将所卖钢材缴入公司账户，且有账本在案。

【分析】

本人审查案卷后发现李某某因本案被公安机关刑事拘留，后又经检察机关依法逮捕，共被羁押 30 天。而此份账单提供的时间是李某某被取保候审后的第 13 天，在被取保候审之前的 30 天内，李某某被提讯多次，笔录记录在案，没有一次提到曾经入账并有账本，也丝毫未提及某会计知情等。所以，笔者当时就判断这份证据应该是事后伪造的，否则，在李某某被羁押的 30 天之内，他不可能一点都不提及账本的事情，而李某某在取保候审后的第 13 天提交账本，侦查机关未作审查放入卷宗，有两种可能：其一是侦查人员出于某种私情，明知该份证据可能对案件产生重大影响，而故意放在里面，以减免李某某罪责；其二是侦查人员业务水平较差，不知深浅，没有很好地处理妥当。这两种可能都有，但无论哪种可能，如果要想案件回归原貌，辨别该份证据真假，必须凭借我们公诉人自身能力和水平，寄希望于侦查机关显然是不可取的。

【处理结果】

当时已经中午 11 点钟，笔者跟主办该案的副科长商量好，事不宜迟，先由她把犯罪嫌疑人叫过来，进行政策教育，如果不行笔者再出面。她先打电话把李某某叫过来，政策教育 1 个小时，没有进展，向笔者汇报。笔者让她把犯罪嫌疑人叫到办公室。

问：李某某，最近在外面怎么样？

答：还好。

问：侦查机关移送起诉的基本犯罪事实，你认罪否？

答：认罪的。

问：你现在的身份知道否？

答：知道。我的案子还没有了结，是犯罪嫌疑人。

问：你在取保候审时，有没有人告诉你不要伪造证据，恶意串供？

答：告诉过的，我实事求是。

问：你知道，恶意串供和伪造证据的法律后果吗？

答：知道的。

问：根据法律规定，如果在取保候审期间，被取保人伪造证据、恶意串供，妨害刑事诉讼进行是要改变强制措施，予以逮捕的，你清楚否？

答：我知道。

问：好，那我就问你一个问题，你被取保候审以后，到现在为止，你做了什么事情，对你有利而与事实不符？请你想清楚了告诉我。

答：（思考片刻）是否是会计账本的事情？

问：继续说。

答：会计账本是我出来以后，想如果入单位账罪行会轻一点，所以叫会计来做了账。

问：你会计叫什么名字？现在哪里？

答：会计叫某某某，现在在家。

问：你现在就把她叫过来。

答：好的。

至此，本案的基本情况已经清楚了。我们趁热打铁，把他的会计叫过来，问明情况。然后又驱车到会计家，把真假两套账簿全部扣押，笔录做好，将李某某伙同会计伪造证据企图翻供的证据材料做实了，案件彻底告破。后李某某因职务侵占罪被判处有期徒刑 2 年。

（执笔人：潘申明）

184. 公诉人与侦查人员沟通有何技巧？

在西方是检察官指挥警察，整个侦查权由检察官主导、控制，但在中国，侦查人员在刑事诉讼中实际上处于中心地位。有人打比方说，“侦查机关是烧菜、检察机关是端菜、人民法院是吃菜”，毫无疑问，“烧菜”是关键，现实中也的确如此。审查起诉阶段承办人如何与侦查人员进行沟通，是一门很深的学问。修行得好，既可以和和气气地工作，又可以完完全全地履行法律赋予的职责。总体而言，我们认为公诉人与侦查人员沟通，要注意以下几个方面：

(1) 充分尊重，平等对待

应当说，在侦查、公诉、审判三个阶段，侦查人员是比较辛苦的。一个案件从案发到破案，再到证据固定，形成完整证据链，案卷装订成册，侦查人员的辛苦和付出是有目共睹的。一线办案民警所承受的心理和生理压力都非常大。然后，他们的“产品”，还要接受公诉人和审判人员苛刻的“检验”，内心肯定不是很好受。正是基于此，公诉人在与侦查人员进行沟通时，必须充分尊重侦查人员，平等对待侦查人员。不要有一种职业优越感，并因此让侦查人员产生抵触情绪。一方面，侦查人员如果有抵触情绪，对案件办理可能不利；另一方面，同为法律职业共同体，因为工作，影响彼此情绪，也不是我们所倡导的。

(2) 适度怀疑，细核证据

我们从小接受的是“走在马路边，捡到一分钱，交给警察叔叔手里面”，“警察叔叔”代表着社会正义。正是基于这种心理，我们的公诉人对“警察叔叔”一直保持着十二分的信任。根据笔者的公诉经验，笔者认为对侦查人员我们要保持足够尊敬的同时，必须保持适度的怀疑。只有适度的怀疑，才能让你在证据审核中更加细致，更加容易发现矛盾，更加容易构建完整的证据体系。

(3) 发现问题，严正指出

在审查起诉过程中，一旦发现案件质量存在问题，或者发现侦查活动违法，都应该向侦查人员严正指出。千万不能姑息养奸，一则就个案来说，你不指出来，问题得不到解决，案件质量受影响，犯罪嫌疑人或者被害人权益就可能得不到保障；二则如果公诉人员发现问题了，也不严正指出，那么，检察机关对侦查机关的监督将非常乏力。

(4) 退回补充侦查，动态跟踪

依据《刑事诉讼法》规定，案件事实尚未查清的，可以退回侦查机关补充侦查，补充侦查期限为1个月，一起公诉案件最多退回补充侦查两次。在司法实践中，退回补充侦查经常是退而不补，一个月一到，原本卷宗就送上来了，或者说简单提讯下犯罪嫌疑人，做一份笔录就送上来了。由于权力配置上的问题，检察机关对此也只能“望卷兴叹”，无可奈何，在法定办案期限一到，只能在现有证据下作出处理决定。为了防止此种情形的发生，我们建议承办案件的公诉人加强对退回侦查机关补充侦查案件的动态跟踪。一方面，在退回补充侦查时，列明需要补充侦查清楚的事实和情节，甚至可以列明查明事实、情节的方法和思路。另一方面，在案件退回侦查机关以后，经常与侦查人员保持联系，及时了解动态，并根据情况发展提供指导。

(5) 发现瑕疵证据，可要求出庭作证

根据《刑事诉讼法》规定，公检法都是非法证据的排除主体，公诉人在审查起诉案件时发现有瑕疵证据，经补正或者直接采信，将案件向法院提起公诉的，为了提高证据的证明力，可以要求侦查人员出庭作证，就瑕疵证据产生的原因当庭作出说明。

(6) 发现违法，依法监督

虽然，从法律地位来说检、法两家要高于侦查机关，但事实上并非如此。由于缺乏实质性的制约牵制，侦查人员违法行为还是比较普遍的。公诉人在审查起诉案件时如果发现侦查活动违法，一定要依法进行法律监督，绝不能心慈手软。当然，为了更好地开展工作，在进行法律监督时要注意依法、理性、平和、文明、规范，注意操作的方式方法。

【办案随想】

在整个刑事诉讼过程中公诉人和侦查人员在情感上是最为接近的，属于“大控方”，本来沟通应该是比较通畅的。多数公诉人与侦查人员之间就案件的沟通也没有问题，但是由于侦查机关重破案，着重在寻找犯罪嫌疑人和抓捕犯罪嫌疑人，而公诉人则侧重证据体系完整性的审查，除了办案还要承担法律监督职责，两者承担责任的不同，使得彼此工作重点也有差异，容易在一些问题上产生认识上的分歧。同时侦查人员可能觉得破案抓人是重点，其他问题都是小问题，对于公诉人提出的一些补正要求，认为是吹毛求疵，鸡蛋里挑骨头。一些公诉人则认为明明道理在我们这一边，侦查人员却不理不睬，很难接受。笔者总体的感觉是，公诉人首先工作要细，发现问题后仔细斟酌，确认无误后联系侦查人员。对与侦查人员的沟通，要先扬后抑，要对侦查工作的艰辛，侦破该案的不容易表示理解。因为在东部沿海地区，派出所干警平均每4天轮到一天值班，还不包括节假日和突发事件，有的干警在交流过程中，不经意间都会流露出警察职业的无奈之处。同时对于要求侦查人员做的，可以列成比较有可操作性的提纲，为侦查人员理清思路，也确保工作效果。当然，如果遇到个别侦查人员不理不睬、置若罔闻的，公诉人要断然运用法律赋予的职权履行法律监督职责。

（执笔人：潘申明）

185. 公诉人如何与审判人员进行充分的沟通与交流？

公诉人要善于站在法官的角度分析、判断问题，重大、疑难、复杂案件庭前要加强与法官沟通，必要时可以将讯问、举证方案向法官展示，便于法官庭上更清晰、全面掌握案情。

（1）充分尊重，维护权威

现代司法权威，首先是审判权威。在控、辩、审的格局下，庭审中法官的地位自然而然在控辩双方之上。作为公诉人在法庭上要充分尊重审判长，维护司法权威。

（2）不卑不亢，保持风度

在工作中，检察官与法官分工不同，但是，目标指向和价值追求并无实质性差别，除去在法庭上的特殊环境下，双方地位也是平等的。公诉人在工作交往中，应该保持不卑不亢的态度。即便在法庭上，也要有理有据，不卑不亢，如果审判长发生程序违法情形的，可以行使法律监督职责。

（3）遇有问题，主动沟通

根据法律规定，公、检、法分工负责、互相配合、互相制约。公诉人在工作中遇到问题，要学会主动与法院沟通。当然，这个沟通不是说要公诉人和法官未审先判，而是说当公诉人发现有疑难复杂的问题，尤其是一些类型化的问题，要善于归纳、提炼后与法院审判人员多沟通，以达成共识，或者说吸取新的思想，以有助于自己作最后处理决定。

（4）发现违法情形，依法监督

一些公诉人认为公诉起诉在前，法院判决在后，判决书对起诉书的肯认与否是评价、衡量公诉人工作质量和水平的重要参考依据。所以，在实践中，“以法律为准绳”变异为“以法院为根据”，个别法官也自我感觉特别好。对此，公诉人正确的做法应该是，摆正位置，公诉人一方面是控辩审中的控方，要受法官牵制，但另一方面也肩负着法律监督职责，要履行好法律监督职责，必须把腰杆挺直，一旦发现审判人员有违法情形的，要坚决予以纠正。当然，具体纠正方式可以本着以促进工作为目的考虑，给相关人员一定台阶，甚至可以口头纠正，让他们自行修改。

【办案随想】

公诉人与法官的沟通首先体现在法庭上，法庭上公诉人通过指控犯罪，与辩护人唇枪舌剑，达到说服合议庭支持起诉书指控的犯罪事实和量刑建议。在法庭上公诉人要尊重审判长，维护审判机关权威，在日常的沟通交流中，公诉人也必须保持对法官的尊重。但是，尊重不代表唯命是从，“以事实为根据，以法律为准绳”，不能误读为“以法院为准绳”，这就要求公诉人保持客观理性、不卑不亢，绝对不能形成此消彼长的态势。笔者一直强调，公诉人要善于表达，要善于用非常自信的语言和态势来表达其实内心也许并不是非常确信的观点，如果公诉人在沟通前没有明确意见，实践中的法官肯定是就低不就高态度。

（执笔人：潘申明）

186. 公诉人与社会媒体人员沟通时必须注意哪些事项？

新媒体时代的社会沟通能力，是孟建柱同志在2013年全国政法工作会议上提出的，是政法干警必须具备的五种能力之一。公诉职能是检察机关的核心、标志性职能之一，公诉工作是检察机关的窗口工作，代表检察机关的水平和形象。公诉人与社会媒体人员沟通必须注意以下几点：

第一，依章办事，不乱规矩。“躲得过初一，躲不过十五”，对于社会媒体人员提出要与公诉人接触、采访等要求，公诉人不要采用回避态度，好像做贼心虚的样子。遇到此种情形，公诉人完全应该落落大方地与媒体同志沟通：“同志，如果您有采访要求，请先与我们负责外宣的政治部门（有的地方是办公室）进行联系，请他们统一安排。”千万不要径行接受采访。这样，负责外宣的部门可以审核记者的身份，了解采访的要求，并根据情况决定是否接受采访以及指定相应的人员接受采访，甚至可能会形成一定的单位意见，供被采访的公诉人参考。

第二，正面应对，不回避问题。面对媒体记者所提的问题，笔者认为公诉人员首先在认识上要确立正面应对，不回避问题的思想。当然，如何正面应对，怎样不回避问题，这里面仍然非常有技巧。所谓正面应对，就是不要逃避、躲避，如果媒体记者就哪起案件或者哪件事情非常感兴趣，希望公诉人能够回应。而公诉人三番五次进行躲避，本来无可厚非的东西也会因此更让人好奇，检察机关的形象会大打折扣。面对记者，我们不要逃避，不能回避。让他们依照检察机关对外宣传的操作程序走，并告诉他们相应的步骤和接洽人员。同时，当事公诉人应认真思考该问题，并及时层报本单位领导，听取领导指示。对于媒体记者的提问，如果不涉及当事人隐私或者其他法律规定的应当保密的情形，一般都可以直面回答。同时注意，正面应对不是对方一提出采访，你就直接回答；不回避问题，也不是对于对方所提的每一个问题，都事无巨细地和盘托出。对于记者采访，他们的目的是形成一个能吸引眼球的稿件，如果你事无巨细地和盘托出，遇上断章取义的记者，截取部分信息后就会成为另一种信息的表达。

第三，尊重事实，客观应对。法律职业者奉行“以事实为根据，以法律为准绳”，对于媒体记者的提问，“尊重事实，客观应对”是最起码的要求。“尊重事实”就是要求公诉人对媒体记者所说的每一句话都必须是基于客观事实，不能随意编造，对于案件处理等结论性意见都必须是公诉人依职权可以作出的，否则在没有经领导层级审批前，不能对案件处理表态。同时，要注意我们所说的事实都是根据案卷材料中目前的证据材料所作出的判断，没有证据的事实，在法律上无法成立，公诉人对媒体记者不能用“我认为……”来代替“根据现有证据材料……”

第四，理性平和，文明应对。在新闻媒体舆论监督日益兴盛的今天，很多行业、单位和工作人员对于记者没有太大的好感，认为记者常给惹事。笔者认为，我们检察人员运用的是理性、平和、文明、规范的执法理念，其实对于记者也应该如此。记得在2010年的5月12日，当时笔者所在的宁波市北仑区人民检察院推出了附条件不起诉制度，负责帮教考察的宁波市公安局北仑分局交通警察大队写了一份通讯，报社记者改名为“以善待刑”，结果引发了报社、网络、电视等各类媒体热议，笔者记得很清楚，从6月底开始，到8月中旬，每周都在接待记者，从当地《宁波日报》到浙江电视台，中央电视台焦点访谈、新闻24小时栏目等各路记者，紧紧盯着笔者和李钟检察长“狂轰乱炸”。当时，我们不负责接待，因为也无法接待，不速之客实在太多。笔者回答太忙，要出差，记者说那就陪笔者出差，车上聊，或者上班没时间，他就说一起吃快餐，在他走之前聊一下等。一轮又一轮媒体记者，大致可以分为四波，平均十几天一波，一波比一波深入。但是，本人就坚信这项制度是符合司法改革方向，是遵循司法规律的，而且在当时是对相对不诉可能带来的弊端的一种很好的防范，然后认真接待，坦诚面对记者，并提供所有案件相关资料。结果，从《广州日报》、上海《新民晚报》到北京《新京报》，都是两个整版地进行了详尽的介绍，而且，全部从正面报道。2012年3月14日《刑事诉讼法》修正，也将附条件不起诉纳入其中。

第五，辩证统一，话不说满。不要把话说得太满，太绝对，要留有一定余地。否则，容易让记者产生反感，同时也容易招致普通社会公众的反感。媒体记者就某件事情采访公诉人，当他获得信息点后，即可形成采访稿，公诉人也只要释放适当信息量即可。有些同志，当记者问及某事的时候，会将与该事有关的所有情节全部和盘托出，甚至加上自己的评价。结果，记者从大量信息中截取了部分他最感兴趣、最能吸引公众眼球的东西进行编辑，导致媒体宣传不仅达不到预期效果，甚至南辕北辙，起到负面效应。

【办案随想】

在笔者的检察职业生涯中，2010年是非常特殊的一年，这一年笔者所在的浙江省宁波市北仑区检察院积极探索附条件不起诉，当地交警部门联系了报社媒体，被媒体解读为“以善代刑”之后，报社、网络、电视、广播，最后到央视东方时空等各大媒体记者从全国各地飞往浙江宁波，笔者当时任检委会专职委员负责公诉工作。在记者无孔不入的“狂轰乱炸”中，我们北仑检察院以及所办理的案件频频被报道，从当年6月底到9月，总共来了四波媒体热潮，记者从开始的就个案的报道，深入到制度的报道，在探讨具体范围和流程的同时，对制定规则的初衷，对质疑者的回应等越挖越深。这些记者我们没有一家是事先联系的，也没有对其中任何一家进行特别的照顾，甚至连工作餐都顾不上。但是欣慰的是，在所有来过现场采访的记者，所有我们面对面谈过的记者，在回去以后整版整版的报道中，没有一家是作负面报道的，无论是《广州日报》、《新民晚报》还是《新京报》还是中央电视台都是如此。为什么会这样，笔者想无非是我们负责接待的人员发自内心的真诚相待，以理服人，让这些记者切实感到我们的创新就是承载一种社会责任，就是一种对法治的推进。笔者记得中央电视台的记者问：“你办这些案件，有没有人请你吃饭?”，笔者毫不迟疑地回答：“有啊，那个谁谁谁就一直想请我吃饭，但我肯定不会去的。”结果记者竟然把这几句话全部剪辑进了央视新闻24小时，而且等到东方时空的时候，已经把后半句剪辑了。应当说当时的回答是非正式的，不是在正式采访的时候，也没有留意。正因为没有留意，所以这种回答也不是深思熟虑的，表达太随意，不规范。但是，即便如此，并没有人因为这种回答，质疑笔者的公信力。在浙江卫视做节目现场，现场联线观众提问：“那你们办案中有没有人情关系?”笔者直接回答：“我们每个人都不是生活在真空中，在办案中会有人打招呼，人情关系是有的。但是，作为检察官，我们强调的是不要办人情案，但要有人情味。你必须要守住自己的底线。”后来联线观众也没有追着质疑。所以，我想表达的意思是，媒体记者也是正常的人，在与媒体记者接触的过程中，可能真诚比遮掩更重要，越是坦然越能赢得信任，我们首先要注意的是事情的本身是否存在问题，其次才是如何提高与记者打交道的水平。而不能过分强调技术派，忽视了事件的本来面目和真诚待人的本色，你越是欲盖弥彰，越是招致媒体的怀疑，越是可能被负面报道。只有你自己能坦然相对，事情本身也是在理的，通常并不会被任意曲解。

（执笔人：潘申明）

后　记

在最高人民检察院第六次西部巡讲期间，笔者终于收到了中国检察出版社李健主任打来的电话，书稿已经三校结束，马上要付梓印刷。回顾本书的写作过程，在自身工作满负荷运转的情况下，我们整个写作团队，业余时间起早贪黑，利用微信相互激励。为了一个问题，反复研讨，确定基本观点。为了增加可读性，收集形形色色的案例。为了便于理解，每位作者把自己对这类问题的考虑思路特意点出。这本书，已经不是简单的一本知识性工具用书，它还是一本记载资深公诉人如何利用智慧，解决公诉工作中碰到问题的经验书；它不仅仅是一本简单的如何办理审查起诉案件的办案用书，还是一本如何处理公诉环节相关关系的指导用书。

整个写作团队成员均有丰富的公诉工作经历，每位作者根据自身兴趣和特长进行分工。潘申明同志负责总体框架设计、文风确定和最后统稿，并主要负责第一部分“程序与文书制作”宏观性的和量刑建议方面的问题以及第三部分“庭审技能”和第四部分“综合能力”方面的主要内容；刘浪同志主要负责撰写第二部分“证据审查”相关的内容和第四部分“综合能力”方面的部分内容；张蕾同志主要负责撰写第一部分“程序与文书制作”的主要内容，江海昌同志撰写了第一部分“程序与文书制作”中法律文书制作的部分内容和第三部分“庭审技能”以及第四部分“综合能力”等方面的部分内容。为了体现文责自负的原则和方便读者与作者之间的沟通，在每个具体的问题后面均有执笔人的署名。

书稿虽然已经定稿，即将交付印刷，但是这不代表我们的探索已经完成。这是我们写作团队第一次合作，也是相关主题的第一次尝试，其中对部分问题的回答也仅是从自身经历出发，只能说是解决问题思路上的一种参考。如果读者在阅读过程中发现有不当之处，请与我们联系，电子邮箱：shenmingpan@163.com，我们一定及时修正。

最后，非常感谢中国检察出版社李健主任以及编辑同志，没有李健同志充满激情的鼓励和鞭策，我们的速度不会这么快，没有编辑辛苦的劳动，我们的书稿也不会这么快面世。

潘申明

二零一四年八月一日于江西赣州龙南